FIREDOM

Taloudellisen itsenäisyyden tarinoita afrikkalaisista maahanmuuttajista

OLUMIDE OGUNSANWO &
ACHANI SAMON BIAOU

2023-12-09
Tilaa uutiskirjeemme: firedom.substack.com
Lähetä meille sähköpostia: hello@myfiredom.com
Vieraile verkkosivustollamme: myfiredom.com

Sisällysluettelo

1. Esittely

Olumide Ogunsanwo: Haluaisin aloittaa toivottamalla kaikki tämän kirjan ostaneet tervetulleiksi. Olemme kiitollisia ja toivomme, että kirja auttaa sinua löytämään itsesi, henkilökohtaisen kehityksesi, itsenäisyyden ja vapauden.

Tässä johdantoluvussa käsittelemme viittä aihetta: keitä olemme, miten tapasimme, miksi päätimme luoda tämän kirjan yhdessä, miksi tämän kirjan luominen ei ehkä ole hyvä idea ja mitä haluamme lukijoiden saavan tästä irti. kirja.

Samon, haluaisin aloittaa oppimalla lisää sinusta ja taustastasi.

Achani Samon Biaou: Nimeni on Samon Biaou. Olen syntynyt Beninissä, Länsi-Afrikassa, ja olen asunut yli 20 maassa ympäri maailmaa ja käynyt noin sadassa. Puhun 8 kieltä. Minulla on ollut useita elämiä: aloitin insinöörinä, siirryin liikkeenjohdon konsultointiin ja nyt keskityn yrittäjyyteen ja sijoittamiseen. Pääasiallisia kiinnostuksen kohteitani ovat kulttuurien ymmärtäminen, erilaisten paikkojen näkeminen ja ongelmien ratkaiseminen.

Olumide Ogunsanwo: Mitä kolmea kieltä puhut eniten?

Achani Samon Biaou: Puhun useimmiten englantia, sen jälkeen ranskaa ja jorubaa.

Olumide Ogunsanwo: Odota. Olen joruba, enkä puhu juurikaan jorubaa. Miksi harjoittelet jorubaa niin paljon? Johtuuko se vanhemmistasi tai perheestäsi?

Achani Samon Biaou: Todellakin, puhun jorubaa äitini ja perheenjäsenteni kanssa. Tässä lyhyt taustaa lukijoillemme: joruba ei ole vain etninen ryhmä, vaan myös kieli, jota puhutaan Länsi-Afrikassa. Jorubalaisia löytyy myös muista maista, mukaan lukien Brasilia ja Kuuba.

Haluan jakaa lukijoillemme kaksi vastuuvapauslauseketta. Ensinnäkin rakastan hyvää mieltä, koska olen kasvanut sen ympärillä. Kaikki pyöri onnen ja hyvien naapuruussuhteiden ympärillä lapsuudessani Beninissä. Rakastan sitä, että minua ympäröi hyvä mieli!

Olumide Ogunsanwo: [Naurua]

Achani Samon Biaou: Toiseksi, käytän usein interkieliä, mikä tarkoittaa, että puhuessani sekoitan syntaksia joistakin muista seitsemästä tuntemastani kielestä. Joskus aloitan ajattelemisen yhdellä kielellä ja lopetan toisella. Siksi, jos kuulet oudon tavan muotoilla lauseita, se johtuu todennäköisesti arabian, ranskan, englannin ja joruban sekoituksesta.

Olumide Ogunsanwo: Mahtavaa! Voin parantaa ranskaani, jos kirjoitat ranskankielisiä sanoja. Jopa tapa, jolla muotoilit tuon aikaisemman lauseen "hyvästä ilosta" pitämisestä, eroaa siitä, miten minä (englannin äidinkielenään puhuva) sanoisin sen. Voin oppia paljon tästä prosessista. Odotan innolla ranskan kielen parantamista.

Achani Samon Biaou: Sinun on kerrottava minulle, minkä tyyppistä ranskaa haluat oppia: ranskan ranskaa, norsunluurannikon ranskaa vai beniniläistä ranskaa? Ne ovat melkein täysin eri kieliä [Naurua].

Olumide Ogunsanwo: [Hymy] Mitkä ovat kiinnostuksen kohteesi?

Achani Samon Biaou: Yleinen kiinnostuksen kohteeni on ihmisen kokemuksen syvemmä ymmärtäminen, mikä sisältää ymmärryksen siitä, miksi ihmiset käyttäytyvät tietyllä tavalla ja mikä heitä motivoi. Tämä kiinnostus ihmisen tilan ymmärtämiseen ohjaa intohimoani tutkia erilaisia kulttuureja matkustamisen kautta.

Mitä tulee siihen, miten tämä kiinnostus kehittyi, katson sen johtuvan kasvatuksestani jorubakulttuurissa, jossa vanhimmat kommunikoivat sananlaskujen avulla. Vanhempani tai setäni voisivat käydä kokonaisia keskusteluja vain vaihtamalla sananlaskuja. Tämä opetti minut kiinnittämään huomiota paitsi ihmisten käyttämiin sanoihin, myös heidän ei-sanallisiin vihjeisiinsä ja käyttäytymiseensä.

Olumide, kerrottuani hieman itsestäni, olen kiinnostunut oppimaan lisää sinusta. Kuka sinä olet?

Olumide Ogunsanwo: Kuka minä olen? Se kuulostaa syvältä filosofiselta kysymykseltä. Nimeni on Olumide Ogunsanwo.

Yleisiä arvojani ovat ihmissuhteet, terveys, autonomia/vapaus, oppiminen, toteutus (paskan tekeminen), seikkailu ja taloudellinen erinomaisuus.

Nämä arvot inspiroivat erityisiä kiinnostuksen kohteitani, joita ovat teknologia, henkilökohtainen talous, henkilökohtainen kehitys, kirjat, tiede, matematiikka, podcastit, historia, fuusiot ja yrityskaupat (M&A), yrityshistoria, ravitsemus, matkailu, tanssi ja matkapalkkio-ohjelmat.

Mielenkiintoista on, että meillä on ainakin kaksi yhteistä kiinnostuksen kohdetta: matkustaminen ja henkilökohtainen talous.

Achani Samon Biaou: Joo. En voinut olla hieman hämmentynyt, kun puhuit. Koska kiinnostuksen kohteita on niin monia, kuinka löydät vuorokaudesta tarpeeksi tunteja niiden kaikkien harjoittamiseen? Keskitytkö näihin arvoihin eri aikoina elämässäsi vai tavoitteletko niitä kaikkia kerralla?

Olumide Ogunsanwo: Elän elämääni sopusoinnussa arvojeni kanssa, jotka ovat juurtuneet minuun. En tavoittele niitä aktiivisesti, ne ohjaavat minua päätöksenteossa ja auttavat priorisoimaan aikaani, kun minulla on useita mahdollisuuksia ja kilpailevia vaihtoehtoja.

Kiinnostukseni menevät usein päällekkäin, ja koska pidän niitä mielenkiintoisina ja hauskoina, priorisoin ne tavalla, joka antaa minulle aikaa niille kaikille.

Achani Samon Biaou: Miten kehität uusia kiinnostuksen kohteita?

Olumide Ogunsanwo: Olen innokas kokeilemaan, ja monet kiinnostuksen kohteistani ovat nousseet aiemmista kokeiluista. Joka kuukausi kokeilen uutta kokeilua, jotkut pitävät kiinni, kun taas toiset eivät. Lisäksi asuminen monikulttuurisissa kaupungeissa, kuten Lagosissa, Chicagossa, Lontoossa, Bostonissa ja Miamissa, on paljastanut minut monenlaisille ihmisille, joilla on erilaisia elämäntapoja ja näkökulmia.

Kun yhdistän kaiken, teen kolme eri asiaa. Olen sijoittaja, podcaster ja neuvonantaja (ja kirjailija tämän kirjan julkaisemisen jälkeen):

1. **Sijoittaja:** Sijoitan afrikkalaisiin startup-yrityksiin Adamantium Fundin kautta [1].

2. **Podcaster: Olen** Afrobility-podcastin [2]toinen isäntä ja perustaja . Jos pidät tästä kirjasta, saatat pitää podcastista. Se sisältää tarinoita ja analyyseja afrikkalaisista teknologiayrityksistä.

3. **Advisor:** Neuvon startup-yrityksiä. Minulla on myös taloudellisen riippumattomuuden konsulttiyritys; Neuvon ihmisiä taloudellisesti itsenäistymiseen (samanlainen kuin tämän kirjan teema).

Tämä kirja käsittelee enimmäkseen kiinnostuksen kohteitani henkilökohtaiseen talouteen ja taloudelliseen riippumattomuuteen, mutta minulla on laajempi valikoima kiinnostuksen kohteita, jotka tulevat todennäköisesti esiin, kun käymme läpi tarinoitamme.

---

1. http://adamantiumfund.com
2. http://afrobility.com

Achani Samon Biaou: Missä asut?

Olumide Ogunsanwo: Jaan aikani eri kaupunkien kesken geostrategiani perusteella:

Miami 50%, Lagos 20%, New York 5%, Lontoo 5%, muut kaupungit 20%

Achani Samon Biaou: Olen välinpitämätön puhumattakaan siitä, että konsulttisi tulee jatkuvasti läpi kaiken hyvin jäsenneltynä. Hienoa keskustella toisen konsulttitoverinsa kanssa ja tunnistaa rakenne.

Olumide Ogunsanwo: [Hymy]. Se liittyy vähän minuun. Kuinka tapasimme?

Achani Samon Biaou: Kumppanini kertoi minulle Olumidesta elokuussa 2022 ja sanoi, että nautimme juttelemisesta toisillemme. Tuolloin en ajatellut sitä paljon. Nopeasti eteenpäin lokakuuhun 2022, olin vierailemassa Miamissa ja Olumiden nimi tuli jälleen esille, koska hän asuu kaupungissa. Sitten kumppanini mainitsi, että Olumide halusi taloudellisen riippumattomuuden, ja hän kiinnitti heti huomioni. Menimme Olumiden taloon, minä menin keskustelemaan taloudellisesta riippumattomuudesta ja pysyin inhimillisen autenttisuuden ja aitouden puolesta.

Olumide Ogunsanwo: [Hymy] Voi, se on niin suloinen.

Achani Samon Biaou: Meillä on paljon yhteistä. Olet aito ja aito. Sellainen on minun tapani viettää aikaa. Vietimme kohtuuttoman paljon aikaa, kun puhuimme kokemuksistamme, kuten kaksi lukiolaista. Meillä oli hauskaa!

Olumide Ogunsanwo: Kyllä! Siltä se tuntui. Se oli yksi niistä hetkistä elämässä, jolloin saat välittömästi yhteyden ihmiseen. Meillä oli tämä yhteinen intressi taloudelliseen riippumattomuuteen, ja menimme vain syvemmälle ja syvemmälle. Hyppäsimme jopa suoraan laskentataulukoihin ja budjetteihin. Se oli hauskaa! Tuo matka johtui yhteistyöstä tämän projektin parissa, koska ajattelin, että olet potentiaalisesti mielenkiintoinen henkilö tutustuaksesi paremmin.

Miksi haluat kirjoittaa tämän kirjan?

Achani Samon Biaou: Ensinnäkin, jotta voimme säilyttää muistot keskusteluistamme ja ilon puhua ystävän kanssa.

Olumide Ogunsanwo: Vuonna 2030 ja sen jälkeen voin pohtia tätä kirjaa ja muistaa ihanan yhteyden, jonka loin Samoniin. Loimme jotain erityistä jakaaksemme elämäntarinoitamme, ja on ilo tietää, että tämä kokemus säilyy ikuisesti sen sivuilla. Tuon kokemuksen koodaamisessa ikuisesti tämän kirjan avulla on jotain ihmeellistä.

Achani Samon Biaou: Toiseksi näen sen meille mahdollisuutena oppia ja kasvaa keskustelujemme kautta.

Olumide Ogunsanwo: Uskon, että voin oppia paljon suhtautumisestasi taloudelliseen riippumattomuuteen, koska valitsit toisen polun. Tämä kirja on loistava tilaisuus meille molemmille oppia toistemme kokemuksista.

Achani Samon Biaou: Rakastin yhteyttämme ja sitä, kuinka avoimia olimme toisillemme alusta alkaen. Minulle on todella voimakasta olla ympäristössä, jossa voin pettää vartiointini, eikä kilpailun kautta selviytymisen vaistoja tarvita. Suuri ystävyys on ympäristö, jossa en ole huolissani, ahdistunut, häpeä sitä, kuka olen ja mitä olen tehnyt. Se on voimakkaampi kuin mikään rahasumma.

Kolmas syyni kirjoittaa tämä kirja on jakaa tarinoitamme muiden kanssa. Minulla on kuitenkin ristiriitaisia tunteita siitä, koska en halua ihmisten tekevän vääriä johtopäätöksiä kokemuksistamme. Hyvien päätösten tekeminen on monimutkaista, ja on vaarallista yksinkertaisesti kopioida muiden tekemiä ymmärtämättä käyttämiään taustalla olevia periaatteita. Sen sijaan on parempi oppia näistä periaatteista ja soveltaa niitä tavalla, joka toimii omassa tilanteessasi ja tehdä jotain erilaista kuin mitä teimme.

Olumide Ogunsanwo: Olen samaa mieltä. Se on päätösten takana oleva ajatusprosessi, ei itse päätökset.

Mietin elämäni jokaisessa vaiheessa tarjolla olevia vaihtoehtoja, persoonallisuuteni ja kiinnostuksen kohteideni mukaisia vaihtoehtoja ja tein parhaan limonadin omistamistani sitruunoista. En todellakaan noudattanut jonkun muun suunnitelmaa.

Kun luet tarinoitamme, rohkaisemme sinua miettimään, kuinka voit tehdä elämäsi valintoja sen sijaan, että vain kopioit sitä, mitä teimme. Tärkein ote tästä kirjasta on elää tarkoituksellisesti ja tarkoituksella.

Achani Samon Biaou: Ne olivat minun syyni. Mitkä ovat syysi kirjoittaa tämä kirja?

Olumide Ogunsanwo: Ensimmäinen syy on se, että haluan pitää hauskaa ja kokea jotain uutta. Vaikka olen tallentanut yli 100 tuntia Afrobility-podcastia, en ole koskaan kirjoittanut kirjaa aiemmin, joten se on mielenkiintoinen tilaisuus oppia jotain erilaista.

Samon ja minä keskustelimme kirjan asettamisesta ja esittämisestä. Sanoin, että aitous on tärkeintä, koska vietän mieluummin aikaa ihmisten kanssa, jotka ovat aitoja ja antavat minun olla oma itseni. Päinvastoin, jos on piilotettava osia itsestään, elämästä tulee vähemmän nautittavaa. Toivon, että luomalla tämän kirjan voimme puhua vapaasti, rentoutua ja nauttia matkasta.

Toinen syy tämän kirjan kirjoittamiseen on tarinankerronnan inhimillinen puoli. Tarinat ovat sitä, kuinka ihmiset välittävät tietoa sukupolvelta toiselle.

Tässä kirjassa Samon kysyy minulta kysymyksiä matkastani taloudelliseen riippumattomuuteen, ja minä teen samoin ja kysyn häneltä kysymyksiä hänen matkastaan. Tämän keskustelumuodon pitäisi olla hauska, ja toivon, että lukijat voivat poimia tarinoistamme arvokkaita kimppuja.

Achani Samon Biaou: Miksi meidän ei pitäisi luoda tätä kirjaa?

Olumide Ogunsanwo: Kolme syytä:

1. Tuntemattoman pelko: Kun kokeilen uusia asioita, olen usein huolissani siitä, kuinka ne otetaan vastaan ja miten kuvailen itseäni. Tämä kirja on tulossa myyntiin ja se on avoin kritiikille. Vaikka olen nyt vähemmän huolissani, koska olen jo aloittanut podcastin ja riskipääomarahaston, kritiikin pelko piilee edelleen jossain alitajunnassani.

2. Henkilökohtaisten taloustietojen laaja saatavuus: Henkilökohtaista taloustietoa on jo saatavilla runsaasti eri muodoissa, kuten blogeissa, podcasteissa ja kirjoissa, mutta en ole siitä kovin huolissani, koska tässä kirjassa on erilainen lähestymistapa. Kirjamme keskittyy henkilökohtaisiin tarinoihimme ja kokemuksiimme ja palvelee altavastaajia ja ulkopuolisia. Vaikka jaamme talousmatkojamme afrikkalaisina maahanmuuttajina, taloudellisen riippumattomuuden periaatteet ovat yleispäteviä rodusta tai taustasta riippumatta.

3. Tietojen paljastamisen ja yksityisyyden taso: Kirjan luonteeseen kuuluu henkilökohtaisten talousmatkojen jakaminen, mikä voi herättää huolta yksityisyydestä ja jaetuista yksityiskohdista. Pyrimme kuitenkin tekemään kirjasta toimintakelpoisen ja lukijoille samankaltaisen tarjoamalla kattavat periaatteet ja strategiat, jotka ovat lähes aina hyödyllisiä. Lisäämme myös erityisiä tietoja aina, kun se on tarpeen auttaaksemme lukijoita ymmärtämään strategioiden täytäntöönpanoa ja kompromisseja.

Nämä ovat joitain varauksia, joihin olen menossa, mutta aion silti jatkaa. Juuri tällä hetkellä tunnen hieman pelkoa siitä, että tiedän, että minun täytyy jatkaa eteenpäin.

Achani Samon Biaou: Minäkin olen revitty. Toisaalta haluan, että teemme kirjasta mahdollisimman konkreettisen ihmisille. Toisaalta se voi johtaa liialliseen keskittymiseen nettovarallisuuteen ja muihin tietosuojaongelmiin.

Olumide Ogunsanwo: Mitä haluamme lukijoiden saavan tästä kirjasta?

Achani Samon Biaou: Haluan lukijoiden tuntevan, että he voivat kertoa tarinansa. Heidän tarinansa on tärkeää jakaa ja voi mahdollisesti inspiroida muita.

Olumide Ogunsanwo: Filosofiani on yksinkertainen: "Tee vain!" kuten Niken motto. Saatat joskus tuntea, että portinvartijat estävät sinua tekemästä mitä haluat, tai et ole pätevä tai valmis tekemään jotain. Mutta suurin osa näistä esteistä on päässämme. Todellisuus on, että ihmiset ovat äärimmäisen voimakkaita ja voimme saavuttaa mitä haluat. Sinun täytyy vain uskaltaa tehdä se. Useimmat asiat ovat helpompia kuin miltä ne näyttävät, varsinkin kun hyväksyt epäonnistumisen luonnollisena seurauksena uusien asioiden kokeilemisesta. Mukavuuden kehittäminen toistuvilla kokeiluilla ja mahdollisilla epäonnistumisilla on lihas, jonka voit rakentaa.

Saatat lukea tätä kirjaa ja ajatella: "Samon ja Olumide käyttivät seitsemän kuukautta suunnitteluun, heillä oli kustantaja ja toimittaja. Heidän täytyi tehdä oikeuksia koskeva sopimus." Todellisuudessa tapasin Samonin ja päätin, että rakastan tätä kaveria ja meidän pitäisi kirjoittaa kirja taloudellisesta riippumattomuudesta. Löysimme suunnitelman ja aloitimme toteuttamisen hyvin nopeasti ja valmis tuote on mitä sinulla on käsissäsi.

Suurin este tavoitteidemme saavuttamiselle ovat usein omat pelkomme ja epäilyksemme. Luomme visioita kaikista asioista, jotka voivat mennä pieleen, emmekä koskaan ota ensimmäistä askelta. Heidän täytyy "Just do it" Nike -tyyliin.

Ihminen ei ole parhaita aloituskoneita, mutta olemme erinomaisia viimeistelykoneita. Kun aloitat tehtävän, suoritat sen paljon todennäköisemmin loppuun. Anna itsesi kasvaa ja tutkia. Kasvata tutkimusmatkailijan ja kokeilijan ajattelutapaa saadaksesi asiat valmiiksi.

Olen kiitollinen siitä, että Samon ja minä tulimme yhdessä kirjoittamaan tämän kirjan, ja toivon, että se inspiroi lukijoita tekemään myönteisiä muutoksia elämässään ja luomaan asioita. Olipa kyse sitten tuotteesta, kirjasta, podcastista, uutiskirjeestä tai jostain muusta kokonaan, tee jotain mitä haluat, älä mitä yhteiskunta sanoo sinun pitäisi. Siellä on joku, joka haluaa kuulla tarinasi. Ihmiset ovat myös erityisiä ja erilaisia. Jokaisella on ainutlaatuinen tarina.

Yleensä siellä on joku, joka arvostaa kaikkea, mitä olet kokenut. Se oli pieni puheeni ja muista: "Tee vain"!

Achani Samon Biaou: Tämä on yksi syistä, miksi rakastan puhumista Olumiden kanssa. Saan jo niin paljon positiivisia fiiliksiä. Niin paljon sanomistasi resonoi minuun. Elämäni on täynnä asioita, joita halusin tehdä. Minulla on ~10 artikkelia, jotka halusin julkaista, mutta mietin jatkuvasti, olisiko niistä joku kiinnostunut.

Joskus näen artikkeleita, jotka eivät vaikuta kiinnostavilta, ja mietin, miksi tämä henkilö edes vaivautui kirjoittamaan tämän. Sitten näen kommentteja, joissa joidenkin ihmisten mielestä artikkelit ovat inspiroivia. Ymmärrät, että maailma ei ole hullu, ja ehkä olet hullu, kun ajattelet, että globaalia yhtenäisyyttä on olemassa. Maailma on hämmästyttävän monipuolinen. Tuote, joka on mielenkiintoinen yhdelle henkilölle, ei välttämättä ole kiinnostava toiselle.

Olumide Ogunsanwo: Oikein. Jos olet ulkopuolinen, vähemmistö tai maahanmuuttaja, olet saattanut kasvaa tuntemaan, että tarvitset luvan vanhemmilta, opettajilta tai esimiehiltä tehdä asioita. Ajan myötä tämä tunne juurtuu alitajuntaan, ja jatkat portinvartijoiden etsimistä myös alueilla, joilla niitä ei ole. Mutta et tarvitse portinvartijoita. Sinä voit tehdä sen. Internet on täynnä tehokkaita resursseja, ja tarvitset vain vähän riskinottohalua ja ymmärrystä siitä, että mahdollinen haittariski on yleensä minimaalinen.

Ota tämä kirja esimerkkinä. Mikä on pahin skenaario? Ehkä kukaan ei lue sitä, mutta se ei haittaa, koska emme kirjoittaneet sitä tehdäksemme rahaa. Minulla olisi silti ollut hämmästyttävä aika tallentaa ja vaihtaa tarinoita Samonin kanssa.

Monet ihmiset yliarvioivat haittapuoliriskit, mutta on parempi ymmärtää ja mitata ne oikein, jotta voit hallita niitä sen sijaan, että vain kuvittelet niitä. Aloita kokeilu ja tee mitä tiedät haluavasi tehdä, mutta pelkäät aloittaa. Et tarvitse lupaa keneltäkään. Olet erityinen omalla tavallasi ja sinun tulee tehdä elämässäsi mitä haluat. Mene eteenpäin ja tee se!

Achani Samon Biaou: Olumide, joka kerta kun puhut, minusta tuntuu, että puhut suoraan sielulleni. Haluan lisätä kaksi näkökulmaa siihen, mitä sanoit.

Ensinnäkin olen täysin samaa mieltä siitä, että monet kohtaamistamme esteistä ovat henkisiä. Luomme itsellemme esteitä, joita ei todellisuudessa ole olemassa.

Toiseksi, vaikka on totta, että päässämme on monia esteitä, joskus on todellisia portinvartijoita, jotka yrittävät estää meitä saavuttamasta tavoitteitamme. Joka kerta kun olen onnistunut murtautumaan portin läpi, se ei johtunut siitä, että olisin keskittynyt portinvartijoihin. Sen sijaan se johtui siitä, että en edes tiennyt heidän olevan siellä, tai näin heidät ja ajattelin: "Vitsi vittu. Teen tämän joka tapauksessa."

Jos haluat tehdä jotain, mene eteenpäin ja tee se. Opit mahdollisesti monimutkaiset osat samalla kun menet. Yksi asioista, joista pidän Yhdysvalloissa, on se, että useammat ihmiset ovat valmiita ottamaan riskejä ja kokeilemaan uusia asioita. Sitä vastoin joissakin muissa maissa, joissa olen asunut, voi olla tunne, että joku aina tarkkailee sinua ja tuomitsee sinua.

Kun olin ylioppilas, huolehdin paljon siitä, saako minun tehdä tiettyjä asioita vai olivatko ne lain vastaisia tai omituisia. Mutta nyt ymmärrän, että nuo huolet pidättelivät minua. Neuvoni kaikille, jotka haluavat kokeilla jotain uutta, on jättää huomioimatta portinvartijat ja vastustajat ja mennä siihen!

Olumide Ogunsanwo: Henkilökohtaisen kehityksen prosessi ja joidenkin varhaisten kokemusten poistaminen on erityisen tärkeää. Yksi parhaista tavoista laajentaa horisonttiasi on altistaa itsesi uusille ideoille, kulttuureille ja kokemuksille. Jos et haasta itseäsi ja etsi uutta tietoa, voi olla vaikeaa kasvaa ja kehittyä.

Achani Samon Biaou: Uskon, että meissä jokaisessa on kaksi osaa. Luvan pyytäminen verrattuna asioiden tekemiseen suoraan.

Haluaisin jakaa kokemukseni Miamissa Olumiden kanssa antaakseni esimerkin. Eräänä päivänä hän ehdotti, että rentoutuisimme ja istuisimme veden äärellä, sillä hän asuu veden äärellä. Kävelimme lyhyen matkan hänen rakennuksensa edessä olevaa mutkaista kävelytietä pitkin, kunnes löysimme paikan istua ja nauttia näkymistä. Kun juttelimme, ihmiset kävelivät ohitsemme, ja aloin tuntea oloni levottomaksi, mietin, olimmeko me tiellä vai saako siellä edes istua.

Katsoin Olumidea saadakseni varmuuden, mutta hän näytti olevan tietämätön kaikesta, vain rentoutuen ja nauttien hetkestä välittämättä maailmasta. Aluksi aloin epäillä häntä ja hänen rentoa asennetta, kun ajattelin "kuka istuu jalkakäytävällä näin?" Tunsin oloni epämukavaksi ensimmäiset minuutit.

Pian kuitenkin tajusin, että minä aiheutin epämukavuuden sisäisessä monologissani. Olumidella oli oikea ajatus yksinkertaisesti nauttia hetkestä välittämättä muiden mielipiteistä tai ympärillämme olevista säännöistä. Se sai minut kyseenalaistamaan omaa ajattelutapaani ja sitä, kuinka usein annoin omien ajatusteni ja havaintojeni rajoittaa elämästä nauttimistani.

Olumide Ogunsanwo: Haha! Tuo on hauskaa. Olin rento.

Achani Samon Biaou: Olen ymmärtänyt, että joskus pidättelen itseäni, koska minulla on tiettyjä esteitä ja ajatuksia siitä, mikä on oikein ja sallittua. Vaikka on hyvä olla huomaavainen, rajojen työntäminen ohjaa ihmiskunnan kehitystä.

Se on yksi niistä asioista, joista pidän Amerikassa. Se rohkaisee ihmisiä olemaan mielikuvituksellisia, kokeilemaan uusia asioita ja ylittämään rajoja. Kuka tietää, joku saattaa tehdä jotain epätavallista ja syntyy uusi yritys tai idea.

Esteettömistä vapaana oleminen on voimakas asia, ja taloudellisen riippumattomuuden saavuttaminen voi olla hyödyllinen työkalu siihen pääsemiseksi. Se ei ole ainoa työkalu, ja jotkut sanoisivat, että se ei ole edes tärkein työkalu. Mutta taloudellinen riippumattomuus voi antaa sinulle vapauden tehdä omaa juttuasi elämässä ja tutkia uusia mahdollisuuksia.

Olumide Ogunsanwo: Se on elämäntapasuunnittelua. Suunnittele elämä, joka toimii sinulle. Sinun ei tarvitse seurata perinteistä polkua. Voit valita minkä tahansa tien, mutta se vaatii aikomusta, tarkoitusta ja suunnittelua. Et vain herää haluamaasi elämään. Jos noudatat status quoa, päädyt status quo -elämään, joka ei ehkä ole sitä, mitä haluat.

Achani Samon Biaou: Sanoit sen paljon paremmin kuin osasin ilmaista sen. Tämä kirja on tarkoitettu kaikille, jotka ovat uteliaita tavoittelemaan jotain erilaista elämässä kuin mitä heidän "pitäisi" tehdä. Toivomme, että lukijat ottavat pois tästä kirjasta meta-ymmärryksen: että status quon lisäksi on muitakin polkuja.

Kirja yrittää antaa sinulle käsityksen uusista mahdollisuuksista. Sinun ei tarvitse seurata perinteistä polkua. Toivottavasti lukijat ymmärtävät, että tällä tarinalla on todella vähän tekemistä rahan kanssa.

Olumide Ogunsanwo: Kirja ei todellakaan ole rahasta. Taloudellinen riippumattomuus tarkoittaa, että sinulla on tarpeeksi taloudellisia resursseja koko loppuelämäsi ajan, mutta tämä kirja kertoo enemmän siitä.

Achani Samon Biaou: Taloudellinen riippumattomuus on ollut meille suuri mahdollistaja. Tässä kirjassa keskustellaan siitä, kuinka aloitimme tällä tiellä ja kuinka se on antanut meille voiman toteuttaa unelmiamme.

Olumide Ogunsanwo: Kirjamme tunnuslause on "Afrikkalaisten maahanmuuttajien taloudellinen riippumattomuus." Kirja on rakennettu kronologisesti, kun katsomme taaksepäin ja pohdimme päätöksiämme, jotka johtivat taloudelliseen itsenäisyyteemme 30-luvun puolivälissä.

Henkilökohtaisten tarinojemme jakamisen lisäksi keskustelemme myös matkamme kannalta kriittisistä ydinperiaatteista. Nämä periaatteet sisältävät sekä laajoja strategioita että erityisiä toimia, joilla lukijat voivat saavuttaa taloudellisen riippumattomuuden. Uskomme, että näiden periaatteiden vaaliminen osana elämäntapaasi on välttämätöntä pitkän aikavälin taloudellisen menestyksen saavuttamiseksi.

Auttaaksemme lukijoita harjoittelemaan ja sisällyttämään näitä periaatteita elämäänsä sisällytämme myös kirjasuosituksia, jotka ovat yhdenmukaisia kunkin periaatteen kanssa. Toivomme, että jakamalla tarinoitamme ja periaatteitamme voimme innostaa ja valtuuttaa muita hallitsemaan taloudellista tulevaisuuttaan.

Achani Samon Biaou: Olumide, mitä haluat lukijoiden ottavan pois tästä kirjasta?

Olumide Ogunsanwo: Tavoitteeni tällä kirjalla on innostaa lukijoita elämään parasta elämäänsä, tuntea olonsa mukavaksi aidoksi itsekseen, eikä heidän tarvitse mukautua yhteiskunnan odotuksiin. Toivon, että lukijat ottavat kirjasta hyödyllisen ja jättävät huomiotta sen, mikä ei ole heille merkityksellistä.

Ennen kaikkea haluan rohkaista lukijoita löytämään tapoja olla vapaa. Tämä ei tarkoita vain taloudellista vapautta, vaikka se onkin tärkeä aihe tässä kirjassa. Se tarkoittaa myös sosiaalista vapautta, aikavapautta ja maantieteellistä vapautta. Haluan, että lukijat tuntevat voivansa ottaa riskejä ja tehdä valintoja, jotka auttavat heitä tulemaan vapaammiksi kaikilla elämänsä osa-alueilla.

Achani Samon Biaou: Missä taloudellinen vapaus on mielestäsi kaikkien muiden vapauksien joukossa?

Olumide Ogunsanwo: Elämän kaksi tärkeintä osa-aluetta ovat todennäköisesti ihmissuhteisiin ja terveyteen liittyvät vapaudet. Jotkut saattavat väittää, että hyvä terveys on tärkeintä, koska ilman sitä on vaikea saavuttaa mitään, kun taas toiset saattavat sanoa, että vahvat suhteet perheeseen ja ystäviin ovat avain täyteläiseen elämään.

Näiden kahden jälkeen taloudellinen vapaus on todennäköisesti kolmanneksi tai neljänneksi tärkein näkökohta. Vaikka se on tärkeää, sillä ei ole samaa painoarvoa kuin ihmissuhteilla ja terveydellä. Jos joku väittää, että taloudellinen vapaus on tärkeintä, neuvoisin häntä ottamaan ensin huomioon terveytensä ja ihmissuhteensa.

Achani Samon Biaou: Näen taloudellisen vapauden muiden vapauksien mahdollistajana. Esimerkiksi stressaava työ vaikuttaa terveyteen. Mutta jos sinulla on mahdollisuus valita, mitä teet tai et tehdä työtä ollenkaan, taloudellinen vapaus voi auttaa terveyttäsi.

Olumide Ogunsanwo: Taloudellinen vapaus antaa sinun keskittyä tärkeisiin asioihin elämässä, kuten suhteisiisi (olipa kyseessä romanttinen kumppani, perhe tai ystävät) ja terveytesi. Kun olet taloudellisesti vapaa, voit myös toteuttaa yrittäjähaaveitasi ja viettää niin paljon aikaa kuin haluat erilaisten ideoiden puuhastelemiseen. Ja jos arvostat kokemuksia ja seikkailuja, taloudellinen riippumattomuus antaa sinulle joustavuuden käyttää niin paljon aikaa kuin haluat.

Pohjimmiltaan taloudellinen riippumattomuus on mahdollistaja, joka tukee kahta suurta näkökohtaa (suhteet ja terveys) ja myös kaikkea muuta, josta saatat olla kiinnostunut, koska näiden asioiden tekeminen tai nauttiminen vaatii usein rahaa.

Samon, ystäväni, veljeni. Mitä haluamme lukijoiden ottavan pois tästä kirjasta?

Achani Samon Biaou: Pidä tätä kirjaa oppaana elää elämääsi omilla ehdoillasi ja saavuttaa täysi potentiaalisi. Nyky-yhteiskunnassa ympärillämme on lukemattomia esimerkkejä menestyksestä ja roolimalleista. Yrityskonsulttina olen ollut monissa huoneissa, joissa tajusin, että useimmat näistä roolimalleista ovat vain tavallisia, keskimääräisiä ihmisiä. He voivat olla loistavia tietyissä asioissa, mutta he ovat myös keskeneräisiä muilla aloilla. Uskon, että useammat ihmiset voivat tuntea olevansa voimia löytää omat vastauksensa ja kartoittaa omia polkunsa menestykseen.

Olumide Ogunsanwo: Ehdottomasti! Roolimallien etsiminen ei ehkä ole paras tapa lähestyä asioita. Jokaisella ihmisellä on ainutlaatuiset arvot, vahvuudet ja mieltymykset. Sen sijaan, että etsisit jotakuta mallia itseäsi varten, on tärkeää selvittää oma aito itsesi ja mitä todella haluat elämältä. Vaikka saatat pystyä mahdollisesti oppimaan muilta, matka aidon itsesi löytämiseen alkaa aina sisältä.

Roolimallin huono puoli on keskittyminen liikaa jonkun toisen elämään. Ainoa henkilö, joka katsoo, olet sinä itse.

Achani Samon Biaou: Erittäin koskettavaa. Maailma liikkuu rinnakkain. Ensimmäinen tapa on, että yksilöiden käsketään olla oma itsensä. Mutta et ehkä riitä sellaisena kuin olet tänään. Jokaisen on jatkuvasti kehitettävä.

Olumide Ogunsanwo: Vau. Kommenttisi ovat ilkeitä [Smile].

Achani Samon Biaou: Toinen kappale on, että meitä käsketään jäljittelemään roolimallin elämää. Valitettavasti tämä lähestymistapa voi itse asiassa rajoittaa kykyämme ajatella itse, koska olemme liian keskittyneet kopioimaan muita sen sijaan, että kehitämme omaa ainutlaatuista näkökulmaamme.

Nämä kaksi kappaletta ("olet tarpeeksi" ja "kopioi roolimalli") saavat usein sosiaalisen median vahvistusta, jolloin ihmiset tuntevat, että heidän on valittava niiden välillä. Mutta usein unohdetaan jatkuvan itsensä kehittämisen ja kasvun tärkeys, samalla kun opitaan toisten kokemuksista ilman, että niitä välttämättä kopioidaan.

Olumide Ogunsanwo: Ensi silmäyksellä FIREDOM saattaa vaikuttaa taloudellisen riippumattomuuden kirjalta. Mutta todellisuudessa kyse on enemmän itsesi kehittämisestä saavuttaaksesi vapauden elää elämää, jota todella haluat.

Achani Samon Biaou: On tärkeää tunnustaa, että tarinamme eivät ole täydellisiä ja että on näkökohtia, joissa olemme menestyneet, ja toisia, joissa olisimme voineet tehdä paremmin.

En pidä itseäni merkittävänä, mutta uskon, että jokaisella on potentiaalia saavuttaa tavoitteensa. Tavoitteiden asettaminen itsellesi ja tarvittavien toimien toteuttaminen niiden saavuttamiseksi on tärkeää. Sinun ei tarvitse olla poikkeuksellinen menestyäksesi, mutta sinun on oltava valmis tekemään työtä.

Olumide Ogunsanwo: FIREDOM = FI (taloudellinen riippumattomuus) + RE (varhaiseläkkeelle) + vapaus. Miksi haluat vapautta ja itsenäisyyttä? Haluat itsenäisyyttä, jotta voit elää elämääsi omilla ehdoillasi. Elinajanodote on riippuen maasta, jossa olet, 50–80. Aika, joka meillä on tällä maapallolla, on rajallinen, joten miksi et käyttäisi sitä parhaalla mahdollisella tavalla elämään täyttävää ja nautinnollista elämää?

Tämä tarina kertoo juuri siitä - elä haluamaasi elämää, vaikuta, pidä hauskaa ja vaikuta. Raha ei ole ainoa asia, jolla on merkitystä, mutta se on tärkeä, koska sen avulla voit tehdä suurempia ja parempia asioita. Ilman taloudellista vakautta raha on jatkuva stressin lähde elämässäsi.

Olemme innoissamme voidessamme jakaa tarinamme kanssasi tässä kirjassa. Se on rakkauden työtä, ja toivomme, että se inspiroi ja motivoi sinua muuttamaan elämääsi. Tervetuloa matkalle kanssamme!

2: Lapsuuden tarinoita ja itseluottamuksen ja itseluottamuksen periaatteet

Olumide Ogunsanwo: Kirjan jokainen luku käsittelee elämänvaihetta, ja se sisältää henkilökohtaisia tarinoitamme, joita seuraa perusteellinen tutkimus asiaan liittyvistä taloudellisen riippumattomuuden periaatteista.

Tutkimuksemme alkaa lapsuuden kokemuksista, jotka muokkaavat merkittävästi persoonallisuuttamme, itsetuntoamme, itsetuntoamme ja sitä, mitä uskomme olevan mahdollista saavuttaa elämässämme.

Achani Samon Biaou: Pidän siitä, että aloitamme lapsuuden tarinoista. Lukijat, jotka ovat vanhempia, voivat pitää näistä tarinoista apua lapsilleen.

Olumide Ogunsanwo: Lapsuuden vaikutteiden tutkiminen on hyödyllistä myös kaikille, jotta he ymmärtävät, mikä sai heidät nykyiseen tilanteeseensa ja kuinka nuo varhaiset kokemukset voivat vaikuttaa heihin vielä tänä päivänä. Menneisyyden ymmärtäminen ja hyväksyminen on tärkeä askel minkä tahansa matkan aloittamisessa, ei vain taloudellista riippumattomuutta.

Puhumme myös itseluottamuksen ja itseluottamuksen periaatteista. Nämä ovat perusperiaatteita matkalla taloudelliseen riippumattomuuteen. Mikä olisikaan parempi paikka aloittaa kirja kuin sukeltamalla ihmisen psykologiaan ja ajattelutapaan?

2A: Olumiden lapsuuden tarina

Achani Samon Biaou: Olumide, aloitetaan lapsuudestasi. Kerro varhaisimmista muistoistasi.

Olumide Ogunsanwo: Synnyin 80-luvun puolivälissä Lagosissa, Nigeriassa, Länsi-Afrikassa. Synnyin keskikokoiseen perheeseen neljän muun sisaruksen kanssa. Minulla on kaksi vanhempaa siskoa ja kaksi nuorempaa veljeä. Olen aivan keskellä.

Isäni oli yrittäjä. Hän omisti useita vuokrakiinteistöjä, johti paperipainoyritystä, rahoituslainayritystä ja useita muita yrityksiä. Hän oli myös poliitikko ja ehti toisinaan virkaan. Hän teki paljon erilaisia asioita ja koulutettiin toimittajaksi nuorempana.

Äitini oli kotiäiti. Mutta mielenkiintoista kyllä, kun olin noin 14 tai 15, hän palasi kouluun opiskelemaan lakia ja on nyt Lagosin osavaltion hallituksen asianajaja. Tarina siitä, kuinka hänestä tuli asianajaja, on kiehtova. Hän kävi yötunneilla, kun olin lukiossa, enkä oikein ymmärtänyt, miksi hän joutui niin vaikeutumaan. Kysyin häneltä siitä, ja hän sanoi jättäneensä työnsä pankkialalla kasvattaakseen meidät ja miettineensä, mitä olisi tapahtunut, jos hän ei olisi jättänyt työtään. Hän sanoi nähneensä lakimiehiä televisiossa ja ajatteli, että hän voisi tehdä niin. Ja hän teki!

Achani Samon Biaou: Mitkä olivat ensimmäiset kokemuksesi rahoituksesta tai vapaudesta?

Olumide Ogunsanwo: Isäni oli perheen elättäjä. Hänellä oli tulot, jotka hän antoi perheelle, ja äitini oli kotiäiti. Isäni vastasi taloudesta, ja hän antoi äidilleni rahaa tehdäkseen erilaisia asioita kotona, mikä tarkoitti, että äitini pyysi isältäni rahaa erilaisiin asioihin.

Huomasin, että sillä oli outo vaikutus suhteeseen. Muistan katsoneeni vuorovaikutusta ja ajatellut, että tämä ei ole hyvä, ja minun on varmistettava, etten koskaan joudu sellaiseen tilanteeseen, jossa minun on mentävä säännöllisesti joltakin rahan saamiseksi. Se luo outoa suhdedynamiikkaa, joka ei mielestäni ole paras.

Se kylväsi ymmärryksen siemenen, kuinka epämiellyttävää on kysyä joltakulta rahaa säännöllisesti. Tiesin varmasti, että se oli tilanne, johon en koskaan halunnut joutua.

Achani Samon Biaou: Yritän kuvitella, olinko edes tietoinen tuosta dynamiikasta lapsena, koska lapsena menet ja pyydät ihmisiltä rahaa. Kysyt ihmisiltä kaikkea.

Olumide Ogunsanwo: Luulin, että se ei ollut optimaalinen tilanne suhteille, koska se asettaa yhden kumppanin haavoittuvassa asemassa. Se on melkein päinvastoin kuin taloudellisesti riippumaton. Se on yksi-yhteen riippuvuus. Ainakin työsi on riippuvainen siitä, pitääkö pomosi sinusta, pitävätkö raportit sinusta jne. Vanhempieni tilanne oli erilainen, koska se oli riippuvuutta yhdestä ihmisestä rahasta.

Kun huomasin dynamiikan vanhempieni suhteen, tiesin heti, että minun oli vältettävä sitä omassa elämässäni. Se oli suuri lähtökohta ajatella rahaa ja sitä, mitä se antaa sinulle elämässä.

Achani Samon Biaou: Ymmärrän. Kuinka kauan sen jälkeen otit ensimmäiset askeleet kohti taloudellista riippumattomuutta? Voin kuvitella, että tarkkailit tätä dynamiikkaa ja tajusit, että et halua olla tässä asemassa tulevaisuudessa. Mutta et välttämättä pystynyt toimimaan päätöksesi mukaisesti. Milloin koit ensimmäisen kerran olevasi riippumaton?

Olumide Ogunsanwo: Aukoni oli hieman kapea, tapa, jolla ajattelin itsenäisyyttä, oli nimenomaan saada mahdollisimman paljon rahaa. Ajattelin, että jos pärjäisin hyvin koulussa, saisin myöhemmin työpaikan, josta maksetaan hyvin. Se oli epäsuoraa. Kyse oli akateemiseen keskittymisestä.

En sanoisi, että olimme köyhiä tai rikkaita. Olimme luultavasti keski- tai korkeatuloisia Nigerian standardien mukaan. Jos esimerkiksi kysyisin isältäni tai äidiltäni jotain, he eivät automaattisesti vastannut kyllä. He vastasivat ei tai kysyivät, miksi tarvitsin sitä. Tämä johti tilanteisiin, joissa aloin miettiä hieman henkilökohtaista taloutta ja rahaa.

Kuten Samon, olen joruba (yksi Nigerian suurimmista etnisistä ryhmistä). Lapsena minut vietiin joskus jorubalaisiin tapahtumiin (syntymäpäivät, häät, hautajaiset) ja minulle annettiin rahaa, kun tanssin. Jos muistat tämän kirjan ensimmäisen luvun, yksi tärkeimmistä kiinnostuksen kohteistani on tanssi. Ennen tanssin ja sain (pieniä) rahaa. Tiedän, että se kuulostaa oudolta, mutta niin se oli. Minulla oli mahdollisuus saada ne rahat ja aloin miettiä, mitä voisin tehdä niillä.

Muistan kysyneeni äidiltäni pankkitilin avaamisesta. Äitini vei minut pankkiin ja sai minulle pankkitilin, jossa oli pieni keltainen kirja. Tallettaisin tapahtumissa tanssimisesta ansaitsemani rahat. Opin kiinnostuksesta. Vaikka kyseessä oli pieni summa rahaa, se tarjosi arvokasta näkyvyyttä.

Achani Samon Biaou: Kuinka vanha olit?

Olumide Ogunsanwo: Toivon, että muistaisin tarkan iäni. Oletetaan jossain 7 ja 11 välillä.

Minulla oli pieni passikirja, jota katselin ja luin siihen hitaasti kerääntyviä talletus- ja korkomääriä. Joskus äitini kieltäytyi viemästä minua pankkiin tallettamaan rahaa, koska hän oli hämmentynyt pienistä rahasummista, joita halusin tallettaa.

Tästä saattaa olla peräisin kiinnostukseni henkilökohtaiseen rahoitukseen. Tai ehkä minulla on vain luontainen kiinnostus rahoitukseen ja talouteen. Tiedän vain, että aloin vähitellen kiinnostumaan siitä, että minulla on rahaa tulevaisuudessa.

Achani Samon Biaou: Kaksi kysymystä:

1. Miten opit pankin käsitteestä ja miten ymmärsit sen soveltuvan lapsiin?

2. Millaisia kokemuksia sinulla oli rahojen nostamisesta ja käyttämisestä? Tarviiko vanhempasi mennä pankkiin?

Olumide Ogunsanwo: Se oli luultavasti säilytystili, koska pystyin käymään pankissa vain äitini kanssa. Pankkien kassat kirjoittivat pankkikirjaan aina, kun tein talletuksen tai noston. Minua kiehtoi ajatus rahan sijoittamisesta tilille ja sen saamisesta korkoa.

Kuten sinäkin, menestyin akateemisesti, mikä tarkoitti, että pääsin eroon paljon. Muistan, että biologian opettajani kysyi minulta, miksi olin niin ylimielinen ja liian itsevarma. Hän ei pitänyt asenteestani. Aloin tuntea, että koska minulla meni hyvin akateemisesti, pystyin selviytymään enemmän. Tekeminen mitä haluan kuulostaa negatiiviselta, mutta sillä on itse asiassa samankaltaisuutta itsenäisen ajattelun kanssa, koska alat ajatella laatikon ulkopuolella ja pois valtavirran yhteiskunnasta. Olin vähän häiritsevä, mutta hyvällä tavalla. En ole koskaan tehnyt mitään liian hullua.

Achani Samon Biaou: Mielenkiintoista. Voitko viedä meidät läpi perus- ja yläkoulukokemuksesi? Miten tulit toimeen ystäviesi kanssa? Mitä ystäväsi sanoivat sinusta?

Olumide Ogunsanwo: Kävin peruskoulun ensin Grace's Children's

Schoolissa nollasta viiteen tai kuuteen. En muista siitä paljoa. Sitten muutin Coronan peruskouluun 5-6-vuotiaasta 10-vuotiaaksi. Muistan pelanneeni paljon urheilua. Vanhempani veivät minut kouluun ja takaisin joka päivä. Sen lisäksi ei tuolta ajalta ollut muita tärkeitä opetuksia.

10–13-vuotiaana kävin lukion (tunnetaan myös lukiona) King's Collegessa (KC), joka oli poikien koulu.

Achani Samon Biaou: Kerro meille hieman KC:stä, mitä lukijan pitäisi tietää siitä?

Olumide Ogunsanwo: Kontekstin vuoksi isäni kävi KC:ssä 60- ja 70-luvuilla, jolloin se oli yksi Nigerian parhaista kouluista. Nyt se on hallituksen johtamaa ja tavallaan paskaa. Luokkahuoneet rakennettiin alun perin 20 hengelle, mutta minulla oli luokassani 80-100 henkilöä, joten tilanne oli: pojat niin pitkälle kuin silmä kantaa, jotkut olivat karkeita, jotkut olivat likaisia, nälkäisiä. Se oli kuin villi länsi.

Näistä infrastruktuuriongelmista huolimatta KC:llä oli älykkäitä lapsia. Corona Elementaryssa olin yleensä ensimmäinen tai toinen luokassani ennen kuin siirryin KC:hen. Kuitenkin KC:ssä sijoituin yleensä kolmanneksi tai neljänneksi.

Muistan tämän tyypin, joka yleensä sijoittui ensimmäiseksi. Hän oli huomaamaton, ei koskaan esittänyt kysymyksiä tai osallistunut luokkaan. Minusta tämä oli kiehtovaa. Elämän hallinta ja yksilöllisten tavoitteiden saavuttaminen voi johtaa menestykseen esteistä riippumatta. Tämä opetus tuli selväksi kokemukseni aikana, kun opin, että ulkoisista tekijöistä riippumatta henkilökohtainen päättäväisyys voi voittaa kaikki olosuhteet. Tämä oli arvokkain takeaway siellä ajastani.

Achani Samon Biaou: Millaisia luokkatoverisi olivat?

Olumide Ogunsanwo: Keskustelu kaikkien näiden eri ihmisten kanssa auttoi minua ymmärtämään, että opiskelijatoverini tulivat erilaisista taloudellisista taustoista. KC:ssä oli suuri osuus pienituloisista perheistä tulevia opiskelijoita. KC:n jälkeen siirryin toiseen lukiooni, Atlantic Halliin (AHall), joka oli yhteiskoulu, jossa vietin toisen osan lukiokoulutuksestani (13-16-vuotiaasta).

AHallilla oli suurempi osuus varakkaita opiskelijoita kuin KC:ssä. AHallissa keskityin tutkijoihin, koska ajattelin, että se auttaisi minua saamaan hyvän työpaikan tulevaisuudessa, mikä johtaisi lisää rahaa.

Achani Samon Biaou: Miten tämä kaikki vaikuttaa joko vapauteen tai taloudelliseen riippumattomuuteen?

Olumide Ogunsanwo: Aloin tulla epäkonformistisemmaksi. Tein asioita itsenäisesti, koska minulla meni niin hyvin akateemisesti. Minulla oli auto ja pystyin ajamaan ja liikkumaan vapaasti.

Achani Samon Biaou: Minkä ikäisenä sinulla oli auto?

Olumide Ogunsanwo: Opin ajamaan 15-vuotiaana, mikä oli juuri lukion lopussa. Se oli vanhempieni auto [Smile]. Vanhempani eivät välittäneet. Useimmiten he antoivat minun tehdä mitä halusin. Voisin mennä ulos milloin halusin. Minusta tuntui, että minulla oli täysi vapaus tehdä mitä halusin, eikä minulla ollut vanhempieni rajoituksia.

En tiedä miksi vanhempani kasvattivat minut sillä tavalla, ollakseni rehellinen, mutta oli selvää, että saatoin tehdä mitä halusin, ja pidin siitä niin.

Achani Samon Biaou: Hienoa. Olen kuullut Olumiden lapsuuden ystäviltä, että hän työskentelee kovasti ja on erittäin keskittynyt ja intensiivinen ihminen.

Olumide Ogunsanwo: Kiehtovaa! Se on totta, tein kovasti töitä ja pidin siitä. Opiskelin paljon ja nautin siitä. Olin yleensä ensimmäinen matematiikan ja edistyneiden matematiikan luokissa. Se oli mahtavaa. Jotkut ihmiset pakottivat vanhempansa keskittymään akateemisiin töihin. Olin akateeminen henkilö. Rakastin sitä paskaa. Rakastan sitä paskaa edelleen. Kiinnostukseni akateemista kohtaan on virtautunut erilaisiin kiinnostuksen kohteihini tänään. Motivaationi oli sisäinen ja sisäinen.

Achani Samon Biaou: Olumidea kuvailtiin minulle intensiiviseksi. Joku, joka kiinnittäisi huomionsa johonkin ja työskentelee äärimmäisen lujasti saavuttaakseen sen. Se on tarina laserin keskittymisestä tavoitteisiin.

Olumide Ogunsanwo: Kyllä, kuvailisin itseäni erittäin kurinalaiseksi, erittäin organisoiduksi, erittäin motivoituneeksi ja keskittyneeksi.

Kuvailisinko itseäni intensiiviseksi? Minä en tiedä. Useimpiin ihmisiin verrattuna kyllä. Mutta en tiedä käyttäisinkö sanaa intensiivinen – muistan, että olin akateemisesti keskittynyt ja halusin olla paras. Periaatteessa, jos todella haluat olla paras, päädyt melkein aina olemaan paras.

Monet ihmiset eivät välittäneet niin paljon kuin minä. Heillä oli lapsena muita prioriteetteja. Lapsena tiesin mitä halusin, ja menin ulos ja sain sen. Sama asia kuin aikuisena.

Achani Samon Biaou: Mitä toivoit oppivasi taloudesta tai vapaudesta noina vuosina?

Olumide Ogunsanwo: Olisi ollut hienoa, jos vanhempani olisivat puhuneet minulle erityisesti henkilökohtaisesta rahoituksesta. En tiedä olisinko kuunnellut, en tiedä olisiko sillä ollut vaikutusta, mutta se olisi ollut hyvä. Kuten kuulet minun kertovan tarinani myöhemmin, melkein kaikki, mitä tiedän henkilökohtaisesta taloudesta, oli itseoppinutta.

Minun piti aloittaa perusasioista: Miten luon budjetin? Miten lisään tulojani? Miten lasken kuluni? Miten osakemarkkinat toimivat? Miten sijoitan? Olisi ollut hieman helpompaa, jos vanhempani olisivat opettaneet minulle tämän, mutta en syytä heitä, koska he eivät myöskään tienneet näistä asioista paljoa.

Sanon sen epäröivästi, koska en ole varma, että opit asioita, jos et ole halukas saamaan tietoa. Jotkut ihmiset saavat tietoa, mutta he eivät hyväksy sitä, koska he eivät ole valmiita ja halukkaita muuttamaan. En tiedä olisinko hyväksynyt mitään niistä opetuksista, jotka vanhempani antoivat minulle silloin.

Achani Samon Biaou: Ehkä tiedon etsiminen yksin on se, mikä todella mahdollistaa oppimisen. Kasvatusteorian mukaan kokemuksellinen oppiminen on tehokkain tapa oppia. Siksi se, että vain kerrotaan jotain, ei ole aina tehokasta pitkällä aikavälillä. Ihmisinä rakennamme tietoa aktiivisesti sen sijaan, että omaksumme sitä passiivisesti.

Olumide Ogunsanwo: Mielenkiintoista. Itse asiassa minulla ei ole koskaan ollut roolimalleja. Olin yleensä roolimalli, mikä tarkoittaa, että minun piti selvittää asiat itse.

Annan sinulle esimerkin. Lukiossa saavutin korkeimmat arvosanat useimmilla matematiikan ja luonnontieteiden kursseilla. Ei ollut toista ihmistä, jolle katsoa ylöspäin, minun piti luottaa itseeni menestyäkseni. Tämä omavarainen ajattelutapa on ollut mukanani lapsuudesta asti, koska olen aina halunnut selvittää asioita itsenäisesti sen sijaan, että hakisin ohjausta muilta.

Achani Samon Biaou: Miten roolimalli olisi muuttanut sinua?

Olumide Ogunsanwo: Jonkun tapaamisen vaikutus riippuu siitä, kuinka tapasin hänet. Jos joku muu esitteli meidät tai jos hän esitteli itsensä minulle, sillä ei todennäköisesti olisi paljon vaikutusta. Kuitenkin, jos löytäisin ne tutkimuksen ja etsimisen kautta, olisin kiinnostunut keskustelemaan heidän kanssaan.

En siksi, että haluaisin seurata heidän jalanjäljänsä seuraajana, vaan ymmärtääkseni heidän päätöksentekoprosessinsa ja vivahteet ja kompromissit, jotka liittyvät heidän elämänvalintoihinsa.

Roolimallinnus on paskaa. Täyttymistä ei tule kopioimalla muiden ihmisten elämäntoimia, vaan keskittymällä omaan elämään. Muiden kopioiminen on pohjimmiltaan virheellistä, koska et ota huomioon omia arvoitasi, tavoitteitasi, mieltymyksiäsi ja kiinnostuksen kohteitasi, mikä voi jättää sinut huonompaan asemaan kuin jos yrittäisit selvittää asioita itse.

Achani Samon Biaou: Mielenkiintoista. Tämä on toistuva teema: älä yritä jäljitellä jotakuta toista, vaikka he olisivat mahtavia. Et ole heidän kengissään. Yritä sen sijaan selvittää, mitä mahtavuus voi tarkoittaa sinulle. Opi tässä prosessissa niin paljon kuin voit maailmasta erityistavoitteena saada parempi käsitys itsestäsi. Voin tiivistää tämän kahteen ohjeeseen:

Ensinnäkin, kasvata uteliaisuuttasi lähialueen ulkopuolella olevista asioista.

Toiseksi, omistaudu jatkuvasti parantamaan käsitöitäsi tarkoituksellisen harjoittelun avulla.

Olumide Ogunsanwo: Jim Rohn, kuuluisa henkilökohtaisen kehityksen johtaja, sanoi viisaasti: "Älä ole seuraaja. Ole opiskelija." Toisin sanoen, opi ihmisiltä, älä vain seuraa heitä. Opiskelijana oleminen edellyttää aktiivista sitoutumista elämään ja halukkuutta kyseenalaistaa ja haastaa olettamuksia.

Achani Samon Biaou: Rakastan sitä.

Olumide Ogunsanwo: Nämä sanat ovat voimakkaita. Opiskelijan ajattelutapa on voimakkaampi kuin seuraajan ajattelutapa. Opiskelijan ajattelutapa on oppimista ja seuraajien ajattelutapa kopioimista. Rakastan sitä lainausta.

2B: Samonin lapsuuden tarina

Olumide Ogunsanwo: On aika oppia lisää Samonin lapsuudesta. Samon, voitko antaa meille kontekstin ympäristöstä, jossa kasvoit?

Achani Samon Biaou: Kasvoin hyvin eklektisessä ympäristössä. Synnyin ylemmän keskiluokan perheeseen maaseudulla. Kotikaupunkini on Kandi pienessä Länsi-Afrikan maassa Beninissä. Kandin väkiluku oli tuolloin alle 100 000 ihmistä. Isäni johti useita yrityksiä ja oli maassa arvostettu valtiomies.

Lapsena olin vuorovaikutuksessa joidenkin Beninin köyhimpien ihmisten kanssa. Leikimme pölyssä, joskus melko kaukana vanhempieni talosta. Minun ja kaupungin köyhimpien lasten välillä ei ollut etäisyyttä. En halunnut mitään, mutta en kasvanut hemmoteltuna.

Olumide Ogunsanwo: Miksi aloitit tarinan tuosta osasta? Johtuuko se siitä, että sinusta tuntuu, että sekä isäsi että tuo ympäristö vaikuttivat sinuun?

Achani Samon Biaou: Kyllä, erilaisten sosioekonomisten luokkien ympärillä kasvamisen kontrasti sai minut mukavaksi vuorovaikutuksessa eri elämänaloilla olevien ihmisten kanssa. Tämä todennäköisesti muokkasi käsitystäni taloudellisesta riippumattomuudesta myöhemmin elämässä. Tiesin, millaista on olla köyhä, koska suurin osa ystävistäni oli köyhiä.

Ei ollut harvinaista, että jotkut lapset olivat poissa leikkikentältä muutaman päivän, koska heidän vanhempansa olivat sairaita ja heidän piti huolehtia heistä. Aluksi en ymmärtänyt, miksi he eivät vain menneet sairaalaan. Myöhemmin sain kuitenkin tietää, että monien ystävieni vanhemmilla ei ollut varaa lääketieteelliseen hoitoon ja turvautuivat kotitekoisiin lääkkeisiin selviytyäkseen vakavista sairauksista. Vaikka tällainen tilanne oli ennenkuulumaton omassa perheessäni, tajusin, että se oli todellisuutta monille muille perheille. Ymmärsin, että jotkut ihmiset olivat taloudellisesti niin haasteellisia, että heidän selviytymisensä oli vaarassa, mutta he tekivät parhaansa selviytyäkseen olosuhteista.

Olumide Ogunsanwo: Se on mielenkiintoista. Sinulla oli mahdollisuus kokea se ilman välitöntä vaikutusta.

Achani Samon Biaou: Kyllä, ystävieni perheiden kanssa ymmärsin kuinka rahan puute rajoittaa ihmisiä. Oman perheeni kanssa ymmärsin, että varallisuuden ei tarvitse tarkoittaa ylimääräistä.

Yksi varhaisimmista muistoistani on vahva vapauden tunne lapsuudessani. Menin hyvin koulussa ja nautin suuresta vapaudesta, joten tiesin pienestä pitäen mitä vapaana oleminen tarkoittaa. Kun olin yhdeksänvuotias, ilmaisin vanhemmilleni, että haluan opiskella Cotonoussa, Beninin tasavallan tosiasiallisessa pääkaupungissa. Vanhempani olivat uteliaita ja huolissaan ja kysyivät minulta, miksi halusin opiskella siellä. He eivät heti vastustaneet ideaa niin paljon kuin saattoi odottaa. Loppujen lopuksi kuinka usein yhdeksänvuotias pyytää saada opiskella toiseen kaupunkiin?

Olumide Ogunsanwo: Mainitsit syvän vapauden tunteen lapsena. Halusitko mennä Cotonouhun, koska halusit enemmän vapautta?

Achani Samon Biaou: En lähtenyt kotoa etsimään lisää vapautta; Tunsin itseni jo vapaaksi, minkä vuoksi uskoin voivani tehdä omat valintani. Kiinnostuin pääkaupungista Cotonousta, kun paras ystäväni Kandista kertoi siitä tarinoita vuosittaisilla kesävierailuilla. Halusin itse kokea siellä asumisen.

Aluksi vanhempani eivät vastustaneet ajatusta, mutta he ehdottivat, että odotan, kunnes olen hieman vanhempi. Minua loukkasi heidän vastauksensa, koska tunsin, etteivät he pitäneet minua vastuullisena tai kypsänä yksilönä. Jälkeenpäin katsottuna oli ymmärrettävää, että he epäröivät uskoa pieneen lapseen näin suuressa päätöksessä.

Vanhempieni haluttomuus hyväksyä muutostani sai minut suuttumaan, ja olin päättänyt saada heidät ymmärtämään, että olin tosissani. Lopulta isäni, joka teki päätöksiä molempien vanhempien puolesta, myönsi minulle luvan, kun olin järjestänyt yhden päivän nälkälakon.

Olumide Ogunsanwo: Yhden päivän nälkälakko kuulostaa tehottomalta [Naurua].

Achani Samon Biaou: Tuon tapauksen jälkeen vanhempani ymmärsivät, etten ollut enää lapsi. Kysyin heiltä sattumalta, voisinko muuttaa toiseen kaupunkiin, aivan kuten 18-vuotias saattaisi pyytää lupaa mennä kirjastoon. Olin tietoinen käsitteestä köyhyys, säästäväisyys ja köyhyyden puutteen vastakohta. Minulla oli vahva tunne omasta vapaudestani, enkä muista aikaa elämässäni, jolloin en tuntenut oloani vapaaksi.

Olumide Ogunsanwo: Puhuivatko perheenjäsenesi suoraan rahasta tai vapaudesta?

Achani Samon Biaou: Eläkkeelle jäämisestä ja taloudellisesta riippumattomuudesta ei keskusteltu. Vanhempani olivat yrittäjiä; ei sinänsä ollut eläkkeelle siirtymistä.

Olumide Ogunsanwo: Ymmärrän. Oliko muita varhaislapsuuden kokemuksia, jotka vaikuttivat näkemykseesi vapaudesta ja/tai taloudellisesta riippumattomuudesta?

Achani Samon Biaou: Haluan jakaa kanssasi kaksi muuta tarinaa rajattomasta uteliaisuudesta ja toisen isäni kirjanpitäjänä toimimisesta. Aloitetaan rajattomalla uteliaisuudesta. Olin tuhma lapsi.

Olumide Ogunsanwo: Johtuiko se siitä, että menestyit koulussa hyvin?

Achani Samon Biaou: Kyllä, minua pidettiin "tuhmana" lapsena uteliaisuuteni ja haluni tutkia asioita, jotka olivat kiellettyjä tai sopimattomia. Tästä huolimatta menestyin koulussa, ja akateeminen suoritukseni ansaitsi minulle armeliaisuuden. Esimerkiksi vaikka sisarillani oli kielletty miesvierailu, olin kiinnostunut ymmärtämään syyn siihen. Sisarusteni luona asuvana poikana en voinut ymmärtää, miksi muita poikia pidettiin ei-toivottuina. Johtuiko se siitä, että he eivät menestyneet hyvin akateemisesti? Samalla tavalla luin isäni sanomalehtiä hänen poissa ollessaan ymmärtääkseni, miksi ne olivat hänelle tärkeitä.

Olumide Ogunsanwo: Mistä tämä luonnollinen uteliaisuus tuli?

Achani Samon Biaou: Se tulee kahdesta paikasta. Ensinnäkin se liittyy tähän vapauden käsitteeseen. Minua ei estetty uusien asioiden tutkimisessa; Jos halusin oppia jostain, pyrin siihen epäröimättä. Hyvin nuoresta iästä lähtien en koskaan tuntenut tarvetta mukautua tai sensuroida itseäni. Jos uteliaisuuteni johti minut johonkin, seuraisin sitä. Toiseksi, tylsyys vaikutti käyttäytymiseeni. Kun koulutyöt tulivat minulle helposti, löysin itseltäni enemmän vapaa-aikaa ja halua ajaa itseni rajoihin. Aikani hukkaamisen sijaan etsin uusia haasteita, jotka virkistävät mieltäni ja auttaisivat minua kehittämään uusia taitoja.

Olumide Ogunsanwo: Uteliaisuuden, epäyhtenäisyyden, itsenäisen ajattelun ja halukkuuden tutkia erilaisia polkuja piirteet johtavat usein suurempaan kiinnostukseen saavuttaa taloudellinen riippumattomuus ja vapaus. Kun joku ajattelee laatikon ulkopuolella, on avoin uusille kokemuksille ja ei noudata perinteisiä normeja, hän etsii todennäköisemmin vaihtoehtoisia reittejä. Taloudellinen riippumattomuus on yksi tällainen vaihtoehto perinteiselle 9-5-vuotiaalle työlle eläkkeelle 60-70-vuotiaaksi asti. Tarinasi perusteella näyttää siltä, että nämä ominaisuudet ovat saattaneet vaikuttaa halussasi etsiä epätavallisia vaihtoehtoja.

Achani Samon Biaou: Olen samaa mieltä havaintosi kanssa. Yhdeksänvuotiaana täytin toiveeni muuttaa pääkaupunkiin Cotonouhun, jossa asuin yhden tädini luona. Hän oli usein poissa jättäen minut ja kaksi nuorta setäni pitkälti toimeen itsestämme. Tämä kokemus antoi meille jokaiselle mahdollisuuden olla riippumaton ja ottaa vastuu omasta elämästämme. Cotonoussa asuminen antoi minulle talouskoulutuksen. Toisin kuin silloin, kun asuin vanhempieni luona ja minun ei tarvinnut hallita rahaa, minun oli nyt budjetoitava menot, kuten ruoka, koska hallinnoin omia varojani ("P&L").

Olumide Ogunsanwo: Sinulla ei ollut voittoa ja voittoa. Teillä oli juuri tappioita [Naurua].

Achani Samon Biaou: [Hymy] Minulla oli kuluja. Kun muutin Cotonouhun 11-vuotiaana, vanhempani lähettivät minulle rahaa kulujeni kattamiseen. Pyysin, että rahat lähetettäisiin suoraan minulle tavallisesti poissa olleen tätini sijaan. Koska olin alaikäinen enkä voinut mennä pankkiin yksin, halusin saada rahat käteisenä. Opin budjetoimaan kokonaisen kuukauden, suunnittelemaan tarkasti, milloin kuluttaa liikaa ja milloin säästää. Minulle kehittyi vahva vastuuntunto ja ymmärsin, kuinka tärkeää on olla rahat loppumassa.

Olumide Ogunsanwo: Tämä tapahtui 11-14-vuotiaana?

Achani Samon Biaou: Oikein.

Olumide Ogunsanwo: On uskomatonta saada tuo kokemus näin nuorena. Yleensä ihmisillä ei ole sellaista kokemusta ennen kuin he ovat käyneet yliopistossa. Se on suhteellisen nuori. Mitkä muut lapsuudenkokemukset valmistivat sinua taloudelliseen itsenäisyyteen?

Achani Samon Biaou: Kun olin seitsemänvuotias, minusta tuli isäni kirjanpitäjä.

Olumide Ogunsanwo: Se on hauskaa. Osasit jo edistyneen matematiikan.

Achani Samon Biaou: Aloitin peruskoulun käymisen neljävuotiaana, vaikka se ei ollut sallittua. En muista, kuinka onnistuimme kiertämään ikävaatimuksen.

Olumide Ogunsanwo: Voin kertoa sinulle, kuinka teit sen. Isäsi tunsi miehen, joka tunsi miehen, joka tunsi miehen. Näin se toimi.

Achani Samon Biaou: [Hymy] Ehkä. En luultavasti ollut tietoinen tuosta dynamiikasta tuolloin. Omistimme suuren leipomon, joka toimitti koko kaupungin. Osana velvollisuuksiani hoidan kirjanpidon useimpina öinä. Meillä oli useita kymmeniä jälleenmyyjiä, jotka saapuivat aikaisin aamulla hakemaan muutaman sadan patonkin varastonsa. Myytyään tuotteensa he palasivat yöllä selvittämään tilinsä. Seuratakseen panoksiamme (jauhot, hiiva, bensiini jne.) ja tuottoa (jokaiselle jälleenmyyjälle toimitettujen patonkien määrä) isäni käytti paperimuistikirjaa, joka oli rakenteeltaan kuin tuloslaskelma. Meidän piti kertoa määrät kunkin jälleenmyyjän yksikköhinnalla ja laskea kaikki yhteen. Joskus vähittäiskauppiailla oli rästejä, jotka oli otettava huomioon lopullisen erääntyvän summan määrittämiseksi.

Tasapainottaakseen kirjoja isäni käytti laskintansa laskeakseen merkinnät yhteen. Koska olin kuitenkin hyvä matematiikassa, ehdotin, että voisin laskea kaiken henkisesti. Aloitin tarjoutumalla isäni laskimeksi ja laskemaan yhtälöitä, kuten 75 kertaa 1243 ja 75 kertaa 419. Koulussa opiskelin vielä perus kertolaskua, kuten 5 kertaa 5 ja 4 kertaa 9. Lopulta tarjouduin ottamaan P&L:n hoitaakseen. hallinta kokonaan. Isäni oli aluksi skeptinen, mutta lopulta hän suostui antamaan minun yrittää.

Yhtäkkiä huomasin olevani tilanteessa, jossa vanhemmat, kokeneet jälleenmyyjät tulivat käymään ja selvittämään saldonsa. Kysyisin heiltä, kuinka monta kappaletta he olivat myyneet sinä päivänä, ja tarkistaisin heidän numeronsa nopeasti omiin levyihimme. Voisin laskea heidän lopullisen saldonsa henkisen matematiikan avulla.

Olumide Ogunsanwo: [Naurua] Uhkasitko mafiosoittain katkaista heidän jalkansa, jos he eivät maksa? Näinkö se toimi?

Achani Samon Biaou: [Naurua] No, ei aivan, mutta mukana oli paljon tunneälyä. Tutkin, kuinka isäni oli vuorovaikutuksessa jälleenmyyjien kanssa. Esimerkiksi eräs nainen kamppaili usein hoitaakseen talouttaan ja tarjosi aina tekosyitä maksujen myöhästymiseen tai velkaantumiseen. Hän syytti asioita, kuten ohikulkevan auton roiskumisesta vettä hänen leipäkoriinsa, mikä johti pilaantuneisiin tuotteisiin, joita hän ei voinut myydä, ja pyysi maksamaan pienissä erissä useiden kuukausien aikana. Vaikka nämä asiat saattoivat tapahtua kenelle tahansa, hänen kanssaan näytti siltä, että jokin tai toinen oli aina vialla. Kun hän saapui, tiesin, että oli parasta jättää väliin miellytykset ja keskittyä numeroihin: "Olet meille velkaa 80 750 CFA." Tämä lähestymistapa katkaisi hänen valituksensa ja tekosyynsä.

Ajan myötä kehitin ymmärrystä kauppiaiden mielialojen lukemiseen ja opin käsittelemään vaikeita keskusteluja käyttämällä asianmukaisia tervehdyksiä ja pientä keskustelua konfliktien ennakoimiseksi ja hajauttamiseksi. 7-8-vuotiaana olin jo keräämässä maksuja, pitämässä kirjaa siitä, kuka oli meille velkaa, ja hallinnut yrityksen tarjontapuolta seuraamalla varaston käyttöä.

Olumide Ogunsanwo: Kyllä, sinulla oli nuorena paljon altistusta taloustieteelle ja taloushallinnolle ja kaikelle muulle. Se on harvinaista.

Achani Samon Biaou: Minulla oli selkeä käsitys siitä, mitä ylijäämä ja yrityksen pyörittäminen tarkoitti. Jo lapsena ymmärsin inflaation käsitteen, kun isäni nosti patonkin hintaa, koska tunsin kohonneiden jauhojen hintojen vaikutuksen. Minulla oli nuorena korkea tietoisuus ja ymmärrys näistä käsitteistä.

Olumide Ogunsanwo: On mielenkiintoista huomata, että sait kokemusta sekä yritysrahoituksesta että henkilökohtaisesta rahoituksesta nuorena. Kokemuksesi edellisen tarinan omien P&L-tietojen hallinnasta yhdistettynä havaintoihin isäsi vuorovaikutuksesta jälleenmyyjien kanssa antoivat sinulle monipuolisen rahantunteen toisiinsa liittyvillä mutta erillisillä alueilla. Vaikka yritysrahoitus ja henkilökohtainen rahoitus eivät ole sama asia, on arvokkaita oppitunteja, jotka voidaan siirtää niiden välillä. On huomionarvoista, että sinulla oli mahdollisuus saada molemmat kokemukset ennen 13-vuotiaana.

Achani Samon Biaou: Yritysrahoituksen kokemus avasi minut kiinteistöjen maailmaan jo nuorena. Perhetalomme sijaitsi päämarkkinakadulla, ja vuokrasimme asuntoja kauppiaille. Tiesin, että he maksavat vuokraa kuukausittain ja että korjauskuluja oli satunnaisesti, sovelsin leipomoliiketoiminnan tulosperiaatteita vuokraustoimintamme kannattavuuden laskemiseen. Olin utelias saamaan selville, kuinka paljon voittoa kauppojen jälleenmyyjät saivat ja kuinka suuren osan tuloista saimme myymälöiden vuokraamisesta heille.

Muistan keskustelleni markkinatutkimuksen tuloksista isäni kanssa. "Tein tutkimusta ympäri kaupunkia, ja sain selville, että vuokranantajat kahden korttelin päässä katua veloittivat samanlaisia vuokraa kuin me. Sijaintimme on kuitenkin paljon parempi, joten meidän pitäisi veloittaa enemmän." Isäni kysyi minulta, kuinka sain tiedot, ja selitin, että ystävystyin muiden vuokraisäntien pojan tai tyttären kanssa tai kuulin keskustelun.

Joskus isäni jakoi lisätietoja: "Tämä kauppias maksaa vähemmän, koska hän on ollut hyvä vuokralainen, mutta hänen liiketoimintansa ei mene hyvin, eikä hänellä ole varaa maksaa enemmän." Näiden keskustelujen kautta olen jo varhaisessa iässä tutustunut monenlaisiin liiketoimintaan liittyviin aiheisiin.

Olumide Ogunsanwo: Se oli mahtavaa! Mitkä ovat tärkeimmät varhaislapsuudessa oppimasi opetukset, joista haluaisit tehdä yhteenvedon?

Achani Samon Biaou: On olemassa muutamia oppitunteja:

1. Opin rahan puuttumisen rajoitukset ollessani vuorovaikutuksessa pienituloisten perheiden ystävieni kanssa.

2. Altistuin rahoitukselle ja liiketoiminnalle varhain, koska olin isäni kirjanpitäjä.

3. Altistuin henkilökohtaiselle taloudelle, itsehallinnolle, kun periaatteessa juoksin omat rahani pois vanhemmiltani 11-vuotiaana.

Mielenkiintoista on, että edistyneemmät tulivat aikaisemmin, koska tuin yritystä ennen kuin opin henkilökohtaisesta rahoituksesta.

Olumide Ogunsanwo: Mitä toivoisit, että olisit tiennyt tai tehnyt toisin lapsena ennen kuin menit yliopistoon?

Achani Samon Biaou: Toivon, että olisin ollut alttiina korkean suorituskyvyn ympäristölle, jossa en olisi aina ollut voitettava. Asiani valaisemiseksi tässä on esimerkki. Kotikaupungissani olin kiistatta akateemisesti ja johdonmukaisesti luokkani ensimmäisellä sijalla. Kun saavuin Cotonouhun, toinen poika - josta tuli myöhemmin hyvä ystävä - oli hallitseva opiskelija. Hän oli intensiivinen ja keskittynyt, kun taas minä olin leikkisä suurimman osan ajasta.

Olumide Ogunsanwo: [Hymy] Pidät hyvästä tuulesta.

Achani Samon Biaou: [Hymy] Kyllä, pidin hyvästä tuulesta hänen ollessaan intensiivinen.

Tulin maaseutualueelta, jonka näkyvyys oli rajallinen, ja hänellä oli käytettävissään laaja valikoima kirjallisuutta, mukaan lukien kuuluisan ranskalaisen kirjailijan Voltairen teoksia.

Hänen isänsä oli hallituksen ministeri, kun taas isäni oli yrittäjä, joka oli vahvasti sitoutunut yhteisön osallistumiseen.

Elämäntyylimme olivat hyvin erilaisia, sillä hänellä oli käytössään auto ja kuljettaja navigoidakseen ympäri kaupunkia, kun taas minun piti luottaa moottoripyörääni ja navigoida teitä itse.

Hänen yleisarvosanansa ja yksittäiset arvosanansa monissa aineissa olivat korkeammat kuin minun. Hän oli erittäin hyvä useimmissa asioissa ja loistava kaiken kaikkiaan.

Olin erinomainen ja hänen yläpuolellaan matematiikassa ja fysiikassa, mutta hän menestyi paremmin sellaisissa aineissa kuin ranska ja historia. Hän tiesi kaikenlaisia hienostuneita sanoja ja sai korkeat pisteet ranskan kokeissa. En ollut paljoakaan alttiina sellaiselle kasvaessani maaseudulla.

Olumide Ogunsanwo: Suorituskyky tietyntyyppisillä kursseilla korreloi voimakkaasti altistumisen kanssa.

Achani Samon Biaou: Todellakin. Se oli ensimmäinen kerta, kun tajusin merkityksettömyyteni.

Olumide Ogunsanwo: Vau. Miksi käytät niin vahvaa sanaa "merkittävyys"?

Achani Samon Biaou: Tulin toiseksi vain kerran, kun olin maaseudulla, joten tunsin niin paljon vihaa itseäni kohtaan. Kyselin, aloinko luisua ja miksi en pystynyt säilyttämään kärkipaikkaa.

Olumide Ogunsanwo: Lapsena panit paljon egoa ollaksesi paras. Egosi liittyi siihen. Sitäkö sinä tarkoitat?

Achani Samon Biaou: En tiedä kutsuisinko sitä sellaiseksi.

Olumide Ogunsanwo: Et halua myöntää sitä, mutta siltä se kuulostaa. Siksi sinua loukkaantui.

Achani Samon Biaou: Minusta tuntui, että minun olisi pitänyt ennakoida ja tehdä kaikki, mikä oli tarpeen tullakseni ensimmäiseksi. Haluani olla ykkönen ei ruokkinut itseni vertaamista muihin, vaan henkilökohtainen haluni loistaa.

Olumide Ogunsanwo: Ymmärrän. Se ei ollut suhteessa muihin ihmisiin. Olin myös sisäisesti motivoitunut menestymään muiden suorituksista riippumatta. Se ei johtunut siitä, että vertasin itseäni muihin ihmisiin.

Achani Samon Biaou: Ensimmäisen kokeen jälkeen. Sijoituin toiseksi. Hän hallitsi kaikkea, mikä ei ollut matematiikkaa ja fysiikkaa. Se oli minulle herätys, koska tajusin, että ranskan kielen menestyminen ei ollut vain tahdonvoimaa; Minun piti panostaa enemmän valmistautumiseen. Tämä toinen opiskelija paljasti puutteeni ja epätäydellisyyteni, ja olin hetken vihainen. Yritin järkeistää huonompaa suorituskykyäni kaikenlaisilla tekosyillä, kuten "hän on valtioministerin poika, joten tietysti hän saa kaikki nämä ylimääräiset resurssit ilmaiseksi".

Hetken aikaa en pitänyt hänestä, ja huomasin hänen olevan liian intensiivinen ja kireä.

Olumide Ogunsanwo: Hän ei ollut tarpeeksi leikkisä.

Achani Samon Biaou: Joo, hän ei ollut leikkisä ollenkaan. Sanoisin ystävilleni: "Hän ei ole siisti lapsi."

Lopulta tajusin, että olin kusipää. Tilanne oli kaikki tarvittava motivaatio. Kävin kirjakaupassa ja käytin puolet kuukausirahastani ostaakseni kaikki klassiset ranskalaisen kirjallisuuden kirjat, joita löysin. Jotta niihin olisi varaa, jätin väliin yhden aterian päivässä enkä kertonut asiasta vanhemmilleni.

Olumide Ogunsanwo: Aloititko uuden nälkäruokavalion? [Nauru]

Achani Samon Biaou: Joo. Tulin siihen tulokseen, että minun ei tarvinnut opiskella niin paljon matematiikkaa ja fysiikkaa. Sen sijaan luin kirjallisuuskirjoja ja opin uusia sanoja. Vuodessa muutin kirjallisuuden jälkeen jääneestä melkein kilpailukykyiseksi. Sama historian kanssa. Omistan koko loma-aikani ennen juniorivuotta opiskelulle. Tein kovasti töitä ja olin valmis murskaamaan hänet palattuani Cotonouhun.

Olumide Ogunsanwo: Olit intensiivinen.

Achani Samon Biaou: Intensiteettini laukaisi avuttomuuden tunne. En voinut olla miettimättä, pystynkö enemmän kuin mitä teen tällä hetkellä. Kun palasin kouluun kesätauon jälkeen, olin järkyttynyt kuullessani, että suurin kilpailijani oli siirtynyt ranskalaiseen kouluun Beninissä, mikä helpottaisi hänen siirtymistä myöhemmin yliopistoon Ranskaan. Minusta tuntui, että hän oli paennut.

Kerron tämän tarinan korostaakseni haluani olla erinomaisten ihmisten ympäröimänä, vaikka he eivät olisikaan samoja aiheita, joissa menestyin hyvin. Toivon, että olisin ollut alttiina sellaisille henkilöille varhaisemmassa iässä. Jälkeenpäin katsoessani näen osan maaseudulla viettämästäni vuodesta mahdollisesti hukkaan heitetyinä, koska olin vain keskimääräisten luokkatovereiden ympäröimänä, enkä ollut altistunut huippusuorituskykyisille opiskelijoille.

Kuvittele, jos minulla olisi mahdollisuus olla vuorovaikutuksessa Bill Gatesin kaltaisen henkilön kanssa nuorena.

Olumide Ogunsanwo: Erona on nyt Internet. Ihmisillä on välitön altistuminen, vaikka olisit maailman paras. Kasvoimme ennen kuin tietokoneet ja Internet olivat todella asia. Jos luet tätä nyt, se on sinulle helpompaa.

Achani Samon Biaou: Opin arvokkaan oppitunnin, johon liittyi jonkin verran kipua. Olen pahoillani, etten tavannut ystävääni aikaisemmin, ehkä jopa ollessani pohjoisessa. Jos olisin tavannut hänet aikaisemmin, olisin voinut kehittää kiinnostukseni ranskaa ja maantiedettä kohtaan aikaisemmin elämässäni.

Ymmärrän nyt, että kun opin tietyllä alueella, on helppo unohtaa edessä olevа kasvu ja kehitys. Tästä syystä olen tietoisesti pyrkinyt etsimään uusia kokemuksia ja laajentamaan näkyvyyttäni. Matkustan usein, saan uusia ystäviä ja pyrin aktiivisesti ymmärtämään uusimpia ideoita ja trendejä eri aloilla.

Nähdään seuraavassa luvussa!

2C: Itseluottamuksen ja itseluottamuksen periaatteet

Olumide Ogunsanwo: Kirjan jokaisessa luvussa aloitamme puhumalla elämäntarinoistamme ja sitten puhumme tietyistä taloudellisen riippumattomuuden periaatteista, jotka mielestämme liittyvät tarinoihin. Tässä luvussa aiomme puhua itseluottamuksen ja itseluottamuksen periaatteista. Aloitetaan itseluottamuksesta.

Itseluottamus on ihmisen uskoa kykyynsä saavuttaa tavoitteensa ja voittaa esteitä. Taloudellinen riippumattomuus vaatii sinun ryhtymistä toimiin, ja nämä toimet perustuvat ajattelutapaasi. Siksi itseluottamus, joka sisältää oman käsityksen, itsearvon ja tavan käsitellä tietoa, on yksi ensimmäisistä askeleista kohti taloudellista riippumattomuutta.

Achani Samon Biaou: Jos olet matkustaja, joka käy läpi elämääsi tekemässä sitä, mitä muut tekevät, taloudellisen riippumattomuuden saavuttaminen voi olla vaikeaa. Se vaatii toimia. Toimiakseen sinun on kyettävä uskomaan siihen, koska yhteiskunnan mukaan eläkkeelle voi jäädä vasta 70-vuotiaana. Saatat alkaa ajatella, että taloudellisesti itsenäistyminen vaatii poikkeuksellista vaivaa tai taitoja, joita sinulla ei ole. Sinun on voitettava se ja uskottava, että sinulla on kyky saavuttaa taloudellinen riippumattomuus ja että se on jotain, jota todella haluat.

Olumide Ogunsanwo: Itseluottamuksen voima ei tule taloudellisesta riippumattomuudesta, vaan siitä, että tekee jotain merkityksellistä elämässä.

Useimmissa omaelämäkerroissa käännekohta on, kun henkilö ymmärtää, että hän voi todella muuttaa maailmaa. He voivat todella tehdä jotain, jolla on merkitystä. Ihminen on äärimmäisen kykenevä olento, mutta vain jos he uskovat, että heillä on voima. Jos et usko, että sinulla on valtaa, et tee mitään.

Esimerkiksi ihmiset, jotka uskovat voivansa tulla presidentiksi, ottavat todennäköisemmin askeleita kohti tätä tavoitetta kuin ne, jotka eivät ymmärrä mahdollisuutta. Vaikka tämä luku keskittyy lapsuuden kokemuksiin, sen opetukset koskevat kaikenikäisiä.

Sinun ei tarvitse pysyä samalla polulla, joka on tuonut sinut tähän pisteeseen elämässä. Saattaa olla muitakin tapoja saada elämältä mitä haluat jatkamatta nykyistä suunnitelmaasi. Oppiminen on ajattelutavan muuttamista ja itsensä altistamista erilaisille ajattelutapoille.

Jos luet tätä kirjaa, asut luultavasti Euroopassa tai Amerikassa tai rikkaammassa osassa kehitysmaita. Tämä tarkoittaa luultavasti sitä, että sinulla on useita etuja, joita muut ympäri maailmaa eivät voi edes kuvitella (selkeä mieli, terve vartalo ja pääsy mihin tahansa haluamaasi tietoon Internetin kautta milloin tahansa). Aloituskohtasi on muuttaa ajattelutapaasi uskomaan, että kaikki on mahdollista elämässäsi. Tämä näkökulma lisää tietoisuuttasi löytää ja hyödyntää resursseja, jotka ovat aina olleet käytettävissäsi.

Achani Samon Biaou: Sinun on kyettävä luomaan vauhtia. Mitä se tarkoittaa itseluottamuksen kannalta? Ensinnäkin sinun on asetettava ympäristöösi asioita ja ihmisiä, jotka saavat sinut uskomaan, että pystyt siihen, ja poista asiat ja ihmiset, jotka saavat sinut uskomaan päinvastaiseen.

Olumide Ogunsanwo: Vaikka he ovat perhettäsi ja ystäviäsi. Osa syy siihen, miksi joillakin ihmisillä on negatiivinen minäkuva, johtuu siitä, että heidän kumppaninsa, aviomiehensä, vaimonsa, tyttöystävänsä, sisarensa, isänsä, äitinsä, opettajansa, pomonsa jne. ovat kertoneet heille negatiivisia asioita. Sinun on erotettava itsesi näistä ihmisistä ja päästävä paikkaan, jossa uskot olevasi arvoinen.

Muuten nämä negatiiviset vaikutukset vetävät sinut takaisin. Mitä vanhemmaksi tulee, sitä helpompaa se on. Vanhemmat ihmiset näyttävät olevan rauhassa itsensä kanssa ja pitävät vähemmän tärkeänä muiden ihmisten käsitystä heistä, koska he ovat saaneet tiedon siitä, että itsearvo tulee sisältä ja että muut ihmiset eivät ole heistä niin huolissaan kuin luulisi. Jos olet nuorempi, voit myös alkaa viljellä tätä ja ymmärtää, että muut välittävät paljon enemmän itsestään eivätkä käytä aikaa sinua ajattelemiseen. Siksi kukaan ei voi määritellä kuka olet. Sinä määrittelet arvosi elämässä.

Achani Samon Biaou: Jotta uskot itseesi, sinun on koulutettava mieltäsi luottamaan kykyihisi. Yksi tehokas tapa on ottaa pieniä askeleita kohti tavoitteitasi, mikä rakentaa onnistumisen tunnetta ajan myötä. Aivan kuten lapset, jotka ovat loistavia harrastuksissa, urheilussa tai akateemikassa varhaisesta iästä lähtien, uskovat vahvemmin kykyihinsä, voit kehittää tapaa uskoa itseesi johdonmukaisella harjoittelulla. Esimerkiksi tennistä säännöllisesti pelaavat lapset hiovat taitojaan säännöllisesti harjoittelemalla, mikä lisää luottamusta kykyihinsä menestyä tenniksen lisäksi myös muissa lajeissa.

Poista aktiivisesti ihmiset, jotka saavat sinut uskomaan, että et voi tehdä asioita, ja lisää positiivisia vaikutteita, jotka saavat sinut tuntemaan olosi kykeneväksi saavuttamaan tavoitteesi elämässä.

Olumide Ogunsanwo: Tämä kirja vetoaa altavastaaviin, ulkopuolisiin, vähemmistöihin ja maahanmuuttajiin. Tietenkin kirja on tarkoitettu kaikille, koska taloudellisen riippumattomuuden periaatteet ovat yleismaailmallisia.

Jos tunnistat itsesi altavastaajaksi, ulkopuoliseksi, vähemmistöksi tai maahanmuuttajaksi, on tärkeää ymmärtää, että uudet tilanteet voivat koetella itseluottamustasi ja itseluottamustasi. Valmistautumalla etukäteen voit pysyä joustavana ja keskittyneenä navigoidessasi tuntemattomalla alueella. Jos esimerkiksi olet ugandalainen maahanmuuttaja, joka muuttaa Etelä-Dakotaan, pääset uuteen ympäristöön, jossa yli 90 % ihmisistä ei ehkä näytä tai käyttäydy kuin sinä. Sinun tulisi kaksinkertaistaa itsemyötätuntosi ja itsestäsi huolehtiminen säilyttääksesi itseluottamuksesi ja omakuvasi, kun navigoit tämän uuden ympäristön haasteissa.

Achani Samon Biaou: Haluan korostaa identiteettiin liittyvää asiaa. Maahanmuuttajaperheet kohtaavat usein haasteen kasvattaa lapsia, jotka tuntevat olevansa erillään kulttuurisista juuristaan ja kamppailevat identiteettikriisin kanssa.

Yksi tehokas tapa ratkaista tämä on rohkaista lapsia omaksumaan kulttuuriperintönsä täysin, esimerkiksi puhumalla äidinkieltään tai vierailemalla kotimaassaan. Tämä auttaa lapsia tuntemaan olonsa mukavammaksi ja voi johtaa vahvempaan identiteetin tunteeseen ja itseluottamukseen. Tässä lähestymistavassa lapset voivat täysin syleillä juurensa ja sanoa esimerkiksi olevansa nigerialaista alkuperää olevia amerikkalaisia. He omaksuvat tämän identiteetin täysin häpeämättä sitä.

Vaihtoehtoisesti jotkut maahanmuuttajaperheet voivat halutessaan omaksua täysin muuttaman maan identiteetin, esimerkiksi rohkaista lapsiaan omaksumaan amerikkalaisen identiteettinsä. On tärkeää sitoutua täysin yhteen lähestymistapaan sen sijaan, että ottaisimme puolivälin, mikä voi johtaa hämmennykseen ja epäselvyyteen omassa itsetuntossaan.

Olumide Ogunsanwo: Itseluottamusta muokkaavat sekä sisäiset että ulkoiset tekijät, mukaan lukien ympäristösi. Vaikka voit hallita ympäristöäsi enemmän vanhetessasi, lapset ovat suurelta osin riippuvaisia vanhemmistaan ja opettajistaan ympäristönsä muokkaamisessa. Siksi on ratkaisevan tärkeää, että vanhemmat ja opettajat rohkaisevat lapsia positiiviseen minäkuvaan, itsearvoon ja uskoon itseensä. Ilman vahvaa itseluottamusta lapset voivat kohdata merkittäviä psykologisia esteitä parantaakseen itsekuvaansa ja murtaessaan negatiivisia malleja myöhemmin elämässä, kun he lopulta lähtevät henkilökohtaisen kehityksen ja taloudellisen itsenäisyyden matkalle.

Jotkut kirjasuositukset auttavat kehittämään itseluottamuksen harjoittamista ja elämäntapaa:

Ensinnäkin Victor Franklin " Ihmisen etsintä ". [1]Tarina holokaustista selvinneestä, joka huolimatta uskomattomista haasteista natsien keskitysleirillä, uskoi edelleen kykyynsä löytää tarkoituksensa.

Brian Tracyn " Maksimaalinen saavutus ". [2]Huolimatta merkittävistä vaikeuksista, kuten päivätyöntekijänä työskentelystä, koulun keskeyttämisestä ja perheensä tuen puutteesta, Brianille kehittyi lopulta vahva itseluottamus. Tämä usko itseensä auttoi häntä käynnistämään henkilökohtaisen kehityksensä ja luomaan tyydyttävän elämän itselleen.

Nämä kaksi kirjaa voivat auttaa ihmisiä parantamaan uskoaan itseensä ja ymmärtämään rajattomat potentiaalinsa. Todellinen muutos alkaa ajattelutavan, filosofian, asenteen ja sisäisen vuoropuhelun parissa työskentelemisestä. Vain silloin voit ryhtyä toimiin henkilökohtaisen kehityksen ja taloudellisen riippumattomuuden edistämiseksi.

Nyt kun olemme päättäneet uskomme itseemme, siirrytäänkö siihen liittyvään omavaraisuuden käsitteeseen?

Achani Samon Biaou: Kyllä. Omavaraisuus on luottamista omiin ponnisteluihin ja kykyihin. Kuvittele kaksi lasta, joita pyydetään ottamaan lasi korkeasta laatikosta. Yksi lapsi voi etsiä jotain, jonka päälle kiivetä sen saadakseen, toinen lapsi voi soittaa vanhemmalleen ja pyytää, että hänet nostetaan. Ensimmäinen lapsi on itsenäinen. Toinen miettii edelleen tukijärjestelmää.

Olumide Ogunsanwo: On kaksi tapaa ajatella lähestyä ongelmanratkaisua. Voit joko (1) ajatella luovasti, kuinka voit ratkaista ongelman itse tai (2) miettiä, kuka voi auttaa sinua ratkaisemaan ongelman.

1. https://www.amazon.com/Mans-Search-Meaning-Viktor-Frankl-ebook/dp/B009U9S6FI

2. https://www.amazon.com/Maximum-Achievement-Strategies-Skills-Succeed-ebook/dp/B004PY-DB1C

Omavaraisuuden puutteen ongelma on se, että muihin ihmisiin luottaminen edustaa vain osaa koko ratkaisuavaruudesta. Ihminen on tietysti yhteisöllinen laji, joten on luonnollista löytää ihmisiä auttamaan sinua luomaan ratkaisuja. Jos kuitenkin valitset oletuksena, kuinka muut ihmiset voivat auttaa sinua, et todennäköisesti ajattele täysillä. Joskus vain sinä voit ratkaista ongelman.

Achani Samon Biaou: Jos sinun on valittava täydellisen riippumattomuuden ääripään ja täydellisen riippuvuuden välillä, on parempi aloittaa itsenäisyyden äärimmäisyydestä. Jos vietät koko elämäsi pyytäen ihmisiä tekemään asioita puolestasi, et koskaan opi tekemään asioita. Ja kun nuo ihmiset ovat poissa, sinua kussataan.

Omavaraisuudesta aloittaminen auttaa sinua ymmärtämään ongelman luonteen. Kun yrität ratkaista ongelmia itse, pystyt paremmin arvioimaan kenen tahansa muun työn laatua, jonka kanssa saatat päätyä kumppanuuteen.

Omavaraisuus on myös välttämätöntä taloudellisen riippumattomuuden saavuttamiseksi. Se juurruttaa uteliaisuuden tunteen, joka saa sinut oppimaan ratkaisemaan ongelmia, ja tuloksena oleva saavutuksen tunne voi olla syvästi palkitsevaa. Kun suoritat tehtävän itse, tunnet ylpeyttä itsestäsi ja tämä positiivinen palaute rohkaisee sinua tarttumaan uusiin haasteisiin.

Omavaraisuus on hyveellinen kierre, joka voi johtaa suurempaan itsenäisyyteen, menestykseen ja henkilökohtaiseen tyytyväisyyteen.

Olumide Ogunsanwo: Samon ja minä harkitsimme varhaisen vastuullisuuden periaatetta, kun pohdimme tämän luvun käsitteitä. Tämä idea sai inspiraationsa Samonin lapsuuden kokemuksista, joissa hän sai pienestä pitäen mahdollisuuden kokeilla erilaisia asioita ja ottaa vastuuta. Varhainen vastuullisuus ja riippumattomuus liittyvät läheisesti toisiinsa.

Vanhempana kannattaa pohtia, kuinka nämä kaksi käsitettä toimivat yhdessä. Lapselle vastuun antaminen ja kykyjensä syrjäyttäminen voi olla hyödyllistä hänen kehityksensä kannalta. Näet, että uskot heille tehtäviä, heistä tulee itsenäisempiä, mikä on arvokas ominaisuus aikuisena.

Omavaraisuuden vastakohta on luottaa kaikkiin muihin auttamaan sinua ratkaisemaan elämäsi ongelmat. Taloudellinen riippumattomuus edellyttää kuitenkin, että teet päätöksiä ja toimia, jotka muuttavat nykyistä kehityskulkuasi ja asettavat sinut paremmalle henkilökohtaiselle taloudelliselle tielle. Kuinka voit luottaa muihin, kun olet vastuussa toimista? Et voi, joten opettele luottamaan itseesi.

Oletetaan esimerkiksi, että sinun on vähennettävä asumiskustannuksiasi, koska se auttaa sinua tulemaan taloudellisesti itsenäiseksi tiettyyn ikään mennessä. Onko parempi ensin kysyä ihmisiltä, kuinka he ovat alentaneet asumiskustannuksiaan? Miten heidän vastauksensa soveltuisi sinuun, kun vain sinä tiedät, millainen asumistilanne sopii ainutlaatuiseen makuun, mieltymyksiisi ja toiveihisi? On varmasti parempi aloittaa sisältä ennen ulkopuolisen avun hakemista.

Achani Samon Biaou: Mitä ihmiset voivat tehdä kehittääkseen omavaraisuuttaan? Älä osta lapsillesi vain videopelejä tai rahanhallintaa simuloivia pelejä, vaan rohkaise heitä käsittelemään oikeaa rahaa.

Sinun ei tarvitse johtaa yritystä opettaaksesi heille taloudellista vastuuta – kotitalouden budjetin hallinta on loistava tapa aloittaa. Voit esimerkiksi antaa heille budjetin kotitalouskuluja varten ja pyytää heitä auttamaan kulujen hallinnassa ja hyväksymisessä. Tämä antaa heille omistajuuden tunteen ja opettaa heille arvokkaita taitoja. Lisäksi voit antaa heille kuitit ruokaostosmatkoista, jotta he voivat harjoitella mielenlaskentaa ja ymmärtää asioiden kustannukset ja sen vaikutuksen kotitalouden budjettiin. Tarjoamalla tämän tyyppisiä tosielämän oppimismahdollisuuksia voit auttaa lapsiasi kehittämään omavaraisuutta ja kasvamaan vastuullisemmaksi aikuiseksi.

Olumide Ogunsanwo: Selitä, miten verot toimivat. Jos he kysyvät, miksi maksoit 42 dollaria, kun kaikkien ostamiesi tuotteiden summa oli 40 dollaria, kerro heille, koska 2 dollaria menee hallitukselle myyntiverona.

Achani Samon Biaou: Aivan, Yksi tapa auttaa lapsia kehittämään ongelmanratkaisutaitoja on saada heidät käsittelemään yksinkertaisia kulujen hallintaan liittyviä ongelmia. Voit esimerkiksi kysyä heiltä kysymyksiä, kuten "Mitä meidän on vähennettävä tai lisättävä kulujemme optimoimiseksi?" Tämä voi auttaa heitä kehittämään kriittistä ajattelua ja vastuuntuntoa. Kun vanhemmat sanovat, että lapset ovat liian pieniä tekemään tiettyjä asioita, se johtuu usein siitä, että vanhemmat eivät osaa tehdä sitä oikein. Jotkut vanhemmat sanovat "anna lasten olla lapsia". Meidän on oltava varovaisia, ettemme sekoita asioita. En käske sinua rekisteröimään lapsiasi lapsityövoiman käyttöön.

Olumide Ogunsanwo: Tai lähetä heidät sotakouluun [Naurua]

Achani Samon Biaou: Et saa hidastaa lapsesi kasvua. Uskon, että jos lapsesi ei hoida talouttasi kotona, hän on todennäköisesti jo jäljessä elämässä. Olin 7-vuotiaana tekemässä isäni yrityksen kirjanpitoa. Voit antaa lapsesi hoitaa kotitalouden kirjanpidon ennen kuin hän täyttää 10 vuotta, ja olen melko varma, että kotitalouden kirjanpito on vähemmän monimutkaista kuin yrityskirjanpito.

Olumide Ogunsanwo: Tämä liittyy niin läheisesti itseluottamukseen. Jos sinulla on aikuisena, vanhempana korkea itsetunto ja luottamus itseesi, annat todennäköisemmin vastuuta lapsellesi. Jos epäilet itseäsi, sinulla on alhainen itsetunto, et ehkä ole valmis antamaan vastuuta lapsellesi. Siksi yhdistimme kaikki nämä käsitteet yhteen - itseluottamus, omavaraisuus ja varhaislapsuuden vastuu.

Vanhetessaan joutuu kantamaan vastuuta omasta elämästään. Minusta on outoa, että jotkut ihmiset, jotka eivät ole enää lapsia ja voivat olla 20-30-vuotiaita, puhuvat edelleen siitä, mitä heidän vanhempansa tekivät heille heidän ollessaan lapsia. Olen pahoillani tästä, mutta kun olet yli 18-vuotias, sinun on otettava vastuu elämästäsi.

Kannustan ihmisiä ymmärtämään, hyväksymään, oppimaan ja siirtymään eteenpäin siitä, mitä heille tapahtui lapsena. Osa vastuullisuudesta ja elämästäsi ottamista on päästää irti menneisyydestä, antaa anteeksi ihmisille, jotka loukkasivat sinua ja eivät vastanneet odotuksiasi.

Tiedän, että se on helppo sanoa, enkä tiedä jokaisen erityistilannetta. Ymmärrän, että. Olen varma, että kaikki käyvät läpi asioita, mutta aikuisena sinun on parempi oppia tarvitsemasi menneisyydestä ja jatkaa eteenpäin. Anna anteeksi kaikille, jotka ovat tuottaneet sinulle pettymyksen ja jatka eteenpäin ja ota vastuu omasta elämästäsi. Älä keksi tekosyitä. Usko itseesi, luota itseesi ja odota saavasi elämältä kaiken, mitä haluat.

Älä anna eilisesi ihmisten vaikuttaa tähän päivään. Älä anna menneisyytesi haamujen ahdistella nykyistä todellisuuttasi. Sinulla on vielä koko elämä edessäsi nauttiaksesi kuten haluat. Heitä kohtaan osoittamasi kauna ovat ketjuja, joita pidät välillisesti itseäsi vastaan. On vaikea uskoa itseesi tai omaa korkeaa itsetuntoa, jos pidät edelleen kiinni lapsuutesi kaunasta. Itsensä anteeksiantaminen on matka, jolle me kaikki voimme lähteä vapauttamalla itsemme menneisyyden otteesta ja vahvistamalla itseämme luomaan haluamamme tulevaisuuden.

Achani Samon Biaou: Aion esittää kommentteja, jotka kuulostavat kiistanalaisilta, mutta niiden ei pitäisi olla sitä. Jos käytät varallisuuttasi estääksesi lapsesi itsenäistymisen, teet hänelle karhunpalvelun. Jos esimerkiksi lennät bisnesluokassa ja olet lapsesi kanssa, laita hänet turistiluokkaan muun maailman kanssa. Lapsella ei ole liiketoimintaa bisnesluokassa. Kausi.

Toiseksi, jos kokemuksesi lapsesi kanssa sisältää käyntiä aina hienoissa ravintoloissa, yritä viedä hänet myös yksinkertaisiin ravintoloihin, jotta heillä on erilaisia näkökulmia.

Olumide Ogunsanwo: Kuten McDonald's [Naurua]

Achani Samon Biaou: Jos lapsesi pyytää sinulta rahaa ostaakseen jotain ylellistä, anna hänelle kolmasosa rahasta. Pyydä heitä löytämään tapa saada kolmasosa, tule takaisin ja ehkä annat heille jäljellä olevan kolmanneksen. Aseta lapsesi omavaraisuuden tielle.

Ja kuten Olumide sanoi aiemmin, jotkut ihmiset ovat vanhempia, naimisissa jne. ja silti he puhuvat siitä, mitä heidän vanhempansa tekivät heidän hyväkseen lapsena. Et vain todennäköisesti tuhoa suhdettasi, etkä myöskään kasva aikuiseksi. Etsi tapoja käsitellä asioita itse. Et ole kasvanut ennen kuin olet löytänyt tapoja käsitellä asioita itse, riippumatta siitä, mitä vanhempasi, ystäväsi tai perheesi tekivät sinulle.

Älä myöskään mene yliopistoon lähellä perhettäsi, kun olet 18-vuotias ja olet menossa yliopistoon. Mene kauas, missä vanhempasi eivät helposti tavoita sinua. Ala laittaa vanhempiesi rahoja syrjään ja pyrkiä kasvattamaan niitä.

Älä pyydä vanhempiasi antamaan sinulle tavaroita, vaan pyydä heiltä lainaa. Aseta itsesi asemaan, jossa sinun on otettava täysi vastuu asioista, jotka vaikuttavat elämääsi.

Olumide Ogunsanwo: Kiinteän ja kasvun ajattelutapa liittyy läheisesti toisiinsa. Kiinteä ajattelutapa tarkoittaa, että tulen tähän maailmaan joukolla taitoja, kykyjä, tietoja, älyä, ja ne pysyvät koko loppuelämäni ajan.

Kasvuajattelu on päinvastainen. Tulen tähän maailmaan joukolla taitoja, tietoja, älyä, kykyjä, ja voin kasvattaa ja kehittää niitä ajan myötä. Olin järkyttynyt siitä, että joku uskoisi kiinteään ajattelutapaan, koska selvästi opimme ja kasvamme koko ajan. Kasvat, kehityt, opit ja kokeilet jatkuvasti uusia asioita, ja on tärkeää, että ihmiset saavat sen omaan ajattelutapaansa mahdollisimman varhaisessa vaiheessa.

Voit oppia mitä haluat. Juuri nyt, olen 38-vuotias, voisin päättää ryhtyä astronautiksi, käydä kursseilla, hankkia tutkinnon ja ryhtyä astronautiksi. Kuinka kukaan voi uskoa, että se ei ole mahdollista sinulle, jos muut ihmiset tekevät niin? Tietysti voit tehdä sen. Olet ihminen, jolla on rajattomasti potentiaalia, ja voit tehdä mitä haluat.

Saatat uskoa, että muut ihmiset ovat parempia, älykkäämpiä, houkuttelevampia kuin sinä, ja siksi ansaitset elämältä enemmän kuin sinä. No, olen täällä kertomassa sinulle, että se ei ole totta. Olet kehittänyt alemmuuskompleksin, josta voit irtautua. Se, että edes uskot tämän, palaa itseluottamukseen. Siksi tämä luku on niin tärkeä.

Itsetuntosi saa sinut uskomaan, että olet huonompi kuin muut ihmiset. Et ole. Ihminen on äärimmäisen voimakas. Jos käytät aikaa uusien taitojen oppimiseen, tiedon hankkimiseen, ihmisten tapaamiseen, voit oppia ja tehdä mitä tahansa. Kasvun ajattelutapa on erittäin tärkeä, ja sinun on tärkeää kehittää sitä mahdollisimman varhain, koska se rakentuu itsestään. Siitä tämä kirja alkoi. Vuonna 2020 uskoin pystyväni tekemään podcastin ja tapasin Bankolen ja aloitimme Afrobilityn. Ja podcastin ansiosta Samon ja minä loimme tämän FIREDOM-kirjan.

Achani Samon Biaou: Ennen kuin lapsesi ovat tarpeeksi älykkäitä kapinoimaan, haastattele heidän ystäviään ja estä ne, jotka eivät läpäise haastattelua, näkemästä lapsiasi. Annan sinulle esimerkkihaastattelukysymyksen, kysy lapsesi mahdolliselta ystävältä, kuinka hyviä hän on matematiikassa. Jos he vastaavat, etteivät he vain ole hyviä matematiikassa, estä lastasi heti näkemästä näitä ystäviä.

Toinen tärkeä huomioitava seikka on se, että kalliit koulut eivät välttämättä vastaa hyviä kouluja. Kun on kyse lasten lähettämisestä kouluun, on kaksi pääsyytä: sosiaalistaminen ja oppiminen. Vanhempana sinun tulee harkita huolellisesti, mitä toivot saavuttavasi sosialisoinnilla. Jos on koulu, jossa suurimmalla osalla oppilaista on myönteinen asenne "Voin tehdä mitä tahansa", saattaa olla hyvä idea ilmoittaa lapsesi kyseiseen kouluun. Tämä johtuu siitä, että lapset, jotka ovat erittäin vaikutuksellisia, omaksuvat ympärillään olevien ajattelutavan ja käyttäytymisen.

Kun toimin tutorina Ranskassa, huomasin, että monet lapset siirtyivät ajatusmaailmasta "Matematiikka on vaikeaa" hyväksytyksi arvostettuihin valmentaviin kouluihin. Pystyin auttamaan heitä haastamaan negatiivisen kertomuksen, jolle he olivat alttiina, ja muuttamaan näkökulmaansa, mikä johti lopulta heidän menestykseensä.

Olumide Ogunsanwo: Väite "en ole hyvä X" ei ole rakentava, koska se edustaa itserajoittavaa uskomusta. En esimerkiksi koskaan sanoisi, etten ole hyvä jossain, esimerkiksi ruoanlaitossa, koska tiedän, että minun tarvitsee vain mennä Internetiin, ladata reseptejä ja harjoitella, toistaa ja kehittyä paremmaksi. Sanominen, etten ole hyvä X:ssä, on itserajoittava usko, koska itseluottamuksesi ja itsetuntosi eivät ole siellä, missä niiden pitäisi olla. Ymmärrä, että jos toinen ihminen voi tehdä jotain, voit myös tehdä sen. He käyttivät aikaa oppiakseen sen. Tämä tarkoittaa, että voit myös oppia sen.

Yhteenvetona voidaan todeta, että omavaraisuuden edistämiseksi on ratkaisevan tärkeää hylätä itseään rajoittavat uskomukset ja omaksua kasvun ajattelutapa. Jos etsit resursseja avuksi tässä prosessissa, tässä on joitain suositeltuja kirjoja omavaraisuudesta:

Ensimmäinen kirja on Gene Simmonsin " Me, Inc ". [3]Se on mahtavaa! Se kertoo siirtolaisesta, joka muutti Amerikkaan, sopeutui amerikkalaiseen järjestelmään, oppi puhumaan englantia ja hänestä tuli Kissin, yhden maailman historian suurimmista rock-bändeistä, laulaja. Hämmästyttävä! Rakastan tätä kirjaa. Yksi aliarvostetuimmista koskaan kirjoitetuista kirjoista.

Kaksi Ayn Randin kirjaa, " The Fountainhead [4]" ja " Atlas Shrugged [5]". Ayn Rand on uskomaton kirjailija, koska hänen kirjansa käsittelevät ihmisten potentiaalin ymmärtämistä tehdä suuria asioita, jos he uskovat itseensä ulkoisista olosuhteista riippumatta.

Lopuksi Mitch Albomin " Tiistai Morrien kanssa [6]". Kirja sukeltaa elämän syvällisiin puoliin ja opettaa meille myötätunnon, rakkauden ja hyväksymisen arvoa. Yksi vaikuttavimmista opetuksista, jotka sain siitä pois, on se, että hyväksymällä kuolevaisuutemme ja tunnustamalla, että kuolema odottaa meitä kaikkia, saamme ainutlaatuisen näkökulman itseluottamuksen, itsensä anteeksiantamisen ja itserakkauden harjoittamiseen. Se toimii voimakkaana muistutuksena siitä, että elämä on hauras ja rajallinen, ja se kehottaa meitä elämään aitoudella, ystävällisyydellä ja kiitollisuudella.

Mahtava! Tällä suljemme tämän luvun ja nähdään seuraavassa.

---

3. https://www.amazon.com/Me-Inc-Build-Unleash-Business-ebook/dp/B00I2PG3TW
4. https://www.amazon.com/Fountainhead-Ayn-Rand-ebook/dp/B002OSXDAU
5. https://www.amazon.com/Atlas-Shrugged-Ayn-Rand-ebook/dp/B003V8B5XO
6. https://www.amazon.com/Tuesdays-Morrie-Greatest-Lesson-Anniversary/dp/076790592X

3: Yliopistotarinoita ja itsenäisen ajattelun ja uteliaisuuden periaatteet

Olumide Ogunsanwo: Tämä luku kertoo Samonin ja minusta muuttamisesta uusiin maihin ja yliopisto-opintojen aloittamisesta nuorina aikuisina. Se on merkityksellinen kaikille ulkopuolisille tai altavastaajille, joille ympäristö on uusi. Odotan innolla keskustelua, Samonin eurooppalaisten yliopistoseikkailujen oppimista ja amerikkalaisten yliopistoseikkailujeni muistelemista.

Achani Samon Biaou: Odotan myös innolla, että pääsen tutkimaan periaatteita, jotka olivat tärkeimpiä noiden yliopistovuosien aikana:

Uteliaisuus, johon kuuluu pitää kaikki aistisi auki, ottaa kaikki sisään ja ihmetellä asioita, jotka eivät ehkä ole aivan edessäsi

Itsenäinen ajattelu, joka edellyttää omien arviosi tekemistä, kun otat maailmaa vastaan, koska FOMO (Fear Of Missing Out) on jatkuvasti olemassa.

Olumide Ogunsanwo: Ole utelias ja mieti itse, mikä voisi olla tärkeämpää kuin nämä kaksi asiaa?

Achani Samon Biaou: Olen innoissani voidessani keskustella siitä, kuinka pystyimme altistamaan itsemme uusille ympäristöille ja pidätämme oikeuden olla ainoa suvereeni päättäjä elämästämme.

3A: Olumiden yliopiston tarina

Achani Samon Biaou: Missä ja milloin yliopistokokemuksesi alkoi ja päättyi?

Olumide Ogunsanwo: Yliopistokokemukseni alkoi, kun olin 16 (vuonna 2001) ja päättyi 21-vuotiaana (vuonna 2006).

Achani Samon Biaou: Oliko kokemuksesi samassa maassa?

Olumide Ogunsanwo: Kävin kahdessa eri yliopistossa. Ensisijainen yliopistokokemukseni oli Amerikassa 17-21-vuotiaana. Sitä ennen kävin kuitenkin myös Nigerian yliopistossa lyhyen aikaa 16-17-vuotiaana. Tässä keskustelussa puhun molemmista näitä kokemuksia.

Aluksi aloitin yliopistomatkani Lagosin yliopistossa (UNILAG) Nigeriassa vuonna 2001. Ajoin kouluun joka päivä ja tämä uusi itsenäisyys perheestäni oli vapauttavaa. Tunsin, että minulla oli enemmän valtaa ja valtaa elämässäni.

Vuotta myöhemmin, 17-vuotiaana, muutin Illinois Institute of Technologyn (IIT) Amerikkaan jatkamaan yliopisto-opintojani. Valmistuin kemiantekniikaksi, koska pidin matematiikasta, fysiikasta ja kemiasta. Muistan, kun ensimmäisen kerran laskeuduin Chicagoon, ympäristö vaikutti mukavammalta ja puhtaammalta kuin Lagosissa. Se oli myös ensimmäinen kokemukseni pesukoneesta, kuivapesulasta, myyntiautomaatista ja ruuan tilaamisesta ravintolasta.

Keskitytään nyt kokemukseni taloudelliseen puoleen. Se oli minulle tilaisuus hallita budjettiani. Vanhempani antoivat minulle summan rahaa ja käskivät minun selvittää, kuinka hallita sitä Amerikassa.

Achani Samon Biaou: Onko tavallista, että nigerialaiset vanhemmat tekevät niin?

Olumide Ogunsanwo: En tiedä mitä muut vanhemmat tekevät. Se oli voimaannuttavaa 17-vuotiaalle, minusta tuntui, että minulla oli rajallinen määrä rahaa, joka minun piti ansaita viimeiseksi. Vanhempani tekivät selväksi, etteivät he tienneet, mitä tapahtuisi, jos rahani loppuisi. Jos minulle olisi annettu valinta etukäteen, olisin todennäköisesti pyytänyt lisää valvontaa. Jälkikäteen katsoessani kuitenkin tajusin, että enemmän vastuuta oli minulle positiivinen kokemus.

Achani Samon Biaou: [Smile] Hallitsit omia tulos- ja tappiolaskelmiasi.

Olumide Ogunsanwo: Se oli hauskaa. Muistan, kun ensimmäisen kerran tilasin ruokaa. Kung Pao -kana oli suosikkini. Tunsin olevani enemmän vastuussa elämästäni.

Achani Samon Biaou: Mielenkiintoista. Miten se vaikutti ajatuksiisi taloudellisesta riippumattomuudesta?

Olumide Ogunsanwo: En ajatellut sitä. En ollut koskaan kuullut taloudellisen riippumattomuuden käsitteestä. Kyse oli vain rahojeni hallinnasta, jotta ne kestäisivät pidempään. Minä keksin oman paskani. Olisin esimerkiksi voinut jättää tunnit väliin ja epäonnistua. Amerikkalaisissa yliopistoissa kukaan ei välitä siitä, mitä teet ajallasi, joten järjestelmä on asetettu sinulle enemmän autonomiaa varten. Tilanne oli selvä: olin maahanmuuttaja, Chicagossa asuva nigerialainen. Minun täytyi tehdä se ja saada se toimimaan. Ja tein – ansaitsin luokkani korkeimman GPA:n ja nautin matkasta. Se toimi melko hyvin ja nautin yliopistokokemuksestani.

Opetin itselleni myös joitain henkilökohtaisen talouden perustaitoja, keskittyen ensisijaisesti kulujen vähentämiseen tulojeni kasvattamisen sijaan. Kuitenkin merkittävin ote yliopistokokemuksestani oli oppia hallitsemaan itseäni.

Achani Samon Biaou: Kun ihmiset muuttavat Amerikkaan maista, jotka ovat vähemmän keskittyneet kulutukseen, he voivat kokea äkillisen jännityksen nousun ja halun kuluttaa enemmän. Tunsitko kiusausta kuluttaa liikaa? Jos vastasit, niin miten hoidit sen? Toisaalta, jos et tuntenut kiusausta, mikä esti sinua antautumasta sille?

Olumide Ogunsanwo: Aivoni ovat johdotettu pitämään rahasta. Haluaisin mieluummin rahaa kuin kuluttaa sitä. Esimerkiksi yhdellä ensimmäisellä lukukaudellani suoritin laskua ja tarvitsin oppikirjan. Vitun oppikirja maksoi 175 dollaria. Tässä ei ollut minusta mitään järkeä, joten opin ostamaan käytettyjä oppikirjoja. Huomasin, että voisin ostaa käytetyn oppikirjan 100 dollarilla koulun portaalin kautta tai 80 dollarilla suoraan muilta laskennan kurssin suorittaneilta opiskelijoilta.

Pidän tehokkuudesta. Ehkä se johtuu psykologisesta johdotuksesta tai siitä, että olen kotoisin kehitysmaasta. Tarkkaa syytä en tiedä. Minusta oli vain järkevämpää säästää rahaa ja pitää ne itselläni kuin kuluttaa ne asioihin.

Achani Samon Biaou: Nyt on lainattava hetki. Aivoni oli kytketty pitämään rahaa, ei käyttämään sitä.

Olumide Ogunsanwo: Kyllä, tuntui psykologisesti paremmalta nähdä rahaa kerääntyvän pankkiin kuin kuluttaa sitä.

Achani Samon Biaou: Oliko sinulla muita kokemuksia, jotka liittyivät taloudelliseen riippumattomuuteen opiskelijana?

Olumide Ogunsanwo: Minulla oli kaksi tavoitetta yliopistossa: Hanki kaikki A:t ja älä mene rikki. Keskityin rahojeni hallintaan yliopistossa. Rahat eivät koskaan loppuneet, enkä vaivautunut hankkimaan luottokorttia.

Minusta oli suhteellisen helppoa säästää rahaa opiskelijana, koska kuluni olivat minimaaliset. Kampuksella asuminen piti kustannukset alhaisina, enkä tarvinnut autoa, koska Chicagon junajärjestelmä toimi hyvin. Opin mistä ostan kauniita, hyvin istuvia vaatteita kohtuulliseen hintaan, enkä ollut huolissani kalliiden merkkien ostamisesta

Achani Samon Biaou: Onko jotain muuta, jonka haluaisit jakaa, mikä liittyy matkaasi kohti taloudellista itsenäisyyttä?

Olumide Ogunsanwo: Kyllä, haluan kertoa tarinan siitä, kuinka lopetin alkoholin käytön näyttääkseni ajattelutapani ja tehdäkseni päätöksiä. Tarinassa on elementtejä itsenäisestä ajattelusta, joka on kriittinen taloudelliselle riippumattomuudelle.

Kun opiskelin IIT:ssä, join alkoholia kuten kaikki muutkin, kunnes jokin tietty tapaus sai minut ymmärtämään, etten ollut ajatellut sitä paljon. Vieraillessamme siskoni luona Lontoossa menimme juhliin, joissa me kaikki joimme. Kuitenkin yhtäkkiä minua huimaa ja menin vessaan ja ajattelin: "Mitä vittua minä teen täällä? Mitä tapahtuu? Tunnen oloni hieman oudolta. En edes nauti näistä juhlista niin paljon."

Palattuani Chicagoon aloin pohtia, miksi ylipäänsä join ja mitä se toi elämääni. Tajusin, että olin sokeasti noudattanut normia ottamatta huomioon juomisen etuja ja haittoja. Muutaman minuutin mietittyäni tein tietoisen päätöksen lopettaa juominen 17-18-vuotiaana. On hämmästyttävää, mitä voit muuttaa, kun istut alas ja todella ajattelet asioita kriittisesti.

Tämä on ensimmäinen päätössarjasta, joka teki minusta erilaisen kuin ikätoverini, koska siihen asti en ollut niin erilainen kuin muut nigerialaiset, jotka olivat muuttaneet Amerikkaan. Se tulee todennäköisesti olemaan yksi parhaista päätöksistä, joita olen koskaan tehnyt elämässäni. Nuorena lopettamalla vältin lukuisia juomisen aiheuttamia sudenkuoppia ja pystyin lähestymään tilanteita järkevämmin ja loogisemmin.

Tämä on tarina siitä, kuinka lopetin juomisen.

Achani Samon Biaou: Tämä on kiehtovaa. Mainitsit, että tämä teki sinusta erilaisen kuin muut. Erilaisuus voi olla mahdollistaja, koska et etsi yhdenmukaisuutta. Voitko kertoa miltä tuntui olla erilainen?

Olumide Ogunsanwo: Kyllä, voin puhua siitä kertomalla toisen asiaan liittyvän tarinan. 12-14-vuotiaana sain vamman, joka jätti otsalleni suuren turvotuksen useiksi kuukausiksi. Minua hävetti lapsena, koska ihmiset huomasivat sen välittömästi. Tämä kokemus opetti kuitenkin minua välittämään vähemmän siitä, mitä muut ajattelevat minusta, ja tuntemaan olonsa mukavaksi erossa sosiaalisista ryhmistä. En koskaan tuntenut tarvetta mukautua ryhmän odotuksiin, mikä jatkui myös IIT:n yliopisto-opiskelun jälkeen.

Muistan kuulleeni jonkun sanovan "Olumide on yksinäinen" ja otin sen kohteliaisuutena, vaikka se sanottiin halveksivasti. En kuulunut mihinkään sosiaaliseen ryhmään, jolla oli vahvoja odotuksia, ja lapsuuden loukkaantumiseni oli tottunut olemaan yksin ja ajattelemaan itse. Minulla ei ollut ennakkokäsityksiä siitä, mitä minun pitäisi tai ei pitäisi tehdä.

Minua ei rasittanut se, mitä muut ajattelivat päätöksestäni lopettaa juomisen. Nyt kolmekymppisenä olen huomannut suuntauksen kohti ei/vähä alkoholia, ja ihmiset ovat kysyneet minulta, miksi en juo. Mielenkiintoista on, että he usein olettavat sen johtuvan uskonnollisista syistä, ikään kuin se olisi seurausta ryhmän mukaisuudesta. Kun selitän, että tein päätöksen itse 17-vuotiaana analysoituani hyödyt ja kustannukset, heidän on vaikea hyväksyä sitä.

Joskus sinun täytyy ajatella toisin saadaksesi toisenlaisen lopputuloksen elämässä. Jos noudatat status quoa, päädyt status quo -elämään.

Achani Samon Biaou: Kiitos tarinan jakamisesta. Taloudellisen riippumattomuuden saavuttaminen edellyttää asioiden tekemistä eri tavalla kuin suurin osa maailmasta, jotka eivät ole taloudellisesti riippumattomia. Erilaisuuden mukavuuden kehittäminen on avaintekijä FI:n saamisessa ja pitämisessä.

Olumide Ogunsanwo: Kasvua varten sinun on usein otettava riskejä. Jeff Bezosilla on tähän kehys: yksisuuntaiset ovet (peruuttamattomat päätökset) versus kaksisuuntaiset ovet (peruuttamattomat päätökset).

On tärkeää arvioida huolellisesti päätös sen määrittämiseksi, onko se palautuva vai peruuttamaton. Tämä auttaa sinua päättämään, kuinka nopeasti edetä. Jotkut päätökset ovat peruuttamattomia yksisuuntaisia ovia, joita ei voi helposti muuttaa, esimerkiksi jos päätät hankkia lapsia, se on ikuista ja sen kanssa on elettävä. Liiku hitaasti ja varovasti yksisuuntaisilla ovilla.

Suurin osa päätöksistä on kuitenkin peruutettavissa. Ymmärrettyään ja mitattuani riskit, rohkaisen ihmisiä olemaan rohkeita ja "vain tekemään se" näiden päätösten kanssa. Voit saada mukavampaa liikkua nopeasti näillä päätöksillä toistuvasti kokeilemalla, epäonnistumalla ja olemalla välittämättä muiden mielipiteistä. Tarvittaessa voit mahdollisesti peruuttaa nämä päätökset myöhemmin.

Lisäksi minulla on toinen yliopistotarina.

Achani Samon Biaou: Toinen! Hienoa, kuullaan.

Olumide Ogunsanwo: Toinen päätös koski uskontoa. Minut kasvatettiin kristittynä lapsena Nigeriassa.

Achani Samon Biaou: Voitko tarkentaa sitä? Nigerian uskonnollinen maisema voi olla monimutkainen ja vivahteikas, eivätkä kaikki välttämättä tunne sen dynamiikkaa.

Olumide Ogunsanwo: Kyllä, anna minun antaa sinulle historiallista tietoa uskonnosta Nigeriassa. Nigeriassa uskonnollinen väestörakenne on melko tasapainoinen: noin 40-50% väestöstä tunnistaa itsensä muslimiksi ja 40-50% kristityiksi. Uskonnollisen kuuluvuuden jakautuminen ei kuitenkaan ole tasaista ja vaihtelee maantieteellisesti. Jos esimerkiksi asut Nigerian pohjoisosassa, olet todennäköisemmin muslimi (esim. Kadunassa on yli 90 % muslimeja); päinvastoin, jos asut etelässä, olet todennäköisemmin kristitty (esim. tietyt Lagosin osat ovat enemmistökristittyjä). Lisäksi pieni osa nigerialaisista harjoittaa perinteisiä afrikkalaisia uskontoja.

Mitä tulee henkilökohtaiseen kokemukseeni uskonnosta, minut kasvatettiin kristittynä, vaikkakaan en uskollisena. Äitini oli uskonnollinen ja vei sisarukseni ja minut kirkkoon ehkä joka toinen viikko, kun taas isäni oli uskonnollinen, mutta ei kiinnostunut tai ollut mukana kirkossa.

Achani Samon Biaou: Onko keskiverto nigerialainen kristitty sinun kaltainensi vai hursempi?

Olumide Ogunsanwo: Tyypilliset nigerialaiset ovat hartaita, mikä tarkoittaa, että he käyvät kirkossa melkein joka viikko, osallistuvat Raamatun tutkimiseen useita kertoja viikossa ja palvelevat usein kirkon tehtävissä, kuten vahtimestarina. Lisäksi heidän uskonnollisista vakaumuksistaan keskusteleminen on tärkeä osa heidän identiteettiään. Kun vartuin Nigeriassa, uskonto ei ollut iso osa elämääni, joten en puhunut siitä muille.

En muista, mikä sen sai aikaan, mutta aloin tutkia ja oppia kaikkea mahdollista uskonnosta yliopistossa. Aloin tehdä paljon tutkimusta. Se olin minä, YouTube, Wikipedia, Reddit ja World Wide Web, ja olimme matkalla löytääksemme totuuden.

Lopulta tajusin, että uskonto oli kaikki keksitty - se oli ihmisen keksintö, joka luotiin selittämään asioita, joita ihmiskunta ei ymmärtänyt, ja hallitsemaan ihmisten käyttäytymistä. Muinaisina aikoina ihmisillä ei ollut tieteellistä ymmärrystä luonnonilmiöistä, kuten sateesta, tulesta ja auringosta. Selittääksemme näitä asioita loimme sateen, tulen ja auringon jumalia. Näiden jumalien uskottiin hallitsevan näitä luonnollisia elementtejä, ja niitä voitiin rauhoittaa rukouksella ja uhrauksella. Kun ihmiset etsivät edelleen vastauksia maailman mysteereihin, uskonto kehittyi tarjoamaan selityksiä ja turvallisuuden tunteen. Ajan myötä uskonnolliset instituutiot saivat valtaa ja vaikutusvaltaa hallitsemalla ihmisten uskomuksia ja käyttäytymistä. Tämä antoi heille mahdollisuuden säilyttää osan auktoriteettistaan ja muokata yhteiskuntia arvojensa ja etujensa mukaan.

Minusta tuli hyvin nopeasti ei-uskonnollinen (alias ateisti), kun olin 19 tai 20. Tämä päätös oli samanlainen kuin päätös olla juomatta alkoholia, ja se teki minusta entistä erilaisemman perheeni ja ystävieni kanssa. Oli mielenkiintoista, että ihmiset suhtautuivat siihen niin negatiivisesti. Reaktio ei-uskonnolliseksi tulemiseen oli jopa negatiivisempi kuin alkoholi, luultavasti siksi, että alkoholi ei ole osa ihmisten identiteettiä. Nämä reaktiot vahvistivat, että vaatii paljon rohkeutta olla erillinen ja erilainen joukosta.

Oli uskomatonta huomata, kuinka täynnä pörröistä uskonto oli ja kuinka se pohjimmiltaan oli tehty. Se oli yksi niistä hetkistä elämässä, jolloin opin paljon.

Luen kaiken - Raamatun historian, Koraanin, kristinuskon - kaiken uudestaan ja uudestaan, dokumenteista artikkeleihin, blogeihin ja kirjoihin. Yksi kiehtovimmista asioista, jonka löysin, oli se, että keskusteluja käytiin jatkuvasti, jotta sovittiin siitä, mitä Raamatussa pitäisi olla. Raamattu on itse asiassa muuttunut ajan myötä, ja lukuja on lisätty ja poistettu, jotta päästään siihen, mitä meillä on tänään. Keskusteltiin jatkuvasti osista, jotka eivät olleet järkeviä tai olivat liian hulluja säilytettäväksi. En koskaan tiennyt tätä, koska kukaan ei koskaan maininnut siitä kirkossa. Luulin, että Raamattu on aina ollut sellainen kuin se on nyt.

Oli kiehtovaa tutkia ja esittää kysymyksiä, kuten "Onko tämä totta?" Miksi tämä ei ole totta? Mistä tämä tuli? Mitä kannustimia näillä ihmisillä on? Miksi tämä kesti niin kauan?'

Yhteenvetona, päätöskehys näiden kahden päätöksen takana - ei alkoholia 17/18 ja ateismi 19/20 - muokkasi loppuelämääni. Nykyään en vieläkään käytä alkoholia ja olen edelleen ateisti.

Sinun on oltava valmis tekemään asioita, jotka ovat hyvin erilaisia kuin useimmat ihmiset. Se näyttää olevan taloudellisesti riippumattomuuden ydinominaisuus.

Achani Samon Biaou: Tämä on niin kiehtovaa. Voimmeko puhua tästä hieman enemmän? Minulla on kaksi toisiinsa liittyvää ajatusta. Ensinnäkin, kuinka epäkonformismi on vaikuttanut henkilökohtaisiin suhteisiisi perheen ja ystävien kanssa?

Toiseksi voin kuvitella, että lukija, joka identifioituu vahvasti uskontonsa kanssa, saattaa tyrmistyttää sanomasi. Voiko joku uskonnollinen tulla taloudellisesti itsenäiseksi? Joku saattaa viedä sen, että heidän on luovuttava uskonnostaan saavuttaakseen taloudellista riippumattomuutta, kuten te teitte.

Olumide Ogunsanwo: Hienoja kysymyksiä. Ensimmäinen kysymys oli: Miten epäsäännöllisyyteni on vaikuttanut suhteisiini muihin?

Itse asiassa se ei ole vaikuttanut 99 prosenttiin suhteistani. Vaikka useimmat ihmiset ovat edelleen uskonnollisia, he itse asiassa tietävät intuitiivisesti, että se ei ole totta, vaikka he eivät sitä sanokaan. On harvinaista, että ihmiset haluavat käydä rationaalista, loogista keskustelua uskonnosta, koska uskonto on suurelta osin emotionaalinen ja yhteisöllinen kokemus, joka ei perustu tosiasioihin.

Tiede on järjestelmällinen prosessi totuuden paljastamiseksi kokeilemalla, oppimalla ja sopeuttamalla empiiriseen näyttöön perustuvaa. Toisaalta uskonto on enemmän huolissaan tunteista ja subjektiivisuudesta, ja sillä on taipumus keskittyä muuttumattomiin ideoihin ja pysähtyneisyyteen. Toisin kuin tiede, joka on avoin sopeutumiseen ja muuttumiseen uusien todisteiden perusteella, uskonto nojaa usein perinteisiin ja vakiintuneisiin uskomuksiin, jotka eivät välttämättä muutu.

Keskustelua tai väittelyä uskonnollisten ihmisten kanssa ei yleensä suositella. Tämä johtuu siitä, että heidän uskonnolliset vakaumuksensa ovat usein tiiviisti sidoksissa heidän yhteisöllisyytensä ja kasvatukseensa. On epätodennäköistä, että yrittäminen vakuuttaa heidät muusta johtaa hedelmälliseen keskusteluun, koska heidän uskomuksensa ovat usein juurtuneet syvälle. Ei ole hedelmällistä väittää, että heidän vanhempansa tai seurakuntansa ovat väärässä, koska se voi vain luoda jännitteitä ja vihamielisyyttä suhteeseen. Jos joudun joskus tilanteeseen, jossa joku haluaa keskustella asiasta, vaihdan yleensä puheenaihetta. Siksi se ei ole vaikuttanut moniin suhteisiini, koska persoonallisuustyyppini ei ole riidanalainen. Uskonnollisen omistautumisen puute on kuitenkin saattanut vaikuttaa joihinkin romanttisiin suhteisiini, joissa kumppani on saattanut pitää parempana joku, joka oli uskollisempi. En ole kuitenkaan koskaan päätynyt sellaiseen.

Siirryn toiseen kysymykseen, joka oli: Voivatko ihmiset olla uskonnollisia ja taloudellisesti riippumattomia?

Jos luet tätä ja olet masentunut, älä ensinnäkään lannistu. Olen oppinut, että kun kuulet asioita, jotka eivät ole sopusoinnussa maailmankuvasi kanssa, ei ole aika suuttua tai järkyttyä. Sen sijaan se on tilaisuus pohtia ja ymmärtää, miksi saatat reagoida tietyllä tavalla.

Jos olet harras muslimi tai kristitty, älä loukkaannu. Älä näe tätä hyökkäystä uskontoa vastaan. Mieti, että muut ihmiset ovat tehneet erilaisia valintoja kuin sinä, ja mitä voit oppia heidän valinnoistaan. Oppiminen ei tarkoita, että sinun täytyy muuttua.

Maaplaneetalla on helpompi pitää hauskaa, jos hyväksyt ihmisiä, jotka ovat erilaisia kuin sinä. Muuten päädyt todennäköisesti riitelemään ja rasittamaan suhteitasi. Kun luet tätä kirjaa, saatat huomata, että olen erilainen kuin sinä. Se on täysin okei. Olen tehnyt erilaisia elämänvalintoja, mutta niiden ei tarvitse vaikuttaa sinuun. Sinun ei tarvitse suuttua, sinun ei tarvitse palauttaa kirjaa [Smile].

Olemme kaikki erilaisia ja hyväksymisen harjoittaminen on hyödyllistä. Useimmat uskonnolliset kirjat saarnaavat hyväksymistä. Näkemykseni eivät ole hyökkäys sinua vastaan. Selitän tekemäni valinnat, ja on okei, jos olet tehnyt erilaisia valintoja. Meille ihmiskunnalle on tärkeämpää ymmärtää ja hyväksyä toisiamme kuin taistella toisiamme vastaan.

Achani Samon Biaou: Puhutaan kuin saarnaaja, ei-uskonnolliselle henkilölle. Toisten suvaitsevaisuus on tärkeää maailman monipuolistuessa. Olen aiemmin syyllistynyt siihen, etten ole hyväksynyt tai hylännyt ihmisten mielipiteitä, erityisesti sellaisia, joilla ei ole muodollista koulutusta. Ajan myötä olen muuttanut näkökulmaani ollakseni utelias heitä kohtaan, yrittämään ymmärtää heidän ajatteluaan sen sijaan, että arvioisin sen perusteella, miten minä ajattelen. Sitä kautta voin ehkä saada paremman ymmärryksen ihmisen tilasta ja nähdä sokeat pisteeni, opin lopulta muilta.

Olumide Ogunsanwo: Kasvu tulee todennäköisemmin oppimalla uusia, odottamattomia tapoja lähestyä elämää kuin tekemällä asioita niin kuin olet aina tehnyt. Kun kuulet tarinani kristityksi kasvamisesta ja ateistiksi tulemisesta, älä reagoi automaattisesti sanomalla, että ateistit ovat pahoja ja kristityt hyviä. Mieti sen sijaan, mitä voit oppia tästä tarinasta. Jopa kaksi kristittyä voivat olla erilaisia. Tärkeää on suvaitsevaisuus, hyväksyntä ja sen selvittäminen, mitä voitte oppia toistenne päätöksentekoprosessista. Tästä syystä luultavasti ostit tämän kirjan. Olet joko kiinnostunut taloudellisesta riippumattomuudesta, henkilökohtaisesta rahoituksesta tai afrikkalaisten maahanmuuttajien tarinoista.

Elämämme voi olla erilaista kuin sinun, mutta se, että ostit tämän kirjan, tarkoittaa, että olet kiinnostunut siitä, miten teimme päätöksiä päästäksemme sinne, missä olemme. Käytä sitä tilaisuutena olla utelias ja oppia.

Achani Samon Biaou: Riippumattoman päätöksenteon malli ja näiden päätösten omistaminen on tärkeää. Et voi odottaa tekeväsi päätöksiä etkä ota niistä täyttä vastuuta. Jos esimerkiksi haluat juosta maratonin, sinun vastuullasi on selvittää, mikä voi mennä pieleen ja oletko tyytyväinen näihin riskeihin. Joskus ihmisistä tuntuu, että he haluavat tehdä päätöksen tai muuttaa jotain elämässään. He eivät kuitenkaan täysin sisäistä, että heidän on otettava vastuu tästä päätöksestä, joten kun paska osuu faniin, he alkavat välittömästi etsiä muita jakamaan vastuun heidän kanssaan.

Olumide Ogunsanwo: Täysi omistajuus ja vastuu johtivat tämän kirjan luomiseen. Olisimme voineet työskennellä kustantajien, toimittajien ja monien muiden ihmisten kanssa, mutta Samon ja minä päätimme ottaa suurimman mahdollisen vastuun kirjan toimittamisesta. Itse asiassa, jos en olisi pitänyt Samonista niin paljon, olisin luonut tämän kirjan itse. Tällä tavalla kukaan muu ei olisi syyllinen, ei välimies, vain minä. Haluan, että palkkioni ovat oikeassa suhteessa ponnisteluihini ja että näen suoran lineaarisen polun panokseni määrän ja tuloksen välillä. Päätän yliopistotarinani muutamaan kohtaan:

Jos sinulla on korkeakouluikäisiä lapsia, anna heille mahdollisuus oppia budjetin ja luottokorttien hallinnan perusteet. Puhuin aiemmin rahanhallinnasta, mutta myös luotonhallinta on tärkeää. Jälkikäteen ajateltuna olisi ollut parempi, jos olisin avannut luottokortin aikaisemmin saadakseni luottopisteet ja ymmärtää, miten pieniä luottosummia hoidetaan. Olisin voinut oppia tämän maksamalla kortit kokonaisuudessaan, ansaitsemalla pisteitä ja saamalla korkeammat luottopisteet.

Jos olet korkeakouluopiskelija, pyri oppimaan ja kasvamaan ydinluokkien ulkopuolella. Kun olin opiskelija, 99% mielestäni keskittyi akateemiseen. Valmistuttuani tajusin, että on luultavasti parempi tehdä vähän akateemista, vähän urheilua, vähän sosiaalista seurustelua ja vähän henkilökohtaista kehitystä. On parempi olla tasapainoisempi, vaikka akateemikot olisivat huonompia.

Laajempi kiinnostuksen kohteiden kirjo tekee elämästä hauskempaa, ja tämä koskee paitsi opiskelijoita ja nuoria myös useimpia aikuisia.

Achani Samon Biaou: Hienoa! Kiitos jakamisesta.

3B: Samonin yliopiston tarina

Olumide Ogunsanwo: Mennään! Samon, mitä taloudellista riippumattomuutta opit yliopistosta?

Achani Samon Biaou: Yliopisto-aikanani opin kaksi arvokasta opetusta: tulojen ja kustannusten optimoinnin. Nämä käsitteet ovat keskeisiä taloudellisen riippumattomuuden saavuttamisen kannalta, ja käsittelemme niitä myöhemmin kirjassa.

Tulojen osalta minut esiteltiin ajatukseen koulun ulkopuolella työskentelemisestä ansaitakseni rahaa. Optimointitekniikoiden avulla pystyin tunnistamaan parhaat työmahdollisuudet, joiden avulla voin maksimoida tuloni.

Kustannuspuolella sain näkemyksiä budjetin optimoinnista ja huomasin säästäväisen elämän mahdolliset edut elämänlaadusta tinkimättä. Nämä kokemukset ovat opettaneet minulle kuinka hallita kulujani tehokkaasti ja hyödyntää resurssejani parhaalla mahdollisella tavalla.

Olumide Ogunsanwo: Optimointi on jotain, joka tuo iloa joillekin ihmisille, myös minulle. Ajatus löytää tapoja optimoida osto tai päätös, kuten "Voinko saada vertailukelpoisen tuotteen halvemmalla? Mikä on kompromissi laadussa? Mitä uhraan valitsemalla halvemman vaihtoehdon? Käytetäänkö aikani viisaasti edes ajatella tätä?" tuo hymyn huulilleni.

Vaikka tämä kirjan puoli ei ehkä kiehtoo kaikkia, se innostaa Samonia ja minua. Jos sinäkin pystyt kehittämään tätä jännitystä, se voi tarjota vipuvaikutusta, kun saavutat taloudellisen riippumattomuuden.

Achani Samon Biaou: Yliopistovuoteni vahvistivat joitain piirteitä, joita opin kasvaessani, kuten sen tärkeyden, että olen itsenäinen ajattelija eikä seuraa sokeasti joukkoa. Lisäksi opin arvon "tappaja-mentaliteetti" - halu tehdä kaikkensa saavuttaakseni tavoitteeni. Seuraavissa tarinoissa kerron kuinka vahvistin itsenäistä ajatteluani, kehitin tappavan mentaliteetin, optimoin tuloja ja optimoin kustannuksia.

Puhutaanpa itsenäisestä ajattelusta. Kun aloitin yliopiston, minua neuvottiin keskittymään vain akateemiseen. Vaikka olin alun perin suostunut, tajusin pian, että koulu oli minulle suhteellisen helppoa ja pystyin suoriutumaan hyvin pienellä vaivalla. Sen sijaan, että olisin sokeasti seurannut perinteistä polkua, kyselin, mitä muuta voisin tehdä. Useimmat opiskelijat pyrkivät hakemaan töitä, jotka vaativat vain vähän fyysistä rasitusta, mutta en rajoittunut näihin vaihtoehtoihin. Löysin esimerkiksi karjankuormaajatyön tiloilta, ja siihen kuului kanojen, kalkkunan ja hanhien lastaaminen teurastamoihin meneviin kuorma-autoihin. Huolimatta parittomista tunteista (tyypillisesti puolenyön ja neljän välillä), tämä työ maksoi kaksi kertaa niin paljon kuin tavalliset opiskelijatyöt.

Olumide Ogunsanwo: Mistä kuulit tästä työstä alun perin?

Achani Samon Biaou: Onnistumiseni karjankuormaajatyön löytämisessä johtui osittain kyvystäni skannata ja ymmärtää ympäristöäni, mutta katson sen myös osan onnesta. Satuin kysymään ystävältä, jolla oli opiskelijatyötä, tiesikö hän muita mahdollisuuksia, joista maksettiin yhtä hyvin tai paremmin, ja hän mainitsi työn, joka maksoi 15–20 dollaria tunnilta ja oli kouluajan ulkopuolella. Tämä ehdotus herätti uteliaisuuteni, ja aloin aktiivisesti etsiä muita mahdollisia mahdollisuuksia.

Karjan lastaustyö vaati meidän lähtevän noin klo 23.00 ja ajamaan yli tunnin ajan pienessä kylässä Bretagnen Länsi-Ranskassa sijaitsevalle maatilalle. Maatilalla työskentely antoi minulle mahdollisuuden tarkkailla ja ymmärtää ihmisten elämäntapoja Ranskan maaseudulla, mikä oli jollain tapaa samanlaista kuin Beninin maatiloilla kasvaessani.

Olumide Ogunsanwo: Vau.

Achani Samon Biaou: Latasin kalkkunoita tai kanoja kuorma-autoihin kolmeksi tunniksi ennen kuin palasin Brestiin, Luoteis-Ranskan kaupunkiin. Yllättäen pystyin ansaitsemaan tästä työstä enemmän kuin stipendirahojeni ja vanhempieni minulle lähettämien varojen yhdistäminen perustutkintoa valmistuessani. Tämä kokemus opetti minulle tulojen optimoinnin tärkeyden.

Olumide Ogunsanwo: Arvostan todella tarinaasi, koska se korostaa tärkeää opetusta. Perustutkintotarinassani sanoin, että toivon, että olisin tutkinut akateemisten asioiden lisäksi muita mahdollisuuksia. Tämä on arvokas oppitunti kaikille, olipa kyseessä sitten 27-vuotias työssäkäyvä tai 38-vuotias yrittäjä. On tärkeää katsoa edessäsi olevien mahdollisuuksien ulkopuolelle ja etsiä uusia polkuja. Henkilökohtaisen kasvun yleinen periaate on löytää säännöllisesti pelottavia kokemuksia ja mahdollisuuksia ja ottaa niihin mukaan. Työntämällä itsesi toistuvasti mukavuusalueesi ulkopuolelle voit haastaa itsesi ja edistää henkilökohtaista kehitystä. Se voi olla mitä tahansa julkisesta puhumisesta laskuvarjohypyyn, kunhan se venyttää rajojasi ja edistää henkilökohtaista kasvua.

On syytä huomata, että näiden mahdollisuuksien ei tarvitse välttämättä korvata uraasi, eikä niiden tarvitse tuottaa tuloja heti. Esimerkiksi keskiverto amerikkalainen viettää noin kolme tuntia päivässä television katseluun. Jos sinulla on niin paljon aikaa vapaana Seinfeldissä ja Game of Thronesissa, voit käyttää sitä uusien mahdollisuuksien tutkimiseen ja itsesi kehittämiseen.

Viime kädessä tämä luku käsittelee kyvyn kasvattaa kykyä ajatella itsenäisesti ja panostaa henkilökohtaiseen kehitykseen iästä tai elämänvaiheesta riippumatta.

Achani Samon Biaou: Kommenttisi johdattaa minut kustannusoptimoinnin aiheeseen. Vaikka tajusin kulujen muuttamisen investoinneiksi vasta aikuisena, olin tietämättäni soveltanut sitä käytäntöön yliopistovuosinani. Esimerkiksi valitsin yksiö, joka täytti vähimmäiskokovaatimuksen, mikä teki siitä erittäin edullisen. Minun piti maksaa vain 200-250 euroa kuukaudessa.

Olumide Ogunsanwo: Vau.

Achani Samon Biaou: Lisäksi valtio maksoi opiskelijoille 150 euroa takaisin asumiskustannusten kattamiseksi. Periaatteessa vuokrani ei maksanut minulle melkein mitään.

Olumide Ogunsanwo: Valitettavasti minun tapauksessani vietin kolme vuotta kampuksella yliopisto-aikani aikana. Vasta kolmantena vuotena aloin puhua muiden kanssa ja huomasin, että kampuksen ulkopuolella asuminen olisi ollut paljon kustannustehokkaampaa. En ollut koskaan harkinnut mahdollisuutta asua vain muutaman korttelin päässä, mikä olisi voinut säästää tuhansia dollareita. En koskaan katsonut pidemmälle.

Achani Samon Biaou: Olen vahvasti samaa mieltä kanssasi siitä, kuinka tärkeää on katsoa pidemmälle. Jotkut ystävistäni sekä jotkut Beninistä kotoisin olevat opiskelijat saivat asunnon kampuksella vanhempiensa ja professorien yhteyksien ansiosta. Tämä tukijärjestelmä oli olemassa Ranskassa. Tukijärjestelmän puuttuessa sain kuitenkin tutkia muita vaihtoehtoja ja keskustella ihmisten kanssa, mikä johti lopulta siihen, että löysin parempia mahdollisuuksia.

Kun löysin yksiöhuoneistoni, seuraava päätös minun piti tehdä, mitä ostaa sille. Ensinnäkin päätin olla ostamatta minkäänlaista viihdettä, koska koin, että Ranskassa olemiseni päätarkoitukseni oli keskittyä opiskeluun.

Olumide Ogunsanwo: Viihteenne olivat oppikirjanne [Naurua].

Achani Samon Biaou: Kyllä! [Smile] Kuusi kuukautta myöhemmin tein päätöksen ostaa tv. Syyni sen ostamiseen ei kuitenkaan ollut katsoa ranskalaisia uutisia tai mediaa. Sen sijaan halusin oppia englantia, koska olin kuullut, että voisin ansaita enemmän rahaa työskentelemällä Isossa-Britanniassa. Jokainen kulu, jonka tein tuona aikana, oli investointi tulevaisuuteeni.

Yksi kuluistani oli bussipassin ostaminen, jolla sain matkustaa yöllä rekka-autotyötäni varten. Työskentelin kolme päivää viikossa klo 23.00-4.00.00 ja osallistuin tunneille myöhemmin aamulla. Tämä investointi kuljetuksiin mahdollisti työni ja opintojeni tehokkaan tasapainottamisen.

Olumide Ogunsanwo: Uskomatonta. Miksi olet voinut ajatella noin? Mitä neuvoja sinulla on muille ihmisille tämän mentaliteetin omaksumiseksi?

Achani Samon Biaou: Aloitin itsenäisen ajattelijan ajattelutavalla. En aloittanut ajattelemalla ennakkokäsityksiä "miten asioiden pitäisi olla". Sen sijaan päätin kysyä ihmisiltä kaikesta ja kerätä mahdollisimman paljon tietoa.

Lisäksi olin erittäin motivoitunut ja yritin maksimoida jokaisen eteeni tulevan tilaisuuden. Kuten aiemmin mainittiin, vartuin leikkimällä pienituloisten lasten kanssa, joten minulla ei ollut estoja työskennellä maatilalla tai millään vähäpätöisissä töissä.

Ymmärsin, että älylliset harrastukset eivät välttämättä olleet paras tapa ansaita rahaa. Olin utelias siitä, mitä asioita voisin oppia ei-älyllisistä yrityksistä. Karjan lastaustyössäni olin vuorovaikutuksessa maatiloilla työskentelevän miehistön kanssa. Suurin osa heistä oli 30–50-vuotiaita, ja heidän perheensä oli elattavissa. Vaikka näinkin tietyn summan ansaitsemisen rajoitukset tuossa iässä, heidän tarinansa olivat uskomattoman oivaltavia.

Kuten sinä, asetan etusijalle rahan ansaitsemisen ja impulsiivisen kulutuksen välttämisen. Kun minulla oli ensimmäinen 1 000 dollari pankissa, olin innoissani ja nautin sen kasvamisesta. En voinut uskoa sitä. Rakastin sen kasvun katsomista, ja siitä tuli minulle melkoinen peli nähdä kuinka paljon voin säästää. Valmistuttuani minulla oli todennäköisesti enemmän säästöjä kuin useimmilla kollegoillani.

Olumide Ogunsanwo: En ole yllättynyt. Olet tiellä kohti taloudellista riippumattomuutta, jos pankkitilisi arvon kasvaminen tekee sinut onnellisemmaksi kuin ostaa heikkeneviä omaisuuseriä, kuten vaatteita ja televisioita.

Taloudellisen riippumattomuuden saavuttaminen vaatii ajattelutavan muutosta. Sinun on uskottava, että taloudellisen riippumattomuuden saavuttaminen on sinulle mahdollista.

Ollaan rehellisiä. Kaikki tiedot, joita tarvitset ollaksesi taloudellisesti riippumattomia, on jo saatavilla Internetissä ja kirjoissa, mutta et ryhdy siihen, ennen kuin todella uskot sen olevan saavutettavissa ja sinulla on tarpeeksi vahva "miksi".

Jakamalla henkilökohtaisia tarinoitamme, toivomme havainnollistavamme aiemmin elämässämme tekemiämme psykologisia muutoksia, jotka johdattivat meidät taloudellisen riippumattomuuden tielle. Emme odota sinun kopioivan kokemuksiamme, vaan pikemminkin ymmärtävän, kuinka tärkeää on muuttaa ajattelutapaasi taloudellisten tavoitteiden saavuttamiseksi.

Achani Samon Biaou: Säästin parhaan viimeiseksi. Haluan jakaa vaikuttavimman kokemukseni perustutkintovuosiltani. Siinä oli mukana kiinalainen opiskelija samassa yliopistossa Ranskassa, joka oli meitä paljon vanhempi ja puhui rajoitetusti ranskaa. En ollut varma, oliko hän ilmoittautunut kieliohjelmaan vai opiskeliko hän jo ranskaa. Uutena yliopistossa minun oli helpompi pitää yhteyttä muihin kansainvälisiin opiskelijoihin. Eräänä päivänä kiinalainen opiskelija kutsui minut asuntolaansa ja teki minulle ruokaa, ja meistä tuli ystäviä. Toisella tai kolmannella vierailullani esitin hänelle kysymyksiä tutustuakseni häneen paremmin, ja huomasin hänen näyttävän vanhemmalta kuin hänen ikätoverinsa.

Ensimmäinen oppitunti käsitteli työn intensiivisyyden kauneutta. Hän kertoi tarinansa siitä, kuinka hän säästi tullakseen Ranskaan, mikä jätti minuun pysyvän vaikutuksen. Hän näytti minulle sänkynsä, nosti patjan ja veti ulos 25 000 dollaria käteistä, joka oli kaikki dollareissa, vaikka euro oli Ranskan valuutta. Hän oli työskennellyt tehtaalla lähes vuosikymmenen ajan ansaitakseen rahaa, ja tämä keskustelu opetti minulle kovan työn ja intensiivisyyden tärkeyden ponnisteluissa.

Toinen oppitunti koski anteliaisuutta. Eräänä päivänä kiinalainen ystäväni kysyi, kuinka voin, ja mainitsin, että odotin stipendirahojen saapuvan pian, mutta siihen asti minun on ehkä pyydettävä vanhemmiltani taloudellista apua. Tämä oli ennen kuin olin aloittanut osa-aikaisen siipikarjan lastaustyöni. Epäröimättä hän tarjosi minulle 1 000 dollaria talletuksestaan ja sanoi: "Ota tämä, jotta sinun ei tarvitse stressata. Sinun ei tarvitse maksaa minulle takaisin." Olin aluksi hämmästynyt ja kieltäydyin, mutta hän vaati ja sanoi: "Kuinka aiot elää? Ota se." Hän oli jotenkin ymmärtänyt, että olin hädässä, vaikka en ollutkaan, ja hänen anteliaisuus jätti minuun pysyvän vaikutuksen.

Yhteenvetona, kohtaamiseni tämän kiinalaisen opiskelijan kanssa opetti minulle kovan työn, intensiivisyyden ja anteliaisuuden arvon. Minusta on käsittämätöntä, että joku, joka työskenteli kovasti vuosikymmenen ansaitakseen 25 000 euroa, antaisi siitä tuhannen jollekulle, jonka on tavannut vain kahdesti.

Olumide Ogunsanwo: Järkyttävää!

Achani Samon Biaou: Siinä oli jotain niin syvällistä, että se inspiroi paljon hyväntekeväisyyttä ja anteliaisuutta, jota kehitin myöhemmin. Se kokemus oli minulle voimakas.

Tapaaminen kiinalaisen ystäväni kanssa vaikutti minuun syvästi, ja tajusin, kuinka onnekas minun ei tarvinnut säästää kymmentä vuotta päästäkseni yliopistoon. Se sai minut arvostamaan mahdollisuuksia, joita minulla oli, ja inspiroi minua hyödyntämään niitä parhaalla mahdollisella tavalla. Hänen tarinansa kovasta työstä, päättäväisyydestä ja anteliaisuudesta jätti minuun pysyvän vaikutuksen ja motivoi minua ponnistelemaan kovemmin saavuttaakseni tavoitteeni.

Olumide Ogunsanwo: Uskomatonta. Jokaisella on omat haasteensa ja haasteensa. Kun kuulen tällaisia tarinoita, tunnen nöyryyttä. Teimme limonadin niistä sitruunoista, joita meillä oli, mutta meillä oli aluksi hyviä sitruunoita. Riippumatta siitä, mitä käyt läpi, on olemassa erilaisia tapoja parantaa tilannettasi. Niin kauan kuin uskot, että voit vaikuttaa ja voit kokeilla erilaisia asioita, sinun ei pidä koskaan luovuttaa.

Onko sinulla muita ajatuksia, joita haluaisit lisätä ennen tämän luvun sulkemista?

Achani Samon Biaou: Minulla on toinen tarina korostaakseni, kuinka tärkeää on muuttaa kulut investoinneiksi välittömän tyydytyksen sijaan. Siirtyessäni yliopistostani Länsi-Ranskasta insinöörikouluun Pariisissa päädyin samaan ajattelutapaan: mitä voin tehdä täällä ansaitakseni rahaa? Minulla oli stipendi ja isäni taloudellinen tuki, mutta en käyttänyt siitä paljoa. Ajattelin, että lukiolaisten tutorointi Pariisissa voisi olla tuottoisaa kaltaiselleni yliopisto-opiskelijalle, joten aloin tehdä sen kävelemällä opiskelijoideni koteihin.

Kun jatkoin tuutorointia, tajusin, että ajaminen saadakseni enemmän opiskelijoita voi moninkertaistaa tulovirtani, joten päätin ostaa auton. En ostanut autoa huvikseni, vaan tulojeni kasvattamiseksi. Optimoin tutorointikalenterini voimakkaasti ja tutoroin peräkkäin omien tuntieni jälkeen. Autosta oli hyötyä myös ystävilleni kyydissä, kun halusimme mennä juhliin kaupunkiin.

Jouduin kuitenkin myös tekemään päätöksen luokkatovereideni kanssa juhlimisen tai tutoroinnin ja rahan ansaitsemisen välillä. Keskiviikko-iltapäivisin luokkatoverini joivat olutta ja viettivät aikaa yhdessä. Vaikka olin yksi nuorimmista opiskelijoista, aloin tuntea itseni aikuiseksi ja tajusin, että ei ollut viisasta tuhlata aikaani, kun voisin tehdä töitä ja ansaita rahaa. Viime vuoden loppuun mennessä olin säästänyt noin 10 000 dollaria.

Olumide Ogunsanwo: Tarinani kontrasti on selvä. Olin niin keskittynyt akateemiseen, että sain ensimmäisen työpaikkani, opiskelijatuutorina, vasta korkeiden arvosanojeni takia. Olin paljon rennompi ja vähemmän aggressiivinen etsiessäni mahdollisuuksia. Vasta myöhemmin, kun ystäväni mainitsi työskentelevänsä palvelijana lauantaisin, tajusin, että minulla on mahdollisuus ansaita vielä enemmän rahaa.

Laatikon ulkopuolella ajattelu koskee paljon muutakin kuin vain akateemisia mahdollisuuksia. Se on arvokas taito henkilökohtaiseen kasvuun ja kehitykseen. Investoimalla tulevaisuuteen välittömän tyydytyksen etsimisen sijaan voit rakentaa perustan pitkän aikavälin menestykselle.

3C: Itsenäisen ajattelun ja uteliaisuuden periaatteet

Olumide Ogunsanwo: Kirjan jokaisessa luvussa kerromme elämästämme ja keskitymme sitten tiettyihin taloudellisen riippumattomuuden periaatteisiin, jotka ovat olennaisia näiden tarinoiden kannalta. Tämä luku käsittelee itsenäisen ajattelun ja uteliaisuuden periaatteita.

Omavaraisuuden jälkeen itsenäinen ajattelu ja uteliaisuus ovat tärkeitä taloudellisen riippumattomuuden saavuttamiseksi. Voittaaksesi esteitä ja saavuttaaksesi tavoitteesi, sinun on oltava utelias ja luova, ja sinun on myös ajateltava itsenäisesti ja vältettävä muiden vaikuttamista tai periksi antamista FOMO:lle (Fear Of Missing Out).

On ok olla erilainen ja valita polku, jota useimmat ihmiset eivät hyväksy, kunhan luulet sen olevan järkevää sinulle. Itsenäinen ajattelu on välttämätöntä, koska vain sinä todella ymmärrät sisäiset arvosi ja toiveesi. Jos annat muiden mielipiteiden vaikuttaa itsesi, saatat unohtaa sen, mitä todella haluat ja tarvitset. FOMO voi johtaa sinut polulle, joka ei ole linjassa tavoitteidesi tai arvojesi kanssa. Esimerkiksi ystäväsi sanoo ostavansa talon, ja sinä oletat, että sinun on aika ostaa talo, koska olet elämäsi vaiheessa, jossa tarvitset sellaisen. Olet luonut tavoitteesi, ja on tärkeää ajatella kriittisesti toimia niiden saavuttamiseksi. Suurin osa ihmisistä ei tiedä tavoitteitasi ja heillä on omat erilaiset tavoitteensa, joten heidän toimintansa ovat enimmäkseen merkityksettömiä elämäsi kannalta.

Harjoittelemaan itsenäistä ajattelua, sinun on totuttava normista poikkeamiseen ja mahdollisesti muuttumiseen epäsuosituksi ja vastenmielisiksi. Tämä voi tarkoittaa polun valitsemista, joka on vähemmän kuljettu, mutta viime kädessä se on polku, joka on linjassa arvojesi kanssa.

Viime kädessä se on sinun elämäsi, ja sinä olet se, joka joutuu käsittelemään tekojesi seurauksia. Ihmiset, jotka antoivat sinulle neuvoja tai vaikuttivat valintoihin, eivät ole paikalla auttamaan sinua selviytymään seurauksista, kun asiat menevät pieleen.

Mieti tätä: Jos joku neuvoo sinua hankkimaan neljä lasta, huolehtivatko he lapset puolestasi? Ei! Tee niin monta lasta kuin haluat. Jos joku ehdottaa, että sinun pitäisi ostaa kolmen makuuhuoneen talo, maksaako hän asuntolainan vai vuokran? Ei tietenkään! Hanki talo, jossa on niin monta makuuhuonetta kuin haluat, tai päätä olla ostamatta sitä ollenkaan. Joudut joka tapauksessa käsittelemään seurauksia, joten miksi et tekisi itsenäisiä päätöksiä, jotka vastaavat sisäisiä toiveitasi, toiveitasi ja tavoitteitasi?

Achani Samon Biaou: Haluaisin tarjota mahdollisesti kiistanalaisen esimerkin ja keskustella uskonnosta. Uskonnosta on lukuisia tulkintoja, ja jotkut väittävät, että ihmisellä ei ole tahdonvapautta, koska kaikkea hallitsee Jumala. Vaikka jokaisella on oikeus valita oma uskomusjärjestelmänsä, jotkut asettavat etusijalle selkeän logiikan, kun taas toiset uskovat. Minkä tahansa valitsetkin, on ratkaisevan tärkeää tunnustaa, että päinvastoin kuin uskot, saattaa olla voimassa. Tämä tietoisuus auttaa sinua pysymään avoimina odottamattomien tulosten mahdollisuudelle.

Jos kuitenkin pidät lujasti kiinni ajatuksesta, että lopputulos voi olla vain yksi, olet vaikeuksissa. Toisin sanoen, olet kusessa.

Olumide Ogunsanwo: Harry Brownin kirja " Kuinka löysin vapauden vapaasta maailmasta [1]" on yksi parhaista vapaudesta kertovista kirjoista, joita olen koskaan lukenut. Se tutkii erilaisia ansoja, jotka estävät meitä olemasta vapaita, mukaan lukien varmuuden ansa. Tämä ansa syntyy, kun uskomme tiettyyn lopputulokseen 100 % varmuudella emmekä hyväksy päätöksentekoon liittyviä riskejä ja epävarmuustekijöitä.

Joidenkin ajattelutapojen, kuten uskonnon, perusongelma on, että se saa ihmiset ajattelemaan ehdottomalla varmuudella. Todennäköisyysajattelu puolestaan vaikuttaa todennäköisyyksiin ja riskeihin, kuten esimerkissä <1 %:n mahdollisuus joutua auto-onnettomuuteen, kun ei käytä alkoholia ja ajaa turvallisella nopeudella. Päätöksen ehdottomaan varmuuteen uskominen on merkki varmuuden ansaan joutumisesta. Melkein mikään elämässä ei ole varmaa – me vain luulemme sen olevan.

Itsenäinen ajattelu ei tarkoita, että uskot olevasi aina oikeassa. Se tarkoittaa sitä, että olet vastaanottavainen ymmärtämään muiden ihmisten näkökulmia ja ottamaan samalla vastuun omista teoistasi. Kyse on siitä, että olet riittävän mukava ja rohkea ottamaan vastuun päätöksistäsi, vaikka tulokset olisivat

1. https://www.amazon.com/How-Found-Freedom-Unfree-World/dp/0965603679

vähemmän kuin optimaalisia.

Achani Samon Biaou: Itsenäinen ajattelu ei sisällä vain vapautta ajatella itse, vaan myös sen tunnustamista, että ihminen voi erehtyä, ja vastuun päätöstensä tuloksista."

Ennen kuin täytin 35, maksoin vuokraa vain yhteensä 5-6 vuodelta, johon sisältyi kaksi vuotta kauppakorkeakoulussa ja kolme vuotta perustutkintoa ja tutkijakoulua. Tavoitteeni tänä aikana oli minimoida kuluni.

Käytin arkisin työyöpymisistäni ansaitsemani pisteet viikonloppuihin hotelleissa. Äitini kehotti minua ostamaan talon. Ystäväni väittivät, että olin jäljessä elämässä, koska minulla ei ollut asuntolainaa. Jos olisin noudattanut heidän neuvojaan, mietin, missä olisin tänään, sillä monet heistä kamppailevat edelleen saavuttaakseen taloudellisen riippumattomuuden.

Itsenäinen ajatteluni auttoi minua ymmärtämään, että kaikki näyttivät kilpailevan kohti tavoitetta, joka ei ollut linjassa minun kanssa. Vaikka olisimme samalla radalla, jotkut juoksivat lyhyitä sprinttejä, kun taas toiset juoksivat maratoneja. On järjetöntä tuntea olonsa masentuneeksi, kun joku juoksee lyhyen matkan ohittaa sinut samalla, kun juokset maratonin. Tämä on heijastus siitä, kuinka FOMO toimii tosielämässä. On tärkeää tunnistaa juoksemasi kilpailu ja noudattaa sen periaatteita. Aina voi oppia muilta, mutta ei ole viisasta matkia sokeasti heidän tekojaan."

Olumide Ogunsanwo: Tästä syystä pidän Ray Daliosta niin paljon. Hän puhuu uskottavuuden painotuksesta.

Jos minulla on ongelma hampaani kanssa, aion kuunnella hammaslääkäriä, mutta en aio kuunnella ravitsemusterapeuttia. Toisaalta, jos minulla on ongelma ruokavaliossani, kuuntelen ravitsemusterapeutin, en hammaslääkärin, puheita.

Kaikki haluavat antaa sinulle neuvoja, mutta kaikki eivät tiedä mistä puhuvat. Jos etsin henkilökohtaista talousneuvontaa, kuuntelen Samonia, koska hänestä tuli taloudellisesti itsenäinen 30-vuotiaana. En kuuntelisi 82-vuotiasta, joka työskentelee edelleen ja jolla ei mene hyvin taloudellisesti.

Tästä syystä keskustelemme itsenäisestä ajattelusta itseluottamuksen ja itseluottamuksen jälkeen. Sinusta tulee paljon mukavampaa ajatella itsenäisesti, kun uskot itseesi, luotat itseesi ja luotat siihen, että ryhdyt toimiin.

Achani Samon Biaou: On ratkaisevan tärkeää kehittää kykyä tunnistaa tapauksia, joissa itsenäinen ajattelu puuttuu. Tehdäkseen tämän on kysyttävä itseltään kysymys: "Pitäisikö minun asettaa luottamukseni tiettyyn näkökulmaan?" Esimerkiksi CNN:ssä esiintyy säännöllisesti Afrikan asiantuntijoita, jotka puhuvat luottavaisesti mantereen tapahtumista. Huolimatta laajasta lukemisesta, pidän heidän mielipiteitään uskottavina vain, jos heillä on omakohtaista kokemusta afrikkalaisessa kulttuurissa elämisestä ja siihen täysin uppoutumisesta.

Olumide Ogunsanwo: Anna minun viettää aikaa negatiivisten asioiden parissa. Itsenäisessä ajattelussa on huonot puolensa, tiedän, koska kohtaan ne säännöllisesti. Monet ihmiset tuntevat olonsa epämukavaksi tai jopa eivät pidä teoistasi. He voivat esimerkiksi sanoa esimerkiksi: "Asutko yhden makuuhuoneen asunnossa? Miksi et osta taloa?" tai "Oletko todella taloudellisesti riippumaton? Älä tietenkään ole taloudellisesti riippumaton. Jos saisit työn, josta maksettaisiin X dollaria, etkö ottaisi sitä?" Sinun on kehitettävä sitkeä iho ymmärtääksesi, että ihmiset heijastavat sinuun epävarmuutta ja itseluottamuksen puutetta.

Itsenäisen ajattelun huono puoli on se, että sinun täytyy sietää erilaisuutta, kritisointia ja tuomitsemista, mutta se on sen arvoista, koska ainakin uskot eläväsi elämääsi omilla ehdoillasi. Jos ihmiset eivät kyseenalaista, miksi teet asioita, jotka eivät ole "normaalia", eivätkä pyydä sinua olemaan "perinteisempi", mukautumaan, tekemään asioita niin kuin ne on aina tehty, niin ehkä olet ei todellakaan itsenäinen ajattelija ja vain osa joukosta.

Achani Samon Biaou: Tiedän, että itsenäinen ajattelu voi olla väsyttävää. Ymmärrämme, että joskus et halua häiritä sinua.

Olumide Ogunsanwo: Itsenäinen ajattelu tulisi asettaa etusijalle suurissa, tärkeissä elämänpäätöksissä. Sinun ei tarvitse viettää tuntikausia tutkien triviaaleja päätöksiä, kuten mitä sukkia käyttää. Oletusasetukset voivat riittää tällaisiin päätöksiin. Tärkeitä päätöksiä varten on kuitenkin tärkeää ajatella itse, eikä sokeasti seurata väkijoukkoja. Sinun on oltava rehellinen itselleen valitessaan oletusasetuksia.

Elämän tärkeiden päätösten tekeminen edellyttää henkilökohtaisten arvojen, tarpeiden ja mieltymysten huomioon ottamista.

Achani Samon Biaou: Kulutusta priorisoivassa yhteiskunnassa itsenäisestä ajattelusta tulee entistäkin tärkeämpää. Havainnollistaaksesi tätä esimerkkiä:

Kumppanini ja minä ostimme Kalifornian king-size-vuoteen huoneistoomme. Valitettavasti käytämme tällä hetkellä noin kolmannesta sängystä. Se on luonut tarpeettomia aukkoja ja vaikeuttaa meitä olemaan lähellä toisiamme. Miksi tuhlasimme siihen rahaa? Voin kuvitella, että pariskunnat, jotka nukkuvat yhden hengen sängyssä, kestävät luultavasti pidempään ja ovat paremmin yhteensopivia, koska heidän on pakko ratkaista riidat ennen nukkumaanmenoa, koska ei ole minnekään muualle mennä.

Olumide Ogunsanwo: [Naurua]

Achani Samon Biaou: Jos pariskunta omistaa Kalifornian king-size-vuoteen, se voi olla yhtä hyvä kuin nukkua erillisissä makuuhuoneissa. Meidän tilanteessamme, vaikka ojentaisin käsiäni, en voi fyysisesti koskettaa kumppaniani, eikä se johdu siitä, että olen lyhyt. Hän saattoi jopa pudota sängystä yöllä, enkä tajunnut sitä ennen kuin seuraavana aamuna.

Olumide Ogunsanwo: [Hysteeristä naurua]

Achani Samon Biaou: Samoin miksi hyvin hoidetuilla teillä ajava henkilö valitsisi ostaa suuren maastoauton? Jos tavoitteena on näyttää heidän asemansa tai varallisuutensa, tällaisen ajoneuvon omistaminen voi olla merkittävä tekijä.

Olumide Ogunsanwo: Kerskausoikeudet ja kerskailevat strategiat eivät kuulu tämän kirjan soveltamisalaan.

Achani Samon Biaou: Tapasin perustajan, joka on myynyt yrityksiä sadoilla miljoonilla dollareilla, ja joimme yhdessä drinkin. Hän ajoi hyvin pienellä mini Chevroletilla, kun taas minä ajoin luksusautoa, vaikka en olekaan erityisen kiinnostunut autoista. Hänen autonsa näkeminen sai minut kuitenkin ymmärtämään, etten ollut ajatellut tarpeeksi kauan ennen ostoa. Tunsin itseni hieman typeräksi, koska minulla ei ole satoja miljoonia dollareita, ja olisin voinut käyttää rahani asioihin, joita arvostan enemmän. Tästä eteenpäin, jos ostan toisen sängyn, en osta Kalifornian kuningasta, ja jos ostan toisen auton, ostan vain luksusauton, jos saan siitä maun.

Olumide Ogunsanwo: Okei! Siinä mielessä siirrytään asiaan liittyvään uteliaisuuden periaatteeseen.

Achani Samon Biaou: Aloitetaan määrittelemällä uteliaisuus innokkaaksi haluksi oppia asioita, jotka eivät liity välittömästi nykyiseen toimintaasi. Havainnollistaaksesi tätä, kuvittele nälkäinen lapsi, joka ei huomioi edessään olevaa ruokaa ja keskittyy sen sijaan keltaiseen kohtaan lattialla. Vaikka tämä saattaa yllättää tai jopa järkyttää sinua, se johtuu yksinkertaisesti lapsen voimakkaasta uteliaisuudesta, joka voi jopa ohittaa hänen biologisen elatustarpeensa. Tämä osoittaa uteliaisuuden voiman.

Harkitse nyt aikuista, joka ilmaisee halunsa parempaan uraan ja pyytää neuvojasi. Jos kysyt heiltä heidän tähän mennessä tekemistään toimista ja tehtävistä, joista he ovat kiinnostuneita, ja he eivät ole varmoja, he eivät ehkä ole tarpeeksi uteliaita. Tämä viittaa siihen, että uuden työn löytäminen ei välttämättä ole heille ensisijainen tavoite. Jos joku on todella motivoitunut löytämään työn, hän ryhtyy johdonmukaisiin toimiin ja tekee tutkimusta tiedon keräämiseksi.

Kun olet utelias, otat ensimmäisen askeleen ja tutkit kaikkea ympärilläsi ja keräät tietoa, jota voit tarkentaa ja kehittää. Siellä on energiaa, joka pakottaa sinut jatkamaan eteenpäin ja katsomaan heti näkyvän pidemmälle. Tämä erottaa uteliaat ihmiset niistä, jotka eivät ole.

Pohdi tätä tilannetta ja harkitse välinpitämättömyyttä ympärilläsi oleviin helposti saatavilla oleviin asioihin. Miksi näin tapahtuu? Jos pystyt tunnistamaan syyt uteliaisuuden puutteeseen, saatat pystyä löytämään tapoja korjata nämä puutteet.

Olumide Ogunsanwo: Maahanmuuttajat ja ulkomaalaiset ovat onnekkaita, koska heillä on tarpeeksi uteliaisuutta muuttaa uuteen maahan, jossa he kohtaavat yhteiskunnan, joka poikkeaa siitä, mihin he ovat tottuneet. Tämän uutuuden ansiosta heidän on helpompi säilyttää uteliaisuus. On tärkeää tunnistaa taustasi ja historiasi edut. Sitä vastoin Mississippin yliopistossa opiskelevalla mississippiläisellä henkilöllä saattaa olla alhaisempi uteliaisuus, koska hän asuu koko elämänsä samassa osavaltiossa ja on tottunut arkipäiväisiin rutiineihin.

Kun luet tätä lukua, saatat nähdä uteliaisuuden hyödyt ilmeisinä, mutta haluamme selventää, että emme vain totea ilmeisiä asioita. Sen sijaan kysymme, kuinka voit kasvattaa ja vaalia uteliaisuutta elämässäsi toistuvasti auttaaksesi sinua saavuttamaan taloudellisen riippumattomuuden.

Achani Samon Biaou: Keskustellaan kuinka herättää uteliaisuus lapsissa. Hyvä uutinen on, että lapset ovat luonnostaan uteliaita, sillä kaikki on heille uutta syntyessään. Vanhempana on tärkeää, ettet estä heidän luonnollista uteliaisuuttaan, vaan sen sijaan vaali sitä. Kannusta lapsesi uteliaisuutta antamalla hänen tutkia ja osallistua heidän kanssaan.

Olen yksi niistä ääriaineista, jotka sanovat, että heidän on annettava kokeilla asioita, jopa "pahoja", kunhan he eivät vahingoita itseään vakavasti. Jos he esimerkiksi leikkivät jollain terävällä, anna heidän leikkiä niin kauan kuin he eivät vahingoita itseään liian vakavasti, kuten leikkaamalla silmiään. Jos he loukkaantuvat, se voi olla heille oppimiskokemus.

Olumide Ogunsanwo: Lisää uteliaisuuttasi pohtimalla lapsuuden kokemuksiasi uteliaasti. Jos sinulla on positiivisia kokemuksia, mieti, kuinka voit ylläpitää ja edistää tätä uteliaisuutta. Päinvastoin, jos kokemuksesi eivät edistäneet uteliaisuutta, sinun on syvennettävä ymmärtämään uteliaisuuden puutteesi perimmäinen syy.

Yksilöiltä puuttuu uteliaisuus, koska he eivät ole löytäneet asioita, jotka herättävät heidän jännitystä. Jännitys ja uteliaisuus ovat toisistaan riippuvaisia, ja tyypillisesti toinen johtaa toiseen.

Luo elämästäsi visio, joka innostaa sinua, sillä se lisää uteliaisuuttasi ja motivoi sinua etsimään tarvittavia vaiheita tavoitteidesi saavuttamiseksi. Rakastan Tony Robbinsin lainausta, jossa sanotaan: "Kun sinulla on tarpeeksi voimakas syy, miten käy hyvin selväksi."

Kun sinulla on selkeä tarkoitus ("miksi") ja tarkka näkemys, sinusta tulee luonnollisesti innokkaampi ja uteliaampi uusien ideoiden ja kokemusten tutkimisessa.

Achani Samon Biaou: Samaa mieltä. Vaikka emme ehkä pysty parantamaan uteliaisuuden puutetta, voimme tarjota ehdotuksia kokemuksiemme perusteella. Henkilökohtaisesti, kun tunnen uteliaisuuteni hiipuvan, huomaan, että matkustaminen tai uusien paikkojen tutkiminen kaupungissani auttaa herättämään sen uudelleen. Esimerkiksi tavoitteen asettaminen tutustua kaikkiin lähiseudun ravintoloihin voi olla innostavampaa kuin toistuva käyminen samoissa tutuissa paikoissa mukavuuden vuoksi. Jotkut saattavat ihmetellä, miksi heidän pitäisi muuttaa asioita, jotka eivät ole rikki. Sillä jos et muuta asioita, SINÄ tulet rikki.

Olumide Ogunsanwo: Vau, se on raskasta.

Achani Samon Biaou: Toistuvasti samassa ravintolassa käyminen, koska se tuntuu tutulta, voi johtaa tilaisuuksien menettämiseen. Saatat katua, kun huomaat, että naapuriravintola myy paranneltua versiota samasta ruoasta huomattavasti halvemmalla, mikä saa sinut tuntemaan olosi typeräksi, kun et ole tutkinut muita vaihtoehtoja aikaisemmin.

Seuraavaksi matkustaminen: Nautin matkustamisesta, koska se pakottaa sinut olemaan utelias. Jos olet esimerkiksi Amerikasta ja vierailet Euroopassa, saatat olla utelias euroja ja valuuttakursseja kohtaan, mikä saattaa johtaa siihen, että voit tutkia, miksi valuuttakurssit vaihtelevat. Matkalla on ainutlaatuinen kyky sytyttää sinussa uteliaisuutta. Kuitenkin, jos sinulla on edelleen vaikeuksia olla utelias luonnollisesti, voit kehittää henkistä tapaa kysyä "miksi" aina, kun kohtaat jotain odottamatonta. Tämä uteliaisuus liittyy ajatukseen omavaraisuudesta. Esimerkiksi kysymys "miksi ihmiset käyttävät rahaa?" rohkaisee sinua jatkamaan tutkimista ja laajentamaan uteliaisuuttasi.

Lisäehdotus uteliaisuutesi lisäämiseksi on luoda eräänlainen "kriisi". Vaikka tämä saattaa tuntua oudolta lähestymistavalta, se voi olla tehokas. Saatat esimerkiksi tarkoituksella hukata avaimesi toisinaan, mikä pakottaa sinut kiinnittämään enemmän huomiota ympäristöösi. Kokeile lisäksi keskustelujen aloittamista houkuttelevien ihmisten kanssa ja tarkkaile, kuinka sykkeesi reagoi.

Olemalla utelias muista, voit avata runsaasti oivalluksia. Jos esimerkiksi joku, josta olet kiinnostunut, ei näytä olevan kiinnostunut, saatat olla taipuvainen ottamaan sen henkilökohtaisesti. Kuitenkin yrittämällä ymmärtää heitä paremmin, saatat huomata, että heidän käyttäytymisellään ei ole mitään tekemistä sinun kanssasi, vaan pikemminkin jotain, mitä tapahtuu heidän omassa elämässään.

Olumide Ogunsanwo: Uteliaisuus on arvokasta sekä ennen taloudellisen itsenäisyyden saavuttamista, sen aikana että sen jälkeen.

Ennen kuin tulet taloudellisesti itsenäiseksi, uteliaisuus on kipinä, joka voi sytyttää jännityksen ja motivoida sinua lähtemään matkalle kohti parempaa taloudellista tulevaisuutta.

FI-matkan aikana uteliaisuus toimii motivaation lähteenä, joka auttaa pysymään raiteilla, vaikka edessä olisi esteitä tai tarve muuttaa kurssia.

Taloudellisen riippumattomuuden saavuttamisen jälkeen uteliaisuuden hyödyt näkyvät edelleen. Jos tutkit matkan varrella erilaisia kiinnostuksen kohteita ja aktiviteetteja, kuten keilailua, salsatanssia tai matkustamista, on helpompi siirtyä näihin harrastuksiin taloudellisen riippumattomuuden jälkeen saamasi vapauden ja ajan myötä.

Jos olet joku, joka kyseenalaistaa, miksi taloudellista riippumattomuutta käsittelevä kirja sisältää uteliaisuutta käsittelevän osan, ja haluat yksinkertaisesti ansaita "paljon rahaa". Tämä kirja auttaa sinua elämään haluamaasi elämää omin ehdoin, eikä se välttämättä tarkoita paljon rahaa.

Joka tapauksessa minulla on sinulle hyviä uutisia, uteliaisuus auttaa sinua tienaamaan enemmän rahaa, koska se auttaa paitsi henkilökohtaisessa elämässäsi myös liike-elämässäsi ja urassasi. Esimerkiksi, jos olisit johtaja, jolla on kaksi työntekijää, ketä ylennisit: sitä, joka vain suorittaa määrätyt tehtävät vai sitä, joka kysyy ja yrittää ymmärtää tehtävien perusteluja?

Kirja "Erittäin tehokkaiden ihmisten seitsemän tapaa" tunnistaa, että ensimmäinen tapa on ennakoiva. Ennakoiva asenne, itsenäiset ajattelutaidot ja utelias ajattelutapa ovat toisiinsa liittyviä osia ajattelusta, joka kannustaa sinua saavuttamaan tavoitteesi.

Kumpi onnistuu todennäköisemmin? Joku, joka on utelias, itsenäinen ja ennakoiva, tai joku, joka on rento, seuraa väkijoukkoja ja eksyy laumaan tehden mitä heidän ystävänsä, perheensä ja yhteiskuntansa käskevät. Se on hyvin ilmeistä - minun ei tarvitse vastata.

Achani Samon Biaou: Uteliaisuuden puute menettää sinut matkalla kohti taloudellista riippumattomuutta. Vaikka pääsisitkin sinne ilman uteliaisuutta, saatat tulla masentuneeksi eläkeläiseksi. Kuten Olumide mainitsi, uteliaisuus voi auttaa sinua tällä matkalla. Sinut todennäköisesti ylennetään, jos sinut nähdään ongelmanratkaisijana. Ongelmia on, koska ratkaisut eivät ole ilmeisiä, joten sinun on oltava avoin tutkimaan luovia tapoja ratkaista ongelmia.

Olumide Ogunsanwo: Ajattele luovasti laatikon ulkopuolella, mikä on todennäköisempää, jos olet utelias.

Achani Samon Biaou: On riskialtista pysyä passiivisena, koska muut ovat uteliaita ja kehittävät itseään, joten lopulta jäät jälkeen.

Olumide Ogunsanwo: Päätän puhumalla joistakin kirjoista, jotka auttavat edistämään itsenäisen ajattelun ja uteliaisuuden periaatteita.

Ensimmäinen kirjasuositus on Ichiro Kishimin ja Fumitake Kogan " The Courage to be liked ". [2]Kirjan on kirjoittanut kaksi japanilaista kirjailijaa narratiiviseen tyyliin ja se kertoo kuinka voit hallita elämääsi ja kuinka muiden ihmisten mielipiteet voivat vaikuttaa onnellisuuteesi.

Toiseksi suosittelen Nassim Talebin " Antifragilea ". [3]Tämä kuuluisa kirja esittelee antihaurauden käsitteen, jossa jollakin negatiivisella tapahtumalla voi itse asiassa olla positiivinen vaikutus sinuun. Vankka järjestelmä kestää ulkoisen rasituksen, mutta hauraat järjestelmät paranevat, kun se kokee stressiä. Itsenäinen ajattelu, uteliaisuus ja herkkä järjestelmäajattelu kulkevat käsi kädessä. Herkän järjestelmän suunnittelu vaatii erilaista ajattelua. Nassim on vastakulttuurinen ajattelija, josta on hyötyä myös lukijoille.

---

2. http://www.amazon.com/The-Courage-to-Be-Disliked-audiobook/dp/B07BRPW98K

3. https://www.amazon.com/Antifragile-Things-That-Disorder-Incerto/dp/0812979680

Achani Samon Biaou: Haluaisin suositella Adam Grantin kirjaa nimeltä " Ajattele uudelleen [4]". Kuvittele, että mielesi on kuin kaasu, joka puristuu putkeen ja hän tulee ja laajentaa mieltäsi. Se auttaa purkamaan asioita, joita pidämme itsestäänselvyytenä. Se osoittaa, että asiat ympärillämme eivät välttämättä ole sitä, mitä luulemme niiden olevan.

Olumide Ogunsanwo: Upeaa. Kiitos, että luit. Nähdään seuraavassa luvussa.

4. http://www.amazon.com/Think-Again-Power-Knowing-What/dp/1984878107

4: Varhaiset uratarinat ja kunnianhimoa ja rohkeutta koskevat periaatteet

Olumide Ogunsanwo: Olen innoissani voidessani syventyä tarinoihin ensimmäisistä virallisista työpaikoistamme yritys-Amerikassa ja Euroopassa. Alkutyömme, palkamme ja pomomme vaikuttavat merkittävästi siihen, miten me ja monet muut ajattelemme rahanhallintaa.

Puhumme myös kunnianhimoisuuden ja rohkeuden periaatteista. Ole kunnianhimoinen asettamaan tavoitteita ja rohkea etenemään kohti niitä, vaikka kohtaisit takaiskut tai pelon.

Kohtaat monia haasteita ja esteitä. Kunnianhimo ja rohkeus ohjaavat sinua kohti taloudellista riippumattomuutta ja kykyä elää elämääsi omilla ehdoillasi.

Achani Samon Biaou: Kerromme, kuinka kehitimme tavoitteitamme ja löysimme rohkeutta toteuttaa niitä. Emme malta odottaa, että voimme kertoa teille, kuinka nämä periaatteet vaikuttivat varhaiseen uraomme ja auttoivat meitä saavuttamaan taloudellisen riippumattomuuden. Aloitetaan!

4A: Olumiden varhainen uratarina

Achani Samon Biaou: Mikä oli ensimmäinen työpaikkasi ja miten sait sen? Oliko sinulla myös ajatuksia taloudellisesta riippumattomuudesta siirtyessäsi yliopistosta työhösi?

Olumide Ogunsanwo: Opiskelin kemiantekniikkaa yliopistossa, harkitsin myös kaksoistutkintoa taloustieteessä, mutta päätin lopulta kieltäytyä. Perustutkintoni loppua kohden tunsin tunnit hieman tylsinä, mutta olin toiveikas, että työni olisi mielenkiintoisempaa. Valmistuin vuonna 2006 21-vuotiaana korkealla GPA:lla, mutta minulle oli hieman vaikeaa löytää työtä, koska en ollut työharjoittelussa. Tämä johtui siitä, että amerikkalainen opiskelijatyöviisumi suunniteltiin siten, että kansainväliset opiskelijat voisivat tehdä harjoittelupaikkoja opiskelijaviisumeillaan, mutta monet yritykset halusivat antaa harjoittelupaikkoja vain opiskelijoille, jotka saisivat myöhemmin kokopäivätöitä, mikä vaikeutti minun kaltaisteni opiskelijoiden työtä. Tämän seurauksena jouduin etsimään muita töitä kesän aikana.

Työskentelin tutorina, mikä oli hauskaa ja helppoa. Tein myös työn ja soitin alumneille pyytääkseni (kerjäämään?) lahjoituksia koululle. Se oli vaikeaa. Saimme ilkeitä ja ankaria vastauksia. "Jätä minut rauhaan!" "Älä koskaan soita minulle tähän numeroon!" "Kuka helvetti tämä on?" "Kuinka sait numeroni?" Nämä kokemukset eivät olleet hauskoja, eikä niillä ollut mitään tekemistä kemiantekniikan tutkinnon kanssa, mutta minun piti tehdä mitä tahansa tehdäkseni rahaa. Soittotyö oli suurimman osan ajasta perseestä, mutta se teki minusta erittäin mukavan pitkiä ja myydä puhelimessa.

Valmistumisen lähestyessä kesällä 2006 aloin hakea kokopäivätöitä ja haastattelin Honeywell UOP:ssa. Haastattelut sujuivat hyvin, ja he tarjosivat minulle ensimmäistä työpaikkaani prosessisuunnittelijana. Aloitin syyskuussa 2006 jalostamolla Indianassa, tarpeeksi lähellä Chicagoa, jotta pääsin töihin joka päivä parilla bussilla. Palkkani oli 56 000 dollaria, ja olin innoissani aloittaessani. Suunnittelin ohjelmistoilla erilaisia jalostamolaitteita, kuten lämmönvaihtimia, pumppuja jne. Jouduin myös käymään kentällä tukemassa suunnittelemieni laitteiden asennusta.

Achani Samon Biaou: Se oli Chicagossa?

Olumide Ogunsanwo: Tämä työ oli jalostamossa Indianassa, mutta se oli tarpeeksi lähellä Chicagoa, jotta pääsin töihin joka päivä parilla bussilla. En halunnut ottaa riskiä auton ostamisesta, koska olin väliaikaisella maahanmuuttotyöviisumilla. Tämä on tarina ensimmäisestä työpaikastani ja siitä, kuinka sain sen.

Achani Samon Biaou: Vau, maahanmuuttajaopiskelijoiden haasteet Amerikassa ovat ilmeisiä siirtyessäsi koulusta työhön. Yritykset antavat mieluummin harjoittelupaikkoja opiskelijoille, jotka voidaan myöhemmin helposti palkata kokopäiväisesti ilman työlupaa, kuten kaikki maahanmuuttajat.

Olumide Ogunsanwo: Aivan. Vaikka hallitus sallii yritysten tarjota sinulle harjoittelupaikkoja. Se oli niin surullista. Vaikka minulla oli laitoksellani korkein GPA, jouduin tyytymään muihin töihin, jotka eivät liittyneet tutkintooni. Se oli vähän outoa, mutta pääset niistä yli. Juuri näin maahanmuutto on järjestetty.

Achani Samon Biaou: Jos olisit amerikkalainen, et koskaan edes ajattelisi viisumirajoituksia. Muistan, kun jotkut ranskalaisista ystävistäni olivat yllättyneitä siitä, että kansainväliset opiskelijat tarvitsivat työlupia. "Mikä tuo on?" he kysyivät ymmällään. [Nauru].

Olumide Ogunsanwo: [Naurua]

Achani Samon Biaou: Kun puhutaan kokopäivätyöstä, oliko sinulla työnhakustrategiaa? Tartuitko ensimmäiseen tarjoukseen, koska työpaikan saaminen oli vaikeaa vai odotitko tietoisemmin oikeaa työpaikkaa?

Olumide Ogunsanwo: Tarvitsin rahaa. Valmistuin kesällä ja piti saada töitä. Vasta myöhemmin urallani minulla oli enemmän itsenäisyyttä ja vaikutusvaltaa valita useista töistä. Työnantajan ja työntekijän välinen voimatasapaino on tärkeää ymmärtää. Jos et ymmärrä tätä, on todennäköistä, että työnantajallasi on kaikki valta sinuun.

Yhteenveto: Varhainen urani kesti 21-25 (valmistuin yliopistosta vuonna 2006 ollessani 21 ja menin kauppakorkeakouluun vuonna 2010 ollessani 25). Varhaisen urani yhteenveto on pohjimmiltaan sydänsurua ja kipua. Kuten mainitsin, aloitin urani prosessisuunnittelijana Honeywell UOP:ssa, jota Honeywell oli tuolloin ostamassa. Valitettavasti yhdistetty yritys, Honeywell UOP, ei pystynyt jättämään pysyvää työviisumihakemustani, ja minut vapautettiin ensimmäisestä työpaikastani kolmen kuukauden sisällä. Se oli erittäin kipeä kokemus.

Achani Samon Biaou: Vau.

Olumide Ogunsanwo: Tämä tapaus sattui tammikuussa 2007, pian sen jälkeen, kun aloitin työssäni syyskuussa 2006. Tunsin syvää häpeää ja häpeää. Kun olin korkeakouluopiskelija, jolla oli yksi ohjelmani korkeimmista GPA-arvoista, hämmästyin tästä tapahtumien käänteestä. Ajatukset siitä, mitä tapahtuisi, jos minun pitäisi lähteä maasta (väliaikaisen viisumin 90 päivän työttömyysrajan vuoksi) alkoivat vaivata mieltäni.

Se oli minulle uskomattoman vaikeaa aikaa. Huomasin itkeväni yksin huoneessani, en tiennyt, mitä toimenpiteitä teen seuraavaksi. Minusta ei tuntunut mukavalta keskustella siitä kenenkään kanssa, varsinkin kun monet ystäväni olivat onnitelleet minua vain muutama kuukausi aiemmin. Kiiruhdin pimeään paikkaan, jossa aloin tajuta voiman dynamiikkaa. Tajusin, että elämä oli kuin shakkilauta, ja minun piti löytää strategia, joka antaisi minulle enemmän vapautta pelkän pelinappulan sijasta.

Tämä oli epäilemättä yksi elämäni alhaisimmista kohdista. 21-vuotiaana yritin vielä selvittää asioita, ja muistan vuodattaneeni kyyneleitä päiviä peräkkäin.

Achani Samon Biaou: Vau. Kuinka onnistuit selviytymään tilanteesta ja miten se muutti sinut?

Olumide Ogunsanwo: Onneksi en ollut ennen lomautustapausta tehnyt suuria ostoja, kuten auton tai talon. Elin edelleen vaatimatonta elämäntapaa, kuten yliopistoaikani, jakaen asunnon kämppäkavereiden kanssa. Onneksi tämä tarkoitti sitä, että elinkustannukset pysyivät alhaisina. Luotin ensisijaisesti juniin ja linja-autoihin kuljetuksissani, toisinaan kimppuun työtovereideni kanssa.

Yksi kimppakamppaneistani oli persialainen nainen, joka oli myös käynyt IIT:ssä ja suorittanut kemian tekniikan maisterin tutkinnon, kun taas minä olin suorittanut vasta kandidaatin tutkinnon. Yllättäen, vaikka hänellä oli samat työtehtävät, hän ansaitsi vain 1 000 dollaria vuodessa enemmän kuin minä 57 000 dollarin palkalla. Tämä johti kahteen havaintoon.

Ensinnäkin kävi selväksi, että yritykset eivät arvostaneet korkeasti maisterintutkintoja verrattuna kandidaatin tutkintoon. Huolimatta hänen lisäkoulutuksestaan, joka maksoi hänen elämästään kaksi vuotta ja 40 000 dollaria, palkankorotus oli vähäistä. Hän valitti usein siitä, että hänellä oli vähän rahaa jäljellä autonsa ja asuntolainansa maksamisen jälkeen. Tämä järkytti minua, sillä minulla oli päinvastainen kokemus ja onnistuin säästämään merkittävän osan tuloistani.

Toiseksi, ymmärsin, että kulutusvalinnamme voivat vaikuttaa suuresti elämäämme. Vaikka palkkamme olivat samanlaiset, meillä oli hyvin erilaisia tuloksia. Maksoin niukan vuokran 300–350 dollaria kuukaudessa jakamalla kellarihuoneiston ystäväni Nekheelin kanssa, kun taas persialaisella ystävälläni oli asuntolaina, joka oli todennäköisesti paljon korkeampi kuin vuokrani. Kun käytin 75 dollarin kuukausikorttia julkiseen liikenteeseen, hän kärsi autostaan kuluja, mukaan lukien vakuutukset, bensa ja korjaukset.

Kuvittele, jos olisin ostanut tuona aikana talon ja auton. Olisin jäänyt loukkuun. Mitä olisin tehnyt 30 vuoden asuntolainalla? Miten olisin suhtautunut autoon? Myydäänkö huomattavalla tappiolla? Tilanne olisi ollut vaikea, ja se olisi pakottanut minut myymään omaisuutta ja mahdollisesti jopa lähtemään maasta.

Nuo muistot ovat edelleen elävästi mielessäni. Kokemus kovetti minut ja sai minut suhtautumaan yrityksiin vähemmän luottaen. Tiesin, etten voinut luottaa yrityksiin, koska ne eivät välittäneet minusta. Se herätti kiinnostukseni henkilökohtaiseen rahoitukseen, taloudelliseen riippumattomuuteen ja varhaiseläkkeelle. Siitä alkoi matkani kohti taloudellista itsenäisyyttä.

Achani Samon Biaou: Jakamasi tarina on uskomattoman liikuttava. Sen on täytynyt olla äärimmäisen traumaattista ja haastavaa voittaa.

Olumide Ogunsanwo: Monet ihmiset tuntevat PTSD:n, joka tarkoittaa posttraumaattista stressihäiriötä. Se on mielenterveyssairaus, joka vaikuttaa henkilöihin, jotka ovat kokeneet traumaattisia kokemuksia, kuten veteraaneja, jolloin he kokevat trauman uudelleen ja vaikuttavat kielteisesti heidän jokapäiväiseen elämäänsä, mukaan lukien ihmissuhteet ja työ.

Toisaalta traumaan on vähemmän tunnettu reaktio, jota kutsutaan PTG:ksi tai posttraumaattiseksi kasvuksi. Se viittaa henkilökohtaisen kasvun, kehityksen ja muutoksen prosessiin, joka voi tapahtua trauman kokemisen jälkeen. Monella tapaa minusta tuntuu, että se oli PTG-hetki elämässäni.

Viime aikoihin asti en voinut kertoa tarinaa itkemättä, sillä se toi mieleen eläviä muistoja tunteistani. Kuitenkin joku kertoi minulle kerran, että mitä enemmän avaat tuskallisista kokemuksistasi, sitä helpommaksi se tulee. Voin vahvistaa, että tämä on totta.

Achani Samon Biaou: Mainitsit, että sinä ja ystäväsi Nekheel asuitte kellarissa pitääksenne vuokran alhaisena. Haluaisin käyttää tätä esimerkkiä korostaakseni säästäväisyyden tärkeyttä varhain. Kun ihmiset alkavat ansaita palkkaa ensimmäistä kertaa, on tavallista, että he tuntevat halua kuluttaa paljon, kun otetaan huomioon heidän uudet käytettävissään tulonsa. Taloudellisen riippumattomuuden saavuttaminen edellyttää kuitenkin yleensä kulujen huomioimista alusta alkaen. Mitä enemmän kulutat, sitä vähemmän sinulla on varaa investoida ja täydentää ajan mittaan. Muuta sen sijaan kulut investoinneiksi, kuten oppimismahdollisuuksiksi tai uusien työmahdollisuuksien verkostoitumiseen.

Kulujen automaattinen lisääminen tulojesi kasvaessa voi olla haitallista, varsinkin jos lisääntynyt kulutus ei vastaa arvojasi.

Olumide Ogunsanwo: Taloudellisen riippumattomuuden saavuttamiseksi on useita strategioita.

Yksi strategia sisältää keskittymisen tulojesi maksimoimiseen, kun taas toinen keskittyy kulujesi minimoimiseen. Eri yksilöt nojaavat luonnollisesti enemmän jollekin puolelle persoonallisuuden, altistumisen, mahdollisuuksien, sijainnin, taitojen, taustan tai koulutuksen vaikutuksesta.

On kuitenkin hyödyllistä harjoittaa molempia strategioita samanaikaisesti. Yksilöiden tulee pyrkiä maksimoimaan tulonsa jatkuvasti kehittämällä itseään, hankkimalla uusia tietoja ja taitoja. Samalla heidän tulee minimoida kustannuksia tietoisesti kuluttamalla arvojensa perusteella, priorisoimalla heille iloa tuottavat osa-alueet ja vähentämällä tai poistamalla tarpeettomia kuluja. Tärkeintä on löytää tasapaino tulojen maksimoimisen ja kustannusten minimoimisen välillä korostamalla tarkoituksellisesti yhtä näkökohtaa elämäsi vaiheen, olosuhteiden ja mahdollisuuksien perusteella. Siinä se vivahde piilee. Se on vivahde.

Jos olet esimerkiksi 21-vuotias ja juuri aloittanut työpaikan uudessa kaupungissa, voi aluksi olla tärkeämpää keskittyä kustannusten minimoimiseen. Sinun on selvitettävä asuminen ja kuljetus uudessa paikassa. Kuitenkin, kun olet optimoinut tärkeimmät kustannusalueet, voi olla edullisempaa siirtää painopiste tulojesi maksimointiin. Tähän voi sisältyä työpaikkojen ylennyksiä, sivutoimia, yrittäjyyskokeiluja tai luovia projekteja. Ei kannata tuplata kulujen pienentämistä pienentyvän marginaalituoton vuoksi, kun tulopuolella on enemmän mahdollisuuksia.

Toinen esimerkki on, jos olet 38-vuotias, joka jo harjoittaa säästäväisyyttä ja noudattaa budjettia ja sinulla on neljä lasta (kaksi taaperoa, kaksi lukiossa olevaa teini-ikäistä ja yksi opiskelija). Kustannusten optimointi voi olla tässä tilanteessa hieman haastavampaa, ja voi olla aika etsiä lisätulomahdollisuuksia.

Taloudellinen riippumattomuusyhteisö painottaa usein kustannusten minimoimista, kun taas yrittäjät keskittyvät tulojen maksimointiin. Neuvoni on, että noudatat molempia strategioita, mutta tee tietoinen valinta priorisoidaksesi toinen omien olosuhteidesi perusteella.

Achani Samon Biaou: Tämä keskustelu on täynnä lainattavia hetkiä. Siirtyminen urasi seuraavaan vaiheeseen: mainitsit työllistymisen muutama kuukausi valmistumisen jälkeen, mutta valitettavasti sinut irtisanottiin. Mitä tapahtui seuraavaksi?

Olumide Ogunsanwo: Aloin heti laatia suunnitelmaa. Ensisijainen huolenaiheeni oli, että minun piti lähteä Amerikasta 90 päivän sisällä, joten tein päätöksen jatkaa maisterin tutkintoa. Tämä antaisi minulle toisen opiskelijaviisumin ohjelman ajaksi, joka oli kaksi vuotta. Otin yhteyttä kemiantekniikan osaston dekaaniin ja selitin tilanteen Honeywell UOP:lla. Ilmaisin haluni aloittaa maisteriohjelman mahdollisimman pian ja pyysin stipendiä ohjelman kustannusten kattamiseksi. Kaiken logistiikan suorittamisen jälkeen ilmoittauduin kemiantekniikan maisteriohjelmaan 75 prosentin stipendillä. Opiskellessani jatkoin työnhakua ja lopulta sain toisen työpaikan, minkä tein käydessäni yökursseja.

Achani Samon Biaou: Kuinka onnistuit saamaan näin merkittävän stipendin? Oletko neuvotellut ahkerasti?

Olumide Ogunsanwo: Neuvottelin kovasti, koska ei tuntunut reilulta maksaa tutkinnosta, jota en todellakaan tarvinnut. Minulla oli jo sama vitun ala-aste kemian insinöörissä.

Achani Samon Biaou: Varsinkin kun olit tietoinen persialaisen kollegasi maisterintutkinnon vähenemisestä.

Olumide Ogunsanwo: Ehdottomasti. Huolimatta maisterin tutkinnosta, hänen palkkansa oli vain 1 000 dollaria vuodessa enemmän kuin minulla, kun minulla oli tuolloin vain kandidaatin tutkinto. Miksi maksaisin 40 000 dollaria maisterin tutkinnosta? Päätöstä teki minulle kuitenkin kannattavamman se, että uudessa tehtävässä tarjottiin noin 50 % lukukausikorvausta. Tämä tarkoitti, että suurin osa ohjelmakustannuksistani katettaisiin. Lisäksi tarvitsin uutta yritystä hakemaan työviisumiani, koska en halunnut käydä uudelleen maahanmuuttoprosessia läpi. Vahvistin henkilöstö- ja lakitiimin kanssa, että he käsittelevät viisumihakemuksen.

Koko päivän työskentely ja sitten tuntikausien luokkiin osallistuminen yöllä oli haastavaa. Päiväni olivat hulluja. Työskentelin yhdeksästä viiteen, jota seurasi suoraan luokkaan -tila kuudesta kahdeksaan tai yhdeksään. Se oli elämäni seuraavat kaksi vuotta.

Achani Samon Biaou: Vau. Saitko kansainvälisenä opiskelijana käydä tunneilla iltaisin?

Olumide Ogunsanwo: Kyllä, kansainvälisenä opiskelijana minulla oli joustavuutta ottaa kursseja milloin tahansa, myös yötunnit. Sain myös luvan työskennellä opiskelijatyöviisumilla.

Achani Samon Biaou: Tuliko uuteen työpaikkaan korkeampi palkka?

Olumide Ogunsanwo: Kyllä, uusi palkkani oli 58 000 dollaria vuodessa, hieman korkeampi kuin ensimmäinen työpaikkani. Tämän työn myötä päätin ostaa auton. Se oli käytetty BMW 3 -sarja, joka maksoi 17 000 dollaria. Tunsin oloni turvallisemmaksi tässä työssä, koska he olivat suostuneet hakemaan työviisumiani. Rakastin autoa, siinä oli musta ulko- ja sisäpuoli, ja minulla oli jopa henkilökohtaiset meikkilevyt, joissa luki "OLUMIDE". Minulla oli hauskaa auton kanssa.

Achani Samon Biaou: Mielenkiintoista.

Olumide Ogunsanwo: Vaikka minulla on hyvät muistot autosta, se oli luultavasti yksi harvoista virheistä, joita tein taloudellisella matkallani. Se ei välttämättä johdu itse auton ostopäätöksestä, vaan siitä, että en käyttänyt tarpeeksi aikaa eri kuljetusvaihtoehtojen ja niihin liittyvien kokonaiskustannusten (TCO) tutkimiseen.

Minulla oli paljon positiivisia kokemuksia toisesta työpaikasta, mutta tarina sai taas hapan käänteen. USA:n työ H1-B-viisumi toimii arpajaisjärjestelmässä, ja valitettavasti minua ei valittu parin ensimmäisen hakemuksen aikana. Se ei vaikuttanut minuun heti, koska minulla oli vielä opiskelijatyöviisumi. Vuosien 2008-2009 saapuessa öljyn hinta kuitenkin romahti finanssikriisin ja sitä seuranneen kysynnän laskun vuoksi. Tämän seurauksena minut irtisanottiin toisesta työpaikastani vuonna 2009, juuri ennen 24-vuotissyntymäpäivääni.

Achani Samon Biaou: Vau. Uudelleen!

Olumide Ogunsanwo: Se ei ollut täydellinen yllätys, koska suurin osa tiimistäni oli päässyt irti 6 kuukauden aikana. Mutta silti olin vähän surullinen. Työpaikan menettäminen polttaa aina. Siksi sanoin, että tarina varhaisesta urastani oli tarina sydänsuruista. 23-vuotiaana, pian 24-vuotiaana, minut oli vapautettu kahdesta ensimmäisestä työpaikastani.

Öljy- ja kaasuteollisuus toimii sykleissä, ja kun öljyn hinta laskee, yritykset pyrkivät alentamaan kustannuksiaan. Olin pettynyt, koska pystyin vielä muistamaan, mitä tapahtui ensimmäisessä työpaikassani muutama vuosi sitten.

Toisin kuin ensimmäinen työpaikan menetys vuonna 2006, olin tällä kertaa henkisesti ja taloudellisesti paljon paremmassa asemassa. Olin onnistunut säästämään yhteensä noin 40 000–50 000 dollaria (50 % bruttopalkoistani) kahden vuoden aikana, joten olin taloudellisesti mukava.

Asuin edelleen samassa kellarihuoneistossa Nekheelin kanssa. Vuokrani ei noussut merkittävästi. Maksoin 300-350$/kk vuokraa 21-25 vuotiaasta.

Koska olin hoitanut kuluni tehokkaasti, pystyin suunnittelemaan ja tekemään päätöksiä suhteellisen voimasta käsin. Olin kehittänyt kovan ajattelutavan ja olin valmis toimiin. Onneksi minun ei tarvinnut lähteä maasta, koska minulla oli vielä opiskelijaviisumi maisteriohjelmastani. Tiesin sydämessäni, että kemiantekniikka ei ollut minua varten, minkä vuoksi harkitsin taloustieteen kaksoistutkintoa yliopistossa ja miksi minulta puuttui innostus kahteen ensimmäiseen työpaikkaani.

Sen sijaan, että olisin jatkanut uusien työpaikkojen hakemista ja käsittelemättä arvaamatonta arpajaisjärjestelmää, sanoin, että menetän sen ja päätin mennä kauppakorkeakouluun ja muuttaa elämäni. En ollut täysin varma, mitä halusin tehdä kauppakorkeakoulun jälkeen, mutta tiesin, että se sisältäisi rahoituksen, teknologian ja liiketoiminnan yhdistelmän. Aloin hakea kauppakorkeakouluihin vuonna 2009, ja syvennyn siihen tarkemmin seuraavassa luvussa.

Achani Samon Biaou: Vau. Tämä tarina tuntuu niin kipeältä. Olit äskettäin valmistunut, parikymppinen, ja kuitenkin olit jo kokenut niin paljon.

Olumide Ogunsanwo: Minulla ei ollut ketään, joka huolehtisi minusta. Vanhempani eivät olleet siellä. Olin maahanmuuttaja maassa, joka menetti työpaikkansa kahdesti 23-vuotiaana.

Achani Samon Biaou: Kehitysmaissa asuvat ihmiset voivat sivuuttaa tarinasi sanomalla, että Amerikassa asuminen antaa jo paremman elämän, mutta jokaisella on omat ongelmansa, riippumatta siitä, kuinka hyvältä heidän elämänsä näyttää.

Eurooppa ja Yhdysvallat ovat hyvin erilaisia. Ranskassa on vaikea kuvitella skenaariota, jossa joku voitaisiin päästää irti kahdesti näin varhaisessa vaiheessa uransa kahdesta syystä:

1. On melko vaikeaa päästää irti, ellei yritys ole konkurssin partaalla. Yritykset eivät tyypillisesti pienennä toimintojaan säilyttääkseen kannattavuuden.

2. Jos sinut lomautetaan, sinulla on yleensä yli 90 päivää aikaa löytää uusi työpaikka. En muista tarkkaa kestoa, mutta se on anteliaampi.

Olumide Ogunsanwo: Ai, jopa maahanmuuttajille?

Achani Samon Biaou: Kyllä, se on anteliaampaa. Ainoa este Ranskassa on yleensä työn löytäminen. Arpajaisjärjestelmää ei ole, ja jos sinulla on opintojen tasoa vastaava työ, saat työluvan.

Mainitsit, että aloit miettimään kauppakorkeakouluhakemuksia ollessasi 23/24. Sitä vastoin hain kauppakorkeakouluun vasta 29-vuotiaana. Monet ranskalaiset eivät arvosta MBA-tutkintoa. Vallitseva käsitys on myös, että sinulla tulee olla huomattava työkokemus ja olla yleensä lähempänä 30-vuotiasta. Aikajanat ja näkökulmat ovat erilaisia, ja asiat viivästyvät Euroopassa. Esimerkiksi Saksassa monet yliopisto-opiskelijat eivät edes lopeta opintojaan ja alkavat työskennellä parikymppisenä. Yrityselämä on yleensä vakaampaa Euroopassa, kun taas Amerikassa se voi olla epävakaampaa.

Sallikaa minun tehdä yhteenveto tärkeimmistä tunteista, jotka resonoivat minussa, kun kuulin tarinasi: Ensinnäkin järkytys ja oivallus, että jouduit selviytymään itsestäsi ensimmäisestä työpaikasta. Toiseksi, päättäväisyyttä ottaa elämäsi hallintaan eri tavalla harjoittamalla nuorennusta tai uudistumista kauppakorkeakoulun kautta.

Mitä muuta ihmisten tulisi tietää sinusta niinä alkuvuosina, joilla on merkitystä taloudellisen riippumattomuuden kannalta?

Olumide Ogunsanwo: Koko tarinani taustalla on se, että olen omistautunut henkilö. Joten kun tein päätöksen mennä kauppakorkeakouluun, menin all-in. Siitä tuli tärkein prioriteettini, melkein kuin kokopäivätyö. Heräsin aikaisin, kävin suihkussa ja menin kouluun opiskelemaan. Pysyisin kampuksella, koska olin vielä maisteriopiskelija ja tunnit olivat iltaisin. Toin GMAT-kirjani luokkahuoneeseen ja opiskelin, kunnes tunnit alkoivat yöllä. Kun sinulla on tavoite, on tärkeää mennä loppuun asti sen saavuttamiseksi.

Olen sellainen ihminen, joka voi täysin sitoutua ja omistaa kaiken aikani ja energiani tehtävään. Kun asetin tähtäykseni yli 700 pisteen saavuttamiseen GMAT-kokeessa, minulle oli selvää, että minun piti opiskella melkein joka päivä. Ainoa syy, miksi ymmärsin, että sitä pidettiin epätyypillisenä, oli se, että ihmiset yllättyivät siitä, kuinka pitkälle olin valmis menemään, kun jaoin lähestymistapani.

Esimerkiksi tämän kirjan viimeistely ja julkaiseminen kestää noin 3–5 kuukautta, koska olemme omistautuneet ja intohimoisia prosessille. Joskus on parempi vahvistaa omat vakaumuksesi sen perusteella, mikä on sinulle tärkeää, ennen kuin etsit ulkoista vahvistusta. Jos luotat ensin ulkoisiin vaikutuksiin, ne saattavat saada sinut kyseenalaistamaan sisäisen motivaatiosi.

Kehitä omaa sisäistä vakaumustasi riippumatta muiden hyväksynnästä.

Achani Samon Biaou: Muistutat minua kohdasta, josta keskustelimme johdannossa siitä, mitä emme halua ihmisten ottavan pois tästä kirjasta. Maailma on luonut malleja ja pelikirjoja, joita ihmiset voivat seurata. On vaikea kuvitella, kuinka pelkkä näiden pelikirjojen seuraaminen voi johtaa taloudelliseen riippumattomuuteen. Tarinassasi et etsinyt muiden mielipiteitä parhaasta intensiteetistä valmistautua GMAT-kurssiin. Tiesit sen tärkeyden sinulle, joten päätit käyttää maksimitehoa.

Olumide Ogunsanwo: Täsmälleen, noudata luonnollista rytmiäsi pisteeseen, jossa tunnet olosi energiseksi. **Elämässä ei ole mitään vitun pelikirjaa, sääntökirjaa, opasta tai mallia. Jäljelle jää vain olla oma itsesi ja tehdä itsestäsi parempi joka päivä. Kaikki muu on paskaa.** Et halua olla 70-vuotias katumuksella. Nyt on aika saada asioita tapahtumaan.

En tiedä kontrafaktuaalia siitä, mitä olisi tapahtunut ilman työpaikan menetyksiä. Epäilen, että olisin jatkanut tällä tiellä tullakseni tekniikan johtajaksi, jolla on 17 vuoden kokemus prosessisuunnittelusta. Kuinka arkipäiväistä se elämä olisi ollut?

Kaikki meni hyvin, koska minun oli pakko ottaa riskejä selviytyäkseni. Kaikilla ei ehkä ole samoja vaikutteita, jotka pakottivat minut ottamaan riskejä, mutta he voivat työntää itsensä omaksumaan riskejä.

Achani Samon Biaou: Jotkut ihmiset eivät ehkä ymmärrä, mitä tarkoitat riskeillä. Mitä 18-vuotiaalle Ghanan varakkaasta perheestä kotoisin olevan riskin ottaminen tarkoittaa? Tai amerikkalaisen, jolla on jo mukava, yksinkertainen, stressitön elämä, ottaa riskejä? Mitä riskin ottaminen tarkoittaa ihmisille, jotka ovat jo mukavia?

Olumide Ogunsanwo: Yritän selittää. Ensinnäkin yksilöiden tulisi pohtia elämäänsä ja laatia suunnitelma siitä, mitä he haluavat saavuttaa. Tämä suunnitelma voi sisältää tavoitteita, jotka liittyvät ihmissuhteisiin, terveyteen, yrittäjyyteen, uraan, talouteen, kokemuksiin tai mihin tahansa muuhun asiaan, johon he haluavat keskittyä.

On todennäköisesti useita polkuja, joilla voit saavuttaa kunkin näistä tavoitteista. Voisi olla esimerkiksi neljä tai viisi polkua, joilla voit parantaa suhteitasi. Näihin useisiin polkuihin liittyy eritasoisia riskejä.

Jokaisessa tavoitteiden luokassa on todennäköisesti useita polkuja niiden saavuttamiseen. Esimerkiksi ihmissuhteiden parantamiseen voi olla neljä tai viisi erilaista tapaa, joista jokaisella on erilaiset riskit. Monet ihmiset valitsevat usein konservatiivisen lähestymistavan noudattaen vakiintunutta polkua, joka on tyypillisesti vähiten riskialtista vaihtoehto (joukkojoukon seuraaminen). Aiempi pointtini oli rohkaista ihmisiä harkitsemaan harkittumman riskin ottamista, varsinkin kun he ovat perusteellisesti arvioineet ja ymmärtäneet mahdolliset haittapuolet. Mitä menetettävää on? Monilla henkilöillä, erityisesti Euroopassa tai Amerikassa, on varaa ottaa enemmän riskejä käytettävissään olevien turvaverkkojen ja takaiskujen ansiosta.

Mainitsemissasi esimerkeissä, joissa joku on taloudellisesti varakas, koskee ensisijaisesti hänen rahoitusnäkymiä. Elämään kuuluu muutakin kuin pelkkä talous. Vaikka tämä kirja saattaa vaikuttaa keskittyvän taloudelliseen riippumattomuuteen, se on itse asiassa haluamasi elämän luomisesta ja elämisestä. Halutun elämän eläminen on paljon muutakin kuin taloudellista. Tällä henkilöllä voi silti olla suhteisiin liittyviä tavoitteita, kuten romanttisen kumppanin löytäminen tai terveystavoitteita. Siten he voivat silti suunnitella kurssin ja löytää tapoja ottaa enemmän riskejä, koska he ovat ratkaisseet vain elämän taloudellisen puolen.

Achani Samon Biaou: Aina kun jokin ei ole tarpeeksi haastavaa, etsin muita tavoitteita. Jos et tunne, että otat tarpeeksi riskejä, voit asettaa aggressiivisempia tavoitteita sille, mitä jo teet.

Aina kun jokin ei tunnu tarpeeksi haastavalta, etsin uusia tavoitteita. Jos sinusta tuntuu, että et ota tarpeeksi riskejä, voit asettaa kunnianhimoisempia tavoitteita nykyisissä harrastuksissasi. Esimerkiksi kun työskentelin Saksassa, minulla oli mahdollisuus matkustaa useisiin maihin, mukaan lukien Arabiemiirikunnat. Vietettyäni jonkin aikaa Yhdistyneissä arabiemiirikunnissa tunsin halua jotain uutta työni lisäksi. Silloin päätin ostaa tietokoneita Dubaista ja myydä ne Beninissä. Sillä ei ollut yhteyttä työhöni, sillä tienasin siellä jo rahaa, mutta näin sen uutena haasteena.

Olumide Ogunsanwo: Ehdottomasti, ja tässä on joitain elämänalueita, joilla voit ottaa enemmän riskejä: ihmissuhteet, terveys, henkilökohtainen kehitys/kasvu/koulutus, yrittäjyys, henkilökohtainen talous, fyysinen ympäristö ja kokemukset.

Yhteenvetona totean, että urani alkuvuosia leimasivat sydänsurut ja kipu. Useiden työpaikkojen menettäminen 23-vuotiaana teki selväksi, että minun piti suunnitella uusi suunta elämässäni. Siksi päätin aloittaa elämäni uudelleen ja hakea kauppakorkeakouluun.

4B: Samonin varhaisen uran tarina

Olumide Ogunsanwo: Samon, mitä tapahtui yliopiston päätyttyä?

Achani Samon Biaou: Valmistuttuani yliopistosta aloin hakea erilaisia työpaikkoja, ja olin erityisen kiinnostunut työllistymisestä Isossa-Britanniassa. Olin kuullut tarinoita ihmisistä Ranskasta, jotka "pakoivat" Yhdistyneeseen kuningaskuntaan paremman elämän vuoksi. Siellä se näytti erilaiselta todellisuudelta, kun kaikki puhuivat englantia ja hoitivat liiketoimintaa ainutlaatuisella tavalla. Lähetin ansioluetteloni verkkosivustoille, kuten monster.com, ja hain myös ranskalaisiin yrityksiin.

Olumide Ogunsanwo: Keskityit ensisijaisesti kansainvälisten mahdollisuuksien löytämiseen Ranskan ulkopuolelta, erityisesti Isosta-Britanniasta?

Achani Samon Biaou: Kyllä, ennen kaikkea halusin työskennellä ympäristössä, jossa voisin käyttää englantia. Iso-Britannia vaikutti luonnolliselta valinnalta, mutta harkitsin myös muita vaihtoehtoja, kuten Skandinaviaa, Sveitsiä tai Saksaa, joihin lopulta päädyin.

Olumide Ogunsanwo: Kuinka taitava olit englantia tuolloin? Englanninkielisi on nyt upea.

Achani Samon Biaou: Silloin englannin taitoni oli keskitasolla.

Muuten, en ole varma, olenko kertonut sinulle tarinan siitä, kuinka opin englantia. Olin todella pakkomielle siitä. En noudattanut koulussa opetettua opetussuunnitelmaa. Kun olin kymmenen vuotta, minulla oli vahva halu ymmärtää ja puhua amerikkalaista englantia. Ostin kasetteja ja jopa kävin Cotonoun amerikkalaisessa kulttuurikeskuksessa uppoutumassa kieleen.

Palattuani työnhakuun tunsin, että "frankofonisuuteni" rajoitti maailmanlaajuista näkyvyyttäni. Kun halusin lukea uutisia, se oli aina ranskaksi. Kuvittele, että koko maailmankuvasi rajoittuu kieleen, joka ei ole englanti.

Olumide Ogunsanwo: Frankofonisen Afrikan ja anglofonisen Afrikan välillä on selvä ero. Nigeriassa varttuneena englanti oli kansallinen kieli, mikä tarkoitti sitä, että tulevaisuutta Nigerian ulkopuolella harkittaessa Iso-Britannia tai Amerikka olivat usein ensisijaisia vaihtoehtoja, ja myös Kanada oli mahdollisuus. Kielellä on merkittävä vaikutus tulevaisuuden mahdollisuuksiin ja elämään.

Jos olet tätä kirjaa lukeva vanhempi ja olet kiinnostunut taloudellisesta riippumattomuudesta itsellesi ja/tai lapsillesi, olisi merkittävää tarjota heille lahja useilla kielillä. Esimerkiksi sisareni, joka oli nigerialainen, kirjoitti lapsensa ranskalaiseen kouluun nuorena. He ovat puhuneet ranskaa sujuvasti pienestä pitäen, mikä avaa heille monia mahdollisuuksia.

Nigeriaa ympäröivät ranskankieliset maat, joten jouduimme käymään monia ranskankielisiä tunteja, vaikka en ottanut sitä silloin vakavasti riittämättömien opettajien ja opetussuunnitelmien vuoksi. Kuitenkin, jos sinulla on keinot, olisi edullista antaa lapsillesi varhaisessa vaiheessa useiden kielten lahja. Mitä mieltä olet tästä?

Achani Samon Biaou: Minulla on äärimmäisempi näkemys. Uskon, että jokaisen, joka voi, tulisi itsenäistyä varhain taloudellisesti, jotta he voivat käsitellä lastensa koulutusta, jos he haluavat saada lapsia, työnä. Jos minulla on lapsia, toivoisin heidän olevan vähintään nelikielisiä 10-vuotiaana. Tämä tarkoittaisi tarkoituksellista asumista maissa, joissa he eivät vain opi kieltä koulussa, vaan myös uppoutuvat kulttuuriin. Kieli ei ole eristetty käsite; se on syvästi kietoutunut kulttuuriin. Kuvittele esimerkiksi norjalainen, joka oppii ja puhuu jorubaa Norjassa. He saattavat usein puhua sellaisista asioista kuin "Sää on tänään loistava, ja olen melko onnellinen." Siinä ei ole mitään vikaa, mutta nigerialaiset eivät yleensä keskustele säästä rutiinikeskusteluissa. Uppoutumalla kulttuuriin saavutetaan sisäelinen ja lähes välttämätön kielen ymmärtäminen pelkän kääntämisen sijaan.

Olumide Ogunsanwo: Olen täysin samaa mieltä. Elämä on tarkoitettu kokemuksia varten, ja niitä voi todella arvostaa, kun he voivat olla yhteydessä ihmisiin heidän paikallisella kielellään. Se on niin yksinkertaista. Puhumattakaan ammatillisista ja taloudellisista eduista, jotka ovat toissijaisia näkökohtia.

Achani Samon Biaou: Okei, palataanpa tarinaan, kuinka törmäsin työhön. Tuolloin työnvalintaani ei ohjannut ensisijaisesti taloudelliset näkökohdat, enkä kiinnittänyt palkkoihin paljoa huomiota. Minulle oli tärkeää olla loistavassa työympäristössä ja tehdä jotain merkityksellistä. Vaikka palkka otettiin huomioon, en tiennyt, että palkoissa voi olla merkittäviä eroja roolien välillä. Latasin CV:ni Monsteriin ja kirjoitin saatekirjeen englanniksi. Lopulta olin jo saanut tarjouksen ranskalaiselta Accenturelta, joka maksoi noin 32 000 euroa vuodessa.

Sain yllättäen puhelun Deutsche Telekom Consultingilta Saksasta. Ranskalaiset yritykset eivät yleensä lentäneet hakijoita tai kattaneet matkakuluja haastatteluihin Ranskassa. Deutsche Telekom Consulting kuitenkin lensi minut Pariisista Boniin haastatteluun välittämättä lipun hinnasta.

Tämä oli ensimmäinen kerta, kun vierailin Saksassa, ja olin innoissani mahdollisuudesta. Aiemmissa haastatteluissani Ranskassa minun vain odotettiin saapuvan paikalle, ilman keskustelua matkakuluista, eikä minulle todellakaan tarjottu lounasta. Muistan saaneeni ruokakupongin yhteen haastatteluun Ranskassa.

Haastattelun edetessä aloimme lopulta keskustella palkasta, ja he kysyivät odotuksistani. Rohkeasti pyysin 38 000 euroa, mikä oli 25 % enemmän kuin Accenturen tarjous. Luulin, että olisin rikas, jos he suostuvat siihen. Järkytykseksi ja ilokseni HR-päällikkö vastasi kuulostaen melkein anteeksipyynnöltä: "Voi, tiedätkö, tarjoamme sinulle 45 000 euroa. Se on täällä palkkojen lähtökohta."

Olumide Ogunsanwo: [Naurua]

Achani Samon Biaou: Jäädyin hetkeksi. Tämä oli noin 50 % korkeampi kuin tarjoukseni Ranskassa. Useita kysymyksiä tulvi mieleeni. "45 000 euroa?" "Miksi se on niin korkea?" "Kuinka tämä on mahdollista, kun 32 000 euroa pidettiin jo suurena palkkana yhtä kehittyneessä Ranskassa aivan rajan takana?" "Miksi en tiennyt tästä?" "Kuinka rikas minusta tulee?" "Onko saalis?"

Olin välittömästi täynnä uteliaisuutta ja katumusta siitä, etten aiemmin tutkinut mahdollisuuksia Ranskan ulkopuolella. Olin päättänyt olla tekemättä samaa virhettä, jos päätin muuttaa Saksaan. Päätin etsiä mahdollisuuksia muilta maantieteellisiltä alueilta mukavuusalueeni ulkopuolella.

Olin innoissani mahdollisuudesta rikastua. Ranskalaiset ja ranskankieliset afrikkalaiset ystäväni Ranskassa olivat joko mustasukkaisia tai tietämättömiä, kun he kysyivät, miksi valitsisin muuttaa Saksaan. He myös kysyivät, olinko harkinnut sellaiseen maahan muuttamisen vaikutuksia.

Vaikka en huolellisesti suunnitellut, ajattelin, että jos muut maahanmuuttajat voisivat menestyä siellä, niin minäkin voisin selvittää sen. Olin utelias oppimaan muista paikoista. Haastatteluni aikana en nähnyt kenenkään hakaristia yllään tai törmänneen mihinkään epätavalliseen.

Olumide Ogunsanwo: [Naurua] Ei outoja tatuointeja.

Achani Samon Biaou: Uskoin pärjääväni Saksassa. Näin muutamia muita mustia ihmisiä ja tapasin suuren turkkilaisen väestön. Kun olin kiinnostunut elämästä Saksassa, kysyin ympäriltäni. Jotkut ihmiset kuvailivat sitä suureksi, rauhalliseksi ja oikeudenmukaiseksi. Toiset mainitsivat rasismin ja etenemisen haasteet mustana ihmisenä johdossa. Päättelin, että Saksassa, kuten Ranskassa ja muissa länsimaissa, oli sekä kunnollisia ihmisiä että rasismitapauksia. Samanlainen dynamiikka oli todennäköisesti Nigeriassa eri etnisten ryhmien välillä.

Olumide Ogunsanwo: Edellisessä luvussamme perustutkintovuosistamme näytti siltä, että olimme tarkoituksellisia ja meillä oli laajempi näkökulma mahdollisuuksiin. Miksi et lähestynyt työnhakuasi samalla mentaliteetilla? Vaikuttaa siltä, että työnhakusi oli vähemmän tarkoituksellista.

Achani Samon Biaou: Olen iloinen, että esitit tämän kysymyksen. Etsiessäni opiskelijatöitä ala-asteella olin todellakin tarkoituksellinen ja seikkailunhaluinen. Kuitenkin, mitä tuli työnhakuun valmistumisen jälkeen, vaikka harkitsin Iso-Britanniaa ja Saksaa, hain silti tavallisia televiestintätehtäviä noissa maissa. Ranskassa hain tuttuihin yrityksiin, kuten Accenture ja Alcatel.

Otin työnhakuun Ison-Britannian ja Saksan, koska halusin käyttää englannin taitojani. Pohdin kuitenkin vain epämääräisesti taloudellisia etuja, koska en tuolloin täysin ymmärtänyt lukuja. Myöhemmin sain syvemmän ymmärryksen taloudellisesta riippumattomuudesta. Se, mikä auttoi minua tällä matkalla, oli uteliaisuuden ja kilpailukyvyn yhdistelmä. Vaikka minulla ei aina ollut selkeää käsitystä siitä, mitä halusin, olin avoin kokeilemaan uusia asioita. Tämä uteliaisuus sai minut löytämään odottamattomia mahdollisuuksia.

Jos et työnnä itseäsi pois mukavuusalueeltasi ja pysyt uteliaana, et koskaan tiedä olemassa olevista mahdollisuuksista. Olen aina uskonut, että voin hakea mitä tahansa haluamaani uravaihtoehtoa. Loppujen lopuksi niillä, jotka jo tekevät sitä, onko heillä jotain erityistä etua?

Olumide Ogunsanwo: Kyllä. Ajattelit: "Miksi minä en voi tehdä sitä?"

Achani Samon Biaou: Itse asiassa, miksi et tekisi sitä ja tekisi sen vielä paremmin?

Palatakseni kokemukseeni Saksasta, liityin Deutsche Telekom Consultingiin vuonna 2006 24-vuotiaana, ja olin innoissani 45 000 euron palkastani. Kohtasin kuitenkin pari yllätystä matkan varrella. Ensinnäkin Saksan Ranskaa korkeamman verotuksen sokki. Yllättäen päädyin ansaitsemaan lähes samat nettotulot tai ehkä hieman enemmän. Toiseksi, vain kaksi tai kolme kuukautta uudessa työssäni, minulle tarjottiin tilaisuutta kolmen kuukauden kansainväliseen projektiin Etelä-Afrikassa. Toimeksiannon hyväksyminen johtaisi palkankorotukseen, ja odotin maltillista nousua Saksan alkuperäisestä noin 2 000 €/kk (24 000 €/vuosi) nettopalkasta noin 2 500 €/kk (30 000 €/vuosi).

Olumide Ogunsanwo: Se on niin pieni nettopalkka. 24 000 € netto 45 000 € bruttopalkasta. Tuo on hullua.

Achani Samon Biaou: Maksoin huomattavan määrän veroja, mukaan lukien säännöllinen tulovero, solidaarisuusvero idän jälleenrakentamisen tukemiseksi Länsi-Saksassa ja valinnainen kirkkovero. Ei-harjoittavana kristittynä päätin jättää kirkkoveron ulkopuolelle.

Olumide Ogunsanwo: Puhtaasti rationaalisesta näkökulmasta katsottuna on parempi ilmoittaa, että et ole sidoksissa kirkkoon, ja lahjoita valitsemasi prosenttiosuus sen sijaan, että hallitus määrää summan puolestasi. Tuntuu hullulta, että he tekisivät niin.

Achani Samon Biaou: Kolme kuukautta Deutsche Telekom Consultingin palvelukseen liittymisen jälkeen lokakuussa 2006 aloitin kansainvälisen toimeksiannon uudenvuoden aikoihin, ja nettopalkkani lähes kolminkertaistui 7 000 euroon kuukaudessa. Ennen vuoden 2007 loppua minulla oli yli 100 000 € säästöjä palkastani ja bonuksistani. Yritys tarjosi majoitusta hotelleissa, maksoi vuokra-autot asiakasvierailuja varten ja antoi meille mahdollisuuden maksaa taksikulut. Pystyin säästämään huomattavan summan rahaa.

Olumide Ogunsanwo: Kuinka kauan yövyit hotelleissa? Muutitko lopulta yritysasuntoon?

Achani Samon Biaou: Asuin hotelleissa Etelä-Afrikassa ja myöhemmin myös Dubaissa. Dubaissa meillä oli avustusta, jolla saimme vuokrata paikan. Vuokrasimme kollegani kanssa kolmen makuuhuoneen paikan upealta naapuruston takana nimeltä Palm Jumeirah Island.

Minusta asiat eivät olleet järkeviä. Vain muutama kuukausi aikaisemmin olin opiskelija Ranskassa, kehittyneessä maassa. Sitten muutin Saksaan ja tajusin, että Ranskan talous on pienempi, mistä en ollut edes tietoinen, koska Saksasta puhutaan harvoin frankofonisessa maailmassa. Se ei laskenut minulle. Saksassa aloitin työsuhdeautolla, Mercedes C-sarjalla, polttoainekulut täysin katettuna. Matkustin Etelä-Afrikkaan ja Dubaihin ansaitakseni enemmän rahaa kuin ihmiset tyypillisesti tienaavat 20 vuoden aikana urallaan Ranskassa tai Saksassa. Miksi tämä kaikki tapahtui minulle? Olin uskomattoman onnellinen, mutta utelias kuinka se oli kehittynyt.

Olumide Ogunsanwo: Johtuiko 3-kertainen palkankorotus kansainvälisestä vaikeuskorvauksesta?

Achani Samon Biaou: Kyllä, oli erilaisia korvauksia, mukaan lukien vaikeuskorvaus. Lisäksi yli kuusi kuukautta vuodessa Saksan ulkopuolella työskennellessäni minulla oli joitain verosäästöjä, koska en ollut Saksan täyden verotuksen alainen.

Ensimmäisen vuoden Deutsche Telekomissa matkustin paljon, tapasin monia uusia ihmisiä ja kehitin englannin taitojani. Ylellisissä hotelleissa majoittumiseen totuin 23-vuotiaana. Vasta syyskuussa 2022 ostin huonekaluja, muuttaen pois siihen asti käyttämistäni surkeista yliopistokalusteista.

Olumide Ogunsanwo: Mitä periaatteita he voivat ottaa pois niille, jotka lukevat tarinaasi ja ajattelevat, että se oli vain onnea?

Achani Samon Biaou: Tärkeintä ei ole verrata omaa matkaasi jonkun muun matkaan ja yrittää hylätä heidän saavutuksiaan onnena. Jokaisen polku on ainutlaatuinen, ja jotkut ihmiset ovat saattaneet aloittaa taloudellisen itsenäisyyden matkansa myöhemmin elämässä. Toiset ovat saattaneet syntyä taloudellisesti itsenäisinä, koska heidän vanhempansa olivat miljardöörejä.

Olumide Ogunsanwo: [Hysteeristä naurua]

Achani Samon Biaou: Periaatteet, joihin kannattaa keskittyä, ovat uteliaisuus ja kunnianhimo. Tarkkaile ympärilläsi tapahtuvia asioita ja työnnä itsesi tutkimaan uusia mahdollisuuksia.

Sinun ei tarvitse kulkea samaa polkua kuin muiden. Pysy utelias ja kilpailukykyinen ja pyri aina päihittämään itsesi. On helppoa olla omahyväinen nykyisen tilanteen ja ympäristön kanssa, mutta kehotan lukijoita olemaan rajoittamatta saavutuksiaan. Se on tärkein poiminta tarinastani.

Olumide Ogunsanwo: Äärimmäiset ihmiset saavat äärimmäisiä tuloksia. En ehkä kuvaile itseäni äärimmäiseksi, mutta siinä on jotain ihanaa, kun yrität aggressiivisesti saada aikaan positiivisen muutoksen elämässäsi. Jos olet jo tyytyväinen siihen, missä olet, et voi ryhtyä toimiin. Mutta kuten Samonin tarina osoittaa, hänen uteliaisuutensa ja tarmonsa sai hänet hyödyntämään kaikki mahdollisuudet. Laakereilla lepääminen ei todennäköisesti johda taloudelliseen riippumattomuuteen.

Yksi periaate, jonka otin tarinastasi, on aktiivisesti etsiä mahdollisuuksia, olla utelias ja valmis ottamaan harkittuja riskejä.

Jos olisit valkoihoinen ranskalainen lapsi, joka kasvoi Pariisissa ranskalaisten ystävien ympäröimänä ja sai koulutuksen yksinomaan Ranskassa, saatat pelätä muuttoa Saudi-Arabiaan tai Arabiemiirikuntiin. Turvallisuus ja riskit olisivat suuria huolenaiheita. Toisaalta maahanmuuttajana oleminen tarjoaa ainutlaatuisia etuja. Kun olet muuttanut toisesta paikasta, olet tottunut vieraisiin kulttuureihin ja olet mukava kokeilla uusia asioita. Esimerkiksi Samon oli maahanmuuttaja, joka oli jo kokenut maaseudun maatilaelämän ja kaupunkiasumisen Beninissä ennen muuttoaan Ranskaan. Tämä tausta helpotti hänen omaksua kansainvälisiä projekteja Etelä-Afrikassa tai Yhdistyneissä arabiemiirikunnissa, koska hän oli joustavampi ja vähemmän pelännyt uusien ympäristöjen tutkimista.

Kaikki, mitä olet kokenut elämässäsi, on tehnyt sinusta sen, joka olet. Hyväksy menneisyytesi ja käytä sitä paremman tulevaisuuden luomiseen. Historia on henkilökohtainen etusi. Se on ainutlaatuisuuden supervoimasi maailmassa, joka edistää lempeää yhtenäisyyttä.

Jos olet kasvanut ympäristössä, jossa jouduit kävelemään useita tunteja kouluun joka päivä, saatat nähdä sen haittana. Parempi näkökulma olisi kuitenkin pohtia kävelyn uskomattomia terveyshyötyjä, lisäaikaa itsetutkiskelulle ja mahdollisuus tavata ihmisiä ja tutustua maan eri osiin. Ei ole objektiivista todellisuutta, on vain subjektiivinen jatkuva tulkintamme elämästä. Joten miksi et omaksuisi positiivista näkökulmaa elämäkertaasi vahvistaaksesi itseäsi? Tämä on hyödyllisempää kuin valittaminen ja muiden syyttäminen olosuhteistasi.

Achani Samon Biaou: Samaa mieltä. Myöskään itse rahalla ei ollut minulle tuolloin niin suurta merkitystä. On tärkeää muistaa, että jos keskitytään vain rahaan tai aineelliseen omaisuuteen, et koskaan tunne oloa tyytyväiseksi ja menetät rahan tarjoaman todellisen arvon nauttimisen.

Olumide Ogunsanwo: Lisään siihen vielä makua. Kuvittele joku, joka on taitava henkilökohtaisessa rahoituksessa. Vaikka he aloittaisivat 20-vuotiaana, taloudellisen riippumattomuuden saavuttaminen voi silti kestää 10–15 vuotta. Keskimääräisellä ihmisellä se voi kestää jopa 30–50 vuotta. Näinä vuosina on tärkeää löytää iloa ja täyttymystä elämästä ja haistaa ruusuja.

Siksi ei ole väliä, oletko hyvä henkilökohtaisessa taloudessa vai tavallinen joe yrittää selvittää perusasiat, kestää vuosia elämästäsi tulla taloudellisesti itsenäiseksi! Jos kiinnität liikaa talouteen, saatat menettää vuosikymmeniä elämästäsi odottaessasi taloudellista vapautta. Raha ei saa olla perimmäinen tavoite. Nauti MATKASTA matkalla kohti taloudellista riippumattomuutta, koska matka on elämäsi.

Achani Samon Biaou: Olin tämän uhri monella tapaa. Ihmiset olettavat, että elämästään nauttiminen tarkoittaa paljon rahan tuhlaamista tai kuluttamista. Se ei. On monia tapoja löytää tyytyväisyys ja luoda ikimuistoisia kokemuksia varojensa puitteissa ja tulevaisuuttasi vaarantamatta.

Olumide Ogunsanwo: Onko sinulla jotain muuta tarinaa, jonka haluaisit jakaa ja joka on vaikuttanut henkilökohtaiseen talouteen, taloudelliseen riippumattomuuteen, näkemyksiisi tai visioosi?

Achani Samon Biaou: Ehdottomasti. Minulla on tarina yhdestä varhaisimmista yrittäjyyshankkeistani, jonka haluaisin jakaa. Tämä kokemus auttoi minua ymmärtämään useiden tulovirtojen edut.

Kuten ehkä muistat, isäni oli mukana useissa yrityksissä, joten pidin aina luonnollisena tutustua erilaisiin projekteihin ja hankkeisiin. Vuonna 2007, vain muutama kuukausi urallani, kotimaan nettopalkkani kolminkertaistui Saksan 2 500 eurosta 7 000 euroon 9 000 euroon kuukaudessa ulkomailla Etelä-Afrikassa, Dubaissa, Malesiassa ja muissa paikoissa. Lisäksi minulla oli minimaaliset asumiskulut, koska yritykseni tarjosi majoitusta ja maksoi sähkö- ja vesilaskuja. Näin pystyin säästämään huomattavan osan tuloistani, lähes seitsemän kertaa enemmän kuin voisin Saksassa ulkomaansopimukseen liittyvien minimaalisten kulujen vuoksi.

Olumide Ogunsanwo: Uskomatonta!

Achani Samon Biaou: Olin 27-vuotias ja työskennellyt DT:llä kolme vuotta, kun aloin kyllästyä. Ajattelin laajentaa mikroyrittäjyyttä, jota olin harjoittanut opiskelijana Ranskassa koulujen loma-aikoina. Tuolloin toin tietokoneita Ranskasta Beniniin ja myin ne ystäväni avulla. Olin Yhdistyneissä arabiemiirikunnissa ja minulla oli enemmän käytettävissä olevaa pääomaa, joten ajattelin, että voisin muuttaa tämän suuremmaksi yritykseksi. Sen sijaan, että ostimme kannettavia tietokoneita Ranskasta, päätimme ostaa ne Yhdistyneistä arabiemiirikunnista, missä ne olivat edullisempia.

Kohtasimme kuitenkin joitain haasteita. Yhdistyneiden arabiemiirikuntien näppäimistöt olivat QWERTY, kun taas ranskankieliset näppäimistöt olivat

AZERTY. Lisäksi Yhdistyneiden arabiemiirikuntien virtakaapelit erosivat Beninin ja Ranskan virtajohdoista. Meidän piti löytää ratkaisuja näihin ongelmiin ennen kuin kuljetimme kannettavat tietokoneet Yhdistyneistä arabiemiirikunnista Beniniin myyntiin.

Lopulta selvitimme kannettavien tietokoneiden ja latauskaapeleiden ostamisen yksikkötalouden, mutta jäimme näppäimistön asetteluongelmaan. Sitten ystäväni ehdotti, että maalaamme ranskalaiset kirjaimet Arabiemiirikuntien näppäimistöille Beninissä!

Olumide Ogunsanwo: [Hymy] Vitsailetko minulle? Se kuulostaa 100% hullulta.

Achani Samon Biaou: Lopulta päätimme ostaa tarroja ja sijoittaa ne QWERTY-näppäimistöihin käytännöllisemmäksi ratkaisuksi. Otimme askeleen ja aloitimme yrityksen perustamalla 20 000 euron yrityksen (10 000 euroa kukin). Tehtäväni oli ostaa kannettavia tietokoneita Arabiemiirikunnista ja matkustaa Beniniin myymään niitä. Aikaherkät tilaukset lähetämme kannettavat tietokoneet veneellä. Lentokustannusten optimoimiseksi lensin Nairobin läpi Kenya Airwaysilla.

Olumide Ogunsanwo: Voi luoja. Miten selvisit matkustamisesta niin monen kannettavan tietokoneen kanssa? Tarkistitko ne sisään? Pelkäsitkö niiden tuhoutuvan?

Achani Samon Biaou: Aluksi kannoin useimpia tietokoneita käsimatkatavaroissani ja kirjasin kaapelit sisään. Yrityksen kasvaessa aloin tarkistaa joitakin kannettavia tietokoneita ja pehmustettua ne vaatteilla suojaamaan niitä vaurioilta. Seurasimme tarkasti hintoja eri paikoissa ja toimitimme Ranskasta tai Dubaista parhaiden hintojen mukaan. Lopulta aloimme jopa ostaa Kiinasta. Liike menestyi, sillä sen vuotuinen liikevaihto oli yli 200 000 dollaria ja tuotto lähes kymmenkertaistunut muutamassa vuodessa.

Opin, että vaikka onnistuisitkin ansaitsemaan rahaa yhdellä tavalla, sinun ei tarvitse pysähtyä tähän. Voit jatkaa oppimista ja uusien mahdollisuuksien tutkimista.

Olin mukavassa asennossa, enkä tehnyt sitä välttämättä rahan takia. Löysin arbitraasin ja menin sen perässä. En tehnyt sitä vain yhdellä tietokoneella, vaan suuremmassa mittakaavassa satojen tietokoneiden kanssa.

Yritys kohtasi kuitenkin lopulta haasteita. Teimme "virheen" ollaksemme rehellisiä jättämällä verot ja maksamalla sosiaaliturvan työntekijöidemme

Beninissä. Eräänä päivänä veroviranomaiset tulivat ja paljastivat, että useimmat alueen yritykset ilmoittivat vain noin 10 % todellisesta myynnistään. He julkaisivat verolaskun, joka sisälsi aikaisempien vuosien tarkistuksia. Olimme järkyttyneitä, mutta tunsimme voimattomia. Emme voineet taistella järjestelmää vastaan, vaan päätimme lopettaa varaston ja lopettaa liiketoiminnan.

Siitä huolimatta tämä kokemus avasi minut yrittäjyyden maailmaan. Meidän piti palkata työntekijöitä, hallita varastoa ja optimoida liiketoimintakustannukset. Se oli arvokas oppimiskokemus, joka tapahtui ennen kuin edes kävin kauppakorkeakoulussa.

Achani Samon Biaou: Tarinan moraali on etsiä uusia mahdollisuuksia, kun tunnet olosi levottomaksi ja oppimiskäyräsi on litistynyt. Älä ole liian mukava ja omahyväinen; pyri aina lisäämään jotain uutta. Maailma on täynnä loputtomia mahdollisuuksia ja mahdollisuuksia. Uuden oppimisesta ja uusien taitojen kehittämisestä tulee sisäistä iloa ja tyytyväisyyttä, vaikka niistä ei heti seuraisi taloudellista hyötyä.

Olumide Ogunsanwo: Kaunis. Kiitos tarinasi jakamisesta.

4C: kunnianhimoa ja rohkeutta koskevat periaatteet

Olumide Ogunsanwo: Nyt kun olemme jakaneet henkilökohtaiset tarinamme, siirretään huomiomme ja syvennetään tiettyjä periaatteita, jotka voivat nopeuttaa matkaa taloudelliseen riippumattomuuteen. Tässä luvussa tutkimme kunnianhimoisuuden ja rohkeuden periaatteita kolmeen osaan jaettuna. Ensin määritämme nämä periaatteet. Toiseksi keskustelemme siitä, kuinka he voivat edistää taloudellisen riippumattomuuden saavuttamista. Ja lopuksi annamme kirjasuosituksia näiden periaatteiden tutkimista varten.

Aloitetaan kunnianhimosta, joka on vahva halu saavuttaa jotain, joka vaatii päättäväisyyttä ja kovaa työtä. Miten kunnianhimo liittyy aiemmin keskustelemiimme periaatteisiin ja miten se voi tukea taloudellisen riippumattomuuden tavoittelua?

Ensin puhuimme itseluottamuksesta ja itseluottamuksesta. Kehität ajattelutavan, joka hävittää itsensä rajoittavat uskomukset ja edistää uskoa kykyysi saavuttaa mitä tahansa. Olet myös yksin vastuussa elämästäsi. Seuraavaksi uteliaisuutesi saa sinut tutkimaan uusia mahdollisuuksia ja ajattelemaan itsenäisesti, ilman menettämisen pelkoa (FOMO). Olet innostunut ja utelias siitä, mitä elämästä voi tulla.

Seuraavaksi kehität palavan halun luoda haluamasi elämä, johon sisältyy taloudellisesti riippumattomuus. Tuo palava halu on kunnianhimo. Se kehittyy luonnollisesti itseluottamuksesta, itseluottamuksesta, uteliaisuudesta ja itsenäisestä ajattelusta. Kunnianhimo tulee erityisen tärkeäksi altavastaajille, ulkopuolisille, ulkomaalaisille, nomadeille, vähemmistöille ja maahanmuuttajille. Ulkopuolisena uuden ympäristön ymmärtäminen ja mahdollisuuksien tunnistaminen on elintärkeää. Kunnianhimoisuus antaa sinun kuvitella ja pyrkiä uuteen elämään.

Achani Samon Biaou: Olen täysin samaa mieltä. Aluksi taloudelliseen riippumattomuuteen tarvittava summa voi olla pelottavaa. Jos esimerkiksi ansaitset 12 000 dollaria kuukaudessa ja uskot tarvitsevasi miljoona dollaria saavuttaaksesi taloudellisen riippumattomuuden, on luonnollista ajatella, että se on mahdotonta ja luovuttaa edes yrittämättä.

Kunnianhimo on mielentila, jonka avulla voit uskoa kykyysi asettaa ja saavuttaa tavoitteita. Kunnianhimo liittyy kiinteästi itsenäiseen ajatteluun ja sitä vahvistaa tavoitteiden asettaminen. Luodaksesi elämästäsi vision, joka sisältää unelmasi ja toiveesi, sinun on kyettävä ajattelemaan eri tavalla kuin muut.

Ilman tavoitteita kunnianhimo yksin on kuitenkin suunnatonta ja johtaa kohdistamattomiin ponnisteluihin. Samoin ilman kunnianhimoa asetat todennäköisesti pieniä tavoitteita, jotka johtavat toteutumattomiin potentiaaliin.

Olumide Ogunsanwo: Hyvin artikuloitu. Kunnianhimo toimii siltana edellisen luvun itsenäisen ajattelun ja tavoitteen asettamisen välillä, jota käsittelemme seuraavassa luvussa. Robert Kiyosaki neuvoo [1]yksilöitä haastamaan itsensä muuttamalla ajattelutapaansa "minulla ei ole varaa" kohtaan "Kuinka minulla on siihen varaa?". Tätä lähestymistapaa voidaan soveltaa laajasti mahdollisuuksiin ja haasteisiin pidättäytymällä sanomasta "en voi tehdä sitä" tai "se ei ole mahdollista". Sen sijaan kunnianhimoiset ihmiset uskovat kykyihinsä ja ryhtyvät ennakoiviin toimiin saadakseen asioita tapahtumaan.

Ostamalla tämän kirjan olet jo osoittanut kiinnostuksesi saavuttaa taloudellinen riippumattomuus. Se ei kuitenkaan tapahdu itsestään. Ryhdy toimiin tänään, älä huomenna, älä pian ja ehdottomasti älä "tulevaisuudessa". Ryhdy toimiin tänään asettaaksesi itsesi menestyksen tielle.

Achani Samon Biaou: Jos haluat kasvattaa kunnianhimoa, tässä on joitain kirjasuosituksia. Aluksi Jim Rohnin " The Power of Ambition [2]" on erinomainen lähde. Tämä kirja kaivaa itsesi voimakkaan voiman herättämiseen kunnianhimoisemmaksi.

Olumide Ogunsanwo: [Hymy] Tiedätkö mikä on uskomatonta, Samon? Aioin suositella täsmälleen samaa kirjaa. Se on uskomatonta, koska emme ole aiemmin tehneet yhteistyötä tai keskustelleet suosituksista.

Achani Samon Biaou: Kyllä, todellakin. Se on poikkeuksellisen oivaltava kirja. Teoksessaan kirjailija määrittelee kunnianhimon uudelleen mielentilaksi pelkäksi toiminnaksi. Hän väittää, että todellinen kunnianhimo ei ole ohiki-

1. https://www.goodreads.com/quotes/645564-i-can-t-afford-it-shut-down-your-brain-it-didn-t

2. https://www.amazon.com/Power-Ambition-Awakening-Powerful-Within-ebook/dp/B09FNP7GCX

itävä halu, vaan kurinalainen, innokas ja melkein pakkomielteinen kaipaus. On tärkeää omaksua ajattelutapa, jossa mietit jatkuvasti seuraavaa merkittävää saavutustasi sen sijaan, että tyytyisit nykyiseen tilanteeseen. Jos juoksit onnistuneesti maratonin, älä lopeta siihen; tavoitteena triathlon.

Olumide Ogunsanwo: Kunnianhimoperiaatteen kauneus on, että vaikka keskustelemme siitä usein taloudellisen riippumattomuuden yhteydessä, sillä on kauaskantoisia sovelluksia henkilökohtaisessa kehityksessä. Kunnianhimo voi auttaa sinua perustamaan yrityksen, löytämään kumppanin tai saavuttamaan minkä tahansa tavoitteesi. Ajattelutapa, taidot ja kekseliäisyys, joita viljellään taloudellisen riippumattomuuden tavoittelussa, leviävät aina muille elämän tärkeille aloille, kuten ihmissuhteisiin, terveyteen, yrittäjyyteen ja muihin.

Achani Samon Biaou: Kuten sanonta kuuluu, olet se seura, jonka pidät. Ympäröiminen henkilöillä, joilla ei ole kunnianhimoa, voi mahdollisesti haitata omaa intoasi, vaikka sinulla olisi luonnostaan vahva halu menestyä. Jos harkitset tällä hetkellä suurta muutosta, voi olla hyödyllistä viettää enemmän aikaa ystävien kanssa, jotka ovat saavuttaneet kunnianhimoisia tavoitteita tai pyrkivät niihin aktiivisesti. Samanhenkisten ja motivoituneiden ihmisten seurassa oleminen voi innostaa sinua, tarjota arvokkaita oivalluksia ja tukea, kun yrität saavuttaa omia tavoitteitasi.

Olumide Ogunsanwo: Arvaa kuka teki suosituksi yleisen sanonnan: "Olet niiden viiden ihmisen keskiarvo, joiden kanssa vietät eniten aikaa"?

Achani Samon Biaou: Kuka?

Olumide Ogunsanwo: [Naurua] Jim Rohn. Se yllätti minutkin. Kyllä, sama Jim Rohn, joka kirjoitti suosittelemasi kirjan. Sosiaalipiirisi ja kunnianhimotasosi liittyvät toisiinsa.

Useimmat periaatteet liittyvät toisiinsa. Keskustelimme esimerkiksi itseluottamuksesta muutama luku sitten. Jos sinulla on korkea itseluottamus, ryhdyt todennäköisemmin rohkeisiin toimiin. Nyt tutkimme kunnianhimoa. Kunnianhimo vaatii usein rohkeutta. Nämä käsitteet voidaan esittää kirjassa erikseen, mutta ne ovat keinotekoisia eroja. Tarkoituksenamme on innostaa sinua kehittämään ja vaalimaan näitä ominaisuuksia ja uskomaan kykyysi saavuttaa jotain merkittävää elämässäsi.

Achani Samon Biaou: Ehdottomasti. On ratkaisevan tärkeää erottaa ontto kunnianhimo ja määrätietoinen kunnianhimo, sillä jälkimmäiseen liittyy muita tärkeitä piirteitä, kuten toteutus. Kateuden ohjaama kunnianhimo ei välttämättä vastaa todellisia tavoitteitasi.

Aloittaessasi on tärkeää valita jotain, josta aidosti välität, sillä vaikka ihailet jonkun toisen menestystä ja pyrit jäljittelemään sitä, et todennäköisesti kohdista tarvittavaa vaivaa, jos sinulla ei ole aitoa intohimoa siihen. . Toisin sanoen, jos kunnianhimostasi puuttuu aito intohimo, saatat kamppailla säilyttääksesi motivaation ja sitoutumisen koko prosessin ajan.

Olumide Ogunsanwo: Tämä kunnianhimoa käsittelevä luku seuraa itsenäistä ajattelua käsittelevää lukua syystä. Pohdiskelemalla edellistä lukua ja omaksumalla itsenäisen ajattelun, olet todennäköisemmin kunnianhimoinen asioissa, jotka todella resonoivat sinua yksilönä. Itsellesi uskollinen pysyminen on yleensä tapa, joka toimii sinulle paremmin.

Achani Samon Biaou: Jos sinulla on vahva intohimo johonkin sinulle tärkeään kohtaan, on todennäköistä, että onnistut ja saavutat tavoitteesi. Päinvastoin, jos tavoittelet tavoitteitasi vain siksi, että olet kateellinen muille tai haluat saada tunnustusta muilta, saatat saavuttaa haluamasi aseman, mutta et ehkä tunne itseäsi todella täyttyneeksi.

Olumide Ogunsanwo: Kunnianhimoisten tavoitteidesi on ehdottomasti tultava sisältä ja niillä on oltava henkilökohtainen merkitys sinulle. Nyt haluan tehdä joitain suosituksia. Aioin alun perin ehdottaa "The Power of Ambition", mutta koska olet jo maininnut sen, jätän sen väliin. Sen sijaan suosittelen Tim Ferrissin " Tools of Titans " -kappaletta. [3]Kirja esittelee maailmanluokan esiintyjiä eri aloilta. Tarinoidensa kautta lukijat voivat saada arvokkaita oivalluksia, ei pelkästään kopioimalla tekojaan, vaan oppimalla niistä. Voit alkaa ymmärtää, että jos muut ovat saavuttaneet suuria asioita, voit myös asettaa itsellesi kunnianhimoisia tavoitteita. Miksi tyytyä elämään, jota et halua elää, kun muut elävät unelmiensa elämää?

Tämä päättää kunnianhimoperiaatteen. Puhutaanko seuraavaksi rohkeudesta?

Achani Samon Biaou: Kyllä , siirrytään rohkeuteen, joka on yksi suosikkiaiheistani. Rohkeus erottaa aran kanan rohkeasta leijonasta monilla elämän osa-alueilla. Ihmiset ovat pitäneet sitä hyveenä vuosisatojen ajan, ja oikeutetusti. Rohkeus on henkistä voimaa, joka työntää meidät yli odotusten, olipa kyseessä sitten uuden aloittaminen tai sinnikkyys kohtaamissamme

3. https://www.amazon.com/Tools-Titans-Billionaires-World-Class-Performers/dp/1328683788

haasteissa. Se antaa meille voiman kohdata esteitä, vaaroja ja vaikeuksia suoraan, jolloin voimme voittaa ne horjumattomalla sitkeydellä, jopa vastoinkäymisissä.

Olumide Ogunsanwo: Tehokas! Rohkeudella on ratkaiseva rooli matkalla kohti taloudellista riippumattomuutta, joka on täynnä ylä- ja alamäkiä, kiertoteitä ja takaiskuja. Ilman rohkeutta on helppo lannistua ja antaa periksi. Rohkealla voit kuitenkin voittaa nämä haasteet, pysyä motivoituneena ja jatkaa etenemistä kohti tavoitteitasi. Rohkeus on se ratkaiseva tekijä, joka erottaa ne, jotka saavuttavat taloudellisen riippumattomuuden, niistä, jotka eivät koskaan yritä tai hylkää pyrkimystä matkan varrella. Se muistuttaa minua Niken perustajan Phil Knightin lainauksesta: "Purut eivät koskaan alkaneet, ja heikot kuolivat matkan varrella. Se jättää meidät."

Tavoitteemme on, että löydät elämäsi, joka on sinulle merkityksellinen, ja olet valmis lähtemään matkalle, koska uskot sen olevan sen arvoista. Rohkeus saa sinut pysymään tällä matkalla.

Achani Samon Biaou: Me kaikki koemme pelkoa, mutta rohkeus on kykyä tunnustaa nuo tunteet, ymmärtää kuinka syvästi ne vaikuttavat meihin ja jatkaa eteenpäin niistä huolimatta.

Olumide Ogunsanwo: Pelko on melkein väistämätön osa tärkeiden asioiden tekemistä. Omaksu pelko, haavoittuvuus, epävarmuus ja jatka eteenpäin kaikesta huolimatta.

Achani Samon Biaou: On tärkeää tunnustaa, että rohkea ihminen ei ole se, joka ei näe vaaraa, vaan joku, joka näkee sen ja tunnustaa sen aiheuttaman pelon. Heillä on kuitenkin sisäinen voima, joka antaa heille voimat kohdata haasteen peloistaan huolimatta. Sinun ei tarvitse olla poikkeuksellinen yksilö ollaksesi rohkea; sinun on yksinkertaisesti opittava hallitsemaan tunteitasi ja tiedostamaan haasteen kohtaamiseen liittyvät riskit. Muista, että ainoa todellinen epäonnistuminen on se, että et yritä ollenkaan, ja kohtaamalla pelkosi ja ryhtymällä toimiin voit yllättää itsesi sillä, mitä pystyt saavuttamaan. Tunnustan tämän haasteen. Saatan hävitä, mutta jatkan ja puutun asiaan siitä huolimatta.

Haluan kertoa anekdootin asian havainnollistamiseksi: Siellä oli komentaja ja hänen sotilainsa valmistautumassa valloittamaan saarta. He astuivat veneisiinsä ja saavuttivat rantaa, mutta sotilaat olivat täynnä sekä jännitystä että epävarmuutta. Sitten komentaja johti joukot syvemmälle sisämaahan ja jätti ne sinne pitämään asemaansa. Hän palasi rantaan rohkeimpien sotilaiden kanssa ja sytytti heidän veneensä tuleen poistaen kaikki perääntymismahdollisuudet. Tämä pakotti kaikki sotilaat taistelemaan horjumattomalla päättäväisyydellä. Komentaja ymmärsi, että hänen sotilaidensa rohkeus lisääntyisi, jos he tietäisivät, ettei heillä ollut muuta vaihtoehtoa kuin taistella.

Olumide Ogunsanwo: Emme palaa. Menemme eteenpäin tai kuolemme! Hauska.

Achani Samon Biaou: Kun joukot näkivät heidän palavan veneensä, sotilaat kokivat henkisen muutoksen. He pelkäsivät edelleen, mutta heillä oli selkeydestä tuleva päättäväisyys. Taistele tai kuole. Rohkeus ei välttämättä tarkoita pelon puuttumista, vaan pikemminkin kykyä vakuuttaa itselleen, että tämä on oikea tie ja edetä päättäväisesti.

Olumide Ogunsanwo: Samon, nyt on täydellinen aika esitellä konsepti MJ DeMarcon kirjasta " Unscripted [4]", nimeltään FTE (Fuck This Event). Se tapahtuu, kun yksilö saavuttaa pisteen, jossa hän tajuaa saavuttaneensa pohjan ja hänen on muutettava kiireesti elämäänsä ja etsittävä eri suuntaa.

Menetin useita työpaikkoja ennen 24-vuotiaana. Tajusin heti, että yritykset eivät olleet minun etuni. Tiesin, että minun oli tehtävä jotain muuta elämässäni. Useimpien ihmisten on kysyttävä itseltään kysymys: Haluatko odottaa FTE:n toteutumista? Haluatko odottaa, että yrityksesi päästää sinut? Pitääkö sinun odottaa, kunnes saavutat pohjan, vai voitko ryhtyä ennakoiviin toimiin NYT tavoitteidesi saavuttamiseksi ilman traumaattista FTE-tapahtumaa?

FTE:itä tapahtuu väistämättä. Yritys, jossa työskentelet, ei ole perheesi, vaikka he sanovat sinulle mitä. Heillä ei ole sinun etusi. He huijaavat sinut mahdollisuuksiensa mukaan. He vain käyttävät sinua työhösi.

Achani Samon Biaou: Huolimatta siitä, että yritykset toisinaan väittävät, että kaikilla yrityksen jäsenillä on yhteinen tehtävä, on tärkeää muistaa, että jokaisella yksilöllä on oma henkilökohtainen tehtävänsä, ja hän on viime kädessä vastuussa omasta urastaan ja hyvinvoinnistaan. Vaikka kollegoista voi tulla ystäviä yhteisten olosuhteiden ansiosta, jokaisen on edettävä omaa polkuaan olosuhteiden muuttuessa.

Olumide Ogunsanwo: Rohkeutta tarvitaan lähteäksesi matkalle kohti tavoitteitasi. Jos sinulta kuitenkin puuttuu se, FTE pakottaa sinut lopulta tekemään jotain joka tapauksessa. Keskustellaan myös harkitun riskinoton

4. https://www.amazon.com/UNSCRIPTED-Life-Liberty-Pursuit-Entrepreneurship/dp/0984358161

tärkeydestä. Rohkeus ja mukavuusalueella pysyminen eivät sovi yhteen. Status quon seuraaminen ei johda taloudelliseen riippumattomuuteen, ja mukavuusalueesi todennäköisesti pitää sinut jumissa status quossa. Rohkeus on vastalääke.

Achani Samon Biaou: Sanasi muistuttavat minua ranskalaisesta runosta, jossa sanotaan: **"A vaincre sans peril, on triomphe sans gloire" (Jos voitat ilman vaaraa, voitat ilman kunniaa)** . Kun olet mukavuusalueellasi, voitat käytännössä pelin, jossa ei ole haastetta.

Olumide Ogunsanwo: Se on kuten sanonta kuuluu: "Pelaa typeriä pelejä ja voita typeriä palkintoja." Mukavuusalueella pysyminen on vähän kuin tyhmää peliä. Seuraat mukavasti turvallista rutiiniasi ja ennalta määrättyä polkuasi ja vakuutat itsellesi, että 3 %:n vuosikorotus on hyväksyttävä ja elämäsi on yleensä "okei". Mutta miksi tyytyä hyvään elämään, kun voit elää hämmästyttävää elämää?

Vaikka aiot saavuttaa taloudellisen riippumattomuuden 40-vuotiaana ja saavuttaa sen 48-vuotiaana, se on silti parempi kuin nykyinen tilanne. Tilanne on saattanut pitää sinut työssä 75-vuotiaaksi asti. Kyse ei ole vain numeroista; kyse on siitä, että olet innostunut tulevaisuudesta ja olet tarpeeksi rohkea ja kunnianhimoinen luomaan tuo tulevaisuus.

Laskettujen riskien ottaminen on taloudellisen riippumattomuuden kannalta välttämätöntä. Samon mainitsi aiemmin pelon roolin. Saatat pelätä tutkia uusia mahdollisuuksia ja laittaa itsesi sinne, mutta jopa työhön liittyy riskejä. Oletko arvioinut nämä riskit tarkasti? Mitä tapahtuu, kun yrityksesi päättää, ettei se enää tarvitse palveluitasi? Puhtaasti rationaalisesta näkökulmasta katsottuna on järkevää suojautua riskeiltäsi ja pysyä valppaana. Arvioimalla oikein nykyiseen tilanteeseesi liittyvät riskit, saatat rohkaista sinua ottamaan harkittumpia riskejä.

Achani Samon Biaou: Todellakin viisaita sanoja. Miten rohkeus tukee matkaa taloudelliseen itsenäisyyteen? Ajattele rohkeutta polttoaineena, joka vie sinut taloudellisen riippumattomuuden tikkaille ja pitää sinut nousussa.

Olumide Ogunsanwo: Älä odota, että FTE tai ulkoiset olosuhteet pakottavat sinut olemaan rohkea. Entä jos sinulla on FTE:n ylellisyys vasta myöhemmässä elämässä? Saatat löytää itsesi 60-vuotiaana ja tajuta, että sinun on otettava henkilökohtaiset raha-asiat vakavasti ja että eläkkeelle on enää kymmenen vuotta. Siinä vaiheessa saatat katua, että et ole ryhtynyt toimiin aikaisemmin.

Aloita nyt! Vaikka olisit vähän vanhempi, koskaan ei ole liian myöhäistä aloittaa. Et ole kilpailussa kenenkään kanssa.

On helpompi olla rohkea, kun ymmärtää suurimman osan riskeistä. Rohkea ihminen ei ole sellainen, joka hyökkää sokeasti taisteluun; Se on joku, joka arvioi riskit huolellisesti ja päättää silti edetä, koska uskoo hyötyjen olevan kustannuksia suuremmat. Mutta jotta voit määrittää, ovatko hyödyt kustannukset suuremmat, sinun on avattava silmäsi, visualisoitava ja ymmärrettävä tilanteesi kompromissit.

Achani Samon Biaou: Olumide esitti kysymyksen siitä, kuinka luoda tämä FTE-tapahtuma elämääsi. Jos haluat kasvattaa lapsissasi rohkeutta, omavaraisuutta ja itseluottamusta, on hyödyllistä antaa heille mahdollisuus viettää aikaa poissa sinusta ja poissa elämänsä mukavuudesta. Muistatko aiemmin mainitsemani anekdootin palavasta laivasta? Kuvittele, että jättäisit lapsesi jonnekin ilman mitään keinoa soittaa sinulle apua. Heidän täytyisi keksiä, kuinka selviytyä yksin.

Jotkut saattavat pitää tätä kauheana ajatuksena, koska lapsi voi traumatisoitua koko elämänsä ajan. Mutta tässä on asia: suojaamalla heidät todelliselta maailmalta, itse asiassa aiheutat heille heidän elämänsä suurimman trauman. Sinä riistät heitä kokemasta maailmaa sellaisena kuin se todella on, ja luot väärän positiivisen kokemuksen. Antamalla lasten kokea jonkin verran itsenäisyyttä ja kohdata haasteita, saatat tarjota heille arvokkaita kasvumahdollisuuksia.

Olumide Ogunsanwo: Kyllä, kaikki lähtee riskinarvioinnista. Riskin aliarvioiminen siitä, ettei heille myönnetä riittävästi itsenäisyyttä, omavaraisuutta ja itseluottamusta, sisältää suuremman riskin. Jos et varusta niitä näillä työkaluilla, et ehkä asenna niitä tulevaa menestystä varten. Se on valitettavaa.

Achani Samon Biaou: Harkitse tätä – kun suojelet liikaa lapsiasi ja estät heitä joutumasta haasteisiin, sinä itse asiassa valmistat heidät epäonnistumaan pitkällä aikavälillä. On tärkeää antaa heidän kohdata haasteet ja selvittää asiat itse.

Kuvittele esimerkiksi skenaario, jossa lapsesi tulevat työmarkkinoille, mutta he kamppailevat saadakseen työpaikan. Jos päätät luoda heille työpaikan omassa yrityksessäsi, estät vahingossa heidän pitkän aikavälin menestymistään. Toimimalla näin estät heidän kykyään kehittää olennaisia taitoja ja hankkia arvokasta kokemusta, jota tarvitaan omavaraisuuteen. Lisäksi, mitä tapahtuu, kun et ole enää paikalla pelastamassa heitä? On elintärkeää antaa heille mahdollisuus kohdata haasteita ja kehittää itsenäisyyttä, vaikka se vaatisikin tilapäisiä takaiskuja. Vaikka he perivät rikkautesi, he todennäköisemmin tuhlaavat sen, koska he eivät ole oppineet olemaan itsenäisiä.

Aikuisena rohkeus tarkoittaa sitä, että pystyt puhumaan pomosi kanssa ja puolustamaan itseäsi. Voit esimerkiksi sanoa luottavaisesti: "Hei, olen saavuttanut nämä asiat ja uskon, että ansaitsen ylennyksen." Voit myös vihjata, että jos asiat eivät toimi, tutkit muita mahdollisuuksia. On tärkeää, että uskaltaa puolustaa itseäsi ja tutkia työmahdollisuuksia nykyisen asemasi ulkopuolella, varsinkin jos uskot olevasi alipalkattu, aliarvostettu tai alikäyttöinen.

Olumide Ogunsanwo: Tai ehkä kokea kaikki kolme kerralla! [Nauru]

Achani Samon Biaou: Työhaastattelussa saatat kohdata haastattelijan, joka yrittää painostaa sinua emotionaalisesti. Rohkeutta haastaa heidän uskomuksensa ja puolustaa itseäsi. Älä pelkää sanoa: "Olen pahoillani, mutta sen perusteella, mitä näen tässä matemaattisesti, näyttää siltä, että olen oikeassa. Voitko selittää uskomuksesi taustalla olevat syyt?"

Olumide Ogunsanwo: Kasvattamalla kunnianhimoa pienillä, jokapäiväisillä toimilla vahvistat kykyäsi saavuttaa suurempia tavoitteita, kuten saavuttaa taloudellinen riippumattomuus.

Achani Samon Biaou: Haluaisin suositella Steve Magnuksen kirjaa " Do Hard Things ".[5]Se tutkii pelon voittamista ja korostaa sitkeyden arvoa urheilussa ja muilla aloilla keinona kohdata haasteita. Magnus, korkean suorituskyvyn urheilijoiden tiedemies ja valmentaja, korostaa, kuinka tärkeää on työskennellä sekä mielen että kehon kanssa huippusuoritusten saavuttamiseksi. Magnus ehdottaa keskittymistä sisäisen voiman rakentamiseen useiden pilareiden kautta, mukaan lukien:

- Todellisuuden hyväksyminen hyväksymällä tilanne sellaisena kuin se on ja pudottamalla kaikki julkisivut.

- Kuuntele kehoasi ja ole tietoinen siitä, kuinka se reagoi stressiin ja haasteisiin.

- Reagoi kehollesi sen sijaan, että reagoisi impulsiivisesti pelko- ja

5. https://www.amazon.com/Hard-Things-Resilience-Surprising-Toughness/dp/006309861X

pakotilanteisiin.

- Luomalla tilaa harkittuihin toimiin ja kasvattamaan kestävyyttä ja sitkeyttä.

Olumide Ogunsanwo: Reaktio on automaattinen, mutta vastaus on tahallinen. Se on taloudellisen riippumattomuuden mikrokosmos: automaattinen status quo -elämä vs. tarkoituksellinen elämä.

Achani Samon Biaou: Viimeinen pilari, josta Steve Magnus puhuu, on epämukavuuden ylittäminen. Media ja mainonta edistävät usein mukavuutta ja ylellisyyttä perimmäisenä tavoitteena, mutta tämä ajattelutapa voi haitata henkilökohtaista kasvua. Esimerkiksi kun lapsi epäonnistuu matematiikassa, vanhempien tulisi välttää kertomasta heille, että he ovat edelleen mahtavia.

Olumide Ogunsanwo: [Naurua] Tai joskus vanhemmat syyttävät opettajaa.

Achani Samon Biaou: Epämukavuuden ylittäminen on välttämätöntä, koska ilman sitä et saavuta elämässä mitään merkityksellistä. Joskus emme tunne itsemme kelvollisiksi tehtävään, mutta meillä on oltava rohkeutta työntyä pidemmälle.

Olumide Ogunsanwo: Minulla on kaksi kirjasuositusta. Ensimmäinen on Niken perustajan Phil Knightin " Shoe Dog ". [6]Tämä kirja tarjoaa kiehtovan selostuksen siitä, kuinka hän aloitti Niken, ja hänen kohtaamistaan esteistä, mukaan lukien taloudelliset vaikeudet, oikeusriidat ja kova kilpailu. Voimme kaikki oppia rohkeudesta ja sinnikkyydestä, jota hän osoitti koko Niken matkan ajan. Yrittäjyys on yksi parhaista poluista taloudelliseen riippumattomuuteen, ja tämä kirja tarjoaa raa'an meikkittömän näkemyksen yrityksen rakentamisesta.

Toinen suositus on Jim Rohnin " The Day That Turns Your Life Around ". [7]Kirja tarjoaa esimerkkejä ihmisistä, jotka ovat saavuttaneet elämässään ratkaisevan hetken, jossa he ymmärtävät muutoksen tarpeen. He saavuttavat pohjan ja ymmärtävät, että heidän on lähestyttävä asioita eri tavalla eteenpäin mentäessä. Kohtasin tämän 21-vuotiaana ja 23-vuotiaana, kun menetin molemmat työt, ja tämä kirja tarjoaa erilaisia esimerkkejä ihmisistä, jotka kohtaavat saman-

6. https://www.amazon.com/Shoe-Dog-Phil-Knight-audiobook/dp/B01CRJA470
7. https://www.amazon.com/That-Turns-Your-Life-Around/dp/B01M7VOBM8

laisia kokoaikaisia työpäiviä ja kriisihetkiä.

Tavoitteenamme tätä kirjaa kirjoittaessamme on innostaa sinua ajattelemaan nykyistä tilannettasi pidemmälle ja ryhtymään toimiin kohti elämää, jota todella haluat. Haluamme haastaa sinut kysymään itseltäsi: "Onko tämä todella elämä, jota haluan elää?" ja tee muutos. Ymmärrämme, että joskus kestää tuskallinen tapahtuma laukaista tällainen ajattelu, mutta toivomme, että kirjamme voi toimia katalysaattorina positiiviselle muutokselle elämässäsi. Siirry tyytyväisyyden taakse ja kohti elämää, joka todella kiihottaa sinua. Tällä voimme lopettaa tämän luvun, nähdään seuraavassa.

5: Business Schoolin tarinat ja tavoitteiden asettamisen ja henkilökohtaisen kehityksen periaatteet

Olumide Ogunsanwo: Minulla on kauniita muistoja ajastani kauppakorkeakoulussa, ja olen innoissani voidessani jakaa tarinoita ja keskustella siitä, kuinka inhimillisen pääoman laajentaminen voi tasoittaa tietä kohti taloudellista riippumattomuutta.

Achani Samon Biaou: Tässä luvussa tutkimme kokemuksiamme kauppakouluvuosinamme, jotka toimivat katalysaattoreina merkittävälle henkilökohtaiselle kasvulle ja kartoittivat elämämme uuden suunnan.

Olumide Ogunsanwo: Lisäksi keskustelemme tavoitteiden asettamisen ja henkilökohtaisen kehityksen periaatteista. Aseta kunnianhimoisia tavoitteita ja kehitä itseäsi niiden saavuttamiseksi. Mahtava. Mennään!

5A: Olumiden Business Schoolin tarina

Achani Samon Biaou: Olumide, edellisessä luvussa keskustelimme urastasi varhaisesta urastasi, mukaan lukien valitettavat työpaikan menetykset ja päätöksestäsi muuttaa elämäsi opiskelemalla kauppakorkeakoulussa. Voitko kertoa kuinka matka eteni?

Olumide Ogunsanwo: Ehdottomasti. Motivaationi opiskella kauppakorkeakoulua perustui haluun hallita elämääni enemmän ja asettaa itseni korkeammalle potentiaalille. Anna minun maalata kuva selittääkseni, miltä minusta tuntui tuona aikana. Kuvittele itsesi autossa, jossa on 10 ihmistä, joista jokainen antaa sinulle erilaisia ohjeita ja mielipiteitä. Jotkut ovat lievästi häiritseviä, kun taas toiset estävät näkymääsi ja jopa työntävät ja potkivat sinua. On haastavaa navigoida ja hallita elämääsi, kun ulkoisia vaikutteita on niin paljon. Nämä henkilöt edustavat erilaisia paineita elämässäsi, kuten esimiehiä, työtovereita tai muita vaikuttajia. Vaikka saatat olla kuljettaja, auto on suunniteltu enintään viidelle henkilölle, tai urheiluauton tapauksessa jopa kahdelle henkilölle. Tässä analogiassa perimmäisenä tavoitteena on ajaa autoa rauhallisesti, molemmat kädet ratissa ja vähemmän häiriötekijöitä, jolloin voit saada elämäsi hallinnan takaisin.

Etsin enemmän agentuuria ja uskoin, että kauppakorkeakoulu tarjoaisi nollauksen, jonka avulla voin oppia uusia asioita, olla yhteydessä ihmisiin ja varmistaa paremmin palkatun työpaikan. Kauppakoulumatkani eteni näin:

Konteksti: Se oli 2009, ja olin 24-vuotias. Jouduin haastavaan tilanteeseen entisen työpaikkani valitettavien tapausten vuoksi, kuten edellisessä luvussa mainitsin. Jatkoin maisterin tutkinnon suorittamista yöllä tapana pysyä Amerikassa.

Kouluvalinta: Asuttuani Nigeriassa 17-vuotiaaksi asti ja sitten Amerikassa, halusin kokea jotain erilaista asumalla Euroopassa. Vaikka olin vieraillut Euroopassa muutaman kerran aiemmin, en ollut koskaan asunut siellä. Mahdollisuus osallistua eurooppalaiseen kauppakorkeakouluun vaikutti jännittävältä, ja minulla oli myös sentimentaalinen yhteys Oxfordiin, koska isäni oli käynyt yliopistossa 70-luvulla. Keskityin ensisijaisesti korkealuokkaisiin eurooppalaisiin kouluihin, kuten LBS, Oxford, Cambridge ja INSEAD, ja muutamat amerikkalaiset koulut olivat varmuuskopioita.

Toimet: Uppouduin GMAT-valmisteluihin, hankin kaikki tarvittavat kirjat ja kurssit. Päivistäni tuli rakenteellisia, alkaen heräämisestä, suihkusta ja IIT:stä valmistautumisesta koko päivän GMAT-kurssiin, minkä jälkeen luokat öisin. Se saattaa kuulostaa yksitoikkoiselta ja tylsältä, mutta nautin prosessista, koska tiesin muuttavan elämääni. Suoritin hyvin GMAT-tutkinnon ja suoritin kaikki muut MBA-hakemuksen osa-alueet, mukaan lukien suosituskirjeet ja esseet.

Lopputulos: Muistan elävästi, kun sain Oxfordista 11. joulukuuta 2009 sähköpostin, jonka otsikko oli epäselvä "Oxford MBA Program 2010/11". Kun avasin sähköpostin, näin pääsytarjouksen. Olin tunteiden vallassa ja melkein itkin ilon kyyneleitä. Tanssisin ympäri huonettani (koska tanssi on yksi kiinnostuksen kohteistani, kuten edellisessä luvussa mainittiin). Se oli loistava ja elämän muuttava hetki! Tiesin, että elämäni ei olisi koskaan entisensä.

Kauppakoulun hakumatkani oli enimmäkseen yksinyritys. En ilmoittanut vanhemmilleni hakusuunnitelmistani, enkä osallistunut ryhmäopiskeluun tai jakanut hakemusesseitäni kenenkään kanssa palautetta varten. En myöskään kysynyt neuvoja siitä, mihin kauppakorkeakouluihin hakea. Se ei tietenkään ollut täysin yksin, tarvitsin suosituskirjeitä entisiltä työkavereiltani ja professoreiltani (huuto kaikille, jotka kirjoittivat kauppakorkeakoulun suosituskirjeitäni). En suosittele tätä lähestymistapaa kenellekään tänään. Tein sen, koska en tuntenut ketään, joka olisi käynyt läpi prosessin tai jolla oli tuolloin MBA-tutkinto, sillä suurin osa ikätovereistani oli 20-vuotiaana ja aloittamassa uraansa.

Pohdiskellessani tätä kokemusta vuosia myöhemmin pohdin, johtuiko eurooppalaisten koulujen valintani halusta asua Euroopassa vai tyytymättömyydestäni amerikkalaiseen järjestelmään. Olin edelleen loukkaantunut työpaikan menettämiseen liittyvistä tapahtumista ja tunsin, että amerikkalainen järjestelmä oli pettänyt minut. Siksi päätökseni muuttaa Eurooppaan saattoi olla osittain pakeneminen Amerikasta eikä erityinen vetovoima Eurooppaan.

Achani Samon Biaou: Täällä on paljon purettavaa. Tarkastellaanpa päätöstäsi jatkaa kauppakorkeakoulua. Mainitsit amerikkalaisen järjestelmän pettymyksen, halun asua Euroopassa ja emotionaalisen yhteyden isäsi alma materiin Oxfordiin. Et kuitenkaan nimenomaisesti maininnut taloudellista riippumattomuutta liikkeellepanevana tekijänä. Voitko tarkentaa ajatuksiasi taloudellisesta riippumattomuudesta tuona aikana?

Olumide Ogunsanwo: Olen ollut kiinnostunut henkilökohtaisesta rahoituksesta lapsuudesta asti. Tämä jatkui sen jälkeen, kun sain ensimmäisen työpaikkani, jossa aloin kehittää laskentataulukoita ennakoimaan säästöjäni ja syventymään henkilökohtaiseen talouselämään liittyviin blogeihin vuosina 2006–2010. Luin lukuisia blogeja, kuten Get Rich Slowly [1](JD Roth), Early Retirement Extreme [2](Jacob Lund Fisker) ja Rahani -blogi (Jonathan Ping) [3]. Luen myös muita sivustoja, jotka ovat nyt ei-aktiivisia, kuten thesimpledollar.com, allfinancialmatters.com, netbanker.com, bargaineering.com ja muita. FIRE (Financial Independence and Retire Early) -liike oli tuolloin suhteellisen pieni, eikä termiä sinänsä tunnettu laajalti. Näin ollen pidin näitä blogeja enemmän henkilökohtaisina rahoitusvaroina kuin nimenomaisesti TULEEN liittyvinä lähteinä.

Achani Samon Biaou: Mikä sai sinut noihin henkilökohtaiseen rahoitusblogeihin tuolloin?

Olumide Ogunsanwo: Nautin henkilökohtaisesta rahoituksesta lukemisesta ja tapoista olla tehokkaampia rahan kanssa ennen kauppakorkeakoulua. Kun aloitin kauppakorkeakoulun hakuprosessin, ensisijaiset tavoitteeni siirtyivät keskittymään enemmän parhaan mahdollisen työn saamiseen korkeimmalla tulolla. Taloudellinen riippumattomuus ei ollut nimenomaisesti mielessäni; Olin enemmän huolissani ansaintapotentiaalini maksimoimisesta.

Achani Samon Biaou: Selvennyksenä yleisöllemme, että kun menetit työpaikkasi ja aloitit hakemisen kauppakorkeakouluun samalla kun suoritit jo toista maisteriohjelmaa, päämotivaatiosi oli saada takaisin hallinta ja muotoilla elämäsi uudelleen. Vaikka olit kiinnostunut henkilökohtaisesta rahoituksesta, taloudellisen riippumattomuuden saavuttaminen ei ollut sinulle erityinen tavoite tullessasi kauppakorkeakouluun.

Olumide Ogunsanwo: Se on oikein. Taloudellinen riippumattomuus ei ollut asia, jota en aktiivisesti tavoitellut tai edes täysin ymmärtänyt tuolloin. Jos olisit kysynyt minulta siitä vuonna 2009, en olisi ymmärtänyt käsitettä. Vaikka tiesinkin, mitä rikastuminen tarkoitti, ajatus taloudellisesta riippumattomuud-

1. http://getrichslowly.org
2. http://earlyretirementextreme.com
3. https://www.mymoneyblog.com/

esta ei ollut tuolloin laajalti keskusteltu tai yleinen.

Achani Samon Biaou: Millainen oli kokemuksesi kauppakorkeakoulusta?

Olumide Ogunsanwo: Se oli upeaa! Opin kaksi taloudellisen riippumattomuuden oppituntia kauppakorkeakoulussa käydessäni.

Ensinnäkin inhimillisen pääomasi lisääminen on välttämätöntä ansaintapotentiaalisi lisäämiseksi. Sinun ei välttämättä tarvitse käydä kauppakorkeakoulussa tai hankkia maisterin tutkintoa, mutta on tärkeää keskittyä henkilökohtaiseen kehitykseen ja tietojesi laajentamiseen tulojen lisäämiseksi.

Toinen oppitunti on uusien ihmisten ja uusien näkökulmien paljastamisen merkitys horisonttien laajentamiseksi. Nämä kaksi oppituntia liittyvät toisiinsa, koska maailmankuvasi laajentaminen lisää kykyäsi henkilökohtaiseen kasvuun, mikä puolestaan lisää tulopotentiaaliasi. Vaikka inhimillisen pääoman kasvattaminen onnistuu monin eri keinoin (esimerkiksi YouTube, Coursera jne.), ihmisten tapaaminen ja uusien kokemusten saaminen on tehokas tapa laajentaa maailmankuvaasi ja tulomahdollisuuksiasi. Nämä ovat kaksi keskeistä oppituntia ihmisille, jotka ovat kiinnostuneita taloudellisesta riippumattomuudesta tästä tarinasta. Nämä ovat kaksi avainta niille, jotka ovat kiinnostuneita taloudellisesta riippumattomuudesta tarinastani. Vaikka et kävisi kauppakorkeakoulussa, näitä periaatteita voidaan soveltaa monin eri tavoin.

Achani Samon Biaou: Hyvin sanottu.

Olumide Ogunsanwo: Sukellaan nyt tiettyihin yksityiskohtiin kokemuksistani Oxfordissa ja MIT:ssä.

Toisin kuin useimmat jatko-opiskelijat, joilla on merkittävä ero perustutkinto- ja jatko-opintojen välillä, aloitin Oxfordissa ollessani vain 25-vuotias, vain neljä vuotta perustutkinto-opintojeni suorittamisen jälkeen. Se tuntui melkein jatko-opiskelukokemukseltani, koska olin niin nuori.

Oxfordissa tein tietoisen päätöksen olla toistamatta niitä virheitä, joita olin tehnyt perustutkinto-opiskelijana, jolloin keskityin vain akateemisiin tekijöihin. Sen sijaan pyrin olemaan monipuolisempi ja hyödyntämään kaikki kauppakorkeakoulun tarjoamat mahdollisuudet. Näin ollen osallistuin aktiivisesti eri opiskelijakuntien, kerhojen ja ryhmien toimintaan.

Minut valittiin MBA-luokan edustajaksi osastolle C, joka on yksi kolmesta MBA-ohjelmamme osastosta, joista kussakin on 80 opiskelijaa. Lisäksi toimin Afrikan ryhmän yhteispuheenjohtajana ja markkinointi-/ulkosuhteiden johtajana. Verrattuna perustutkinto-aikaani IIT:ssä olin vahvasti mukana lukuisissa toimissa ja aina kiireinen. Olin kuin lapsi karkkikaupassa, se oli uskomaton kokemus ja rakastin sitä!

Kotoisin insinööritaustasta, minulla oli rajallinen altistuminen liiketoimintakonsepteille, kuten rahoitus, taloustiede ja markkinointi. Olin päättänyt hyödyntää Oxfordissa viettämänsä ajan niin paljon, että kävin samoilla tunneilla useita kertoja päivässä (koska luennot opetettiin erikseen kahdelle muulle MBA-osastolle eri aikoina). Näkisin tämän mahdollisuutena omaksua mahdollisimman paljon tietoa. Jossain vaiheessa makrotalouden professorini jopa kyseenalaisti, miksi kävin samaa luokkaa useita kertoja. Selitin, että halusin hyödyntää aikataulujen eroja ja omaksua kaiken saatavilla olevan tiedon. Lisäksi huomasin, että Executive MBA (EMBA) -opiskelijoilla oli mahdollisuus ottaa enemmän kursseja kesän aikana, joten auditoin useita EMBA-tunteja. Oxfordissa oppiminen, kasvaminen ja yhteydenpito ihmisten kanssa oli minulle innostava kokemus.

Minulla on lukemattomia mukavia muistoja siellä vietetystä ajasta. Yksi nopea esimerkki on, kun tajusin, että Oxfordin kauppakorkeakoulun eri ohjelmat – MBA, MFE (MSc of Finance), EMBA ja Executive Education – olivat jossain määrin erillään toisistaan. Tein aloitteen järjestää tapahtuma, jossa kaikkien näiden ohjelmien opiskelijat voisivat kokoontua yhteen. Se oli baari-ilta, ja meillä oli hauskaa!

En ollut vain opiskelija Oxfordissa; Olin syvästi juurtunut MBA-ekosysteemiin, osallistuin aktiivisesti ja olin yhteydessä monimuotoiseen ihmisten verkostoon, joka käy läpi muuttavia kokemuksia.

Oxford-opiskelijat asuvat korkeakouluissa ohjelmasta riippumatta. Koska hain varhain MBA-ohjelmaan, minulla oli paljon vaihtoehtoja korkeakoulussa. Pääpaino oli edullisen valinnan löytämisessä, joten en kiinnittänyt paljon huomiota muihin tekijöihin. Lopulta valitsin Worcester Collegen, koska siinä oli tietyntyyppinen huone, joka oli budjettiystävällinen. Se oli pieni ullakko talon huipulla, jossa pystyin melkein koskettamaan molempia puolia ojentuessani. Kaappia ei ollut, joten ostin Argosilta seisomakaapin ennen koulun alkua. Pienestä tilasta huolimatta Worcester osoittautui uskomattomaksi korkeakouluksi, jossa oli kaunis järvi ja ankkoja. Joulutauon aikana järjestin jopa retkiä Worcesteriin kollegoilleni MBA-opiskelijoille. Rakastin Worcesteria ehdottomasti.

Achani Samon Biaou: On paljon purettavaa. Miten ja milloin MIT tuli kuvaan?

Olumide Ogunsanwo: Opiskellessani Oxfordissa alkuperäisen suunnitelmani oli valmistua ja aloittaa heti työpaikka. Kuitenkin vuoden 2010 neljännellä neljänneksellä keskustelin Michael Sunin kanssa, jonka olin tavannut opiskelijakunnan hallituksen kautta. Hän kertoi minulle MIT MSMS (MS in Management Studies) yksivuotisesta ohjelmasta, jota voitaisiin jatkaa Oxfordin ohjelmamme suorittamisen jälkeen. Useimmissa tapauksissa Yhdysvaltojen ulkopuoliset MBA-ohjelmat kestävät yhden vuoden, kun taas amerikkalaisissa kauppakorkeakouluissa on tyypillisesti kaksivuotisia ohjelmia. Kansainvälisten MBA-opiskelijoiden palvelemiseksi MIT suunnitteli tämän ohjelman tarjoamaan heille lisävuoden yrityskoulutusta MIT:ssä. Ajatus kiehtoi minua, mutta en ollut täysin vakuuttunut, koska ajattelin valmistuvani Oxfordista ja löytäväni työpaikan Euroopasta.

Epäilyksistäni huolimatta päätin kuitenkin hakea, koska minulla ei ollut paljon menetettävää ja voin aina tehdä päätöksen myöhemmin. Sitä paitsi en ollut vielä saanut yhtään työtarjouksia, koska olin ollut Oxfordissa vasta kolme kuukautta (Liityin Oxfordiin syyskuussa 2010 ja hain MIT:hen joulukuussa 2010).

Achani Samon Biaou: Päämotivaatiosi käydä kauppakorkeakoulussa oli löytää työ, joka muuttaisi elämäsi kehityskulkua ja antaisi sinulle enemmän hallintaa. Miten MIT sopi tähän, varsinkin kun otetaan huomioon pettymyksesi amerikkalaiseen koulutusjärjestelmään?

Olumide Ogunsanwo: Se on hyvä kysymys. Useat tekijät vaikuttivat päätökseeni osallistua MIT:ään.

Ensinnäkin entisenä insinöörinä vedin luonnollisesti MIT:ään, mutta en halunnut innostua siitä liikaa. Hain ja päätin arvioida tilanteen vain, jos saan tarjouksen. Uskon, että on parasta käyttää henkistä energiaa todellisuudessa olevien vaihtoehtojen arvioimiseen sen sijaan, että spekuloisit tai toivoisit vaihtoehtoja, jotka eivät välttämättä toteudu.

Toiseksi, MIT: iin meneminen toimi suojauksena työnhakuuni. Opiskelijat yksivuotisissa MBA-ohjelmissa, kuten Oxfordissa, kohtaavat joskus haasteita löytää töitä, koska heillä on puolet ajasta verrattuna amerikkalaisiin kaksivuotisiin ohjelmiin. Lisäksi MBA-tutkinnot eivät ole yhtä arvostettuja Yhdysvaltojen ulkopuolella, ja yhden vuoden MBA-opiskelijoilla ei yleensä ole mahdollisuutta kesäharjoitteluun. Osallistumalla MIT:hen Oxfordin jälkeen voisin lieventää näitä ongelmia, vaikka se merkitsisi sitä, että olisin työttömänä ylimääräisen vuoden.

Kolmanneksi sain MIT:ltä stipendin, mikä teki merkittävän muutoksen. Ilman tätä taloudellista tukea en ole varma, olisinko hyväksynyt tarjouksen. Olin innoissani mahdollisuudesta rakentaa toinen ystäväverkosto uudessa maassa ja olla osa kahta upeaa yliopistoa.

Kun katson taaksepäin tänään, vuonna 2023, kaksitoista vuotta myöhemmin, MIT:iin osallistuminen oli yksi parhaista päätöksistä, joita olen koskaan tehnyt. Tapasin monia ihania ihmisiä ja rakensin toisen alumniyritysverkoston. Oxfordissa meillä oli maailmanlaajuinen opiskelijayhteisö, jossa yli 90 % ihmisistä oli kansainvälisiä ei-Britannian opiskelijoita. Sitä vastoin MIT:ssä se keskittyi enemmän Amerikkaan, ja alle 40 % kauppakorkeakoulun opiskelijoista oli kansainvälisiä ei-yhdysvaltalaisia henkilöitä. Oxford Saïd Business School (SBS) integroitiin täysin Oxfordiin ja osaksi yhtä konetta, kun taas MIT Sloan oli selvästi erillinen ja enimmäkseen riippumaton MIT:stä. Oxford korosti akateemista puhtautta, kun taas MIT otti kokonaisvaltaisemman lähestymistavan koulutukseen. Esimerkiksi Oxfordissa luokkaan osallistuminen ei vaikuttanut kokonaisarvosanoihini, mutta monilla MIT Sloan -tunneilla se muodosti merkittävän osan (30-50 %) arvosanoistani. MIT:n kustannukset olivat korkeammat, mukaan lukien lukukausimaksut, kirjat ja asunnon vuokrani MIT Tang Hallissa (800 dollaria) verrattuna Oxfordin Worcester Collegeen (275 puntaa tai 440 dollaria).

Tunnen olevani etuoikeutettu saadessani osallistua sekä Oxfordiin että MIT:iin, ne olivat uskomattomia kokemuksia! Sanoin ennen, että aikani Oxfordissa oli elämäni paras vuosi, nyt sanon, että jokainen vuosi, jossa elän nyt, on elämäni paras vuosi.

Valitettavasti amerikkalaisten kauppakorkeakoulujen kustannukset ovat viime aikoina nousseet pilviin, ja ne vaihtelevat 150 000 dollarista 250 000 dollariin kahden vuoden ohjelmissa. Tämä mojova hintalappu ei todennäköisesti ole oikeutettu useimmille ihmisille. Menin kauppakorkeakouluun, koska se muuttaisi elämäni, mutta nyt mielestäni se on vähän huijausta, eikä se ole sen arvoista useimmille ihmisille. En neuvoisi useimpia ihmisiä menemään kauppakorkeakouluun, ellei heillä ole selkeää syytä ja sijoitetun pääoman tuotto on järkevää.

Achani Samon Biaou: Se on mielenkiintoista. Kun kävin kauppakorkeakoulussa, halusin myös ottaa kokemuksesta kaiken irti. Päätin suorittaa maisterin tutkinnon koulutuksessa, koska maksoin jo MBA-tutkinnosta, eikä siitä aiheutunut mitään lisäkustannuksia. Palatakseni tarinaasi, mainitsit haluavasi "muuttaa elämääsi". Voitko kertoa lisää ajattelustasi Oxfordissa ja MIT:ssä?

Olumide Ogunsanwo: Kun aloitin kauppakoulun, minulla oli kaksi päätavoitetta: saada paras mahdollinen työpaikka ja oppia niin paljon kuin pystyin luokiltani. Verkoston rakentaminen ja ihmisten tapaaminen ei ollut edes tutkallani aluksi.

Itse asiassa, jos minun pitäisi valita, mennäänkö myöhäisillan baariin vai opiskellako tulevia kokeita varten Oxfordissa, valitsisin opiskelun 80 % ajasta. Kun katson taaksepäin, ymmärrän, että se ei ehkä ollut paras tapa, mutta se toimi lopulta hyvin. Syy, miksi päädyin tapaamaan niin monia upeita ihmisiä, oli se, että aloin olla hyvin sosiaalinen ja osallistunut juhliin ja tapahtumiin Oxfordissa (ennen kuin lopulta vetäydyin opiskelemaan lisää). Lisäksi aktiivinen osallistumiseni opiskelijahallitukseen oli hyvä tapa seurustella ja tavata enemmän ihmisiä.

MIT oli erilainen kuin Oxford, koska päätin olla vähemmän mukana ryhmissä, koska olin jo tehnyt niin paljon siitä Oxfordissa. MIT:ssä keskityin enemmän työnhakuun ja osallistuin vain minulle merkityksellisiin ryhmiin, kuten MIT Sloan 2012 Africa -konferenssin järjestämiseen.

Achani Samon Biaou: Mikä sai vahvan halusi verkostoitua? Oliko se tietoinen strategia?

Olumide Ogunsanwo: Verkostosuunnitelmaa ei ollut. Halusin vain olla osa kaikkea ympärilläni tapahtuvaa. Siksi liityin niin moniin ryhmiin Oxfordissa ja osallistuin erilaisiin aktiviteetteihin. Se oli melkein hullua. En tehnyt sitä "verkostoitumista varten", tein sen, koska halusin saada monipuolisen kokemuksen ja ottaa kaiken irti ajastani sellaisessa erityisessä paikassa, kuten Oxford. Tästä tulee mieleen tarina itselleen uskollisuuden tärkeydestä.

Minun piti kirjoittaa opinnäytetyö MIT:ssä, koska ohjelmani oli MSc-tutkinto. Alkuperäinen strategiani oli valita aihe, joka auttaisi minua saamaan työtä. Ajattelin, että keskittyminen öljy- ja kaasualalle, ottaen huomioon taustani jalostamon kemian insinöörinä, olisi "helpompi" tapa löytää työpaikka energia-alalta. Aloin kirjoittaa tästä opinnäytetyötäni, mutta opinnäytetyö kyllästyi ja huomasin tuijottavani viikkoja tyhjänä näyttöä. Lopulta sanoin: "Pidä tämä!" ja päätin muuttaa kurssia ja kirjoittaa aiheesta, joka todella kiinnosti minua: älypuhelinten käyttöjärjestelmistä. Ero oli välitön ja selkeä ja jokaisesta opinnäytetyössäni vietetystä hetkestä tuli iloinen. Tutkin innokkaasti uusia alueita ja opin lisää mobiiliekosysteemistä. Voit itse asiassa lukea opinnäytetyöni täältä, [4]jos olet kiinnostunut.

Minun ei olisi pitänyt tuhlata aikaani energia-alan opinnäytetyön kirjoittamiseen. Opinnäytetyö olisi varmasti ollut paska joka tapauksessa. Tiesin syvällä, että en pitänyt öljy- ja kaasualasta. Rakastan tekniikkaa ja älypuhelimia, mutta yritin optimoida työtäni.

Jaan tämän tarinan nyt korostaakseni ainutlaatuisen, omituisen, värikkään itsesi syleilyn ja halun vastustamista mukautua valtavirran yhteiskunnan mietoon, beigenvärisiin, keskimääräisiin normeihin liittyviä etuja. Aiemmin kirjassa sanoin: **Ole oma itsesi ja tee itsestäsi parempi joka päivä** . Haluan nyt vahvistaa tätä lausuntoa sisällyttämällä huomioimme periaatteet: **Usko itseesi, ole aito itsesi, aseta kunnianhimoisia arvopohjaisia tavoitteita ja kehitä itseäsi joka päivä saavuttaaksesi tavoitteesi.**

Sinun on ryhdyttävä toimiin, jotka ovat yhdenmukaisia ainutlaatuisten arvojen, tavoitteidesi ja kiinnostuksen kohteidesi kanssa. Elämä on liian lyhyt ollakseen nauttimatta siitä.

Achani Samon Biaou: Arvostan todella vivahteita, jotka toit esiin lopussa. Jotkut lukijat saattavat tuntea olevansa repeytyviä oman itsensä ja uusille kokemuksille avoimuuden välillä. Selvennyksesi on arvokasta, koska et neuvo olemaan avoin uusille asioille, vaan pikemminkin korostat sitä, kuinka tärkeää on tehdä asioita, jotka tuottavat sinulle iloa. Siellä voit todella menestyä ja saavuttaa huippusuorituskykyä ja -tuloksia.

Olumide Ogunsanwo: Ehdottomasti, se on tämän kirjan ydin. Olemme maininneet aiemmin, että FIREDOM ei ole pelkästään taloudesta, vaan pikemminkin elämästä, jota todella haluat. Ja kuinka voit elää sitä elämää, jos et pysty tekemään asioita, joita haluat? Tästä syystä taloudellinen riippumattomuus on niin arvokasta. Kun saavutat pisteen, jossa sinulla on tarpeeksi rahaa koko loppuelämäksesi, sinulla on enemmän mahdollisuuksia tehdä mitä haluat. Ilman taloudellista riippumattomuutta käytät henkistä energiaasi ja aikaasi ansaitaksesi rahaa ja tekemällä mitä muut käskevät sinun tehdä.

Tämän elämäni luvun tärkein oppitunti FI:stä on inhimillisen pääomasi kasvattaminen ymmärtääksesi enemmän maailman toiminnasta ja lisätäksesi

4. https://dspace.mit.edu/handle/1721.1/72854?show=full

ansaintapotentiaaliasi. Avaa itsesi uusille ihmisille ja ideoille. Ole seikkailunhaluinen ja astu mukavuusalueesi ulkopuolelle kokeillaksesi uusia asioita. Olisin voinut helposti päättää jäädä Chicagoon ja käydä kauppakorkeakoulua University of Chicago Boothissa tai Northwestern Kelloggissa. Mutta missä on se hauskuus ja seikkailu? Oli paljon jännittävämpää mennä Oxfordiin, pukeutua subfusciin (Oxfordin koeasu) ja kirjoittaa kokeitani kauniissa Examination Schools -rakennuksessa.

Olisin voinut ottaa työpaikan Lontoosta, mutta oli paljon jännittävämpää liittyä MIT:hen ja kokea täysin uusi ympäristö. En ollut edes valmistunut Oxfordista, kun aloitin MIT:ssä. Lensin MIT:iin ylioppilaaksi, palasin Oxfordiin valmistumaan ja sitten lensin takaisin MIT:ään aloittaakseni oppitunnit. Se oli loistavaa. En tyytynyt arkipäiväiseen, vaan valitsin seikkailun.

Minun piti olla seikkailunhaluinen ja kokeilla erilaisia asioita kääntääkseni elämäni. Sinun ei kuitenkaan tarvitse tuntea tarvetta muuttaa koko elämääsi omaksuaksesi seikkailun. Vaikka sinulla olisi jo vakaa työpaikka tai menestyvä yritys, voit silti kehittää itseäsi ja valita seikkailun tutkimalla mahdollisuuksia mukavuusalueesi ulkopuolella.

Achani Samon Biaou: Kiitos, että jaoit niin kiehtovan tarinan. Sinä emmekä minä emme ole suorittaneet MBA-tutkintoja ainoana tavoitteenaan saavuttaa taloudellinen riippumattomuus. Meillä oli sisäinen halu menestyä, kasvaa henkilökohtaisesti ja tutkia uusia mahdollisuuksia. Halusit muuttaa elämäsi suuntaa. Sen sijaan, että olisit jäänyt takaisin Chicagoon ja hakenut jatkuvasti töitä toivoen asioiden paranevan, teit rohkean päätöksen astua pois mukavuusalueeltasi ja tehdä jotain melko dramaattista.

Olumide Ogunsanwo: Yhdysvalloista poistumiseen liittyi merkittävä riski, koska minulla ei ollut vihreää korttia tai Yhdysvaltain passia. Mutta olin valmis ottamaan tämän riskin, koska halusin muuttaa elämäni. Joskus on oltava valmis ottamaan riskejä.

Achani Samon Biaou: Vaikuttaa siltä, että päättäväisyys on yhteinen säike koko tarinassasi. Sinulla oli se motivaatio ja tuli, etkä koskaan luovuttanut. Jopa silloin, kun työmahdollisuudet eivät toimineet, päädyit Oxfordiin ja päätit keskittyä pidemmälle kuin vain tutkijoihin. Joillakin ihmisillä saattaa olla halu muuttua, mutta he eivät ehkä ole valmiita tekemään tarvittavia ponnisteluja. Jonkun muun tarkistuslistan seuraaminen ei välttämättä vastaa omia tavoitteitasi, ja vaikka se olisikin, sen toteuttaminen vaatii henkilökohtaista energiaa.

Olumide Ogunsanwo: Tämä alkukipinä ja motivaatio ovat ratkaisevan tärkeitä, kun haluat viedä itseäsi eteenpäin. Muistan, että minulta kysyttiin päivämäärä, miksi olin niin päättäväinen monta vuotta sitten. Olin hämmästynyt, koska luulin, että sitä kaikki halusivat. Haluan tehdä uskomattomia asioita. Haluan vaikuttaa asiaan. Haluan elää elämää, josta olen ylpeä ja jossa olen uskollinen itselleni.

Samon, olet täysin oikeassa. On välttämätöntä, että sinulla on sisäinen tuli, motivaatio parantaa itseäsi ja tehdä jotain merkityksellistä elämälläsi. Löydä se kipinä sisälläsi ja käytä sitä ajaaksesi itsesi kohti tavoitteitasi ja intohimojasi. Älä tyydy täyttämättömään elämään; kuvittele haluamaasi elämää ja tee se, mitä sen luomiseen tarvitaan. Nähdään seuraavassa luvussa!

5B: Samon's Business Schoolin tarina

Olumide Ogunsanwo: Samon, olen innoissani voidessani puhua kauppakoulumatkastasi. Aloitetaan alusta. Mikä sai sinut alun perin päättämään kauppakorkeakoulun opiskelusta?

Achani Samon Biaou: Aloin miettiä kauppakorkeakoulua työskennellessäni Deutsche Telekom Consultingissa Saksassa ja matkustaessani eri maihin konsulttiprojekteissa. Tajusin, että tekemäni tekninen työ ei ollut niin arvokasta kuin toivoin. Tehtäväni oli liiketoimintamallien rakentaminen ja radioverkkojen suunnittelu uusille teleoperaattoreille aikana, jolloin maat lisäsivät uusia matkapuhelinoperaattoreita.

Vaikka tekninen työni oli hienostunutta, tajusin, etten ollut läsnä tiloissa, joissa tehtiin tärkeitä päätöksiä. "Johdon konsulteilla" oli tämä etuoikeus, kun taas minun tehtäväni oli tukea heitä. Halusin istua pöydässä, jossa päätöksiä tehtiin.

Olumide Ogunsanwo: Selvä. Olit osa teknistä tiimiä, mutta koit, että yritystiimi teki mielenkiintoisempaa työtä.

Achani Samon Biaou: Aivan. Projektieni aikana Etelä-Afrikassa, Libyassa ja Arabiemiirikunnissa huomasin kaksi dynamiikkaa, jotka vaikuttivat päätökseeni MBA-tutkinnon suorittamisesta. Ensinnäkin Deutsche Telekomin ryhmissä oli "teknisiä konsultteja" ja "kaupallisia konsultteja". Kuuluin "Tekniset konsultit" -ryhmään, joka vastasi ohjelmistojen analyyseistä ja toimitti panoksia "kaupallisille konsulteille", jotka työskentelivät taloudellisten ennusteiden parissa. "Kaupalliset konsultit" olivat usein vuorovaikutuksessa asiakaspuolen johtajien kanssa, jotka olivat taso tai kaksi toimitusjohtajaa alempana.

Toiseksi kohtasimme usein "johtamiskonsultteja" sellaisista yrityksistä kuin BCG ja McKinsey, jotka työskentelivät toisinaan samojen asiakkaiden palveluksessa. Nämä BCG:n ja McKinseyn liikkeenjohdon konsultit keskustelivat ensisijaisesti asiakasyrityksemme toimitusjohtajan kanssa ja tarkastelivat Deutsche Telekomin "kaupallisten konsulttiemme" toimittamaa työtä ja tarjoavat neuvoja keskeisistä päätöksistä.

Jotenkin tunsin itseni kaksinkertaiseksi irti päätöksentekoprosessista ja mietin työni todellista vaikutusta isommassa kuvassa. BCG/McKinsey-tiimien tai jopa Deutsche Telekomin "kaupallisten konsulttiemme" käyttämä liiketoimintaterminologia oli minulle tuntematon. En voinut olla ajattelematta, että panokseni eivät olleet todella arvokkaita.

Tämä sai minut pohtimaan, tarvitsenko lisäkoulutusta edetäkseni urallani. Mietin, pitäisikö minun hankkia lisää tietoa liiketoiminta- ja rahoituskonsepteista. Pitäisikö minun vain lukea kirjoja? Vuonna 2010 löysin MBA-konseptin ja sen mahdollisuudet parantaa taitojani ja avata uusia ammatillisia mahdollisuuksia. Muutamaa kuukautta myöhemmin harkitsin vakavasti ohjelmaan hakemista. Uskoin, että täydentämällä teknistä osaamistani vankalla liiketoiminnan ymmärtämisellä pystyn tukemaan asiakkaita entistä paremmin ja vaikuttamaan merkittävästi.

Olumide Ogunsanwo: Samon, poiketaan nopeasti tarinastasi ja puhutaan henkilökohtaisesta kehityksestä. Kauppakoulu oli meille arvokas, mutta se ei ehkä ole oikea tie useimmille ihmisille. Jotkut ihmiset saattavat valita vaihtoehtoisia tapoja henkilökohtaiseen kasvuun.

Elämme aikakautta, jolloin ihmiset voivat oppia alustoilla, kuten YouTube, Udemy, edX, Coursera, Tik Tok ja monet muut MOOC-kurssit (massiiviset avoimet verkkokurssit) ja verkkosivustot. Miten nuoren tulisi päättää osallistuako ilmaisiin kursseihin, maksaako verkkokursseista vai ilmoittautuako hän viralliseen koulutusohjelmaan parantaakseen taitojaan ja tietojaan? Koska saatavilla on niin monia erilaisia oppimisvaihtoehtoja, kuinka he voivat tehdä kompromissin ja määrittää tarpeisiinsa parhaiten sopivan?

Achani Samon Biaou: Neuvoni nuorelle olisi aloittaa tavoitteen asettamisesta ja sitten tunnistaa tavoitteen saavuttamiseen tarvittavat taidot ja verkostot. Puhutaanpa nyt kysymyksestäsi. Omassa tapauksessani halusin vaikuttaa ja tarjota neuvontapalveluita asiakkaille, joten tajusin, että liikkeenjohdon konsultointi on itsestäänselvyys. Opin, että useimmat liikkeenjohdon konsulttiyritykset vaativat MBA-tutkinnon. Tämän ajatusprosessin pitäisi vaihdella jokaisella heidän olosuhteistaan riippuen. Jos jollakulla on esimerkiksi jo Oxford-yliopiston tutkinto, hän saattaa hyödyntää alumniverkostoaan saadakseen työpaikan ilman MBA-tutkintoa ja hankkia sen sijaan taitoja Udemyn kaltaisten alustojen kautta.

Taitojen kehittäminen on jatkuva käytäntö, ei vain kertaluonteinen tiedon hankkiminen. On olemassa erilaisia tapoja kehittää taitoja ja parantaa itseäsi:

Ensinnäkin hanki käytännön kokemusta työskentelemällä yrityksessä, joka on erikoistunut alalle, jolla haluat menestyä. Jos haluat hallita taseita, työskentele yrityksessä, joka käsittelee taseita.

Toiseksi, harkitse ilmoittautumista koulutusohjelmaan, kuten MBA- tai kohorttipohjaiseen kurssiin, jossa voit olla vuorovaikutuksessa opettajien ja vertaisten kanssa ja oppia heidän kokemuksistaan.

Lopuksi voit valita omatahtiisia, ei-interaktiivisia kursseja tai hyödyntää muita saatavilla olevia oppimisresursseja.

Olumide Ogunsanwo: Henkilökohtainen kehitys on ainutlaatuinen matka jokaiselle yksilölle, ja on tärkeää määrittää, mikä oppimisen ja itsensä kehittämisen muoto sopii parhaiten sinun erityisolosuhteisiisi. Muista, että olet vastuussa kehityksestäsi, et yrityksestäsi, et pomosi etkä ehdottomasti opettajistasi tai ohjaajistasi. Yrityksesi ei välitä sinusta, ja sen tarjoama oppimateriaali auttaa sinua tulemaan paremmaksi työntekijäksi, ei auta sinua saavuttamaan elämäsi tavoitteet ja elämään vapautta.

Siksi sinun on asetettava kunnianhimoisia tavoitteita (tuleva luku, 5C, antaa kattavampaa tietoa siitä, kuinka tavoitteet asetetaan tehokkaasti) ja luotava henkilökohtainen kehityssuunnitelma näiden tavoitteiden saavuttamiseksi. Tämä suunnitelma sisältää päivittäisiä toimia, jotka muodostavat tapana itsensä kehittämiseen. Onneksi sinun ei tarvitse valita eri oppimisvaihtoehtojen välillä, koska ne eivät sulje toisiaan pois. Voit varata aikaa useisiin vaihtoehtoihin samanaikaisesti, kuten YouTube-videoiden katseluun samalla kun opit edX-kursseja tai suorita maisteriohjelmaa ja täydennä oppimistasi Courseralla.

Hyvä uutinen on, että monet oppimisvaihtoehdot ovat tulossa edullisemmiksi, ja itse asiassa monet kurssit ovat ilmaisia. Yliopistotutkinnot, kuten MBA, voivat kuitenkin olla kalliita, joten on tärkeää harkita vaihtoehtoja ja sijoitetun pääoman tuottoa ennen niiden suorittamista.

Huono uutinen on, että sinun täytyy innostua ja motivoitua oppimaan uusia taitoja ja rakentamaan inhimillisiä kykyjäsi. MOOC-kokeiden valmistumisaste on yleensä alhainen, ja se vaihtelee 5 prosentista 15 prosenttiin. Siksi painotimme kunnianhimoisten tavoitteiden asettamista ja näkemyksen luomista sinua innostavasta tulevaisuuden elämästä. Kun olet aidosti innoissasi mahdollisesta tulevaisuudestasi, olet todennäköisemmin sitoutunut henkilökohtaiseen kehitykseen päivittäin.

Joka tapauksessa, Samon, palataanpa tarinaasi.

Achani Samon Biaou: Aloin tutkia ja valmistautua GMAT:iin ja hain useisiin amerikkalaisiin kouluihin. Sain MIT:ltä hylkäyskirjeen, joka oli yksi parhaista valinnoistani insinöörimaineensa vuoksi. Se oli kova isku. Sain kuitenkin Stanfordilta hyväksymiskirjeen, joka tuntui vahvistukselta, koska molemmilla kouluilla oli vahvat insinööriohjelmat.

Kaksi keskeistä poimintaa kokemuksestani kauppakorkeakouluun hakemisesta olivat:

Ensin pysyin utelias ja kiinnitin huomiota siihen, mitä muut tekevät. Uteliaisuuteni Deutsche Telekomin "kaupallisiin konsultteihin" sekä BCG:n ja McKinseyn liikkeenjohdon konsultteihin herätti kiinnostukseni MBA-ohjelmiin. Yritin usein osallistua johdon kokouksiin, joissa McKinsey tai BCG esitteli asiakkaille vain tarkkaillakseni heidän analyysejaan ja diojaan. Olin innokas oppimaan sitä, mitä en tiennyt, mitä en tiennyt. Monilla koulukavereillani ei ollut samanlaista uteliaisuutta.

Toiseksi on tärkeää pyrkiä aina parhaaseen ja luottaa siihen, että voit saavuttaa mitä tahansa. En koskaan nähnyt McKinseyn tai BCG:n konsulttien olevan korkeammalla tasolla tai uskonut, että heidän uransa olisivat minun ulottumattomissani. Kyse oli vain siitä, pystyinkö innostumaan heidän tekemästään työstä. Jos minusta se olisi jännittävää, löytäisin tavan liittyä näihin yrityksiin. Itseluottamus on ratkaisevan tärkeää.

Olumide Ogunsanwo: On tärkeää harjoittaa kiitollisuutta ja olla kiitollinen siitä, mitä sinulla on, mutta se ei tarkoita, että sinun pitäisi olla omahyväinen. Sinun tulee jatkaa mahdollisuuksien etsimistä tilanteen parantamiseksi. Samon, tarinasi kuvaa tätä hyvin. Sinulla oli hieno työ Deutsche Telekomissa, matkustit ympäri maailmaa ja ansaitsit hyvät tulot. Olit kiitollinen kokemuksesta, mutta sinulla oli silti halu kasvaa ja kehittyä. Kiitollisuuden ja mahdollisuuksien etsimisen tasapainottaminen on ratkaisevan tärkeää. Kiitollisuuden ilmaiseminen tutkimatta mahdollisuuksia johtaa pysähtyneisyyteen, kun taas mahdollisuuksien tutkiminen ilman kiitollisuutta johtaa tyytymättömyyteen ja valituksiin.

Achani Samon Biaou: Olen täysin samaa mieltä. Minulla oli niin kutsuttu "altavastaajan mentaliteetti". En ole koskaan viihtynyt tilanteessa, jossa en ollut altavastaaja. Etsin jatkuvasti haasteita ja työnsin itseni kiivetä korkeammalle ja ylittämään rajani. Matkallani kauppakorkeakoulun läpi opin muutamia tärkeitä asioita:

Tavoitteiden asettaminen on tärkeää, kun aloitat jotain uutta. Jos sinulla on vaikeuksia tunnistaa tavoitteitasi, keskity oppimiseen tai tutkimaan sinua aidosti kiinnostavia aiheita. Minulle tavoitteeni oli vaikuttaa päätöksentekoon, ja tuolloin raha ei ollut tärkein prioriteettini. Vaikka tienasin hyvin Deutsche Telekomissa, tiesin, että minun oli nostettava tietämystäni. Ymmärsin kuitenkin, että tämä tavoite oli melko laaja. Kun katson taaksepäin, huomasin, että ihmiset osallistuvat kauppakorkeakouluun kolmesta pääasiallisesta syystä: tutkijoista, uralla etenemisestä ja verkostoitumismahdollisuuksista.

Olumide Ogunsanwo: Kyllä, kun aloitit kauppakorkeakoulun, tajusit, että MBA-matkalla oli strateginen lähestymistapa. Voit keskittyä tutkijoihin, työpaikan saamiseen tai verkoston rakentamiseen. Tämä muistuttaa minua mukautuvan tavoitteen asettamisen käsitteestä, josta sinä ja minä keskustelimme tätä kirjaa kirjoittaessamme.

Achani Samon Biaou: Kyllä, puhutaan mukautuvasta tavoitteiden asettamisesta. Kun pyydät neuvoja muilta, jotka ovat käyneet läpi samanlaisen kokemuksen kuin olet aloittamassa, on tärkeää ymmärtää konteksti ja tavoitteet, jotka heillä oli tuolloin. Kun kysyin neuvoa BCG:n länsi- tai lähi-idän toimiston valinnasta, yritin aina ymmärtää, mihin henkilö optimoi valinnan tehdessään.

Olumide Ogunsanwo: Älä ota neuvoja ymmärtämättä niiden taustalla olevaa perustetta ja mukauttamatta niitä ainutlaatuiseen tilanteeseen. Heidän erityistilanteensa eivät välttämättä ole sinulle tärkeitä.

Achani Samon Biaou: Kyllä, puhuin ihmisten kanssa ymmärtääkseni, mitä tavoitteita heillä oli kauppakorkeakoulussa. Halusin ymmärtää, kuinka heidän toimintansa kauppakorkeakoulussa vastasi heidän koulun jälkeisiä suunnitelmiaan.

Olumide Ogunsanwo: Loppujen lopuksi on tärkeää muistaa, että se on sinun elämäsi ja sinun on tehtävä päätöksiä, jotka ovat sopusoinnussa tiettyjen tavoitteiden ja arvojen kanssa. Mutta sinun pitäisi tehdä nämä päätökset koko kontekstin kattavan ymmärtämisen perusteella.

Esimerkiksi ateriaa valitessasi et menisi vain ensimmäiseen ravintolaan valitsemaan ruokaa satunnaisesti. Tutkit eri ravintoloiden ruokalistoja, pohdit kiinnostuksen kohteitasi ja valitset mieltymystesi mukaisen aterian. Tämä lähestymistapa varmistaa, että teet tietoon perustuvan päätöksen harkitsemalla kaikkia saatavilla olevia vaihtoehtoja sen sijaan, että tyytyisit vähemmän optimaaliseen valintaan rajoitetun tiedon perusteella.

Achani Samon Biaou: Kun aloitin MBA-ohjelman, en ollut varma, kuinka priorisoida Stanfordin erilaiset mahdollisuudet. Pyysin neuvoa luokkakavereilta, joilla ei näyttänyt olevan tätä ongelmaa. Aloitin kysymällä heidän tavoitteistaan osallistua Stanfordiin ja valinnoista, joita he olivat tehneet tähän mennessä. Keskusteluistamme sain seuraavat oivallukset:

Ensinnäkin on suositeltavaa rakentaa suhteita professoreihin ja tiedekunnan jäseniin. Vaikka et olisi varma, mitä näistä yhteyksistä voi seurata, on viisasta olla tekemisissä heidän kanssaan käymällä toimistoaikoina tai järjestämällä kahvitapaamisia.

Toiseksi on hyödyllistä tarttua tilaisuuksiin tutkia erilaisia urapolkuja. Huomasin, että jotkut kollegoistani harjoittelivat riskipääomayrityksissä MBA-opintojensa ohella. Tästä kiinnostuneena hain ja minut hyväksyttiin VC-harjoitteluun. Vaikka aluksi keskityin liikkeenjohdon konsulttityön saamiseen, pysyin avoimena tutkimaan muita alueita.

Olumide Ogunsanwo: Sait sen mahdollisuuden, koska olit utelias. Olemme puhuneet aiemminkin uteliaisuuden tärkeydestä taloudellisen riippumattomuuden saavuttamisessa. Haluan vielä kerran korostaa, kuinka tärkeää on tutkia asioita, jotka eivät ole välittömän keskittymiskykysi. Yksi strategia tulla uteliaammaksi on olla tekemisissä monien ihmisten kanssa, jotka tekevät mielenkiintoisia asioita.

Achani Samon Biaou: Jotkut ihmiset tietävät tarkalleen mitä haluavat, mutta jos olet epävarma, on tärkeää olla nöyrä sen suhteen, mitä tiedät ja mitä et tiedä. MBA-tutkinnon jälkeen tavoitteeni oli siirtyä liikkeenjohdon konsultoinnin alalle, mutta pysyin avoimena muille mahdollisuuksille, jotka auttaisivat minua saavuttamaan lopullisen tavoitteeni olla päätöksentekotehtävissä.

Esimerkiksi VC-harjoitteluni aikana sain altistumisen riskipääomateollisuudelle. Opin, että haluttujen paikkojen turvaamiseen startup-yrityksissä sisältyi usein työskentely riskipäällikkönä ja sitten siirtyminen johonkin menestyneistä portfolioyrityksistä. Ilman sitä paljastumista en olisi tiennyt tästä polusta. Lopulta se ei muuttanut kurssiani, vaikka minulla oli tarjouksia konsultoinnista, big techista ja VC:stä. Tämän tiedon ansiosta pystyin kuitenkin punnittamaan tarjouksia kunnolla.

Olumide Ogunsanwo: Tämä on täydellinen tarina siitä, kuinka eteni Stanfordiin hakemisen harkitsemisesta tosiasialliseen hakemiseen, hyväksyntään ja strategioiden laatimiseen saadaksesi siellä kaiken irti. Voitko nyt opastaa meidät tämän elämäsi luvun loppuun? Miten päätit aikasi Stanfordissa? Mitä tapahtui kauppakorkeakoulukokemuksesi myöhemmässä osassa ja mikä sai sinut valitsemaan BCG-konsultointitarjouksen?

Achani Samon Biaou: Haluan kertoa toisen nopean tarinan kauppakorkeakoulun alusta. Päätin suorittaa yhteistutkinnon kasvatustieteessä maksimoidakseni sijoitukseni arvon. Stanfordin lukukausimaksut olivat noin 200 kertaa korkeammat kuin koko perustutkintokoulutuksestani maksamani lukukausimaksut. Lopulta maksoin Stanfordissa yli 100 000 dollaria lukukausimaksuista, kun taas Ranskassa lukukausimaksuni ei koskaan ylittänyt keskimäärin muutamaa sataa euroa.

Olumide Ogunsanwo: Voi luoja!

Achani Samon Biaou: Halusin ottaa kaiken irti ajastani Stanfordissa, joten kun sain sähköpostin mahdollisuudesta suorittaa yhteistutkinto, pidin sitä täydellisenä tilaisuutena suorittaa myös koulutustutkinto, ottaen huomioon tulevaisuuden suunnitelmani. koulujen rakentaminen. Jotkut luokkatovereistani neuvoivat olemaan ottamatta liikaa ja mahdollisesti pilaamatta MBA-kokemustani, mutta selitin kunnioittavasti, että tavoitteeni ei ollut vain nauttia kokemuksesta, vaan laajentaa vaihtoehtojani tulevaisuutta varten.

Siirryn nyt kauppakoulumatkani jälkimmäiseen osaan. Suoritin kaksi voimakasta kurssia Stanfordissa. Yksi niistä oli nimeltään "Interpersonal Dynamics", jossa kävimme luottamuksellisia keskusteluja pienissä ryhmissä saadaksemme näkemyksiä siitä, miten muut näkevät meidät. Toinen kurssi oli "Kasvavien yritysten johtaminen", jossa simulaatioiden avulla opetettiin taitoja, kuten työntekijöiden irtisanominen, uuden henkilöstön rekrytointi ja negatiivisen palautteen antaminen.

Mielenkiintoista on, että nämä kaksi kurssia osoittautuivat oppimisen kannalta arvokkaimmiksi, jopa enemmän kuin rahoituskurssit. Se sai minut ymmärtämään, että olisin voinut oppia nuo rahoituksen ja kovat taidot itsekin, mutta niiltä kahdelta kurssilta saamani pehmeät taidot olivat korvaamattomia.

Opin tästä kokemuksesta, että uuteen ympäristöön tullessa on tärkeää, että sinulla on selkeät tavoitteet ja ryhdytään toimiin, jotka ovat sopusoinnussa näiden tavoitteiden kanssa. Etsi muita, jotka jakavat tavoitteesi, ja opi heidän kokemuksistaan välttääksesi sokeita kulmia.

Olumide Ogunsanwo: Tarinasi osoittaa todella rakkautesi optimointiin.

Jouduit uuteen tilanteeseen Stanford Business Schoolissa ja aloit heti miettimään, kuinka optimoida aikasi siellä saadaksesi siitä parhaan hyödyn.

Taloudellisen riippumattomuuden saavuttamiseksi on tärkeää keskittyä elämäsi optimointiin. Tämä voi kuitenkin tapahtua vasta sen jälkeen, kun olet asettanut sinua innostavat tavoitteet ja ryhtynyt toimiin selvittääksesi, mitä on muutettava tai optimoitava näiden tavoitteiden saavuttamiseksi. Ensimmäinen tapa mahtavassa kirjassa "Erittäin tehokkaiden ihmisten seitsemän tapaa" on proaktiivisuus - ominaisuus, joka muistuttaa optimointia. Vaihtoehtona on hyväksyä elämä sellaisena kuin se on, mikä voi vaikeuttaa taloudellisen itsenäisyyden saavuttamista.

Achani Samon Biaou: Valitettavasti yhteiskunta kannustaa meitä usein välttämään päätösten tekemistä, mikä johtaa tyytyväisyyteen. Esimerkiksi Amazonin käyttämän kaltaiset algoritmit suosittelevat kirjoja ja ravintoloita aikaisempien mieltymystemme perusteella. Tämä ajattelutapa vaikeuttaa tavoitteidemme saavuttamiseksi vaadittavan kovan työn tekemistä, koska tulemme yhä riippuvaisemmiksi muista, jotka tekevät päätöksiä puolestamme.

Jos omaksumme tämän ajattelutavan, vaarana on, että menetämme uteliaisuutemme ja tulemme onnellisuutemme riippuvaisia muista. Viime kädessä on meidän tehtävämme tehdä omat päätöksemme ja ottaa vastuu omasta elämästämme.

Olumide Ogunsanwo: Tiedät, mikä on elämällesi parasta, koska ymmärrät itseäsi paremmin kuin kukaan, joka pakottaa näkemyksensä sinuun. Jos etsit jatkuvasti ulkopuolista vahvistusta ja tukea, saatat päätyä kauemmaksi siitä, missä haluat olla.

Tarinasi sisältää monia hienoja periaatteita. Keskustelimme tavoitteiden asettamisesta, ja lisäisin myös henkilökohtaisen kehityksen, koska kaikki eivät halua mennä kauppakorkeakouluun tai hakemaan lisätutkintoja. Tämä luku käsittelee kauppakorkeakoulua, mutta viime kädessä se kertoo inhimillisen pääoman, taitojen ja verkoston kasvattamisesta elämäntavoitteidesi saavuttamiseksi.

Achani Samon Biaou: Jotkut ystävistäni Stanfordissa halusivat liittyä startup-yrityksiin, kun taas minä olin kiinnostunut liikkeenjohdon konsultoinnista, riskipäälliköstä tai suurista teknisistä rooleista, kuten Googlesta ja Microsoftista. Mielenkiintoista on, että monet henkilöistä, joilla katsoin olevan selkeä suuntaajuus, eivät pyrkineet suuriin yrityksiin. Sen sijaan he pyrkivät perustamaan omia startup-yrityksiä tai liittymään alkuvaiheen yrityksiin.

Silloin opin "kolminkertaisen sadan" käsitteestä. Triple sata on sääntö, joka auttaa sinua valitsemaan, mihin startupiin haluat liittyä, jotta voit ansaita paljon rahaa lyhyessä ajassa. Sääntönä on kohdistaa startup-yritykset, joiden vuotuinen liikevaihto kasvaa 100 % tai enemmän joka vuosi, saavuttaa 100 miljoonan dollarin tulot ja joissa on alle 100 työntekijää. Jos liityt sellaiseen yritykseen johtotasolla tai sitä korkeammalla kohtuullisella omalla pääomalla, sinulla voi olla miljoonien arvoista omaa pääomaa 5-7 vuodessa, jos yritys ostetaan tai se menee pörssilistalle. Monet kauppakorkeakoulun luokkatovereistani keskittyivät soveltamaan tätä periaatetta ja rekrytoivat aktiivisesti rooleihin tällaisissa startupeissa.

Olumide Ogunsanwo: Elämä ei kulje ennalta määrättyä polkua. Se avautuu todennäköisyydellä eikä deterministisesti. Kolmen sadan kuvauksesi perusteella se on ehdottomasti riskialttiimpi strategia, joka voi saada suuremmat palkkiot kuin suureen teknologiayritykseen liittyminen.

Achani Samon Biaou: En oppinut kolmisadasta, koska en ollut puhunut tarpeeksi ihmisten kanssa ymmärtääkseni heidän taloudellisia tavoitteitaan ja kuinka he ajattelivat voivansa saavuttaa ne. En kysynyt näitä kysymyksiä, koska näkökulmani oli rajallinen. Kun olet utelias, voit löytää tapoja kerätä tietoa, joka ei ehkä ole ilmeistä, mutta se vaatii ajattelua.

Olumide Ogunsanwo: Itse asiassa tämä kirja on tarkoitettu kaikille, jotka ovat uteliaita ja haluavat käynnistää tai nopeuttaa matkaansa kohti taloudellista riippumattomuutta. Samon ja minä olemme afrikkalaisia maahanmuuttajia, joten oletan, että monet lukijat voivat olla maahanmuuttajia, vähemmistöjä, ulkomaalaisia tai ulkopuolisia, vaikka periaatteet koskevat kaikkia. Ulkopuolisina voimme hyötyä suuresti uteliaisuuden kasvattamisesta, koska muut ekosysteemin jäsenet ovat jo ennestään hyvin yhteydessä toisiinsa ja tuntevat toisensa. On meidän tehtävämme oppia, miten peliä pelataan, mikä voi olla haastavaa. Uteliaisuutta ja kysymyksiä esittämällä voimme kuitenkin saada syvemmän ymmärryksen ekosysteemistä ja sen toiminnasta, mikä lopulta auttaa meitä menestymään.

Achani Samon Biaou: Viimeisinä kuukausina kauppakorkeakoulussa vietin paljon aikaa pohtien, mitä olisin voinut tehdä paremmin, ja vietin aikaa rentoutumiseen ja ystävyyssuhteiden solmimiseen.

Olumide Ogunsanwo: Samon, sinulla oli kaksi tavoitetta: lyhyen ja keskipitkän aikavälin tavoite tulla liikkeenjohdon konsultiksi ja pitkän aikavälin koulutustavoite koulujen rakentamisesta.

Achani Samon Biaou: Kyllä, alun perin tavoitteeni oli vain tulla liikkeenjohdon konsultiksi. Mutta kun kirjoitin hakemusesseeni, aloin miettiä elämäni toiveita, mikä sai minut kehittämään toisen tavoitteen eli koulujen rakentamisen ja positiivisen vaikutuksen koulutukseen. Tämä oivallus inspiroi minua jatkamaan toista kasvatustieteen maisterin tutkintoa, jonka uskon antavan minulle tarvittavat taidot tavoitteideni saavuttamiseksi.

Kuitenkin, kun lähestyin kauppakorkeakoulumatkani loppua, prioriteetit alkoivat muuttua. Tajusin, että todella halusin olla asemassa, jossa voisin tehdä vaikuttavia päätöksiä sen sijaan, että neuvoisin muita. Kyseenalaistaessani, miksi konsultointi oli ainoa tapa vaikuttaa, ymmärsin tarpeen kehittää omia taitojani muutoksen luomiseksi. Näin ollen konsultointi oli koulutuskenttä, jossa voisin hankkia tarvittavat taidot koulutuksen parantamiseksi. MBA-tutkinnoni loppuun mennessä Stanford-brändin omistamisesta tuli minulle tärkeämpää kuin BCG-brändin lisäämisestä ansioluetteloon.

En enää tuntenut tarvetta ulkoiselle vahvistukselle. Olin tyytyväinen siihen, missä olin, ja kiitollinen mahdollisuuksista, jotka minulle tulivat. Tämä matka opetti minut priorisoimaan vaikutusta ja keskittymään merkityksellisen eron luomiseen maailmassa.

Olumide Ogunsanwo: Samon, voimmeko tutkia, mitä sanoit validoinnista? Tuntuu, että meillä on juuri nyt terapiaistunto. Mitä tarkoitat brändin validoinnilla?

Achani Samon Biaou: Joskus ero niiden välillä, jotka saavuttavat asioita, ja niiden välillä, jotka eivät piile paitsi heidän tietämättömyydestään, myös heidän epäluottamuksestaan. Monet ystävistäni uskoivat pääsevänsä Stanfordiin vasta minun jälkeenni. Heiltä puuttui luottamus ennen sitä.

Yliopistobrändit antavat tietyn tason itseluottamusta. En kuitenkaan usko, että se on oikeanlaista luottamusta, koska se perustuu ulkoiseen validointiin. Lopullinen luottamuksen muoto tulee tiedosta, että olet täydellinen ja riittävä itsessään. Kun kasvat ja työskentelet kohti tavoitteitasi, ymmärrät, ettei kukaan muu ole sinua parempi, ja sinusta voi tulla mitä tahansa, mitä haluat olla.

Olumide Ogunsanwo: Se oli loistavaa. Kun luet tätä kirjaa ja tutustut profiileihimme, saatat pelätä ulkoisia merkkejämme, kuten Samonin Stanford- ja BCG-tausta tai koulutukseni Oxfordissa ja MIT:ssä. On kuitenkin tärkeää muistaa, että itseluottamus ja itsetunto kumpuavat sisältä, ei ulkoisesta validoinnista.

Tämä kirja käsittelee taloudellisen riippumattomuuden saavuttamista, mutta kuten aiemmin mainitsimme, se kertoo myös henkilökohtaisesta kehityksestä. Henkilökohtainen kasvu alkaa itsetutkiskelusta ja vahvan ajattelutavan kasvattamisesta. Itseluottamus ja itsetunto voivat kuulostaa abstraktilta, mutta ne ovat välttämättömiä henkilökohtaisen kehityksen kannalta. Uskomatta itseesi, kohtaat todennäköisesti esteitä, kun löydät itsesi ja asetat tavoitteita. Sinun täytyy uskoa itseesi aloittaaksesi matkan. Vaikka avun ja tuen etsiminen on tärkeää, sinun on otettava vastuu itsesi kehittämisestä ja uskottava kykyysi saavuttaa tavoitteesi.

Achani Samon Biaou: Arvokkain oppitunti, jonka opin kauppakorkeakoulukokemuksestani, oli itseluottamuksen hankkiminen, aluksi ulkoisen validoinnin, mutta myöhemmin sisäisen validoinnin kautta. Kun kypsyin, aloin nähdä kaikki tasa-arvoisina. Tämä ajattelutapa antoi minulle mahdollisuuden asettaa pitkän aikavälin tavoitteita, kuten taloudellisen riippumattomuuden saavuttaminen ja koulujen rakentaminen Afrikkaan. En kuitenkaan halunnut luottaa muihin saavuttamaan nämä tavoitteet. Kehittynyt itseluottamus sai minut ymmärtämään, että olin tarpeeksi tärkeä määrittämään oman urani. Se toi takaisin vapauden tunteen, joka minulla oli lapsena, ja antoi minulle kyvyn tavoitella mitä halusin.

Olumide Ogunsanwo: Tämä on tulos, jonka Samon saavutti yrityskoulumatkallaan. On kuitenkin tärkeää huomata, että kauppakorkeakoulussa käyminen tai maisterin tutkinnon suorittaminen ei ole välttämätöntä tämän tuloksen saavuttamiseksi. Tärkeintä on ymmärtää itsearvosi, tunnistaa potentiaalisi ihmisenä ja käyttää sitä saavuttaaksesi tavoitteesi ja toiveesi elämässä. Nähdään kaikki seuraavassa luvussa!

5C: Tavoitteiden asettamisen ja henkilökohtaisen kehityksen periaatteet

Olumide Ogunsanwo: Vaihdetaan vaihdetta ja keskustellaan erityisistä periaatteista, jotka voivat nopeuttaa matkaa taloudelliseen riippumattomuuteen. Tavoitteen asettamisen ja henkilökohtaisen kehityksen periaatteita käsitellään kolmessa osiossa. Ensin määritämme nämä periaatteet. Toiseksi tutkimme, kuinka he voivat nopeuttaa polkua taloudelliseen riippumattomuuteen. Kolmanneksi suosittelemme kirjoja, joissa voit oppia lisää näiden periaatteiden kehittämisestä ja harjoittamisesta.

Aloitetaan tavoitteiden asettamisesta. Tavoitteen asettaminen on prosessi, jossa tunnistetaan jotain, jonka haluat saavuttaa, ja luodaan strateginen etenemissuunnitelma toiveidesi ilmentämiseksi. Olemme keskustelleet sellaisista periaatteista kuin itseluottamus, itseluottamus, uteliaisuus, itsenäinen ajattelu, kunnianhimo ja rohkeus. Käsittelimme myös FTE-käsitettä, kun henkilö saavuttaa pohjan ja ymmärtää välittömän muutoksen tarpeen. Nyt on aika kanavoida ajattelutapasi ja rohkeutesi luoda laaja visio, asettaa erityisiä kunnianhimoisia tavoitteita ja ryhtyä päivittäisiin toimiin näiden tavoitteiden saavuttamiseksi.

Visio on selkeä ja vakuuttava mielikuva siitä, miltä haluat tulevaisuutesi näyttävän. Tämä toivottu tulevaisuuden tila inspiroi ja motivoi sinua ryhtymään toimiin tavoitteidesi saavuttamiseksi. Vision luomiseksi sinun on kysyttävä itseltäsi kysymyksiä elämästä, jota haluat. Esimerkiksi:

Millaisen elämäntavan haluat? Mitä ominaisuuksia etsit kumppanistasi? Missä haluat asua? Minkälaiseen yhteisöön haluat kuulua? Mitä haluat työskennellä? Kenen kanssa haluat työskennellä? Millaisia kokemuksia ja seikkailuja haluat saavuttaa? Millaisia oppimis- ja henkilökohtaisen kasvun mahdollisuuksia etsit?

Tulevaisuuden visio on iso kuva siitä, mitä haluat. Seuraavaksi sinun on luotava pitkän aikavälin tavoitteita saavuttaaksesi tämän vision. Vietetään aikaa syvälle sukeltaessa pitkän aikavälin tavoitteidesi taloudelliseen osaan. Nämä pitkän aikavälin tavoitteet sisältävät taloudellisen riippumattomuuden (FI) tavoitearvon ja tavoitteen saavuttamiseen tarvittavan aikajanan. Voit arvioida tämän tavoitteen ja aikajanan käyttämällä online-eläkelaskuria (kuten Empower Personal Dashboardia (aiemmin nimellä personalcapital.com). Tavoitteenasi voi esimerkiksi olla kerätä 2 miljoonaa dollaria 20 vuodessa. Muista, että tämä esimerkki on vain mielivaltainen, koska FI-tavoitteesi ja aikajanasi riippuvat nykyisistä kulutustottumuksistasi ja kyvystäsi mukauttaa tulevia eläkekulujasi näkemyksesi mukaisiksi sellaisilla aloilla kuin sijainti, verot, perheen koko, asuntotoiveet, omaisuus ja sairaanhoitokulut jne. LeanFIRE (Esimerkiksi Lean Financial Independence / Retire Early) -liikkeen jäsenillä on alhaisemmat FI-tavoitteet, jotka vaihtelevat 300 000 dollarista 600 000 dollariin.

Eläkelaskurit tarjoavat kattavan ja tarkan lähestymistavan FI-tavoitteesi määrittämiseen. Jos kuitenkin etsit karkeaa arviota, voit myös käyttää 3–4 %:n peukalosääntöä (ja vastaavaa 25X-33X-kerrointa) yksinkertaisempana menetelmänä. Eläkelaskurit tarjoavat enemmän tarkkuutta, mutta 3–4 %:n peukalosääntö tarjoaa nopean ja kätevän tavan saada alustava arvio FI-tavoitteestasi.

3–4 %:n peukalosääntö antaa ohjeita turvalliseen nostoprosenttiin (SWR) eläkesijoitussalkusta. Se arvioi, kuinka paljon voidaan nostaa vuosittain eläkkeelle jäämisen aikana minimoidakseen rahan loppumisen riskin. Tämän säännön mukaan voit ensimmäisenä eläkkeelle jäämisvuonna nostaa 3-4 % salkkusi arvosta. Esimerkiksi 1 miljoonan dollarin salkulla tämä olisi 30 000–40 000 dollaria. Joka seuraavana vuonna säädät nostosummaasi inflaation huomioon ottamiseksi. Toisena vuonna nostat edellisen vuoden summan plus inflaatiokorjattu osuus, mikä varmistaa, että nostot pysyvät hintojen nousun tahdissa. Vaikka 4 prosentin sääntö on laajalti tunnettu, minä henkilökohtaisesti pidän siitä mieluummin 3–4 prosentin peukalosääntönä, koska se toimii enemmän ohjeena kuin tiukkana sääntönä. Lisäksi se on alun perin suunniteltu 30 vuoden eläkkeelle, joten niille, jotka saavuttavat taloudellisen itsenäisyyden varhaisessa iässä ja joilla on pidempi eläkkeelle 40-60 vuotta, voi olla suositeltavaa harkita varovaisempaa lähestymistapaa, esimerkiksi harkita 3 prosentin nostoprosenttia. 3,5 %:iin.

25X-33X-kerroin johdetaan 3–4 %:n nostoprosentista, ja sitä käytetään arvioimaan FI:lle tarvittava kohdesijoitussalkun koko. Se edustaa nostoprosenttien käänteisarvoa, joka ilmaisee rahoituksen rahoituksen vaatiman summan olettaen, että sen jälkeen nostetaan salkusta 3–4 prosenttia vuosittain. Kertoimen laskemiseksi otamme käänteisen 3 %:n peukalosääntön, joka on 1 jaettuna 3 %:lla (1/3 % = 33X), ja 4 %:n peukalosääntöä varten se on 1 jaettuna 4 %:lla (1/4 % = 25X).

3–4 %:n peukalosääntön kääntöpuolena on sen helppokäyttöisyys. Esimerkiksi alla olevassa taulukossa on esitetty erilaisia rahoitustavoitteita, joita tarvitaan kattamaan eri eläkemenojen tasot.

Eläkkeelle siirtyminen odotetut menot		**Taloudellisen riippumattomuuden sijoitussalkkutavoite ($ tarvitaan kestämään koko eliniän)**	
Kuukausitta in ($/kk)	Vuosittain ($/vuosi)	Alhainen arvio käyttämällä 25X monikertaa (4 % peukalosääntö)	Korkea arvio käyttämällä 33X monikertaa (3 % peukalosääntö)
1 700	20 000	0,5 miljoonaa	0,7 miljoonaa
3 300	40 000	1,0 miljoonaa	1,3 miljoonaa
6 700	80 000	2,0 miljoonaa	2,7 miljoonaa
10 000	120 000	3,0 miljoonaa	4,0 miljoonaa
13 300	160 000	4,0 miljoonaa	5,3 miljoonaa
16 700	200 000	5,0 miljoonaa	6,7 miljoonaa

3–4 %:n peukalosääntön käyttämisessä on kuitenkin haittapuolia. Ensinnäkin se on suunniteltu erityisesti sijoitussalkkuihin, joissa on vähintään 50 % osakkeista (osakkeista), eikä sitä tule soveltaa kiinteistöihin, käteisvaroihin tai muihin omaisuusluokkiin nettovarallisuudestasi, joita ei ole sijoitettu osakemarkkinoille. Toiseksi se ei ota huomioon tulevia vuosia, jolloin sinulla saattaa olla tilapäisesti korkeammat menot, kuten lasten korkeakouluopetuskulut.

Yhteenvetona voidaan todeta, että vision luominen ja pitkän aikavälin tavoitteiden asettaminen ovat tärkeitä askeleita taloudellisen riippumattomuuden tiellä. Käytätpä sitten eläkelaskuria tai 3–4 % peukalosääntöä, nämä menetelmät voivat auttaa sinua arvioimaan tavoitteesi, ohjaamaan suunnittelua ja antamaan sinulle loistavan pohjoistähden matkallasi kohti FI.

Seuraavaksi sinun on luotava lyhyemmän aikavälin tavoitteita, jotka auttavat sinua saavuttamaan FI-tavoitteesi ja aikajanasi. Voit esimerkiksi pyrkiä sijoittamaan tietyn summan joka vuosi, kuten 50 000 dollaria ensimmäisenä vuonna ja 60 000 dollaria vuonna kaksi. Talouslaskimet voivat auttaa arvioimaan vuosittaiset summat, jotka tarvitaan tavoitteesi saavuttamiseen tarvittavien investointien määrään.

Ja lopuksi, on tärkeää jakaa nämä lyhyemmän aikavälin tavoitteet **päivittäisiksi toimiksi**, jotka auttavat sinua saavuttamaan ne.

Tavoitteiden asettamisella tarkoitamme tätä koko prosessia, jossa luot visiosi, pitkän ja lyhyen aikavälin tavoitteet sekä päivittäiset toimet. Kunnianhimoa tarvitaan oikeantyyppisten tavoitteiden asettamiseen, ja rohkeutta tarvitaan haasteiden voittamiseksi matkan varrella.

Achani Samon Biaou: Ajattele tavoitteiden asettamista kuten sokeria – se antaa meille kiirettä ja emotionaalista tyydytystä. Kun otamme vastaan haastavia tehtäviä tai astumme ulos rutiineistamme, voi olla vaikeaa pysyä jatkuvasti motivoituneena. Otetaan esimerkiksi Usain Bolt. Jos hän juoksi joka päivä vain sen vuoksi, hänellä saattaa olla vaikeuksia säilyttää motivaatio. Mutta tieto siitä, että olympialaiset ovat kuuden kuukauden päässä ja hänen visionsa on voittaa kultaa, tämä tavoite sytyttää tulen hänessä ja pitää hänet harjoittelemassa.

On tärkeää erottaa pitkän aikavälin ja lyhyen aikavälin tavoitteiden asettaminen. Monet ihmiset, mukaan lukien minä, ovat tehneet sen virheen keskittyessään vain pitkän aikavälin tavoitteisiin ilman päivittäisiä toimia tai lyhyemmän aikavälin tavoitteita. Mutta se johtaa usein epäonnistumiseen niiden saavuttamisessa.

Olumide Ogunsanwo: Sinun on yhdistettävä tavoitteet ja toimet. Et voi saada yhtä ilman toista. Ilman tavoitteita ajat nopeasti minnekään. Ja ilman päivittäisiä toimia tavoitteesi eivät toteudu, koska et suorita johdonmukaisia yhdistämistoimia ja seuraa edistymistäsi. Toimimme paremmin, kun seuraamme ja mittaamme asioita.

Achani Samon Biaou: Aivan. Kun olet asettanut pitkän aikavälin tavoitteen, sinun on jaettava se saavutettavissa oleviin vaiheisiin, jotka voit ottaa joka päivä. Tällä lähestymistavalla on kaksi etua. Ensinnäkin ymmärrät, että päivittäiset toimet ovat yleensä pienempiä ja vähemmän ylivoimaisia verrattuna yleiseen visioon. Toiseksi on erittäin tärkeää, että sinulla on tapa mitata edistymistäsi ja ponnistelujasi.

Olumide Ogunsanwo: Siksi on tärkeää tarkastella näitä periaatteita tietyssä järjestyksessä. Tavoitteiden asettaminen ja välttämättömien päivittäisten toimien tekeminen ilman itseluottamusta, itsenäistä ajattelua, rohkeutta ja kunnianhimoa voi olla haastavaa. Jos visiosi ei ole linjassa arvojesi ja toiveidesi kanssa, se ei ehkä ole kestävä.

Achani Samon Biaou: Tavoitteiden asettaminen auttaa meitä ratkaisemaan ongelmia tehokkaasti. Annan sinulle esimerkin. Liikkeenjohdon konsulttina, joka matkusti usein, keräsin pisteitä erilaisista luottokorteista ja kanta-asiakasohjelmista. Kuitenkin vasta kun asetin tietyn tavoitteen tulla elinikäiseksi platinajäseneksi yhdessä lentoyhtiössä, tajusin sen saavuttamiseksi tarvittavat tietyt päivittäiset askeleet. Laskin, kuinka monta lentoa minun piti tehdä kuukaudessa, ja arvioin ajan, joka kestää saavuttaa tämä tila. Sieltä kehitin strategian priorisoimalla projekteja ja aktiviteetteja, jotka maksimoivat matkani, kuten haastattelujen suorittamisen koulutuksen sijaan. Kohdistin myös tietyille alueille, kuten Yhdysvaltoihin, pitkien lentojen aikana. Jakamalla tämän pelottavan tavoitteen pieniin hallittavissa oleviin toimiin saavutin elinikäisen platinastatuksen viidessä vuodessa.

Olumide Ogunsanwo: Kun olet luonut visiosi, pitkän ja lyhyen aikavälin tavoitteet ja päivittäiset toimet, saatat tuntea olosi ylivoimaiseksi siitä rahamäärästä, joka sinun täytyy säästää joka kuukausi. Jos tämä aiheuttaa pelkoa ja huolta, sinun on arvioitava uudelleen kunnianhimosi ja rohkeutesi. Oletko todella hallinnut nämä ominaisuudet ja harjoitteletko niitä aktiivisesti? Jos näin on, ongelmaa ei pitäisi olla, koska sinulla on selkeä visio siitä, mitä haluat elämältä, ja voit kehittää sen saavuttamiseen tarvittavaa rohkeutta.

Toinen huomioitava seikka on, että mikään suunnitelma ei ole täydellinen. Riittävän hyvä aloitussuunnitelma on kaikki mitä tarvitset. Luo suunnitelma, toteuta se, tarkista se, muokkaa sitä ja toista. Älä odota täydellistä suunnitelmaa, koska sitä ei ole olemassa. Tärkeintä on aloittaa. Voit aina tehdä muutoksia myöhemmin. Tässä ei ole kyse äärimmäisestä tarkkuudesta, vaan jännityksestä ja toteutuksesta. Tieteen ja tekniikan taustalla olevana henkilönä ymmärrän vinoutumisen tarkkuuteen, mutta tässä tapauksessa jännitys, vauhti, toteutus ja joustavuus ovat tärkeitä.

Achani Samon Biaou: Haluaisin jakaa joitakin käytäntöjä, jotka voivat auttaa lapsia asettamaan tavoitteita. Minulla on esimerkiksi kuusi kummilasta, ja kun käyn heidän vanhempiensa luona pitkiä aikoja, toteutan päivittäisen harjoituksen yhden heistä. Aloitamme päivän asettamalla itsellemme tavoitteita. Hän kysyy minun tavoitteistani ja minä hänen. Iltaisin keskustelemme edistymisestämme, siitä, mikä auttoi meitä saavuttamaan tavoitteemme, ja kohtaamistamme esteistä.

Tavoitteiden asettamisharjoittelusta tuli hauska rituaali välillämme ja se auttoi minua luomaan läheisemmän siteen kummilapseni kanssa. En vain kysynyt hänen tavoitteistaan; hän oli myös kiinnostunut tietämään minun. Joskus hän muistuttaa minua leikkisästi pysymään tavoitteissani ja nauttii myös siitä, että olen vastuussa. Kun lähdin, hän pyysi isäänsä jatkamaan harjoittelua.

Olumide Ogunsanwo: Luuletko, että on mahdollista tulla taloudellisesti itsenäiseksi asettamatta tavoitteita?

Achani Samon Biaou: Luultavasti ei.

Olumide Ogunsanwo: Olisi uskomattoman vaikeaa tulla taloudellisesti itsenäiseksi ilman tavoitteita. Vaikka saisit jotenkin paljon rahaa, voit helposti menettää kaiken. FI:ksi tuleminen ja FI:ssä pysyminen ovat erilaisia taitoja.

Achani Samon Biaou: Saatat säilyttää tämän varallisuuden, jos olet onnekas. Minulla on ystäviä, jotka lopettivat koulun ilman selkeää suuntaa ja kompastuivat startupiin. He eivät olleet aktiivisesti työnhaussa, ja mahdollisuus liittyä startupiin tuli heille jonkun muun kovan työn kautta. Startup onnistui lopulta, ja yhtäkkiä rahaa virtasi kaikille osapuolille. Eräs ystävistäni oli onnekas naimisiin taloudellisesti taitavan puolison kanssa. On kuitenkin tärkeää huomata, että tämä skenaario on harvinainen. Lukemattomat muut ovat saaneet vaurautta nopeasti, mutta menettäneet sen yhtä nopeasti.

Olumide Ogunsanwo: On luultavasti parempi keskittyä mediaaniskenaarioihin (realistisiin) skenaarioihin kuin poikkeaviin skenaarioihin. Taloudellinen riippumattomuus edellyttää erilaisia mikrotoimia, kompromissien ymmärtämistä, riskien hallintaa ja FOMO:n uhriksi joutumisen välttämistä. Ja vaikka törmäisitkin sattumalta ilman kovaa työtä, rahat eivät todennäköisesti kestä kauan, koska et ole kehittänyt taitoja hallita ja arvostaa niitä. Kuten Jim Rohn sanoi, tavoitteena ei pitäisi olla rikastua pelkästään rahan takia, vaan myös sen ihmisen vuoksi, josta tulee prosessin aikana.

Achani Samon Biaou: Jotkut saattavat väittää, että jos ansaitset paljon rahaa, on helpompi tulla taloudellisesti itsenäiseksi asettamatta erityisiä tavoitteita. Olen eri mieltä. Ongelmana on, että kun sinulla ei ole kurinalaisuutta, tulojesi kasvaessa kasvavat myös kulut. Jos et ole hyvä tavoitteiden asettaja, on erittäin epätodennäköistä, että saavutat taloudellisen riippumattomuuden.

Johdonmukainen toimiminen joka päivä voi olla uskomattoman tehokasta. Koin tämän, kun päätin oppia mandariinikiinaa. Asetin tavoitteeksi oppia yhden uuden ilmaisun kielellä joka päivä, ja ennen kuin tajusin sen, pystyin sanomaan aika monta asiaa. Aina kun tapasin kiinalaisen hississä, aloitin keskustelun ja sain usein uusia ystäviä. Se on tottumusten voima – ne voivat johtaa odottamattomiin tuloksiin. Päivittäisten toimien kumulatiivinen vaikutus voi johtaa mestaruuteen, jonka avulla voit ylittää alkuperäisen tavoitteesi.

Olumide Ogunsanwo: Et voi aliarvioida jännitystä, joka syntyy, kun seuraat edistymistäsi kohti taloudellista riippumattomuutta. Tunsin oloni niin energiseksi, kun näin kuinka paljon edistyin. Ehkä olen vähän hullu, mutta itse asiassa seurasin kuinka nettovarallisuuteni kasvoi saavuttaakseni FI-tavoitteeni päivittäin.

Achani Samon Biaou: [Hymy] Mahtavaa. Pelkkä kuvittelu, että seuraat, saa hymyn huulilleni.

Olumide Ogunsanwo: Minusta tuntui uskomattomalta.

Achani Samon Biaou: Joskus ihmiset ajattelevat, että taloudellisen riippumattomuuden tavoitteiden asettaminen tarkoittaa, että sinun täytyy elää kurjaa elämää. He saattavat lukea tämän ja ajatella, että sinä kärsit. Mutta haluan kertoa teille, Olumide ei ole ollenkaan surullinen. Hän on todella rakastunut optimointiin.

Olumide Ogunsanwo: Ehdottomasti! Minulla oli hauskaa koko prosessin ajan, enkä todellakaan ollut onneton. Kyse on kulutuksen optimoinnista ja hallinnasta arvojen perusteella, mistä puhumme lisää luvussa 6C.

Achani Samon Biaou: Hienoa kuulla! Nyt mietin, voisitko jakaa pari vinkkiä, käytäntöä, kirjasuosituksia tai muita neuvoja taloudellisesta riippumattomuudesta kiinnostuneille lukijoillemme.

Olumide Ogunsanwo: Kyllä, minulla on kaksi kirjasuositusta.

Ensinnäkin Jeff Olsonin " The Slight Edge ". [1]Kirja on upea ja kaunis. Se puhuu kaikkien elämäntavoitteiden muuttamisesta päivittäisiksi teoiksi. Tavoitteesi voivat olla taloudelliset tavoitteet, terveystavoitteet, suhdetavoitteet, yhteisön tavoitteet, uratavoitteet. Se oli yksi kirjoista, joka muutti elämäni, koska minulla oli tapana asettaa tavoitteita, mutta en koskaan ymmärtänyt johdonmukaisten päivittäisten toimien tärkeyttä. Jotain jokapäiväinen tekeminen todella muuttaa ajattelutapaasi ja auttaa sinua edistymään. Esimerkiksi Samon ja minä olemme työstäneet tätä kirjaa noin kaksi ja puoli kuukautta, ja pyrin työskentelemään sen parissa joka ikinen päivä. Sillä on suuri ero siinä, kuinka paljon voin edistyä tekemällä vähän joka päivä.

Kuulostaa itsestään selvältä rakentaa tapoja tekemällä toimia joka päivä, mutta en koskaan tehnyt niin ennen kuin luin kirjan. Itse asiassa törmäsin si-

1. http://www.amazon.com/Slight-Edge-Jeff-Olson/dp/1935944312

ihen Gen Y Finance Guy -blogin erittäin vahvan suosituksen ansiosta [2].

Toinen kirja on James Clearin " Atomic Habits ". [3]Se on samanlainen kuin "The Slight Edge" ja korostaa päivittäisten toimien tärkeyttä, jakaa tavoitteet pienemmiksi vaiheiksi ja muuttaa ne automaattisiksi tottumuksiksi. Annan sinulle esimerkin: käyn kuntosalilla melkein joka päivä, enkä edes ajattele sitä kahdesti. Se on vain osa päivittäistä rutiiniani, kuten hampaiden pesu. Siitä on tullut tapa, jota minun ei tarvitse aktiivisesti päättää tehdä. Se on osa aikatauluani ikuisesti. Kannustan ihmisiä lukemaan nämä kirjat ja pohtimaan päivittäisiä käytäntöjä saadakseen heidät sinne, missä he haluavat olla.

Achani Samon Biaou: Yksi tärkeä näkökohta tavoitteiden asettamisessa on kyky kääntyä. Joskus, kun nykyinen polkusi ei johda sinua kohti toivomiasi tuloksia tai kun olosuhteet muuttuvat, saatat joutua tekemään merkittävän muutoksen urassasi, tavoitteissasi tai elämäsi suunnassa. Tätä suunnan muuttamista tavoitteidesi mukaiseksi kutsutaan kiertymiseksi.

Olumide Ogunsanwo: Pyörtyminen tarkoittaa sitä, että olet avoin muuttamaan suuntaasi saavuttaaksesi tavoitteesi. Se voi olla suuri muutos tai pieni säätö; muutoksen koolla ei ole väliä. Tärkeää on olla riittävän joustava tunnistamaan, milloin muutos on tarpeen, ja olla tyytyväinen muutoksen tekemiseen. Joustavuus on tärkeä työkalu matkallasi kohti taloudellista riippumattomuutta. Jos olet liian jäykkä ja vastustuskykyinen muutokselle, on haastavaa saavuttaa taloudellinen riippumattomuus, koska et voi ennustaa, miten tulevaisuus kehittyy.

Achani Samon Biaou: Keskustellaan kiertymisen käytännön vaikutuksista taloudellisen itsenäisyyden matkaasi. Monet kauppakorkeakoulun käyneet ihmiset päätyvät vaihtamaan uraa. He voivat jopa muuttaa ammatillista identiteettiään. Olin esimerkiksi tietoliikenneinsinööri ennen kauppakorkeakoulua, mutta siellä ollessani käännyin ja astuin liikkeenjohdon konsultoinnin alalle. Tämä muutos oli elämäni käännekohta. Tärkeintä on asettaa tavoitteita ja pyrkiä aktiivisesti löytämään ratkaisuja näiden tavoitteiden saavuttamiseksi.

Olumide Ogunsanwo: Kun alat laatia suunnitelmia, on tärkeää ymmärtää, että luomasi suunnitelmat todennäköisesti muuttuvat. Tässä kohtaa kääntyminen tulee peliin. Sinun täytyy olla tyytyväinen epäselvyyteen ja muutokseen, koska elämä kehittyy jatkuvasti. Kun asiat muuttuvat, sinun on oltava tarpeeksi

2. https://www.genyfinanceguy.com/

3. https://jamesclear.com/atomic-habits

mukautuva kulkemaan virran mukana, sillä huipputason visiosi voi pysyä samana, mutta päivittäiset suunnitelmat voivat muuttua. Carl Richards (osoitteesta behaviorgap.com) sanoi: "Älä ole sitoutunut suunnitelmaan, ole sitoutunut suunnitteluprosessiin." Jeff Bezos suosi ilmausta "Kehitä toimintaharha". Brian Tracy, hämmästyttävä henkilökohtaisen kehityksen kirjailija, sanoi: "Menestys on epäonnistumisen toisella puolella."

Näiden ideoiden yhdistäminen tarkoittaa toimiin ryhtymistä samalla kun olet avoin muutokselle, eikä lannistu, kun asiat eivät mene suunnitelmien mukaan. Jatka eteenpäin, kokeile erilaisia lähestymistapoja, käänny tarvittaessa ja pidä aina pitkän aikavälin visiosi ja tavoitteesi mielessäsi. Kyse on strategioiden säätämisestä ja muokkaamisesta keskittyen silti isompaan kuvaan.

Achani Samon Biaou: Se on valaisevaa. Mitä tulee suosituksiin, tavoitteen asettamisesta on muutamia kirjoja, jotka ovat mielestäni tehokkaita. Nämä kirjat olivat uramuutoksen kontekstissa, mutta uskon, että ne soveltuvat muihin elämän osa-alueisiin, kuten terveyteen, kuntoon, rakkauteen ja ihmissuhteisiin. Yksi kirja on nimeltään Adam Markle " Pivot ". [4]Adam Marklen kirja tarjoaa etenemissuunnitelman henkilöille, jotka ovat vaihtamassa uraa ja pyrkivät saavuttamaan täyden potentiaalinsa samalla kun he ovat huolissaan riskeistä ja epäonnistumisista. Tämä kirja toimii käytännöllisenä oppaana henkilöille, jotka navigoivat uran muutoksissa ja pyrkivät saavuttamaan täyden potentiaalinsa sekä puuttumaan riskeihin ja epäonnistumisiin liittyviin peleihin. Se tarjoaa sarjan vaiheittaisia harjoituksia ja kehotteita, jotka helpottavat itsetutkiskelua ja auttavat lukijoita tunnistamaan ja voittamaan esteitä, jotka voivat haitata heidän edistymistään. Luomalla selkeän näkemyksen, selviytymällä esteistä ja ryhtymällä päättäväisiin toimiin kohti tavoitteitaan yksilöt voivat tasoittaa tietä saavuttaakseen täyden potentiaalinsa.

Olumide Ogunsanwo: Samon, entä jos FIREDOMin lukija pitää vision luomisen käsitettä liian abstraktina ja epäilee sen hyödyllisyyttä? Mitä sanoisit jollekulle, jonka mielestä näön asettaminen on liian "pehmeää" ja epäkäytännöllistä?

Achani Samon Biaou: Visio on hyödyllinen, koska se tarjoaa lähtökohdan sille, mitä haluat.

Olumide Ogunsanwo: Kyse on palavasta halusta ja elämäsi hallinnasta. Kukaan muu ei voi asettaa sitä puolestasi.

4. https://www.amazon.com/Pivot-Science-Reinventing-Your-Career/dp/1476779473

Achani Samon Biaou: Jos joku kokee näkemyksensä liian epämääräiseltä tai löysältä, se ei ehkä ole vielä oikea visio. On tärkeää tarkentaa ja selkeyttää visioasi, kunnes se resonoi kanssasi ja innostaa sinua.

Olumide Ogunsanwo: Maalit eivät usein ole suoraviivaisia. Se on mutkikas matka, jossa saat selville, mikä toimii sinulle parhaiten. Muista, että Samonilla ei ollut täysin viimeisteltyä suunnitelmaa määränpäätään, kun hän aloitti Deutsche Telekomin. Hän ymmärsi liikkeenjohdon konsultointimahdollisuuden ja ryhtyi tavoittelemaan sitä.

Achani Samon Biaou: Käytännön esimerkkinä oletetaan, että asetit tavoitteeksi saavuttaa taloudellisen riippumattomuuden 35-vuotiaana 30-vuotiaana. Työskentelet tällä hetkellä lakimiehenä ja vaikka pidät alasta ja se maksaa hyvin, se ei välttämättä ole sitä. intohimosi. Eräänä päivänä ystäväsi esittelee sinulle kiehtovan idean lääketieteellisen laitteen ohjelmistosta terveydenhuoltoalalla. Aluksi et ole varma, sopiiko tämä mahdollisuus asianajajan taitosi kanssa. Kuitenkin, kun opit lisää ideasta ja sen mahdollisuuksista, innostut siitä mahdollisuudesta. Päätät tarttua tilaisuuteen ja edetä uralla lakialalta terveydenhuoltoalalle. Tämä muutos merkitsee merkittävää muutosta urapolullasi.

Olumide Ogunsanwo: Tuon käänteen ottaminen vaatii rohkeutta ja kunnianhimoa ymmärtää, mikä on sinulle todella tärkeää.

Achani Samon Biaou: Jopa pahimmassa tapauksessa, jos uusi mahdollisuus ei toimi, olisit oppinut sen kahden vuoden sisällä. Riskin pienentämiseksi voit neuvotella startupin kanssa palkasta, joka on 80 % siitä, mitä ansait lakimiehenä. Voit myös säätää kulujasi niin, että säästät edelleen saman summan samalla kun rakennat omaa pääomaa, joka voi kasvaa miljooniksi, jos asiat menevät hyvin.

Olumide Ogunsanwo: Jos joku kuuntelee tätä lukua ja pitää näkemyksen asettamisen ja tavoitteiden asettamisen käsitteitä aluksi liian abstrakteina tai epäkäytännöllisinä, kehotan häntä muistamaan uteliaisuuden periaatteen. Ole tarpeeksi utelias ymmärtääksesi, miksi korostamme tätä. Samon ja minä saavutimme taloudellisen itsenäisyyden 30-vuotiaana, ja siksi pidämme sitä tärkeänä. Jätä kaikki epäilykset syrjään ja ole avoin kokeilemaan tavoitteiden asettamista. Kokeilemisesta ei ole haittaa. Aseta visio jostakin ja aseta päivittäiset tavoitteet nähdäksesi mitä tapahtuu.

Rakastan kokeiluja, joten rohkaisen sinua pitämään tätä kokeiluna. Mitä menetettävää sinulla on? Kun kohtaat ajatuksia, joista et ole samaa mieltä, lähesty niitä uteliaasti ja kokeile nähdäksesi, toimivatko ne sinulle. Älä automaattisesti hylkää tietoa asiantuntevista lähteistä vain siksi, että se haastaa egosi tai ennakkoluulosi.

Achani Samon Biaou: Tunnista näiden toimien monimutkainen luonne. Jos sinulla oli tapana kokeilla kokeita lapsena, jatkat todennäköisemmin kokeiluja aikuisena. Jos olet kokenut lapsuutesi aikana käänteitä, kuten koulun vaihtamista tai uusien harrastusten tekemistä, olet todennäköisesti tyytyväinen pivotien tekemiseen aikuisena.

Vanhemmille haluan korostaa, että muutosta ei pidä nähdä vihollisena, vaan mahdollisuutena kasvattaa lasten sietokykyä haastavien kokemusten kautta. Monet vanhemmat uskovat, että vakaan ympäristön tarjoaminen on lapsilleen parasta ja että esimerkiksi muutto toiseen maahan hämmentää ja hämmentää heitä.

Tämä ei kuitenkaan välttämättä ole optimaalinen näkökulma. Velvollisuutenne vanhempana on valmistaa lapsenne kestävyyteen altistamalla heidät kokemuksille, jotka haastavat heidät. Nämä kokemukset rakentavat lapsissasi itseluottamusta, itseluottamusta, rohkeutta ja uteliaisuutta. Kun lapset kohtaavat uuden ympäristön, he kehittävät selviytymisstrategioita, jotka voivat hyödyttää heitä tulevissa tilanteissa. Jos perhe esimerkiksi joutuu muuttamaan uuteen maahan työpaikan menettämisen ja viisumiongelmien vuoksi, lapsi, joka on jo kokenut tällaisia muutoksia, pystyy paremmin sopeutumaan uuteen ympäristöön. Lasten suojaaminen muutoksilta ei välttämättä valmista heitä riittävästi väistämättömiin muutoksiin, joita he kohtaavat elämässään. Muutos voi olla myönteinen voima lapsesi kehityksessä. Se voi auttaa heitä oppimaan ja kasvamaan uusilla tavoilla.

Olumide Ogunsanwo: Rakastan sitä. Se on niin kaunis. Kiitos siitä, Samon.

Achani Samon Biaou: Kun olin 26-vuotias, mentori antoi minulle intuitiivisia mutta hyödyllisiä neuvoja uratavoitteiden asettamiseen. Olin juuri aloittanut Deutsche Telekomissa, ja mentorini kysyi minulta: "Mihin yritykseen olet seuraavaksi liittymässä?"

Olin hämmästynyt kysymyksestä, koska olin vasta äskettäin aloittanut ja uskoin, että oli liian aikaista ajatella seuraavaa siirtoa. Hän jatkoi: "Viimeisin sinun pitäisi aloittaa seuraavan muuton valmistelu on päivä, jolloin saat tarjouksen nykyiselle yrityksellesi." Mentorini laajempi näkökulma koski tavoitteiden asettamisen tärkeyttä. Hän uskoi, että selkeä kuva mahdollisista tulevista vaiheista auttaisi määrittelemään henkilökohtaisia uratavoitteita ja aloitteita nykyiselle työlle. Tuolloin olin kokematon enkä ymmärtänyt täysin, kuinka hänen neuvojaan tulisi soveltaa. Mutta siitä lähtien olen ottanut sen osaksi nuorempien joukkueiden valmennusta, ja ainakin kolme henkilöä on soveltanut sitä menestyksekkäästi.

Esimerkiksi yksi mentoroitavistani liittyi elintarviketeknologian startupiin, ja rohkaisin häntä selventämään tavoitteitaan seuraaville kahdelle tai kolmelle vuodelle ja sen jälkeen. Hän halusi tulla COO:ksi kypsemmässä yrityksessä Euroopassa tai Yhdysvalloissa. Neuvojani seuraten hän alkoi aggressiivisesti julkaista pelikirjoja elintarviketeknologian startup-yrityksen toiminnasta vain kuukauden kuluessa työnsä aloittamisesta. Hän osallistui konferensseihin, verkostoitui operatiivisten johtajien ja perustajien kanssa ja kannatti sisäisesti nimikkeen vaihtamista operaatiopäälliköksi. Kaksi vuotta myöhemmin, kun hän oli valmis jatkamaan, hän vain soitti, ja viikon sisällä hänellä oli kaksi työtarjousta.

Olumide Ogunsanwo: Erinomainen. Siirrytään henkilökohtaiseen kehitykseen. Tässä osiossa keskustelemme siitä, kuinka henkilökohtainen kehitys voi nopeuttaa taloudellista riippumattomuutta, ja annamme joitain suosituksia. Henkilökohtainen kehitys tarkoittaa prosessia parantaa itseään fyysisesti ja henkisesti saavuttaakseen suuremman täyttymyksen, onnellisuuden ja menestyksen elämässä. Se ei koske vain henkilökohtaista rahoitusta, vaan myös terveyttä, uraa, liiketoimintaa ja muita elämäntavoitteita. Vaikka tämä kirja keskittyy ensisijaisesti taloudelliseen riippumattomuuteen ja henkilökohtaiseen talouteen, on tärkeää ymmärtää, kuinka henkilökohtainen kehitys voi mahdollisesti nopeuttaa tavoitteitasi. Itsensä kehittämisprosessi on perustavanlaatuinen ja sovellettavissa kaikilla elämänalueilla. Tämän luvun edellisessä osassa keskustelimme tavoitteiden asettamisesta. Kun olet asettanut tavoitteesi, luonnollinen seuraava askel on kehittää itseäsi niiden saavuttamiseksi. Se on saumaton siirtymä.

Achani Samon Biaou: Aloita keskustelumme henkilökohtaisesta kehityksestä tutkimalla tarkoituksellisen harjoittelun käsitettä. Tarkoitettu harjoittelu on kohdennettu lähestymistapa oppimiseen ja taidon tai kyvyn parantamiseen. Siihen kuuluu monimutkaisten tehtävien jakaminen pienempiin osiin, parannusta vaativien alueiden tunnistaminen ja kohdennettujen koulutustekniikoiden käyttäminen näiden alueiden käsittelemiseksi. Tarkoitettu harjoittelu koostuu kolmesta keskeisestä osasta.

Ensinnäkin on erittäin tärkeää altistaa itsesi esimerkeille erinomaisesta suorituskyvystä. Poikkeuksellisen suorituskyvyn kokeminen herkistää aivosi ja antaa sinulle jotain tavoiteltavaa tai tavoiteltavaa. Seuraavaksi tarvitset palautemekanismin oman suoritussi arvioimiseksi. Yleensä joku, joka on saavuttanut tai tunnustaa huippuosaamisen, voi antaa arvokasta palautetta osoittamalla tiettyjä alueita, joilla saatat jäädä vajaaksi. Lopuksi, kun harjoittelet tarkoituksellista harjoittelua, on tärkeää olla tietoinen omista ennakkoluuloistasi ja asettaa erityisiä parannustavoitteita. Harjoittele, tarkkaile suorituskykyäsi ja jatka sen parissa työskentelemistä, kunnes hallitset harjoituksen.

Tarkoituksellista käytäntöä voidaan soveltaa myös arvopohjaisen kulutuksen parantamiseen (joka on menojen uudelleensuuntaaminen ainutlaatuisten arvojen perusteella, ja sukeltamme tarkemmin lukuun 6C). Aloita ymmärtämällä, miltä esimerkillinen arvoihin perustuva kuluttaminen näyttää, ja etsi esille asiaankuuluvia esimerkkejä. Esimerkiksi onnistuin elämään 800 dollarilla kuukaudessa Dubaissa, kun taas Olumide optimoi Kalifornian vuokransa hankkimalla kämppäkavereita ja asumalla lähellä työtä. Tämä osoittaa todellisen arvopohjaisen kulutuksen keskittyneen luonteen.

Pohdi omaa elämääsi ja aseta parannettava näkökohta tärkeysjärjestykseen. Luo henkilökohtainen strategia itsellesi sen sijaan, että kopioit muita. Esimerkiksi, jos arvoperusteinen kuluttaminen tarkoittaa kuljetuskustannusten alentamista nollaan, aseta tavoite ja suunnittele strategia, kuten valitse maksuton bussiyhteys. Ensimmäinen päivä voi olla haastava, kun totut heräämään tiettyyn aikaan ja lähdet bussimatkallesi. Tarkkaile itseäsi kävellessäsi linja-autoasemalle ja ajaessasi bussilla. Ota huomioon, mitä tapahtuu ja kokemasi tunteet. Tunnista, mitkä positiiviset tunteet omaksua ja mitkä negatiiviset tunteet voittaa. Aseta tavoite iteroidaksesi ja tee muutokset seuraavana päivänä. Iteroinnin ja pohdinnan avulla voit jatkuvasti parantaa arvopohjaisen kulutuksen käytäntöjäsi.

Olumide Ogunsanwo: Kiitos, Samon, että jaoit tuon arvokkaan näkemyksen. Koska annoit esimerkin henkilökohtaisesta kehityksestä ja kuluista, anna minun antaa esimerkki siitä, kuinka itsensä kehittäminen voi lisätä tuloja. Oletetaan, että olet 35-vuotias ja tavoitteenasi on saavuttaa taloudellinen riippumattomuus 50-vuotiaana, nettovaratavoite on 3 miljoonaa dollaria alusta alkaen.

Jos olet aidosti innostunut tästä pitkän aikavälin tavoitteesta, voit siirtyä seuraavaan vaiheeseen: lyhyen aikavälin välittömien tavoitteiden asettamiseen. Oletetaan, että sinun täytyy säästää 100 000 dollaria vuodessa vuoteen 3 mennessä, mutta tällä hetkellä säästät vain 3 000 dollaria. On selvää, että nykyisen tilanteen ja toivotun tuloksen välillä on kuilu. Tämän kuilun kuromiseksi sinun on määritettävä erityisiä toimia, joita voit tehdä päivittäin, kuukausittain ja säännöllisesti parantaaksesi taloudellista tilannettasi.

Tässä vaiheessa henkilökohtaisesta kehityksestä tulee ratkaisevaa, kun alat muotoilla tapoja parantaa taitojasi, laajentaa liiketoimintaasi tai ansaita korkeampaa palkkaa. Henkilökohtaisiin kehitysstrategioihin voi sisältyä yrittäjien johtamisryhmän luominen, jossa muut yrittäjät voivat tehdä yhteistyötä ja vaihtaa ajatuksia. Se voi tarkoittaa myös oppimisalustojen, kuten Coursera, edX tai Udemy, hyödyntämistä uusien taitojen hankkimiseksi parempien työnäkymien saavuttamiseksi.

Henkilökohtainen kehitys palvelee erilaisia tarkoituksia, kuten ansaintamahdollisuuksien lisäämistä, arvopohjaisten kulutustottumusten parantamista tai sosiaalisten taitojen vahvistamista ihmissuhteiden ja yhteisöllisyyden edistämiseksi. Lisäksi on tärkeää tunnustaa, että henkilökohtainen kehitys voi tehdä sinusta miellyttävämmän ja auttaa sinua laajentamaan verkostoasi, mikä voi olla korvaamatonta henkilökohtaisten ja ammatillisten tavoitteiden saavuttamisessa.

Achani Samon Biaou: Harkitse verkostoasi osana kokonaisarvostustasi. Voit asettaa tavoitteeksi tavoittaa 500 henkilöä Googlessa seuraavan kahden vuoden aikana. Jaa se pienempiin tavoitteisiin, kuten tapaa viisi uutta ihmistä joka viikko. Arvioi edistymistäsi jatkuvasti kysymällä itseltäsi, kuinka monta yhteyttä olet luomassa ja onko jokin suhde hiipumassa. Pohdi sitä, mikä ei mennyt hyvin aiemmissa vuorovaikutuksissa ja käytä tätä tietoa pohjana paremmille yhteyksille tulevaisuudessa. Jatka toistamista ja tarkenna lähestymistapaasi.

Olumide Ogunsanwo: Olemme korostaneet uteliaisuuden ja kunnianhimoisuuden merkitystä keskeisinä periaatteina. He taistelevat omahyväisyyttä ja käsitystä vastaan, että ihminen on saavuttanut täyden potentiaalinsa elämässä. Ilman uteliaisuutta ei ole halua tutkia ja oppia lisää, ja ilman kunnianhimoa ei ole motivaatiota asettaa tavoitteita ja pyrkiä niitä kohti.

Jotkut ihmiset saattavat uskoa, että kun he ovat saavuttaneet tietyt virstanpylväät, kuten yliopistosta valmistumisen, heidän ei tarvitse jatkaa itsensä parantamista. Henkilökohtainen kehitys on kuitenkin jatkuva prosessi, joka ulottuu läpi koko elämän. Aina on tilaa kasvaa ja parantaa elämän eri osa-alueilla. Jos huomaat sanovan: "Olen valmistunut yliopistosta. Miksi minun pitäisi keskittyä itsensä kehittämiseen?" niin sinulta puuttuu pointti. Henkilökohtainen kehitys ei ole pelkästään koulutusta tai tutkinnon suorittamista. Se kattaa inhimillisten kykyjesi ja potentiaalisi parantamisen saavuttaa tavoitteesi. Vaikka tämä kirja sisältää luvun kauppakorkeakoulusta, henkilökohtainen kehitys voi saada erilaisia muotoja ja auttaa sinua saavuttamaan seuraavalle tasolle.

Derek Sivers totesi kerran: "Jos enemmän tietoa olisi vastaus, me kaikki olisimme miljardöörejä, joilla on kuusipakkaiset vatsat." Henkilökohtainen kehitys on muutakin kuin uuden tiedon hankkimista; se edellyttää tuon tiedon sisäistämistä ja johdonmukaista soveltamista ajan mittaan. Sinun on myös integroitava se jokapäiväiseen elämääsi ja tehtävä siitä tavanomaiseksi osaksi rutiiniasi, jotta todellinen henkilökohtainen kasvu tapahtuu.

Luet tätä kirjaa, koska olet utelias taloudellisesta riippumattomuudesta. Ja arvaa mitä? Olet jo ottanut ensimmäisen askeleen henkilökohtaisen kehityksen matkalla! Tämä kirja kertoo taloudellisesta riippumattomuudesta, mutta se on paljon enemmän. Kyse on henkilökohtaisen kasvun hyväksymisestä kaikilla elämäsi osa-alueilla. Henkilökohtainen kehitys on kuin supervoima. Kyse on jatkuvasta tason noususta ja loputtomasta pyrkimyksestä tulla paremmaksi versioksi itsestäsi joka päivä. Tunnet täyttymyksen tunteen ja lisääntynyt itsetunto, kun kehität jatkuvasti itseäsi ja työskentelet aktiivisesti kohti tavoitteita, jotka ovat linjassa arvojesi ja intohimiesi kanssa.

Olen rakastunut tähän konseptiin. Käytän joka päivä tunnin henkilökohtaiseen kehitykseen minulle tärkeillä aloilla. Harjoittelin tätä jo ennen taloudellisen riippumattomuuden saavuttamista, ja aion jatkaa niin loppuelämäni.

Achani Samon Biaou: Resonoin syvästi siihen, mitä Olumide jakoi. Näin toteutan sen elämässäni. Olen ymmärtänyt, että onnellisuuteni perustuu saavutuksen tunteeseen, kun taas onnettomuus johtuu pysähtyneisyydestä tai jumiutumisesta. Saavutettuani taloudellisen itsenäisyyden päätin haastaa itseni säännöllisesti oppimalla uusia kieliä.

Rutiinini on yksinkertainen: herään, käynnistän ilmaisen kieltenoppimissovellukseni ja aloitan päiväni sillä. Käytän noin 15 minuuttia yhden yksikön suorittamiseen. Henkilökohtainen haasteeni on lisätä yksi tai kaksi uutta kieltä joka vuosi, kunnes täytän 50, muista sitoumuksistani riippuen. Tämä on esimerkki henkilökohtaisesta kehityksestä. Olen intohimoinen kieliin, joten uusien oppimisen innostus pitää minut motivoituneena.

Olumide Ogunsanwo: Olen äärettömän kiitollinen, että olen elossa tällä aikakaudella, jolloin lukuisat verkkooppimisympäristöt tarjoavat ilmaisia kursseja (esim. YouTube) tai sisältävät ilmaisia komponentteja (kuten Coursera ja Udemy). Raha ja saatavuus eivät ole enää esteitä; todellinen haaste on nyt oppimishalussamme. Tätä halukkuutta ruokkii jännitys, minkä vuoksi korostamme ratkaisevaa askelta luoda ja innostua visio elämästäsi.

Ihmiset 1960- ja 1970-luvuilta olisivat tappaneet nykyisten mahdollisuuksien vuoksi. Sinun tarvitsee vain käyttää aikaa, kehittää jännitystä ja ryhtyä toimiin. Ajattele Samonin juuri kertomaa uskomatonta tarinaa. Hän käyttää Duolingoa ilmaiseksi useiden kielten oppimiseen. Mikä tekosyy sinulla on?

Achani Samon Biaou: Kyllä. Kun matkustan, pidän parempana lentoyhtiöitä, jotka tarjoavat elokuvia alkuperäisellä kielellään, jolloin voin harjoitella kielitaitojani. Nykyään valitsen usein lennon Emiratesilla, vaikka se tarkoittaisi pidempää reittiä, koska ne tarjoavat monipuolisen valikoiman "etnisiä" elokuvia. Esimerkiksi matkani Kaliforniasta Yhdistyneisiin arabiemiirikuntiin kestää noin 14 tuntia, ja sitten minulla on vielä 6 tuntia tai enemmän riippuen lopullisesta määränpäästäni. Koska matkustan usein, käytän lentoaikani katsomalla elokuvia ja harjoittelemalla kielitaitojani. Tämä tarkoittaa elokuvan katselemista tekstityksellä, osien kelaamista taaksepäin ja niiden katsomista uudelleen. Käytän joskus jopa neljä tuntia yhteen elokuvaan, koska pysähdyn usein harjoitellakseni lauseiden sanomista ääneen. Ja kun lento ei ole liian täynnä, pidän jopa tauon ja puhun lauseita ääneen.

Olumide Ogunsanwo: Uskomatonta! Kehotan kaikkia omaksumaan kunnianhimoa, asettamaan selkeän vision, asettamaan elämälleen tavoitteita ja lähtemään loputtomalle henkilökohtaisen kehityksen matkalle. Sillä on voima muuttaa koko elämäsi. Tässä on joitain suosituksia, jotka kehittävät henkilökohtaisen kehityksen ajattelutapaa:

Ensimmäinen: Jim Rohnin yhden vuoden menestyssuunnitelma . [5]Tämä ohjelma on hämmästyttävä ja voi muuttaa elämäsi. Se on vuoden mittainen henkilökohtaisen kehityksen matka täynnä harjoituksia. Valitettavasti alku-

5. https://www.amazon.com/Rohn-Year-Success-Plan-Workbook/dp/B003OYMDKY

peräinen versio ei ole enää saatavilla, mutta voit kokeilla päivitettyä versiota [6], vaikka en voi taata sen laatua, koska tein alkuperäisen.

Toinen: " Kuinka löysin vapauden epävapaassa maailmassa [7]", Harry Browne. Kirja syventyy vapauden käsitteeseen, joka sopii läheisesti FIREDOMin tutkittujen taloudellisen riippumattomuuden ja vapauden teemoihin. Browne tutkii henkistä kehystä, joka tarvitaan tunnistamaan ja voittamaan esteet, jotka pidättelevät meitä, tarjoten oivalluksia siitä, kuinka toimia ja saavuttaa todellinen vapaus. Olen lukenut sen kolme kertaa ja pidän siitä enemmän jokaisella lukemalla.

Achani Samon Biaou: Kiitos, että jaoit nämä suositukset. Haluaisin tarjota hackin, joka voi käynnistää henkilökohtaisen kehitysmatkasi. Minulla on vahva vastenmielisyys pettää muita, ja tällä piirteellä on tärkeä rooli elämässäni. Kun asetan itselleni tavoitteen, luon kiireellisyyden tai kriisin tunteen, joka pakottaa minut sitoutumaan. Yksi tehokas strategia on tavoittaa joku, jonka tiedän pitävän minut vastuullisena ja saavan minut tuntemaan häpeää, jos en saavuta tavoitettani. Esimerkiksi kun päätin oppia arabiaa, kerroin Persianlahden alueen johtajille, että ryhdyin tähän pyrkimykseen ja aion jakaa säännöllisesti päivityksiä arabiaksi. Paine, jonka tämä minulle asettaa, on valtava, mutta se toimii voimakkaana motivaattorina, jonka avulla voin jatkaa. Voit suunnitella oman hakkerointisi persoonallisuutesi ja sen perusteella, mikä resonoi sinulle parhaiten.

Olumide Ogunsanwo: Kyllä, "julkinen sitoutuminen" tai "vastuullisuuskumppani" -strategia voi vahvistaa motivaatiotasi ja sinnikkyyttäsi tavoitteidesi saavuttamisessa. Ilmoittamalla julkisesti aikeistasi tai käyttämällä luotettavan vastuullisen kumppanin tukea, luot tehokkaan tukiverkoston.

Vuosien varrella olen kerännyt kokoelman inspiroivia lainauksia. Kun saamme tämän luvun loppuun, olen koonnut ne rakkaudella tänne toivoen, että ne sytyttävät kipinän myös sinussa. Yritin antaa oikeat merkinnät, vaikka joissain tapauksissa jotkut lainaukset on annettu väärin. Toivottavasti pidät niitä arvokkaina. Nähdään seuraavassa luvussa!

" *Jos haluat enemmän, sinun on tultava enemmän* " (Jim Rohn)

" *Voit viettää elämäsi miten haluat, mutta voit viettää sen vain kerran* " (Lillian Dickson)

---

6. https://store.jimrohn.com/the-new-jim-rohn-one-year-success-plan.html

7. http://www.amazon.com/How-Found-Freedom-Unfree-World/dp/0965603679

" *Voit saada mitä haluat, jos vain autat tarpeeksi muita ihmisiä saa mitä he haluavat* " (Zig Ziglar)

" *Älä toivo sen olevan helpompaa, toivon sinun olevan parempi* " (Jim Rohn)

" *En ole uhri, olen selviytyjä* " (Elizabeth Edwards)

" *Menestys ei ole sitä, mitä tavoittelet. Menestys on jotain, jonka houkuttelet henkilö, josta sinusta tulee* " (Jim Rohn)

" *Aloita loppua ajatellen* " (Steve Covey)

" *Älä unohda olla mahtava* " (John Green)

" *Ajattele kuin mestari* " (Zig Ziglar)

" *Ongelmat ovat liukoisia* " (David Deutsch elokuvasta "The Beginning of Infinity")

" *Voittaminen on yksinkertaista. Herää joka päivä ja tee asioita, joita kaikki muut välttävät* " (Jim Rohn)

" *Varo varpaita, joihin astut tänään, koska ne voivat liittyä perseeseen, jota sinun täytyy suudella huomenna* " (Tuntematon)

" *Menestys on epäonnistumisen toisella puolella* " (Brian Tracy)

" *Kehitä harhaa toimintaan* " (Jeff Bezos)

" *Hyvän suunnitelman suurin vihollinen on unelma täydellisestä suunnitelmasta* " (Carl von Clausewitz)

" *Pakokilpailu aitouden kautta* " (Naval Ravikant)

" *Ole anteeksiantamattoman outo itsesi* " (Chris Sacca)

" *Kun tosiasiat muuttuvat, muutan mieleni. Mitä sinä teet, herra?* " (John Maynard Keynes)

" *Tulee pitkältä ajalta, perhe. Siitä päivästä lähtien kun ajattelin tuota ovelaa suunnitelmaa. Eräänä päivänä minulla oli unelma, yritin ajaa sitä takaa. Mutta en ollut menossa minnekään, juoksumies. Tiesin, että ehkä joskus ymmärrän. Yritä vaihtaa 100 tuhatta tuhatta. Kaikki ovat lapsia, joista kukaan ei välitä. Sinun täytyy vain pitää huutaa, kunnes he kuulevat sinut* " (Tinie Tempah)

" *Kuten kulutuksen hallitseminen on sitä vaikeampaa, mitä enemmän tienaat, egon hallitseminen on sitä vaikeampaa, mitä menestyvämmäksi tulet* " (Sam Dogen eli Financial Samurai)

" *Tarkista polttoaineesi, se toi sinut sinne, minne halusit mennä* " (John Galt -hahmo Ayn Randin kirjasta "Atlas Shrugged")

" *Mielestäni on väärin heijastaa elämän arvojani ja odotuksiani muihin ihmisiin* " (Wayne Dyer)

" *Purut eivät koskaan alkaneet ja heikot kuolivat matkan varrella. Se jättää meidät"* (Phil Knight)

" *Eilen oli kaikkien valitusten määräaika* " (Bryan Tracy)

" *Itsekuri on sitä, että tekee sen, mitä sinun pitäisi, milloin sinun pitäisi, halusitpa tai et* " (Bryan Tracy)

" *Hissi menestykseen on epäkunnossa, mutta portaat ovat aina auki* " (Zig Ziglar)

" *Älä ole sitoutunut suunnitelmaan, ole sitoutunut suunnitteluprosessiin* " (Carl Richards)

" *Resolve lupaa itsellesi, että et koskaan anna periksi* " (Jim Rohn)

" *Aito rakkaus lukemiseen itsessään, kun sitä viljellään, on supervoima. Oppimiskeinot ovat runsaat – halu oppia on niukkaa* " (Naval Ravikant)

" *Jos olet ankara itsellesi, elämä on sinulle helppoa, mutta jos vaadit olevasi helppo itsellesi, elämä on sinulle vaikeaa.* " (Zig Ziglar)

" *Onnellisuus on ongelmien ratkaisemista. Ongelmien ratkaiseminen johtaa uusien ongelmien luomiseen* " (Mark Manson)

" *Sinun täytyy opettaa miehiä esimerkin koulussa, sillä he eivät opi missään muussa.* " (Albert Schweitzer)

" *Olen tullut hakemaan kakkua, en muruja* " (Katie Stanton)

" *Ymmärtäminen ja sen hyväksyminen, että olen ongelma, antaa minulle mahdollisuuden olla ratkaisu* " (Tuntematon)

" *Tavallisissa on paljon kilpailua, mutta poikkeuksellisessa vähän* " (Robin Sharma)

" *Kun tulet köyden päähän, sido siihen solmu ja pidä kiinni* " (Tuntematon)

" *Ei ole olemassa rikastumissuunnitelmia, vain ihmiset rikastuvat sinusta* " (Naval Ravikant)

" *Tämä rento tapa hoitaa asioita ei miellyttänyt minua.* " (John D Rockefeller)

" *Inspiraatio on pilaantuvaa, toimi heti sen mukaan.* " (Naval Ravikant)

" *Mitä enemmän opit, sitä vähemmän pelkäät. "Opi" ei akateemisen opiskelun mielessä, vaan käytännön elämän ymmärtämisessä. Mitä enemmän tiedät maailman toiminnasta, sitä vähemmän pelkäät sitä. näkee, ettei ole mitään pelättävää, paitsi tietämättömyyttä* ." (Julian Barnes)

"Käytä nuoruuden etuja, kun sinulla on niitä, ja iän etuja, kun sinulla on ne. Nuoruuden etuja ovat energia, aika, optimismi ja vapaus. Iän etuja ovat tieto,

tehokkuus, raha ja valta. Vaivalla voit hankkia osan jälkimmäisistä nuorena ja säilyttää osan edellisistä vanhana." (Paul Graham)

" *Ei kriitikko ratkaisee, ei mies, joka osoittaa, kuinka vahva mies kompastuu tai missä tekojen tekijä olisi voinut tehdä ne paremmin. Kunnia kuuluu miehelle, joka todella on areenalla ja jonka kasvot ovat turmeltuneet tomulla, hiellä ja verellä, joka taistelee urheasti; joka erehtyy, joka lyö kerta toisensa jälkeen, koska ei ole ponnisteluja ilman virheitä ja puutteita.* " (Theodore Roosevelt)

6: Myöhäisiä uratarinoita ja tulojen maksimoimisen periaatteet ja arvoihin perustuvat menot

Olumide Ogunsanwo: Tervetuloa tähän jännittävään lukuun, jossa syvennymme seikkailunhaluiseen matkaan, joka seurasi yrityskoulukokemustamme. Liity kanssamme paljastamaan polkuja, joita kulkimme uramme aikana pyrkiessämme taloudelliseen riippumattomuuteen.

Achani Samon Biaou: Investoimme arvokasta aikaa ja rahaa hankkimaan halutut kauppakorkeakoulututkinnot. Nyt oli aika palata ammattimaailmaan ja tehostaa edistymistämme kohti taloudellista riippumattomuutta.

Olumide Ogunsanwo: Avaamme myös kaksi huipentumaperiaatetta: tulojen maksimoiminen, mahdollisimman paljon rahaa ansaitseminen ja arvoihin perustuva kuluttaminen, jokaisen kovalla työllä ansaitun dollarin käyttäminen arvojesi ja visiosi mukauttamiseksi. Nämä periaatteet ovat ratkaisevan tärkeitä, koska ne edustavat melkein huipentumaa pyrkimyksillenne saavuttaa taloudellinen riippumattomuus.

6A: Olumiden myöhäisen uran tarina

Achani Samon Biaou: Olumide, palataanpa kauppakoulusi loppuun ja uuden urasi alkuun. Minkä ammatin valitsit ja miten taloudellinen riippumattomuus vaikutti siihen päätökseen?

Olumide Ogunsanwo: Kuten muistat viimeisestä luvusta, kävin Oxfordissa ja MIT:ssä kauppakorkeakoulussa vuosina 2010–2012. Ennen sitä työskentelin insinöörinä enkä ollut kuullutkaan liikkeenjohdon konsultoinnista. Suurin osa ystävistäni oli myös insinöörejä, ja tämä oli maailma, jonka tunsin. Mutta sitten löysin tämän alan nimeltä liikkeenjohdon konsultointi McKinseyn, Bainin ja BCG:n kaltaisten yritysten kanssa. He käyttivät upeita pukuja ja antoivat neuvoja yrityksille, ja minusta se oli kiehtovaa.

Lapsuudessani Nigeriassa äitini osti meille tietokoneen, ja aloin tutkia Internetiä ennen kuin muutin Amerikkaan. Tämä varhainen paljastus herätti kiinnostukseni teknologiayrityksiin. Kauppakoulun aikana asetin tähtäykseni uralle joko liikkeenjohdon konsultin tai tekniikan parissa, mutta minulla oli voimakkaampi taipumus teknologiateollisuuteen.

Ennen kauppakorkeakoulua ansaitsin vuosipalkan 50 000–60 000 dollaria, ja kauppakorkeakoulun jälkeen sen odotettiin olevan 110 000–130 000 dollaria aiempien MIT Sloan -opiskelijoiden mediaanipalkkojen perusteella. Se oli käytännössä mahdollisuus tuplata tuloni. Kävin MIT:n työnhakuprosessin läpi ja sain suurilta teknologiayrityksiltä tarjouksia, jotka innostuivat. Mutta sitten McKinsey Lagos lähestyi minua. Sitä en ollut alun perin harkinnut, sillä olin keskittynyt McKinseyyn San Franciscossa, Bostonissa tai New Yorkissa. Minusta oli kuitenkin mielenkiintoista, kun aloin puhua heidän kanssaan. Nigeria näytti käyvän läpi käännekohtaa, kun poliittinen tilanne, inflaatio ja valuuttakurssi olivat enimmäkseen hallinnassa.

Lähtiessäni Nigeriasta vuonna 2002 ja nyt ollessani vuonna 2012 en ollut varma, oliko takaisinmuutto sitä, mitä halusin. Kuitenkin houkutteleva McKinsey Lagosin tarjous, jossa oli muihin paikkoihin verrattavissa oleva palkka, alhaisemmat verot ja asumiskustannukset sekä parantuneet makroolosuhteet, sai minut tekemään päätöksen luopua teknisistä tarjouksista ja palata Nigeriaan.

Tuolloin en täysin ymmärtänyt taloudellisen riippumattomuuden käsitettä. Mutta opin nopeasti, että liikkeenjohdon konsultointi oli tuottoisa rooli rahan ansaitsemisessa ja säästämisessä. Se oli minulle yksinkertainen kaava: suoriudu hyvin työssäni ansaitaksesi bonuksia ja ylennyksiä suoritukseni perusteella ja säästää niin paljon kuin mahdollista. Liikkeenjohdon konsultoinnissa on runsaasti mahdollisuuksia säästää rahaa. Esimerkiksi yhdellä ystävälläni ei ollut asuntoa kahden vuoden aikana kentällä. Mitä tulee minuun, vuokrasin halvan asunnon hintaan 700-800 dollaria/kk. Matkustin myös usein ja keräsin pisteitä, joita opin hyödyntämään.

Opin maksimoimaan McKinseyn tarjoamat edut. On ratkaisevan tärkeää ymmärtää, mitä taloudellisia ja ei-edullisia etuja yrityksesi tarjoaa.

Achani Samon Biaou: Päätit hylätä tekniset tarjoukset ja jatkaa liikkeenjohdon konsultointia Lagosissa. Mitä mielessäsi liikkui? Pititkö sitä lyhytaikaisena kiertotienä?

Olumide Ogunsanwo: Tuolloin en todellakaan tiennyt kuinka asettaa ja seurata pitkän aikavälin tavoitteita, eikä minulla ollut mitään erityisiä suunnitelmia sijainnin tai uran suhteen. Keskityin hyödyntämään McKinseyn mahdollisuutta ja tekemään päätöksiä sen perusteella, miten asiat etenivät. McKinseyllä ollessani suuntauduin enemmän lyhyeen aikaväliin ja pyrin saavuttamaan korkeimmat suoritusarvostelut ja minimoin kulut. Tätä ajattelutapaa ei ohjannut ymmärrys taloudellisesta riippumattomuudesta, jota en ollut silloin täysin sisäistänyt. Sen sijaan se johtui siitä, että olin ollut työttömänä yli kolme vuotta vuodesta 2009 lähtien. Tästä johtuen tehokkuus ja optimointi olivat minulle äärimmäisen tärkeitä.

Kokemukseni Lagosissa oli fantastinen, koska optimoin kulutukseni perusarvojeni mukaiseksi ja maksimaalisen nautinnon löytämiseksi mahdollisimman alhaisilla kustannuksilla sen sijaan, että leikkaisin kustannuksia minimiin. Tätä arvopohjaisena kulutuksena tunnettua periaatetta tarkastellaan tarkemmin luvussa 6C. Muista, että tavoitteena ei ole satunnaisesti leikata kuluja tielläsi taloudelliseen riippumattomuuteen. kyse on menojen harmonisoimisesta sen kanssa, mikä todella on tärkeää sielullesi. Summittamaton kustannusleikkaus johtaa todennäköisesti tyytymättömyyteen ja mahdolliseen toipumiseen aikaisempien kulutustottumustesi suhteen.

Achani Samon Biaou: Näen tässä joitakin keskeisiä oivalluksia. Yritän tehdä yhteenvedon, niin voit kertoa minulle, teinkö sen oikein. Kuulostaa siltä, että itsenäinen ajattelu ja arvoihin perustuva kuluttaminen ovat tärkeitä tekijöitä. Jos olet joku, jolla on taipumus seurata väkijoukkoja, saatat päätyä käyttämään rahaa asioihin, jotka eivät todella tuota lisäarvoa elämääsi.

Saatat esimerkiksi olla vakuuttunut ystävien kanssa neljäksi tunniksi baarissa, vaikka et nauttisi juomisesta.

Olumide Ogunsanwo: Ehdottomasti. Eikä kyse ole vain rahasta. Arvoihin perustuva kuluttaminen ulottuu taloudellisia päätöksiä pidemmälle; se koskee myös tapaa, jolla päätät sijoittaa aikasi. Jokaisella hetkellä on vaihtoehtokustannus, ja esimerkiksi baarissa viettäminen tarkoittaa potentiaalin uhraamista muihin merkityksellisiin toimintoihin. Vaikka ajankäyttö jää usein huomiotta sen aineettoman luonteen vuoksi, sen merkitys tulee yhä selvemmäksi ikääntymisen myötä. Joitakin elämän arvokkaimpia asioita on vaikea mitata.

Achani Samon Biaou: Näyttää siltä, että matka elää elämääsi omin ehdoin sisältää itsesi ymmärtämisen ja toimintasi linjaamisen todellisten arvojen kanssa. Jos esimerkiksi pidit juhlimisesta, sinun tulee miettiä, kuinka usein osallistut siihen ja millaista nautintoa se sinulle tuo. Jos juhliminen on sinulle erittäin tärkeää, keskity siihen ja mieti, mitä sinun on poistettava elämästäsi voidaksesi todella nauttia siitä. Kulutuksen priorisointi essentialismin perusteella tarkoittaa sitä, että tunnistat yhden asian monista, jotka tuottavat sinulle eniten iloa, ja omistat resurssit siihen.

Olumide Ogunsanwo: Annan käytännön esimerkin. Erilaisista kohtaamistamme kuluista asuminen, ruoka ja kuljetus ovat yleensä merkittävimmät. Tehdäksesi kustannustehokkaita valintoja, mieti, mikä on sinulle todella tärkeää. Oletko sinä joku, joka iloitsee ylellisistä ja tilavista asunnoista, vai riittäisikö pienempi, edullisempi asunto tarpeisiisi ja toiveisiisi? Onko huippuluokan kalusteiden viehätys aidosti tärkeä, vai voitko omaksua edullisempia vaihtoehtoja vaarantamatta onneasi? Jos asuminen erinomaisella paikalla ei ole ensisijainen tavoite, tutki mahdollisuuksia asettua edullisemmalle alueelle. Muista, että on tärkeää harkita huolellisesti vaihtoehtojasi ja pysyä avoimena ja joustavana kompromisseille, jotka vastaavat taloudellisia tavoitteitasi.

Sama periaate pätee myös kuljetuksiin. Jos luksusauton omistaminen ei ole sinulle neuvoteltavissa oleva asia, jatka sitä koko sydämestäsi. Jos se ei kuitenkaan ole prioriteettiluettelosi kärjessä, harkitse edullisempia vaihtoehtoja, kuten luotettavaa käytettyä Hondaa. Muista aina, että joka kerta, kun valitset kalliimman vaihtoehdon, se tarkoittaa usein pidempään työskentelyä, jotta siihen on varaa. Jos esimerkiksi valitset tietoisesti käytetyn Hondan upouuden Teslan sijaan, saatat saavuttaa taloudellisen riippumattomuuden 35-vuotiaana 45-vuotiaana ja nauttia tehokkaasti 10 lisävuodesta vapaana työsi vaatimuksista.

Puhutaanpa nyt tulopuolesta. Kun arvioit työmahdollisuuksia, ota huomioon palkan lisäksi myös onnellisuutesi ja tyytyväisyytesi. Jos uskot, että huonommin palkatulla työllä on suurempi todennäköisyys saavuttaa täyttymystä, on hyvä mennä siihen suuntaan. Varaudu kuitenkin siihen, että voit työskennellä pidempään saavuttaaksesi haluamasi taloudelliset tavoitteet. Muista, että se, mikä tuo sinulle täyttymystä, voi kehittyä ajan myötä, ja päätöksesi hakea huonommin palkattua työtä ei välttämättä aina tuota toivottua tulosta. Elämä on täynnä kompromisseja, ja sinun on päätettävä, asetatko etusijalle onnellisuuden vai lyhyen ja pitkän aikavälin tulojen maksimoimisen, ja tee tarvittavat kompromissit sen mukaisesti. Emme voi tehdä näitä päätöksiä puolestasi; ne vaativat syvää henkilökohtaista pohdiskelua, joka perustuu arvoihisi ja pyrkimyksiisi.

Jos intohimosi on esimerkiksi muusikon uran tavoittelu, se voi edellyttää työskentelyä myöhempään elämänvaiheeseen, ehkä jopa 85-vuotiaaksi asti. Jos se kuitenkin tuo sinulle valtavaa iloa ja täyttymystä, pidempi matka voi olla sen arvoista sinulle. Toisaalta, jos sinulla on vahvat analyyttiset taidot ja huomaat työskenteleväsi konsulttiyrityksessä, mutta musiikki on intohimosi, saatat tuntea olosi jatkuvasti onnettomaksi ja tyydyttämättömäksi.

Achani Samon Biaou: Mitä neuvoja antaisit jollekulle, joka haluaa muusikoksi mutta on huolissaan siitä, että päätös on peruuttamaton?

Olumide Ogunsanwo: Onneksi monet päätökset ovat peruttavissa. Vaikka muutat päätöstä, alkuperäiseen päätökseen käytettyyn aikaan liittyy silti vaihtoehtokustannuksia. Se aika on mennyt, joten sinun on päästävä siitä irti, etkä anna sen vaikuttaa kykyysi tehdä päätös. Älä joudu uppoaneiden kustannusten harhaan. Sanon ihmisille, että olkaa rohkeita tehdessään päätöksiä ja unohtakaa kaikki aiemmat tekemänne päätökset.

Suosittelen henkilöä työskentelemään ajattelutapansa parissa keskittyen itseluottamukseen, itseluottamukseen, uteliaisuuteen ja itsenäiseen ajatteluun. Luo sitten kunnianhimoisia pitkän ja lyhyen aikavälin tavoitteita, joissa pohditaan kompromisseja, jotka liittyvät alhaisemman tulotason mutta erittäin tyydyttävän uran valitsemiseen korkeatuloisemman mutta vähemmän tyydyttävän uran valinnassa. Kannustan heitä myös ajattelemaan laatikon ulkopuolella. Saattaa olla esimerkiksi tapoja tehdä korkeapalkkainen ura, kun hän harjoittaa musiikkia vapaa-ajallaan tai ottaa useita työpaikkoja toimeentulotarpeiden kattamiseksi. Mahdollisuudet ovat loputtomat, jos sinulla on uteliaisuutta ja ongelmanratkaisukykyä.

Sen sijaan, että olisimme liian kriittisiä itseämme kohtaan ja mietiskelisimme, kuinka asiat olisivat voineet olla toisin menneisyydessä, harjoittele itsellesi anteeksiantoa ja keskity nykyhetkeen. Sen sijaan uskon keskittymiseen positiivisuuteen, optimismiin, nollaperustaisen ajattelun harjoittamiseen, menneisyydestä oppimiseen, mutta ei siinä, ja eteenpäin menemiseen.

Achani Samon Biaou: Voitko antaa esimerkin, milloin harjoittelit nollapohjaista ajattelua McKinseyssä?

Olumide Ogunsanwo: Lähestyessäni McKinseystä lähtemisen risteystä, minulla oli houkutus jäädä mahdolliseen ylennyspaikkaan investoituani kaksi vuotta yritykseen. Huomasin kuitenkin ansan, jonka tämä ajattelutapa aiheutti, ja omaksuin nollapohjaisen ajattelun käsitteen. Otin askeleen taaksepäin ja arvioin uudelleen tavoitteeni ja intohimoni. Olen aina ollut intohimo teknologiaan, ja kirjoitin jopa opinnäytetyöni älypuhelinten käyttöjärjestelmistä. Kieltäydyin myös useista teknologiayritysten tarjouksista ennen McKinseytä, ja olin siellä ollessani kalastanut teknisiä projekteja. Viime kädessä avain nollapohjaiseen ajatteluun on aloittaa alusta ja ohjata ydinarvojasi ja intohimojasi menneiden toimien tai ulkoisten paineiden sijaan.

Aloin suunnitella enemmän elämää ja tutkia, mitä tekniikan parissa työskentely merkitsisi. Minusta tuntui, että tekniikka on oikea paikka. Otin yhteyttä teknologia-alan ihmisiin Oxfordin ja MIT:n alunasivustojen kautta ja osallistuin keskusteluihin. Lopulta sain tarjouksen Googlelta, ja vuonna 2014 jätin jälleen hyvästit Nigerialle liittyäkseni teknologiajättiläiseen.

Achani Samon Biaou: Sukellaan kokemuksiasi Googlessa. Mitä ajattelit ja mitkä olivat tavoitteesi saavuttaa taloudellinen riippumattomuus, kun aloitit siellä?

Olumide Ogunsanwo: Silloin taloudellinen riippumattomuus tuli todelliseksi! Laitetaan aikajana suoraan: On vuosi 2014, olen 29, ja sain Googlelta tarjouksen aloittaa lokakuussa. Sen sijaan, että jäisin McKinseylle Google-aloituspäivääni asti, päätin lähteä elokuussa 2014, mikä osoittautui loistavaksi päätökseksi. Se antoi minulle vapauden tutkia ja suunnitella elämääni elo- ja syyskuun aikana. Käytin aikaa miettiä elämääni ja selvittää, kuinka voisin siirtyä teknologia-alalle ja palata Amerikkaan. Tänä aikana löysin uudelleen taloudellisen riippumattomuuden (FI) liikkeen.

Aiemmin urani aikana olin lukenut joitakin henkilökohtaisia rahoitusblogeja saadakseni tietoa kulujen optimoinnista. Kuitenkin, kun törmäsin taloudelliseen riippumattomuuteen toisen kerran, rakastuin. Uppouduin moniin erinomaisiin resursseihin, joista tärkeimmät: Stock-sarjat (JL Collins) [1], Mad Fientist [2], Get Rich Slowly (JD Roth) [3], Mr. Money Mustache [4], Living a FI [5]ja tietysti Reddit taloudellinen riippumattomuusryhmä [6]. Vaikuttavin lähde oli JL Collinsin kirjoittama Stock-sarja. Se avasi silmäni näkemään, kuinka helppoa taloudellisen riippumattomuuden saavuttaminen voi olla. Minusta tuli pakkomielle ja vietin viidestä kuuteen tuntia päivässä kahden kuukauden ajan salkun rakentamisen, riskienhallinnan, sijoitusstrategioiden, turvallisten kotiutusprosenttien ja saatavilla olevien sijoitustilien, kuten verotettavien tilien, 401K:n, IRA:n, monimutkaisen maailman kiehtomana. ja HSA:t. Tiesin, että pystyn siihen. Tunsin mieleni laajenevan. Tunsin itseni voimakkaaksi. Se oli loistavaa.

Jo ennen kuin aloitin virallisesti Googlella, minulla oli selkeä toimintasuunnitelma. Asetin säästämistavoitteen: säästää 50 % bruttotuloistani tai 90 % palkastani verojen jälkeen. Pysyäkseni raiteilla tein budjetin seuratakseni edistymistäni. Kehitin myös laajapohjaisiin indeksirahastoihin keskittyvän sijoitusstrategian. Heti kun liityin Googleen, aloin teloittaa kuin hirviö.

Orientoinnin aikana yksi ensimmäisistä kysymyksistäni oli Googlen 401 000 vastaavuuden maksimoiminen. Ohjaaja selitti, että koska oli jo lokakuu, useimpien työntekijöiden olisi vaikea säästää täydet 17 500 dollaria, jotka tarvitaan maksimivastikkeen saamiseen vain muutamassa kuukaudessa. Hymyilin. Hän ei ymmärtänyt, millainen ihminen olin. En ollut kuten useimmat ihmiset.

Taloudellisen riippumattomuuden saavuttamisesta tuli yksi tärkeimmistä asioista minulle, ja siitä tuli pakkomielle. Vuodesta 2014 vuoteen 2020, jolloin

1. https://jlcollinsnh.com/stock-series/
2. https://www.madfientist.com/
3. https://www.getrichslowly.org/the-get-rich-slowly-philosophy/
4. https://www.mrmoneymustache.com/
5. https://livingafi.com
6. https://www.reddit.com/r/financialindependence/

saavutin taloudellisen riippumattomuuden, se oli kuin kellonsiirto: Suorita, opi, kokeile, säädä ja sitten lisää. Löysin strategisesti parhaat asunnot kustannusten optimoimiseksi asumalla kämppäkavereiden kanssa. En vaivautunut hankkimaan autoa, koska asuin lähellä työtä; Sen sijaan luotin bussiin tai pyörääni ja vuokrasin auton vain tarvittaessa viikonloppuisin. Minusta tuli asiantuntija pisteiden käyttämisessä matkakulujeni rahoittamiseen. Melkein kaikki ateriani nautittiin Googlessa, joten kalliita ruokailutottumuksia ei tarvinnut tehdä. Jätin kuntosalijäsenyyden väliin ja käytin Googlen kuntosalitiloja. Minut ylennettiin useita kertoja. Olin onnellinen ja minulla oli hauskaa. **Päivittäisten toimien toteuttaminen ja nettovarallisuuden kehityksen seuraaminen olivat olennaisia osia suunnitelmaani** . Olen saavuttanut säästötavoitteeni johdonmukaisesti koko urani ajan ja itsenäistyin taloudellisesti 35-vuotiaana vuonna 2020.

Taloudellisen itsenäisyysmatkani käännekohta olivat ne kauniit elo- ja syyskuukuukaudet vuonna 2014, jolloin rakastuin taloudelliseen itsenäisyyteen, innostuin aidosti tulevaisuudestani ja asetin selkeät tavoitteet sinne pääsemiseksi. Taloudellinen riippumattomuus on avain, joka avaa kyvyn saavuttaa tulevaisuuden unelmasi nopeammin, koska unelmiin liittyy usein liittyviä kustannuksia. Onneksi olin jo alalla – teknologiassa – joka tarjosi runsaasti mahdollisuuksia merkittäviin osakeapurahoihin ja suoritukseen perustuviin ylennyksiin.

Ihmiset lähestyvät minua usein henkilökohtaista rahoitusta koskevilla kysymyksillä, kuten "Kuinka arvioin eläkkeelle tarvitsemani summan?" tai "Kuinka paljon minun pitäisi säästää saavuttaakseni tavoitteeni?" tai "Mikä on paras sijoitus?" Vastaukset näihin kysymyksiin ovat helposti saatavilla Internetistä. Kaikki taloudellisen riippumattomuuden saavuttamiseen tarvittava tieto on jo olemassa. Henkilökohtaista rahoitusta koskevia kirjoja, blogeja, kursseja, podcasteja, videoita ja artikkeleita on tuhansia, ehkä jopa miljoonia. Saatavilla on jo runsaasti tietoa siitä, kuinka voit arvioida, kuinka paljon tarvitset eläkkeelle jäämiseen, kuinka säästää rahaa, millaisia sijoituksia voit tehdä tavoitteidesi saavuttamiseksi ja niin edelleen.

Syy, miksi ihmisten voi kuitenkin olla vaikea löytää näitä tietoja, on se, että he eivät ole vielä kehittäneet tarpeeksi innostusta ja motivaatiota omaa taloudellista matkaansa kohtaan . Siksi ihmisten tulisi kysyä itseltään kysymystä, kuinka sytyttää syvä kiinnostus ja innostus tulevaa elämää kohtaan ja kuinka talous voi toimia katalysaattorina heidän ainutlaatuisen näkemyksensä tukemisessa. Kun olet aidosti innoissasi jostakin, verho nousee, ja yhtäkkiä tietoa näyttää olevan kaikkialla. Tarvitsemasi resurssit tulevat keskittymään ja tulet vastaanottavaisemmaksi viisaudelle ja oivalluksille, jotka voivat ohjata sinua kohti taloudellista riippumattomuutta. Tämän jännityksen kasvattaminen on henkilökohtainen matka. Siihen voi sisältyä ihanteellisen tulevaisuutesi visio, mielekkäiden tavoitteiden asettaminen, tarkoituksen löytäminen taloudellisissa päätöksissäsi tai inspiraation etsiminen muilta, jotka ovat saavuttaneet taloudellista menestystä.

Käytä aikaa tutkiaksesi, mikä todella innostaa sinua taloudellisessa matkassasi. Kuvittele mahdollisuudet, joita taloudellinen riippumattomuus voi tuoda elämääsi, ja vapautta, jonka se voi tarjota. Osallistu keskusteluihin, liity yhteisöihin ja uppoudu tarinoihin ja kokemuksiin niistä, jotka ovat jo lähteneet tälle polulle. Hoitamalla intohimoasi ja motivaatiotasi luot voimakkaan voiman, joka ruokkii taloudellisen riippumattomuuden tavoitteluasi. Muista, että etsimäsi tieto on jo olemassa ja odottaa sinun omaksuvan sen. Viljelemällä jännitystäsi ja motivaatiotasi saat käyttöösi runsaasti tietoa ja resursseja, joita tarvitaan ainutlaatuisen taloudellisen menestystarinasi luomiseen. Anna innostuksesi opastaa sinua tutkiessasi saatavilla olevan tiedon runsautta ja lähdet muuttavalle matkallesi kohti taloudellisen riippumattomuuden tulevaisuutta.

Tässä on totuus: taloudellisen riippumattomuuden saavuttamisessa ei ole salaisuutta. Jos ostit tämän kirjan toivoen salaisuutta, niin, yllätys! Ei ole yhtäkään. Älä palauta kirjaa [Smile]. Ala sen sijaan kuvitella jännittävää tulevaa elämää ja alkaa etsiä tietoa, joka on olemassa. Oppimiskäyrä on loputon. Olen edelleen rakastunut henkilökohtaiseen talouteen, jopa kaikki nämä vuodet. Vain muutama tunti sitten vietin puolitoista tuntia tutkiessani luottokorttia, jota aion hakea. Kuvittele kuinka innoissani minun on täytynyt olla vuonna 2014, jotta se jännitys kesti kaikki nämä vuodet.

Se on koko tämän kirjan ydin. Emme tarjoa pikanäppäimiä, hopealuoteja, salaisia kastikkeita, maagisia kaavoja, taikapapuja, kultaisia avaimia tai supererityisiä taikasijoitusstrategioita. Kaikki tuo on paskaa. Kannustamme sinua kuvittelemaan haluamaasi elämää ja keräämään rohkeutta toteuttaaksesi päivittäisen suunnitelman, joka vie sinut perille.

Achani Samon Biaou: Vau. Super lainattavia hetkiä. Kiitos paljon, että jaoit matkasi kanssamme. Voitko palauttaa meidät siihen hetkeen, jolloin tunsit ensimmäisen kerran tuon jännityksen? Mikä sai sinut niin innostumaan?

Olumide Ogunsanwo: Innostuin, kun tajusin, että voisin saavuttaa elämässäni pisteen, jossa minun ei enää tarvinnut tehdä töitä. Minulla olisi tarpeeksi taloudellisia resursseja elättääkseni loppuelämäni. Se ajatus sytytti minussa voimakkaan kipinän. Se oli ilmestys, jota en ollut koskaan ennen ajatellut näin selkeästi ja yksinkertaisella tavalla. Sen sijaan, että olisin nähnyt sitä saavuttamattomana unelmana, aloin kuvitella sitä konkreettisena ja saavutettavissa olevana päämääränä. En ollut koskaan tavannut ketään, joka olisi taloudellisesti riippumaton tai jäänyt varhaiseläkkeelle. En ollut koskaan tavannut ketään, joka olisi halunnut jättää työnsä. Ei koskaan. Konsepti oli minulle täysin vieras.

Menneitä kokemuksiani pohtiessani tajusin, että olin käynyt läpi henkilökohtaisen kasvun, maailmankuvani laajentamisen ja yhteiskunnallisten normien haastamisen. Olin esimerkiksi lähtenyt itsenäisen ajattelun matkalle ja löytänyt ateismin, kyseenalaistaen minuun juurtuneet uskonnolliset uskomukset ja huomannut, että kaikki uskonnolliset asiat olivat keksittyjä. Samoin tein tietoisen päätöksen ryhtyä kasvissyöjäksi, arvioin uudelleen valintojani ja sovitin ne arvoihini. Nämä menneet muutokset ja niiden tuomat merkittävät muutokset olivat juurruttaneet minuun jännityksen tunteen ja uskon mahdollisuuteen saavuttaa se, mitä todella halusin. Minun oli erittäin helppoa innostua ja taloudellisen riippumattomuuden tavoittelusta tuli luonnollinen jatko elinikäiselle itsenäisen ajattelun ja henkilökohtaisen kasvun matkalle.

Achani Samon Biaou: Voin kuvitella, että monet ihmiset tuntevat olevansa jumissa. He resonoivat taloudellisen riippumattomuuden ajatuksen kanssa ja haluavat kokea siihen liittyvän jännityksen, mutta eivät ole varmoja siitä, miten edetä tai mitä toimia.

Olumide Ogunsanwo: Selvä, menin paljon yksityiskohtiin tavoitteiden asettamisesta luvun 5C alussa, mutta sukeltakaamme tässä taas toiseen esimerkkiin. Tämä osa on erityisesti niille, jotka arvostavat yksityiskohtaista tietoa. Tässä on joitain vaiheita, joita voit seurata:

Vaihe 1 (vision luominen): Aloita kuvittelemalla tulevaa elämääsi. Kuvittele miltä haluat elämäsi näyttävän tietyn määrän vuosia. Luodaan esimerkki. Oletetaan, että haluat jakaa aikasi tasaisesti Pariisin ja Lontoon välillä asuessasi ihastuttavassa kolmen makuuhuoneen talossa, jossa on kolme lasta. Olet tällä hetkellä 40-vuotias ja pyrit saavuttamaan tämän elämäntavan 55-vuotiaana.

Vaihe 2 (FI tavoitelaskenta): Mene Internetiin ja syötä nämä tiedot eläkelaskuriin. Eläkelaskin kysyy haluamastasi eläkeiästäsi (55), tämänhetkisistä kuluistasi (sinun on seurattava tämänhetkisiä kulujasi arvioidaksesi tämän lähtötason) ja tulevista kuluistasi (voit arvioida tutkimalla tulevaisuuden visiosi osien kustannuksia, Voit esimerkiksi etsiä kolmen makuuhuoneen asunnon hinta Lontoossa 750 000 €). Oletetaan, että eläkelaskuri osoittaa, että tarvitset 2,8 miljoonaa euroa 15 vuoden kuluttua. Siitä tulee FI-tavoitteesi ja päivämäärä. Vaihtoehtoisesti voit käyttää luvussa 5C käsiteltyä 3–4 %:n peukalosääntöä (25X-33X moninkertainen) laskeaksesi FI-tavoitteesi tulevien kulutustesi perusteella.

Vaihe 3 (Tavoitteen asettaminen): Luo erityisiä tavoitteita saavuttaaksesi FI-tavoitteesi ja päivämäärän. Laadi tulo- ja säästösuunnitelma FI-tavoitteen saavuttamiseksi. Jos sinusta tuntuu, että 2,8 miljoonan euron saavuttaminen 15 vuodessa on lähes mahdotonta, voit muuttaa tavoitenumeroasi ja päivämäärää ennen suunnitelman luomista. Tavoitepäivämäärän ja -numeron muuttaminen voi edellyttää muuttujien säätämistä, kuten:

1) Aikajanan muuttaminen (mahdollisesti pidentämällä sitä 15 vuodesta 30 vuoteen).

2) Halutun sijainnin muuttaminen (ottamalla huomioon edullisempi kaupunki Pariisin ulkopuolella)

3) Muuta asuntosuunnitelmiasi (valitse pienempi yhden makuuhuoneen asunto kolmen makuuhuoneen talon sijaan).

Vaihe 4 (Päivittäiset toimet ja toteutus): Tee lyhyen aikavälin suunnitelmia ja tee päivittäisiä toimia saavuttaaksesi pitkän aikavälin taloudellisen riippumattomuuden tavoitteesi. Tämä tarkoittaa, että pidemmän aikavälin tavoitteesi jaetaan pienempiin, saavutettavissa oleviin vaiheisiin joka vuosi. Esimerkiksi ensimmäisenä vuonna saatat joutua ansaitsemaan 84 000 euroa ja säästämään 50 % tuloista. Tämä edellyttää työpaikan löytämistä (tai yrityksen perustamista), josta maksetaan 84 000 euroa, ja tapoja leikata kuluja säästääksesi 50 % tuloistasi.

Joustavuus on avainasemassa. Kiintymys suunnitelmasi tiettyihin näkökohtiin, kuten Pariisissa asumiseen tai kolmen makuuhuoneen talon tarpeeseen, voi johtaa siihen, että joudut työskentelemään vuosikymmeniä pidempään kuin jos sinulla olisi joustavuus valita erilainen elämäntapa.

Achani Samon Biaou: Rakastan antamaasi esimerkkiä, ja yritän vetää siitä joitain periaatteita. Ensimmäinen periaate on, että jännitys alkaa merkityksellisen vision asettamisesta. Jännityksen tulee tulla sisältä ja motivoida sinua voimakkaasti. Jos visiosi on todella linjassa sisäisten arvojen ja toiveiden kanssa, se kestää ajan kokeen. Jos asetat vision ja tavoitteet vain matkimaan jotakuta toista tai seuraamaan trendiä, saatat tuntea olosi toteutumattomaksi, kun kyseinen henkilö tai suuntaus häviää tai kun saavutat tavoitteen.

Itsensä ymmärtäminen on ensimmäinen askel. Toinen asia, jonka kuulin kokemuksestasi, on joustavuuden merkitys, jonka haluaisin kehystää essentialismiksi. Yhteenvetona: Aloita etsimällä visio sisältäpäin; toiseksi, omaksu essentialismi suunnitellaksesi talouttasi; ja kolmanneksi, ylläpidä teloituskuria. Kun sinulla on selkeät tavoitteet, on kuin Usain Bolt -harjoittelusta tulee nopein juoksija. Siinä ei ole mitään taikuutta. Älä anna periksi FOMO:lle (Fear of Missing Out), koska sinulla on jotain suurempaa, josta olet todella intohimoinen.

Olumide Ogunsanwo: Sinulla ei ole mitään syytä pitää FOMO:ta, kun tiedät mihin olet menossa. Oletetaan, että sinulla on kolme kämppäkaveria ja sinun osuus vuokrasta on 2 000 dollaria. Mene nyt ystäväsi luo. Se on kaunis paikka, mutta hänen vuokransa on 6 000 dollaria. Ystävälläsi saattaa olla eläkesuunnitelma 86-vuotiaana, joten miksi haluaisit asua yhtä kalliissa asunnossa, kun tavoitteesi on jäädä eläkkeelle 46-vuotiaana?

Ellei sinulla ole sama genetiikka, arvot, tausta ja tavoitteet kuin ystäväsi, miksi kopioisit hänen päätöksiään? Hänen päätöksensä ovat järkeviä hänen tavoitteilleen, eivät välttämättä sinun. Jos kertoisit ystävällesi, että haluat jäädä eläkkeelle 46-vuotiaana, hänkin hämmästyisi, että matkisit häntä.

Yrityksen jälkeisen koulun ura-osioni päätteeksi haluan vastata kysymykseen: "Oliko taloudellinen riippumattomuus sen arvoista?" Se ei ole vain ollut sen arvoista, vaan se on myös yksi parhaista asioista, joita olen koskaan tehnyt elämässäni. Olen erittäin kiitollinen kahden kuukauden tauosta, joka minulla oli töiden välillä. Se antoi minulle mahdollisuuden unelmoida tulevaisuudestani ja luoda suunnitelman muuttaa tämä unelma todeksi. Googlella työskentely oli mahtava kokemus. Olin osa Google Bizopsia, jossa työskentelin merkittävissä projekteissa ja opin jatkuvasti uusia asioita.

Jos harkitset taloudellisen riippumattomuuden tavoittelua, mutta olet huolissasi suurista elämänmuutoksista, kuten kodin pienentämisestä tai autosi myymisestä, voin vakuuttaa sinulle, että se on lopulta sen arvoista. Taloudellisen riippumattomuuden saavuttaminen antaa sinulle vapauden ja joustavuuden elää elämää omilla ehdoillasi ilman taloudellisen stressin taakkaa. Vaikka rakastaisit nykyistä työtäsi, on parempi, että sinulla on enemmän vaihtoehtoja etkä tunne itsesi taloudellisten velvoitteiden loukkuun. Tekijät, jotka saavat sinut rakastamaan työtäsi, kuten esimies, tiimi, kulttuuri ja palkka, voivat muuttua milloin tahansa. Työstä tai yrityksestä, jota rakastat tänään, voi huomenna tulla suurin surusi lähde. Suojaa itsesi suojaamalla vetosi luomalla suunnitelma tullaksesi taloudellisesti itsenäiseksi mahdollisimman pian.

Et halua olla tilanteessa, jossa sinun täytyy tehdä töitä vain rahan takia ja jatkuvasti stressata siitä, pitääkö pomosi tai esimiehesi sinusta. Vaikka taloudelliseen riippumattomuuteen liittyy riskejä, on myös riskejä, jotka liittyvät työhösi ja nykyiseen kehitykseesi. Lopulta valinta on sinun.

Koitan nyt kaikki nämä eri osat yhteen. Minulla oli visio itsenäisestä ja vapaudesta omasta elämästäni. Olen luonut erityisiä tavoitteita tämän vision mukaisesti. Yksi tavoitteista oli tulla taloudellisesti itsenäiseksi ja nauttia mukavasta elämäntyylistä, johon kuului asuminen eri kaupungeissa, matkustaminen, rahankäyttö halutulla tavalla ja henkilökohtaisten projektien toteuttaminen. Nämä tavoitteet sisälsivät myös arvioita kuluista, kuten asumisesta, lapsista, koulutuksesta ja muista vastaavista kuluista. Tämä on niin tärkeää, että aion keskustella korkean tason strategioista ja taktiikoista, joita käytin saavuttaessani tavoitteeni.

Kehitin ESIPL-nimisen strategian (E arning, S sving, I nvesting, P protecting and Legcy), jonka kehitin yhdistämällä ESI Moneyn [7] ja Financial Mentorin [8] (Todd Tresidder) puitteet.

Ansaitseminen : Ansaintastrategiani oli suoraviivainen – Ansaitse mahdollisimman paljon rahaa suoriutumalla hyvin saadakseni ylennyksiä, bonuksia ja osakeapurahoja työstäni. Tein myös tutkimusta muista ei-työhön perustuvista tulonhankintavaihtoehdoista, kuten kiinteistöistä ja yrittäjyydestä, ja lopulta päätin keskittyä työhöni ensisijaisena tulonlähteenäni. Tämä päätös perustui siihen, että vuosipalkkani työstäni nousi jo useisiin satoihin tuhansiin dollareihin, mikä tekee siitä kannattavamman vaihtoehdon muihin vaihtoehtoihin verrattuna (syvemmin tulojen maksimointistrategioihin luvussa 6C).

S ästö: Kuten aiemmin mainitsin, tavoitteenani oli säästää 50 % brut-

7. https://esimoney.com/

8. https://www.financialmentor.com/

topalkastani tai 90 % palkastani verojen jälkeen.

Achani Samon Biaou: Se oli melko aggressiivinen kohde.

Olumide Ogunsanwo: Kyllä, se oli aggressiivista, mutta ehdottomasti toteutettavissa. Keskityin laserilla tavoitteeseeni ja elävään visioon tulevaisuudestani. Tiesin tarkalleen, mitä halusin saavuttaa, ja tunsin vahvaa halua saavuttaa tulevaisuus, jonka kuvittelin. Omaksuin arvopohjaisen kulutuksen periaatteen ja sovitin kuluni huolellisesti sen kanssa, mikä todella toi minulle iloa ja täyttymystä. Asumiskulut vaikuttivat eniten säästämisasteeseeni. Vuokrani oli 1 000–1 500 dollaria kuukaudessa koko urani ajan, koska minulla oli kämppäkavereita. Kuljetuskuluni ja ruokalaskuni olivat minimaaliset, koska menin Google-bussilla töihin ja söin suurimman osan aterioistani kampuksella. Minulla oli hauskaa ilman itseäni. Maahanmuuttajana minulla oli se etu, että kasvoin kehitysmaassa, jossa ihmiset olivat tottuneet asettamaan etusijalle säästäväisyyden. Tämän taustan ansiosta minun oli helpompi omaksua ajattelutapa kuluttaa vähemmän ja nauttia silti täyttävästä elämästä.

Achani Samon Biaou: Kiitos, että jaoit nämä oivallukset. Haluaisin kaivaa syvemmälle pariin asiaan. Mainitsit tulo- ja kustannusstrategiasi. Tulopuolella keskityit vain työhön, mikä oli järkevää, kun otetaan huomioon korkeapalkkainen työsi tekniikan alalla ja intohimosi alaa kohtaan. Toisille tulojen hajauttaminen saattaa kuitenkin olla sopivampi lähestymistapa.

Olumide Ogunsanwo: Korkean tekniikan palkkani ja rakkauteni alaa kohtaan oli järkevää asettaa työni ensisijaiseksi tulolähteeksi. Rakastan tekniikkaa. Tein podcastin (Afrobility), jossa tutkin teknologiayrityksiä ja luen siitä iltaisin ja viikonloppuisin. Mutta jos palkkani olisi 48 000 dollaria, lyöt vetoa, että tutkisin muita tapoja ansaita rahaa. Joillekin työhön keskittyminen voi olla loogista, mutta se ei ole yksikokoinen strategia. Valintasi pitäisi riippua tekijöistä, kuten iästäsi, tietopohjasta, verkostosta, mahdollisuuksista, tavoitteista, palkasta, ylennysmahdollisuuksista, itsenäisyyden tarpeesta ja muista asiaan liittyvistä tekijöistä.

Achani Samon Biaou: Kustannuspuolella mainitsit, kuinka käytät arvoihin perustuvaa kulutusta. Voitko puhua erityisesti joistakin hakkeista, joilla annat sille hieman makua?

Olumide Ogunsanwo: Toki. Meillä on koko luku 6C omistettu tälle, mutta voin puhua siitä hieman nyt tarinani yhteydessä. Suurimmalle osalle ihmisistä suurimmat kulut liittyvät veroihin, asumiseen ja kuljetuksiin. Valitettavasti en voinut optimoida verojani paljoa, koska minun piti olla toimistossa suurimman osan urastani. Se oli pääosin korjattu. Monet ihmiset olettavat, että heidän veronsa määräytyy yksinomaan heidän työtilanteensa mukaan, mutta näin ei aina ole. Kokemukseni mukaan noin 40 prosentin verojen maksaminen suurimman osan urastani teki haasteelliseksi nostaa bruttosäästöprosenttini yli 50 prosentin.

Toinen kohta on asuminen. Monet muut palkkaluokissani tai iässäni käyttivät 3 000–6 000 dollaria kuukaudessa vuokraan tai asuntolainaan San Franciscossa. En ollut halukas tekemään sitä. Pidin kuukausivuokrani välillä 1 000–1 500 dollaria siitä lähtien, kun valmistuin kauppakorkeakoulusta 27-vuotiaana siihen asti, kunnes tulin taloudellisesti itsenäiseksi 35-vuotiaana. Jos vertaat 1 000–1 500 dollaria vuokrakulujani 3 000–6 000 dollariin, tämä kuukausiero on noin 2 000 dollaria. 4 500 dollariin, yhdistettynä 8 vuoden aikana, on merkittävä ero. Se yksin voi olla ratkaiseva tekijä taloudellisen itsenäisyyden saavuttamisen välillä 30-vuotiaana ja 50-vuotiaana. Minulla oli alle kolmekymppisiä kämppäkavereita, mikä ei ehkä miellyttänyt kaikkia, mutta olin erittäin tyytyväinen tähän kompromissiin, koska se nopeutti taloudellista tilannettani ja antoi minulle vapauden, joka minulla on tänään.

Mitä tulee kuljetuksiin, en tarvinnut autoa, koska asuin kerrostalossa 15 minuutin päässä töistä. Otin joko Google-bussin tai kävelin, mikä johti lähes nollaan kuljetuskustannuksiin. Kustannukset nousivat hieman, kun aloin viettää useimmat viikonloput San Franciscossa, missä vuokrasin auton. Jo silloin Google tarjosi erinomaisia alennuksia vuokra-autoista, ja yleensä maksoin 10–30 dollaria/päivä vuokra-autoista.

Kaikki kulutusvalintani olivat arvojeni mukaisia.

Achani Samon Biaou: Teit tärkeän kohdan tarinassasi. Työvaihtoehtoja harkittaessa on tärkeää olla katsomatta asioita erillään. Tarkista, ovatko työn edut linjassa taloudellisen riippumattomuuden strategiasi kanssa.

Olumide Ogunsanwo: Kyse on järjestelmäpohjaisesta ajattelusta. Kaikki on yhteydessä toisiinsa. Itse asiassa valitsin asunnon, koska halusin olla lähellä työtä, tietäen, että asuminen ja kuljetuskustannukset liittyvät vahvasti toisiinsa. Vastaavasti verotukseen vaikuttaa sijainti, ja etätyö tuo enemmän joustavuutta tässä suhteessa. Katso asioita kokonaisvaltaisesti järjestelmänä.

Achani Samon Biaou: Kiitos, että jaoit sen. Haluan korostaa kahta näkemystä, jotka sain sanoistasi: järjestelmäajattelu ja arvopohjainen suunnittelu.

Järjestelmäajattelu: Kun etsit työtä, harkitse paitsi palkkaa myös sitä, kuinka työ voi mahdollisesti auttaa sinua vähentämään kuluja. Jos esimerkiksi harkitset työtä startupissa, mieti, haluatko saada enemmän omaa pääomaa vai käteistä yrityksen liikeradan perusteella. Tarkastele myös etuja, jotka ovat linjassa arvojesi kanssa ilmaisten aterioiden lisäksi, kuten etätyöskentely. Näillä näkökohdilla on enemmän merkitystä kuin pinnallisilla eduilla, kuten ilmaisella ruoalla.

Olumide Ogunsanwo: Etätyöskentely on paljon arvokkaampaa kuin ilmainen ruoka, joka on usein yliarvostettu etu. Jos joutuisit maksamaan omista aterioistasi, kuluttaisit noin 15 dollaria ateriaa kohti kahdesti päivässä, yhteensä 30 dollaria päivässä. Kun vuodessa on 200 arkipäivää, se on huikeat 6 000 dollaria. Jos valmistaisit ateriat, se olisi vielä halvempaa. Yritysten arkipäivisin tarjoaman ilmaisen ruoan arvo on noin 6 000 dollaria vuodessa. Etätyöskentely voi helposti säästää kymmeniä tuhansia dollareita pelkän verotuksen ja vuokran alenemisen ansiosta. On haastavaa perustella ilmaista ruokaa merkittävänä etuna, ellet ole outo, joka tilaa 3–5 ateriaa päivässä tai maksa kohtuuttomia hintoja 50–70 dollaria per ateria.

Achani Samon Biaou: Järjestelmäajattelun näkökulmasta on tärkeää keskittyä paitsi siihen, kuinka paljon työ maksaa, vaan myös sen tarjoamiin etuihin. Samoin, kun harkitset perustarpeitasi ylittäviä kuluja, niiden tulisi olla sijoituksia, jotka voivat mahdollisesti tuottaa enemmän rahaa nyt tai lisätä ansaintamahdollisuuksiasi tulevaisuudessa.

Olumide Ogunsanwo: Tein 5-15 kansainvälistä matkaa joka vuosi. Saatat ihmetellä, kuinka onnistuin säästämään niin paljon rahaa matkustaessani. Opin luottokorttijärjestelmistä ja usein matkustavista pisteistä, joiden avulla pystyin maksimoimaan kulujeni arvon. Meidän pitäisi myös keskustella **kulujen seurannan** tärkeydestä . Kun seuraat tarkasti kulujasi, kulutat todennäköisesti vähemmän, koska lukujen näkeminen voi saada muutoksen ajattelutapaasi. Jos esimerkiksi seuraat kahvikulujasi ja huomaat, että käytit 485 dollaria Starbucksissa viime kuussa, se saattaa saada sinut kyseenalaistamaan, pidätkö todella kahvista niin paljon. Palataanpa nyt ESIPL-kehykseen:

Sijoittaminen : Selvitin sijoitusvaihtoehtoja ja päädyin osakemarkkinoiden sijoitusstrategiaan, joka sopi henkilökohtaiseen tilanteeseeni. Tarkastellaan tärkeimpiä käytettävissä olevia sijoitusvaihtoehtoja, joiden avulla voit tehdä tietoisia päätöksiä kovalla työllä ansaitun rahasi kasvattamiseksi:

1) Osakkeet (osakkeet): Sijoita julkisiin osakkeisiin, jotka edustavat omistusta yrityksissä. Osakesijoittaminen tarjoaa merkittäviä tuottoja, mutta siihen liittyy erilaisia riskejä, mukaan lukien yrityskohtaiset, makrotaloudelliset, systeemiset, poliittiset, sääntely- ja osinkoriskit.

2) Joukkovelkakirjat (kiinteätuotto): Sijoita joukkovelkakirjoihin, jotka ovat valtioiden ja yritysten pääoman hankkimiseksi liikkeeseen laskemia lainoja. Joukkovelkakirjalainat takaavat vakaan tulon ja pääoman säilymisen, mutta niihin kohdistuu myös erilaisia riskejä, kuten koronvaihtelut, ostovoimaa heikentävä inflaatio, likviditeettihaasteet ja luottoriski.

3) Kiinteistöt: Sijoita fyysisiin kiinteistöihin, kuten asuinrakennuksiin, liikerakennuksiin tai maa-alueisiin, ja odota tuottavasi tuloja vuokratuottojen tai pääoman arvonnousun kautta. Kiinteistösijoituksiin liittyy kuitenkin riskejä, kuten markkinoiden epävakaus, epälikviditeetti ja kiinteistönhoitokustannukset.

4) Käteinen (likvidivarat): Sijoita erittäin likvideihin varoihin, mukaan lukien säästötilit, talletustodistukset (CD-levyt), jotka tarjoavat turvallisen ja vähäriskisen vaihtoehdon ansaita korkoa varoillesi. Korot vaihtelevat, ja niihin vaikuttavat keskuspankin politiikka, markkinoiden kysyntä/tarjonta, inflaatio, pankkikilpailu ja tilityyppi. Vaikka se voi tarjota alhaisemman tuoton verrattuna joihinkin muihin sijoitusvaihtoehtoihin, se tarjoaa sinulle likviditeettiä ja turvallisuutta.

5) Private equity (PE): Sijoita pääomarahastoon, jossa sijoittajat yhdistävät pääomansa hankkiakseen joko koko yrityksen tai osuuden yrityksestä. PE-sijoitukset voivat olla monimutkaisia ja epälikvidejä, joten ne sopivat tyypillisesti varakkaille henkilöille, joilla on suurempi riski mahdollisista pitkän aikavälin tuotoista.

6) Riskipääoma (VC): Sijoita varhaisen vaiheen, nopeasti kasvaviin yrityksiin riskipääomayritysten hallinnoimien yhdistettyjen rahastojen kautta. Se on korkea riski ja potentiaalinen huomattava tuotto, mutta sille on ominaista myös epälikviditeetti, korkeat palkkiot ja mahdollisuus menettää koko sijoitus.

7) Enkelisijoittaminen: Sijoita suoraan yksityisiin alkuvaiheen yrityksiin. Enkelisijoittaminen on erittäin riskialtista sijoitusmuotoa, mutta sillä on myös mahdollisuus saada erittäin korkea tuotto. Kattavan tutkimuksen ja due diligence -tutkimuksen tekeminen on ratkaisevan tärkeää, koska yksityishenkilöt sijoittavat omaa pääomaa suoraan eikä ammattimaisten riskipääomarahastojen hoitajien kautta.

8) **Kryptovaluutat:** Sijoita kryptovaluuttoihin, jotka ovat hajautettuja digitaalisia omaisuuseriä, jotka käyttävät salausta turvallisuuden vuoksi. Kryptovaluuttoihin, kuten Bitcoiniin ja Ethereumiin, sijoittamiseen liittyy merkittävää volatiliteettia ja riskejä. Kryptovaluutat ovat suhteellisen uusi ja nopeasti kehittyvä omaisuusluokka, joten on hyödyllistä pysyä ajan tasalla sääntelyn kehityksestä.

9) **Hyödykkeet:** Sijoita raaka-aineisiin, kuten öljyyn, kultaan ja vehnään. Raaka-aineiden hinnat voivat vaihdella hurjasti, joten niitä pidetään korkean riskin sijoituksina.

10) **Valuuttakurssit (FX):** Osta ja myy valuuttoja. Se voi olla erittäin riskialtis sijoitus, mutta sillä on myös mahdollisuus tuottaa korkeaa tuottoa.

11) **Keräilyesineet:** Osta ja myy keräilyesineitä harvinaisista kolikoista taiteeseen. Ne voivat olla hyvä sijoitus, jos olet valmis tekemään tutkimusta ja ostamaan kohteita, jotka todennäköisesti arvostavat arvoa.

12) **Vertaislainaus (P2P):** Lainaa rahaa yksityishenkilöille tai yrityksille P2P-alustan kautta. Se voi tarjota korkeampia korkoja kuin perinteiset pankkitilit, mutta siihen liittyy myös lisääntynyt riski.

Voit sijoittaa aktiivisesti näihin vaihtoehtoihin ostamalla ja myymällä omaisuutta jatkuvasti ja strategisesti. Vaihtoehtoisesti voit sijoittaa passiivisesti ostamalla ja pitämällä sijoituksia pitkällä aikavälillä sen sijaan, että tekisit usein kauppoja yrittääksesi voittaa markkinat. Passiiviset sijoittajat sijoittavat tyypillisesti sijoitusrahastoihin, kuten indeksirahastoihin tai pörssinoteerattuihin rahastoihin (ETF), jotka yhdistävät useiden sijoittajien rahaa seuratakseen tiettyjä markkinoita ja luodakseen hajautetun arvopaperisalkun.

Sijoittaminen ensisijaisesti vaihtoehtoon (4) ei välttämättä tarjoa merkittävää tuottoa taloudellisen riippumattomuuden saavuttamiseksi kohtuullisessa ajassa, koska tuotto on alhaisempi kuin inflaatio. Vaihtoehdot (5), (6) ja (7) ovat tyypillisesti epälikvidejä ja korkean nettovarallisuuden (1 miljoona dollaria+) henkilöiden saatavilla, kun taas vaihtoehtoja (8), (9), (10) ja (11) pidetään erittäin tärkeänä. spekulatiivista ja saattaa muistuttaa uhkapelaamista sijoittamisen sijaan. Vaihtoehto (12) on suhteellisen epätodennäköinen pitkien markkinasyklien aikana.

Siksi uskon, että (1), (2) ja (3) ovat usein enemmistölle sopivimmat vaurauden luomisvaihtoehdot, vaikka tämä näkemys saattaa heijastaa omaa harhaanjohtamistani. Erityisesti osake- tai korkoindeksirahastoihin ja ETF-rahastoihin sijoittaminen voi olla ihanteellinen lähtökohta. Nämä vaihtoehdot tarjoavat monipuolisuutta, kohtuuhintaisuutta ja alhaisempia alkusijoituksia, mikä helpottaa luottamuksen rakentamista asteittain.

Ei ole yhtä oikeaa tapaa sijoittaa rahojasi, mutta sinulle on tapa, joka sopii yksilöllisiin tarpeisiisi ja tavoitteisiisi. Löydä sinulle sopiva polku arvioimalla ja valitsemalla sopivat sijoitusvaihtoehdot taloudellisten tavoitteiden, riskinsietokyvyn, aikahorisontin, verovaikutusten ja hajautusstrategioiden perusteella. Sinä voit tehdä sen! Kaikki taloudellisen riippumattomuuden saavuttamiseen tarvittava tieto on jo saatavilla, sinun tarvitsee vain innostua tulevaisuudestasi ja alkaa etsiä.

Suojaus : Taloudellisen edistykseni turvaamiseksi minulla oli useita vakuutuksia, mukaan lukien henkivakuutus, sairausvakuutus, työkyvyttömyysvakuutus, sateenvarjovakuutus ja vuokra-autovakuutus. En halunnut yhdenkään odottamattoman tapahtuman kumoavan vuosien kovan työn, joten panostin aikaa erilaisten suojamekanismien tutkimiseen ja käyttöönottoon. Mikään ei ole pahempaa kuin olla 80 % kohti taloudellista riippumattomuutta ja menettää kaikki outotapahtumassa.

Lakioikeus : Kun lähestyin taloudellista riippumattomuutta, syvennyin kiinteistösuunnittelun ratkaisevaan osa-alueeseen. Tutkin ja valmistelin kaikki tarvittavat kiinteistösuunnitteluasiakirjat, mukaan lukien luottamus, testamentti, taloudellinen valtakirja ja edistynyt lääketieteellinen ohje (tunnetaan yleisesti nimellä Living Will, Medical Power of Attorney tai Healthcare Proxy). Vaikka nämä asiakirjat ovatkin erityisiä amerikkalaisille oikeudellisille puitteille, ne toimivat mallina omaisuuteni turvaamiseksi ja hyvin määritellyn suunnitelman takaamiseksi kuolemani varalta. On tärkeää huomata, että kiinteistösuunnitteluvaatimukset voivat vaihdella lainkäyttöalueesi mukaan, joten on tärkeää etsiä sijaintiasi koskevat olennaiset tiedot ja asiakirjat.

Aloin myös miettiä, kuinka voisin vaikuttaa ja auttaa muita. Se johti minut uudelle polulle taloudellisen riippumattomuuden konsultoinnissa, jossa opastan ja tuen yksilöitä heidän henkilökohtaisen talouselämänsä matkalla. Pyrin voimaannuttamaan muita ja auttamaan heitä navigoimaan taloudellisen riippumattomuuden monimutkaisissa kysymyksissä luottavaisesti ja selkeästi.

Yhteenvetona: Kaikki tiedot, joita tarvitset tullaksesi taloudellisesti riippumattomaksi, ovat jo saatavilla. Ei ole mikään salaisuus olla taloudellisesti riippumaton. Ihmiset, jotka sanovat sinulle niin, pilkkaavat sinua. En etsinyt oikoteitä tai hopealuoteja. Innostuin, kun tajusin, että voisin päästä pisteeseen, jossa minun ei enää tarvitsisi tehdä töitä. Loin selkeän vision pitkän aikavälin tavoitteineen ja noudatin johdonmukaisesti ESIPL-strategiaa, kunnes tottumukset juurtuivat toistettavaan kiertokulkuun. Tämä johti siihen, että saavutin taloudellisen riippumattomuuden 35-vuotiaana vuonna 2020. Jätin tarkoituksella taloudellisen riippumattomuuden tavoitelukuni pois, jotta en tekisi karhunpalvelusta lukijoille. Numerollani ei ole sinulle merkitystä, koska oma taloudellinen riippumattomuusnumerosi on ainutlaatuinen, erilainen ja räätälöity yksilöllisiin olosuhteisiisi ja toiveisiisi. Se on löytö, joka sinun on ryhdyttävä määrittelemään ja tavoittelemaan. Tärkeintä on kohdistaa tavoitteesi oman visiosi taloudellisesta riippumattomuudesta.

Achani Samon Biaou: Vau, kerrot meille, että taloudellinen riippumattomuus ei tarkoita joksikin tulemista, vaan sitä, että elämme sopusoinnussa itsesi ja arvojesi kanssa.

Olumide Ogunsanwo: Aivan. Elä merkityksellistä elämää, jossa olet vapaa etkä sido yhteiskunnallisia normeja. Tämän elämäntavan saavuttamiseen liittyy taloudellinen arvo.

Achani Samon Biaou: Mitä eroa on rikkaudella ja taloudellisesti itsenäisyydellä?

Olumide Ogunsanwo: Tämä on yksinkertainen kysymys, mutta siinä on joitain vivahteita. Rikas oleminen on subjektiivinen käsite ilman objektiivisia kriteerejä. Se on enemmän psykologinen tunne, joka perustuu vertailuun muihin tai menneisyyteen. Jotkut henkilöt, joiden nettovarallisuus on 50 miljoonaa dollaria, eivät ehkä pidä itseään rikkaina, kun taas toiset, joilla on 20 miljoonaa dollaria, saattavat nähdä itsensä rikkaina. Rikas oleminen on enimmäkseen vertaileva käsite, eikä siitä ole hyötyä, ellei se ole tiukasti määritelty (esim. olla top 1 % nettovarallisuudesta tai top 5 % ansioista).

Toisaalta taloudellinen riippumattomuus on paljon käytännöllisempi ja hyödyllisempi käsite, koska sillä on tiukka määritelmä. Riittääkö nykyinen rahoitusvarasi loppuelämäsi ylläpitämiseen? Sitä sinä haluat. N. Taloudellisen riippumattomuuden lisäksi on muita tasoja, joita voit seurata ja mitata. Voit esimerkiksi lisätä taloudellisen riippumattomuuden tavoitettasi lisäämällä turvapuskurin ja pyrkimällä korkeampaan määrään, esimerkiksi 20–50 % alkuperäistä tavoitettasi korkeampaan.

Taloudelliseen riippumattomuuteen tähtääminen on sisäinen matka elää elämääsi omilla ehdoillasi, kun taas rikastuminen on enemmän ulkopuolista, mikä johtaa vertailuun, FOMO:hon ja mahdolliseen onnettomuuteen.

Achani Samon Biaou: Kun sinulla on tavoite, joka todella resonoi kanssasi, kaikki mitä teet tämän tavoitteen saavuttamiseksi, tuntuu tarkoituksenmukaiselta ja tyydyttävältä. Se ei tunnu taakalta tai häiriötekijältä, koska se on sinulle syvästi tärkeä asia.

Olumide Ogunsanwo: Lukiutuminen kristallinkirkkaaseen visioon ja tavoitteeseen on välttämätöntä taloudellisen riippumattomuuden tielläsi. Jos olet epävarma siitä, miten asetat tavoitteita tai kuvittelet ihanteellisen elämäsi, käytettävissäsi on erilaisia viitteitä, jotka ohjaavat sinua. Ota hetki aikaa pohtiaksesi syvästi sitä, mikä todella sytytti intohimosi lapsena, sukeltaa syvimpiin toiveihisi ja tutkia mahdollisuuksia, jotka avautuisivat, jos sinulla olisi rajattomasti aikaa ja epäonnistumisen pelko ei pidättele sinua. Nämä introspektiiviset harjoitukset toimivat kompassina oman ainutlaatuisen polkusi kartoittamiseen. Muista, että se on sinun elämäsi, ja sinulla on valta suunnitella se. Älä epäröi tutkia verkkoresursseja saadaksesi lisää ideoita ja ota tarvittaessa kumppanisi mukaan suunnitteluprosessiin. Suunnitelmat eivät ole kiveen hakattu, ja ne voivat kehittyä ajan myötä. Saatat huomata, että alkuperäisiä oletuksiasi, kuten talosi kokoa, on muutettava. Kumpikaan Samon emmekä minä voi luoda sinulle vakuuttavaa ja jännittävää visiota. Se on henkilökohtainen matka, jolle vain sinä voit lähteä.

Taloudellinen riippumattomuus on spektri, ei binääritila 0 tai 1, joka antaa sinulle mahdollisuuden hallita elämääsi paremmin ja tuo sinut lähemmäksi unelmiasi. Vaikka huomaat olevasi näennäisesti kaukana taloudellisista tavoitteistasi, on tärkeää pysyä motivoituneena ja nauttia matkasta kohti visiosi. Muista, että onnea ei tarvitse lykätä ennen kuin saavutat FI, sillä mielekkäiden tavoitteiden asettaminen ja niiden saavuttaminen voi tuoda täyttymystä nykyhetkeen. Sen sijaan, että keskittyisit siihen, kuinka kauan tavoitteidesi saavuttamiseen voi kulua, keskity omaksumiseen ja nauttimiseen siitä, miten pääset perille. Syleile nykyhetkeä ja löydä iloa jokaisesta askeleesta eteenpäin. Nähdään seuraavassa luvussa!

6B: Samonin myöhäisen uran tarina

Olumide Ogunsanwo: Samon, olen todella innoissani kuullessani urastasi kauppakorkeakoulun jälkeen ja kuinka se muokkasi näkemystäsi taloudellisesta riippumattomuudesta.

Achani Samon Biaou: Suurin motivaationi käydä kauppakorkeakoulua oli liittyä yrityksiin, joilla on merkittävä vaikutus päätöksentekoon korkeimmalla tasolla. Huomasin kuitenkin, että monilla luokkatovereistani oli suurempia tavoitteita luoda ja rakentaa asioita sen sijaan, että he tekisivät töitä olemassa oleville yrityksille. Tämä oivallus lisäsi itseluottamustani ja muutti ajattelutapani uskomaan, että voin saavuttaa mitä tahansa. Aloin nähdä liikkeenjohdon konsultoinnin ponnahduslautana arvokkaiden taitojen hankkimiseen, mutta perimmäisenä tavoitteeni oli luoda jotain merkityksellistä perustamalla oma yritys.

Olumide Ogunsanwo: Oliko sinulla kauppakorkeakoulun jälkeen laajempi taloudellisen riippumattomuuden suunnitelma, jossa jätät lopulta yrityselämän?

Achani Samon Biaou: Minulla oli kaksi tavoitetta mielessä. Ensinnäkin halusin soveltaa kauppakorkeakoulussa oppimiani taitoja nopeatempoisessa yrityksessä. Uskoin, että konsultoinnin avulla voisin työskennellä useissa projekteissa ja saavuttaa tavoitteen.

Toiseksi, halusin nopeasti lisätä taloudellista turvaverkkoa, joka minulla oli jo vuosien aikana, kun olen ansainnut korkeaa ulkomailla olevaa palkkaa matkustaessani ympäri maailmaa. Pyrin kasvattamaan tulojani merkittävästi kahden vuoden aikana, jotta minulla olisi satoja tuhansia dollareita. Suunnitelmani oli käyttää tuota taloudellista tyynyä toteuttamaan tarkoitustani, joka oli koulujen rakentaminen.

Olumide Ogunsanwo: Odotitko saavuttavasi taloudellisen riippumattomuuden kahden vuoden sisällä konsultoinnistasi BCG:ssä vai odotitko saavuttavasi riittävän taloudellisen vakauden pitääksesi urakatkon/sapattivapaan ja tutkiaksesi erilaisia mahdollisuuksia ennen kuin palaat töihin myöhemmin?

Achani Samon Biaou: Aluksi ajattelin saavuttavani taloudellisen riippumattomuuden. Minulla oli naiivi rahoitusmalli, jonka tavoitteena oli 500 000 dollarin nettovarallisuus FI-tavoitteenani. Suunnitelmana oli sijoittaa tuo summa ja ansaita tarpeeksi tuloja (noin 5 %/vuosi) elättääkseni itseni ja elää poikamiehenä samalla kun rakensin kouluja pieneen Afrikan maahan. En kuitenkaan ajatellut mahdollisia elämänmuutoksia, kuten vanhenemista, naimisiinmenoa tai lasten saamista. Laskin kuukausitulotavoitteeni olevan noin 1 500 dollaria tai 2 000 dollaria verojen jälkeen, ja ajattelin, että se riittäisi haluamaani elämäntapaani. Ajattelin työskennellä BCG:ssä kaksi vuotta, ansaita muutama satatuhatta dollaria ja saavuttaa 500 000 dollarin nettovarallisuuden.

Olumide Ogunsanwo: Okei, mitä tapahtui seuraavaksi?

Achani Samon Biaou: Kun aloitin BCG:ssä, näkemykseni elinkustannuksista ja suosituimmista kaupungeista kehittyi, mikä johti korkeampaan taloudelliseen riippumattomuuteen. Huomasin, että pystyin pitämään kuluni alle 1 000 dollarissa Dubaissa, mikä lisää merkittävästi säästöjä. Tämä odottamaton tilanne ja kohonnut säästöprosenttini antoivat minulle mahdollisuuden kalibroida uudelleen taloudellisen riippumattomuuden tavoitteeni ja mukauttaa sen odotettujen elinkustannusten kanssa kaupungeissa, joissa haluan asua tulevaisuudessa.

Oikea ajattelutapa oli ratkaisevan tärkeää. Lähestyin kulujani järkeistäen ja säästäen rahaa, vaikka en ollut vielä tietoinen tarkasta menetelmästä. Kun matkustin viikon aikana ja ansaitsin hotellipisteitä, tajusin, ettei minun tarvinnut edes vuokrata asuntoa. Lisäksi lyhentynyt aikani Dubaissa vähensi turhaa menoa ja juhlimista, koska pysyin keskittyneenä taloudellisiin tavoitteisiini. Arvioi ainutlaatuinen tilanteesi ja priorisoi välttämättömät kulut ja leikkaa samalla armottomasti tarpeettomia. Sen sijaan, että noudattaisit sokeasti määrättyä kaavaa tai yrittäisit toistaa erityistä lähestymistapaani, avain on kehittää henkilökohtainen suunnitelma, joka on linjassa omien toiveidesi ja arvojesi kanssa.

Olumide Ogunsanwo: Tämä sopii täydellisesti arvoihin perustuvan kulutuksen periaatteeseen. Uskomme vakaasti, että taloudellinen riippumattomuus ei tarkoita kaikkien mukavuutesi uhraamista tai kaikkien kulujen leikkaamista. Kyse on siitä, että tietoisesti sovitat kulutussi arvojesi ja toiveidesi mukaiseksi. Älä mene virran mukana. Älä ole automaattiohjauksessa. Sen sijaan, että noudattaisit mielettömästi yhteiskunnallisia normeja tai noudattaisit sokeasti säästävää elämäntapaa, rohkaisemme sinua elämään elämää, joka resonoi todellisen itsesi ja ainutlaatuisten tavoitteidesi kanssa. Tämä voi tarkoittaa menojen lisäämistä aloilla, jotka ovat sinulle todella tärkeitä, samalla kun vähennät tietoisesti muita.

On ratkaisevan tärkeää tunnustaa, että taloudellista riippumattomuutta ei pidä tavoitella onnellisuutesi ja hyvinvointisi kustannuksella. Emme halua, että jyrkkä ja kestämätön lähestymistapa, joka vie ilon elämästäsi, ahdistaa sinua. On haitallista hyväksyä suunnitelma, joka jättää sinut onnettomaksi. Jos olet tyytymätön, aiot vain hylätä koko suunnitelman. Ainoa pahempi asia kuin suunnitelman puuttuminen on suunnitelma, joka ei kestä.

Aloita tarkistamalla kulut ja tunnistamalla alueet, joilla voidaan tehdä muutoksia. Etsi mahdollisuuksia optimoida kulutustasi ja tehdä valintoja, jotka ovat sopusoinnussa arvojesi ja pitkän aikavälin taloudellisten tavoitteidesi kanssa. Se on jatkuva prosessi, joten seuraa edistymistäsi ja juhli matkan varrella saavutettuja virstanpylväitä. Kun näet ponnistelujesi positiivisen vaikutuksen, huomaat olevasi yhä motivoituneempi ja innostuneempi taloudellisesta matkastasi. Jokaisella askeleella eteenpäin on helpompi ylläpitää vauhtia ja pysyä sitoutuneena polullesi.

Achani Samon Biaou: Olumidelle ja minulle se alkaa arvoista. Arvomme ohjaavat päätöksiämme ja antavat meille voimaa tutkia uusia taktiikoita, jotka sopivat meille tärkeimpiin. Arvostan esimerkiksi matkustamista ja muiden kulttuurien oppimista. Kulutin matkustamiseen enemmän kuin keskiverto konsultti BCG:ssä ollessani, mutta suurin osa kustannuksista maksoi yritys ja työmatkoista ansaitsemani pisteet. Minun piti maksaa vain noin 400 dollaria kuukaudessa. Päätin ensisijaisesti käyttää rahaa matkustamiseen sen sijaan, että maksaisin asunnosta täyden vuokran. Tämä antoi minulle mahdollisuuden tutustua uusiin kohteisiin lähes joka viikko ja uppoutua erilaisiin kulttuureihin.

Takaisin myöhäisen urani tarinaan. Noin seitsemän kuukauden kuluttua matkastani BCG:ssä, kun minulla oli alkuperäinen naiivi suunnitelmani taloudellisesta riippumattomuudesta jäätyä eläkkeelle halvassa Afrikan maassa tai Thaimaassa, tajusin muutaman asian. Ensinnäkin kustannussäästöjen aktiivinen mikrohallinta oli haastavaa kiireisen työaikatauluni vuoksi. Ja toiseksi, näin potentiaalin korkeampiin tuloihin, jos pysyisin pidempään BCG:ssä ja pääsisin johtotason. Tämä oivallus sai minut muuttamaan lähestymistapaani. Sen sijaan, että olisin pyrkinyt taloudelliseen riippumattomuuteen ennen johtajaksi ryhtymistä, ymmärsin kahden vuoden johtamiskokemuksen edut, mikä voisi tarjota lisää vakautta ja lisätä uskottavuuttani etsiessäni rahoitusta kouluprojektilleni. En voi varmuudella sanoa, olivatko nämä päätökset rationalisointeja vai järjestelmän vaikutteita, mutta kävi selväksi, että uusi suunnitelma oli järkevämpi.

Elämällä on kuitenkin tapana heittää odottamattomia haasteita meille kaikille. Useiden lääketieteellisten testien jälkeen sain järkyttävän uutisen, että tarvitsen suuren aivoleikkauksen estääkseni araknoidikystan peruuttamattomia vaurioita, vaikka minulla ei ollutkaan kivuliaita oireita. Leikkauksen tarve syntyi yhtäkkiä ja kiireellisesti, ja leikkaukseen sisältyi luontaisia riskejä, jotka voivat mahdollisesti päättää elämäni yhdessä yössä.

Olumide Ogunsanwo: [Järkyttynyt] Tarvitsit kiireellisen aivoleikkauksen. Vau.

Achani Samon Biaou: Minulle kerrottiin, että hetkessä kysta voi liikkua ja työntää aivojen alaosaan – aivojen osaan, joka ohjaa hengitystä ja sydäntä. Se oli pelottava tilanne, ja todellisuus iski minuun, kun minun piti allekirjoittaa paperit, joissa tunnustettiin riskit, mukaan lukien kuoleman mahdollisuus, juuri ennen leikkausta. Koko kokemus tuntui surrealistiselta, vaikka ympärilläni oli muita potilaita osastolla, kukin taistelemassa omaa taisteluaan.

Sillä hetkellä tunsin itseni uskomattoman pieneksi. Se oli kuin välähdys siihen, miltä tuntuu, kun kohtaat kuoleman mahdollisuuden. Millään saavutuksistani rottakilpailussa ei ollut mitään merkitystä leikkauspöydällä. Useimpien mittareiden mukaan olin menestyvä nuori aikuinen. Olin matkustanut ympäri maailmaa, käynyt yhdessä maailman parhaista kauppakorkeakouluista ja työskennellyt yhdessä parhaista liikkeenjohdon konsulttiyrityksistä. "Voitin" rottakilpailun, mutta leikkauspöydällä millään tuolla ei ollut merkitystä. Kaipasin läheisiäni, enkä ajatellut työtä tai asiakkaita. Tästä kokemuksesta tuli käännekohta valmistautumisessani taloudelliseen itsenäisyyteen. Tulin päättäväiseksi tavalla, jota on vaikea selittää. Jos selvisin leikkauksesta, päätin elää äärimmäisen keskittyneenä ja omin ehdoin. Tunsin hieman katkeruutta niitä asioita kohtaan, joita olin jahtanut – Stanfordia, BCG:tä ja niin edelleen. Nyt minulla oli kaikki tämä, mutta se voitiin ottaa minulta pois hetkessä. Voin olla kuollut muutamassa tunnissa. Noin vain.

Olumide Ogunsanwo: [Edelleen järkyttynyt] Kuinka vanha olit tuolloin?

Achani Samon Biaou: Olin kolmekymppinen.

Olumide Ogunsanwo: Aivoleikkaus kolmekymppisenä. Se on todella traumaattinen ja silmiä avaava kokemus. Muistan sinun sanoneen, että kun olit leikkauspöydällä, sinusta tuntui, että ihmiset eivät ole mitään. Tunsit olosi uudeksi eläimeksi leikkauspöydällä ja että elämäsi voi viedä milloin tahansa. Hullu!

Achani Samon Biaou: Se sai minut ehdottomasti ymmärtämään, että minun piti olla erilainen henkilö sen toisella puolella. Terveyspelko toi syvemmän merkityksen kysymykseen "Mikä on sinulle tärkeintä ja miksi?", jota kysyttiin Stanfordin MBA-ohjelman hakemuksessa. Onneksi leikkaus meni hyvin, ilman komplikaatioita tai seurantaa. Kun palasin viiden kuukauden sapattilomalta, palasin takaisin muuttuneena ihmisenä monella tapaa.

Ensinnäkin tajusin, millaista intensiteettiä voin tuoda työhöni, ja tulin vakuuttuneeksi siitä, että minun pitäisi soveltaa sitä tietoisesti ja harkitusti niihin pyrkimyksiin, joista pidän eniten. Minulla ei ollut mitään ongelmaa työskennellä 2 tai 3 asti aamulla päiviä peräkkäin selvittääkseni ongelman ja niin edelleen.

Toiseksi, ymmärsin, että vapaus elämässäni ei ollut neuvoteltavissa. Konsultointityö ei kuitenkaan aina tarjonnut haluamaani vapautta. Tein päätöksen jatkaa konsultointia vain niin kauan kuin pystyin hallitsemaan työskentelyäni.

Kolmanneksi minusta tuli erittäin keskittynyt taloussuunnitteluun. Excel-taulukoista tuli oppaani, kun pyrin säästämään ja sijoittamaan kohti taloudellista vapautta. Halusin antaa itselleni aikaa matkustamiseen ja kulttuurisiin löytöihin huolehtimatta rahasta. Halusin myös edistää koulutusjärjestelmien parantamista ilman, että olisin riippuvainen palkasta.

Olumide Ogunsanwo: Mitä tapahtui 5 kuukauden sapattiloman aikana?

Achani Samon Biaou: Kolme tärkeää asiaa tapahtui. Ensinnäkin sain yhteyden ystäviin ja perheeseen, mikä toi minulle valtavaa iloa. BCG:ssä ollessani minulla oli harvoin mahdollisuus nähdä ihmisiä, joista välitin, ja olla vuorovaikutuksessa heidän kanssaan. Näiden suhteiden elvyttäminen muistutti minua yhteisön tärkeydestä, ja olin iloinen, että sain jälleen yhteyden "hyvää mielihyvää" -osaan.

Toiseksi matkustin Kuubaan kumppanini ja ystävieni kanssa. Erilaisten kulttuurien tutkiminen ja uusien kohteiden kokeminen herättää minut eloon. Se on minulle tapa laajentaa näköalojani ja oppia maailmasta syvällisesti. Kuubassa ollessani tutustuin erilaisiin elämäntapoihin ja tarkkailen ihmisiä, jotka vaikuttivat tyytyväisiltä huolimatta siitä, että he elivät köyhinä pidetyissä olosuhteissa. Minulle oli tärkeä kokemus verrata heidän elämäntapaansa siihen, johon olin tottunut.

Lopuksi löysin uudenlaisen oppimisen, jota ei ohjannut hyödyllisyys. Luin kirjoja, joihin törmäsin, harrastin mielenkiinnon kohteita, kuten soittimen soittamista tai uuden kielen oppimista vain henkilökohtaisen kehityksen vuoksi.

Olumide Ogunsanwo: Miten nämä kokemukset muovasivat suunnitelmaasi taloudellisesta riippumattomuudesta? Alun perin ajattelit jättää BCG:n noin kahden vuoden kuluttua, mutta sitten tapahtui leikkaus.

Achani Samon Biaou: Minun lähestymistapani taloudelliseen riippumattomuuteen muuttui tietyllä tavalla. Sen sijaan, että olisin suunnitellut eteenpäin, aloin suunnittelemaan taaksepäin. Lisäsin Excel-laskentataulukkooni "Viimeinen päivä BCG:ssä" -ominaisuuden, jonka avulla voin työskennellä taaksepäin ja määrittää, kuinka paljon bonusta ja vuokratuloja minun tulisi kohdistaa vuosittain.

Minulle kävi selväksi, että ymmärsin, mitä voin hyötyä BCG:stä ja mitä voin edistää BCG:tä. Tajusin, että BCG:n jälkeen minua odotti jännittävä elämä, jossa voin keskittyä asioihin, joista todella nautin, kuten laajaan matkustamiseen ja intohimoisten ongelmien ratkaisemiseen. Tämä oli ristiriidassa aiemman ajattelutavan kanssa, jossa olin päivällisellä miettimässä seuraavaa ohjausryhmää, antamassa palautetta tiimin jäsenelle tai valmistautumassa omaan tulevaan arviointiani. Minulla oli rajallisesti aikaa edes käsitellä omaa olemassaoloani.

Olumide Ogunsanwo: Voin samaistua siihen tunteeseen McKinseyssä. Haaveilin asiakastyöstä ja muutosten tekemisestä dioihin. Poistuttuaan McKinseystä, PowerPoint-painajaiset loppuivat [Hymy].

Achani Samon Biaou: Sen kokemus auttoi minua ymmärtämään, kuinka paljon voin antaa. Se on nyt aina mielessäni. Ennen BCG:tä keskityin ensisijaisesti siihen, mitä voin ottaa järjestelmästä. En todellakaan täysin ymmärtänyt, kuinka paljon voin antaa. Stanfordissa ollessani sain itseluottamusta, ja kudessa kuukaudessa minusta tuli markkinoitavampi MBA-kandidaattina. Kun liityin BCG:hen, liikkeenjohdon konsultoinnilla ei ollut minulle enää samaa merkitystä. Olin asettanut katseeni suurempiin henkilökohtaisiin tavoitteisiin: taloudellisen riippumattomuuden saavuttamiseen. Leikkauksen myötä keskityin entistä enemmän siihen, mitä halusin antaa maailmalle omin ehdoin. Monet asiakkaistani BCG:ssä työskentelivät klo 9.00–17.00, ja heidän yrityksensä menestyivät edelleen. Se sai minut miettimään, mitä voisin saavuttaa, jos soveltaisin työhöni tuomaa intensiteettiä ja intohimoa aloille, joista todella välitin.

Joka tapauksessa, takaisin pääasiaan, rahoitusmalli muuttui siinä mielessä, että minulla oli nyt seurantalaite, joka määritti, kuinka paljon minun piti ansaita päästäkseni BCG:stä tiettyyn määräaikaan mennessä sen sijaan, että laskisi, kuinka monta vuotta minulla menisi saavuttaa tietyn tulotason.

Olumide Ogunsanwo: Taloudellinen riippumattomuus on valinnaisuuden kirjo, ei binaarinen kaikki tai ei mitään -kohde. Vaikka oletkin vain 20 % matkasta perille, on silti tarjolla etuja ja nautintoa, koska sinulla on enemmän valinnanvaraa. On ratkaisevan tärkeää arvostaa matkaa ja olla kiitollinen edistymisestäsi. Miksi? Koska matka taloudelliseen riippumattomuuteen on elämäsi matka. Älä odota loppuun asti juhliaksesi, ole kiitollinen pienistä voitoista matkan varrella ja käytä niitä motivaationa jatkaaksesi eteenpäin.

Saat enemmän vaihtoehtoja edistyessäsi, mikä lisää mahdollisuuksiasi tehdä mielenkiintoisia pyrkimyksiä ja hallita paremmin vuorovaikutustasi työnantajien, asiakkaiden ja asiakkaiden kanssa. Haluan korostaa tätä seikkaa, koska näen usein ihmisiä, jotka ovat onnettomia matkalla taloudelliseen riippumattomuuteen. Miksi olisit onneton? Olet onneton, koska odotat melkein lupaa ollaksesi onnellinen, mutta sinun ei tarvitse odottaa lupaa. Onnellisuus on kaikkialla ympärilläsi, jos luot oikeat olosuhteet. Halusin vain lisätä tämän filosofisen pointin.

Achani Samon Biaou: Kauniisti sanottu. Näen taloudellisen riippumattomuuden samanlaisena kuin kuntosalilla käymisen. Jos lähestyt kuntosalia ajattelemalla: "Voi luoja, tämä tulee olemaan tuskallista" vain siksi, että haluat laihtua isoja juhlia varten, on haastavaa todella nauttia prosessista. Ja kun laihdut muutaman kilon, saatat löytää itsesi palaamasta takaisin vanhaan elämäntyyliisi. Taloudellisen riippumattomuuden tulee perustua arvoihisi; muuten se ei toimi. Sinun täytyy kaivaa syvälle itseesi ja selvittää, mikä todella tuo sinulle iloa. Älä tee siitä kompromisseja. Kun olet löytänyt tarkoituksesi tai intohimosi, järjestä kaikki muu sen ympärille ja poista kaikki muut häiriötekijät, erityisesti ne toimet, joihin osallistut vain siksi, että kaikki muut tekevät niin.

BCG:llä oli tämä perinne, jossa ihmiset ostivat kalliita TUMI-laukkuja ja kaiverrettiin niihin nimikirjaimia. Henkilökohtaisesti en ollut kiinnostunut laukkuista, enkä tuntenut tarvetta seurata tätä muotitrendiä.

Olumide Ogunsanwo: Yleisölle TUMI-laukut ovat huomattavasti kalliimpia kuin tavalliset laukut. Tavallinen laukku voi maksaa alle 100 dollaria, kun taas TUMI-laukkujen hinta voi olla kolme, neljä tai jopa enemmän.

Achani Samon Biaou: Suurin osa konsulttialan ihmisistä halusi levätä ja rentoutua viikonloppuisin, mutta päätin käyttää rahani matkustamiseen ja kokemuksiin. Osoitin budjetistani osan, joka vastaa lähtötason TUMI-laukun hintaa, asioihin, jotka todella tekivät minut onnelliseksi. Kun luot onnen perustan ja elät elämääsi sen mukaisesti, huomaat onnellisuutesi yleisen lisääntyvän. Lisäksi kun järjestät elämäsi tällä tavalla, taloutesi loksahtaa luonnollisesti paikoilleen.

Olumide Ogunsanwo: Aivan. Ajan myötä näitä tapoja on helpompi ylläpitää, koska ne vahvistavat toisiaan. Se vaatii halukkuutta olla hieman erilainen. Jos saat TUMI-laukun vain siksi, että kaikilla muilla on sellainen, on epätodennäköistä, että saavutat taloudellisen itsenäisyyden 30-vuotiaana. Ei pussin hinnan takia, vaan siksi, että seuraat väkijoukkoja etkä tee tahallisia arvovetoisia päätöksiä. On ok olla kuin kaikki muut, mutta et voi odottaa ylimitoitettuja tuloksia.

Achani Samon Biaou: Palatakseni pääasiaan, taloussuunnittelu Excel-laskentataulukostani tuli kehittyneempi, kiitos osittain mallinnustaidoista, joita kehitin aikanani BCG:ssä.

Olumide Ogunsanwo: [Naurua] Se on aivan hauskaa. Opit luomaan parempia malleja BCG:ssä ja käytit sitten näitä taitoja suunnitteleessasi irtautumisstrategiaasi BCG:stä.

Achani Samon Biaou: Päivittäisin malliani viikoittain ja sisällyttäisin muutoksia kulutukseeni, lisäisin todennäköisyyksiä tulla ylennyksen nykyisen tai seuraavan kuukauden aikana, suunnittelen skenaarioita ja vain haukkuisin. Joskus tein jopa pieniä esityksiä itselleni, esitellen oivalluksia kulutustottumuksistani (tai niiden puutteesta) ja tulevien bonuksieni kehityskulkua.

Olumide Ogunsanwo: [Naurua]

Achani Samon Biaou: Minulla oli selkeä Pohjantähti ja etsin aina tapoja optimoida ympäristöni. Annan sinulle esimerkin liittyen lentoyhtiön asemaan. Taloudellisen itsenäistymisen jälkeisessä elämässäni halusin säilyttää joitain matkaetuja, koska nautin matkustamisesta. Kaikista lentoyhtiöistä, joita voisin käyttää töihin, vain yksi tarjosi elinikäisen statusedun. Suurin osa Dubain konsulteista lensi Emiratesilla Saudi-Arabiaan projekteihin sopivan ajoituksen ansiosta – he saattoivat viettää koko viikonlopun Dubaissa ja lentää ulos aikaisin ensimmäisenä työpäivänä. Päätin kuitenkin lentää Saudi Arabian Airlinesia, koska se oli osa liittoutumaa, johon kuului Air France, jota tiesin lentäväni usein saavutettuani taloudellisen itsenäisyyden. Elinikäisen platinastatuksen saavuttaminen Air Francessa oli minulle arvokkaampaa kuin Emirates-lentäminen. Matkustaisin Dubaista Bostoniin haastatellakseni MBA-tutkinnon suorittaneita ja valitsisin tarkoituksella pidemmän reitin välilaskulla Pariisissa ja lentäisin Air Francella välilaskuttoman lennon sijaan Emiratesilla. En välittänyt pisteiden ansaitsemisesta Emiratesissa; Prioriteettinani oli saavuttaa elinikäinen platinastatus Air Francen kanssa. En nähnyt pidempää matkan kestoa tai välilaskua vaivana, koska nautin todella matkustamisesta, pysähdyksistä kaupunkiin tutustumassa ja perheen ja ystävien kanssa Pariisissa viettämisestä.

Olumide Ogunsanwo: Samon, mitä sanoisit lukijalle, joka kuuntelee tarinaasi ja sanoo, että taloudellinen riippumattomuus vaatii liikaa työtä? He sanovat, ettei heillä ole aikaa tai energiaa työstää ajattelutapaansa tai luoda visioita ja tavoitteita. He haluavat helpomman ja nopeamman tien taloudelliseen riippumattomuuteen, varsinkin jos heillä on huonopalkkainen työ pienessä kaupungissa, jossa taloudellisen kasvun mahdollisuudet ovat rajalliset. Kuinka he voivat saavuttaa taloudellisen riippumattomuuden mahdollisimman nopeasti nykyisessä elämäntyylissään ilman radikaaleja muutoksia?

Achani Samon Biaou: [Hymy] Nämä ovat itse asiassa kaksi kysymystä. Ensimmäinen kysymys on: "Haluan olla laiska taloudellisen riippumattomuuden suhteen. Kerro minulle tarkalleen, mitä tehdä saavuttaakseni taloudellisen riippumattomuuden mahdollisimman nopeasti." Toinen kysymys liittyy haasteeseen haluta FI työskennellessäsi matala- tai keskipalkkaisessa työssä ja asua alueella, jolla taloudellisen kasvun mahdollisuudet ovat rajalliset.

Ensinnäkin henkilölle, joka haluaa meidän antavan heille vaiheittaisen oppaan taloudelliseen riippumattomuuteen ilman panostamista, intuitioni kertoo minulle, että he eivät todennäköisesti saavuttaisi taloudellista riippumattomuutta tällä ajattelutavalla.

Olumide Ogunsanwo: [Naurua]

Achani Samon Biaou: Ja vaikka he saavuttaisivat taloudellisen riippumattomuuden, mitä todella toivon heidän saavuttavan, he eivät ehkä todella nauti siitä. Taloudellinen riippumattomuus tarkoittaa tarkoituksen löytämistä ja taloudellisen vapauden käyttämistä sen saavuttamiseksi. Taloudellisen riippumattomuuden ydin on kestävä onnellisuus. Haluan tehdä selväksi, että taloudellinen riippumattomuus ei välttämättä tarkoita varallisuutta. Taloudellisesti itsenäiset ihmiset eivät välttämättä ole varakkaita. Kyse on taloudellisen turvan vähimmäistason saavuttamisesta, jonka avulla voit keskittyä siihen, mikä on sinulle todella tärkeää ilman heikentäviä taloudellisia huolia. Taloudellinen vapaus on vain mahdollistaja, joka antaa sinulle vapauden keskittyä siihen, mikä tuo sinulle täyttymystä murehtimatta jatkuvasti rahasta.

Olumide Ogunsanwo: Ihmisten on lähdettävä itsensä löytämisen matkalle. Tämä matka vaatii heiltä vaivaa. Samon ja minä emme voi ruokkia sinulle täsmällisiä vaiheita, joita teimme, koska se, mikä toimi meille, ei välttämättä sovellu sinun ainutlaatuiseen tilanteeseen. Aiemmin kirjassa neuvoimme sinua olemaan kopioimatta kenenkään muun elämää, vaan rohkaisemme sinua elämään omaasi. Tähän sisältyy myös elämämme kopioiminen.

Sinun on otettava vastuu ja ryhdyttävä toimiin oman elämäsi parantamiseksi. Pelkkä kirjan ostaminen ei riitä. Sinun on oltava valmis käymään läpi henkinen muutos ja lähtemään itsensä löytämisen matkalle tehdäksesi myönteisiä muutoksia elämässäsi riippumatta siitä, mitä Samon ja minä sanomme. Olet vastuussa omasta elämästäsi, ja sinun on tehtävä tarvittavat muutokset paremman tulevaisuuden luomiseksi. Muista itseluottamuksen ja itseluottamuksen periaatteet. Sinun täytyy selvittää yksityiskohdat, jotka ovat ainutlaatuisia omassa elämäntilanteessasi.

Achani Samon Biaou: Ja olen rehellinen, yksi syy, miksi voimme olla niin suoria kanssasi, on se, että aidon elämän eläminen on tärkeää meille molemmille. Olemme saavuttaneet taloudellisen riippumattomuuden, joten emme ole niin huolissamme kirjojen myynnistä kuin totuuden kertomisesta.

Olumide Ogunsanwo: Juuri niin. En välitä, jos tätä kirjaa myydään yksi tai sata kappaletta, koska olen jo taloudellisesti riippumaton. Voin olla rehellinen sinulle. Minun ei tarvitse pelleillä sinua.

Achani Samon Biaou: Jaamme muuttavaa matkaamme kohti FI:tä, koska olemme omaksuneet FI-elämäntavan varauksetta ja haluamme sytyttää sinussa mahdollisuuksien kipinän. Haluamme olla oppaitasi tarjoamalla vahvistuksen lisäksi myös kumppanuutta ja rohkaisua. Jos olet koskaan epäröinyt tavoittaa taloudellista riippumattomuutta, koska et ole nähnyt sitä omakohtaisesti, kirjamme on täällä murskaamaan nämä epäilykset. Tarinojemme ja oivalluksiemme avulla pyrimme inspiroimaan sinua ja saamaan sinut huutamaan: "Jos he voivat tehdä sen, pystyn minäkin!"

Olumide Ogunsanwo: Kaikille maahanmuuttajille, ulkomaalaisille, ulkopuolisille ja altavastaajille: Jos minusta tuli taloudellisesti riippumaton, sinäkin voit tehdä sen.

Achani Samon Biaou: Sinun on sitten lähdettävä matkallesi. Se alkaa pohtimisesta ja kyseenalaistamisesta. Muistele lapsuuttasi ja tunnista tärkeimmät hetket, jotka määrittelevät sinut. Tutki kiinnostuksen kohteitasi ja kokeile erilaisia asioita. Kehitä joukko periaatteita sen perusteella, mitä löydät. Tutustu menneisyyteen tai tarinoihin saadaksesi nämä periaatteet ja ole sitten valmis kokeilemaan ja toistamaan, kunnes löydät linjauksen arvojesi kanssa.

Olumide Ogunsanwo: Luo visio haluamastasi elämästä, aseta tavoitteita saavuttaaksesi sen ja aloita toimia joka päivä. Toista ja toista, kunnes saavutat taloudellisen riippumattomuuden. Kukaan muu ei voi tehdä tätä prosessia puolestasi, koska se on sinun elämäsi ja sinä olet siitä vastuussa.

Kun aloitat matkan ja rakennat vauhtia, on helpompi jatkaa eteenpäin. Sinun on aloitettava ja varmistettava, että sinulla on oikeat laukaisimet ylläpitääksesi vauhtia. Ajan myötä kehittyy tapana ottaa pieniä askeleita kohti tavoitettasi. Kun edistyt ja saavutat tietyn pisteen, saatat unohtaa, että olet matkalla, koska se kietoutuu jokapäiväiseen elämääsi. Matkan ja elämäsi välillä ei ole enää selvää eroa. Elät vain elämääsi samalla kun etenet kohti tavoitettasi. Mutta aloittaaksesi tämän matkan, sinun on oltava valmis ponnistelemaan ja ottamaan ensimmäinen askel eteenpäin.

Kun olin yliopistossa, opimme aktivointienergiasta. Jotta kemiallinen reaktio tapahtuisi, sinun on voitettava tietty määrä energiaa. Tarvitset jotain, joka työntää sinua riittävällä aktivointienergialla käynnistääksesi. Sitä me yritämme tarjota sinulle: vauhtia. Kirjoitan tätä innostuneena ja onnellisena, koska haluan innostaa ja energisoida sinua uskomaan mahdollisuuteen saavuttaa tavoitteesi. Toivon voivani välittää itseensä uskomisen tärkeyden ja saada sinut innostumaan edessä olevista mahdollisuuksista. Tarinassani laukaisin minut useista työpaikkojen menetyksistä ja vaikeista tilanteista. Sinulla on kuitenkin valta luoda omia menestymisen laukaisimia. Tee se tänään äläkä odota ulkoisten olosuhteiden käynnistävän taloudellisen itsenäisyyden matkasi.

Achani Samon Biaou: Ja tämä vie meidät toiseen kysymykseesi. Kuinka joku voi saavuttaa taloudellisen riippumattomuuden, kun hän työskentelee suhteellisen alhaisella tai kohtalaisella palkalla ja asuu alueella, jolla on rajoitettu liikkuvuus ylöspäin? Yksinkertaistan sen urheiluvertailulla. Kun Usain Bolt löysi kykynsä juosta ja voitti mestaruuksia, hänellä oli valinnanvaraa. Hän voisi jatkaa juoksemista väliaikaisella radalla lähellä kotiaan tai hän voisi mennä jonnekin muualle, kuten Miamiin, harjoittelemaan ja parantamaan taitojaan.

Syy miksi käytän tätä analogiaa, on se, että kaikki perustuu arvoihin. Jos kaipaat kovasti taloudellista riippumattomuutta ja ymmärrät, että nykyinen työsi pikkukaupungissa ei vie sinua sinne, löydät tavan joko toteuttaa sivuprojekteja työsi rinnalla tai tutkia mahdollisuuksia muilla paikkakunnilla. En jäänyt Beniniin odottaen saavuttavani taloudellisen itsenäisyyden. Sen sijaan muutin Eurooppaan, sitten Amerikkaan ja lopulta Lähi-itään tavoittaakseni parempia mahdollisuuksia ja saavuttaakseni taloudelliset tavoitteeni.

Voit muuttaa paikkaan, jossa on enemmän mahdollisuuksia ja palata takaisin, jos haluat. Jos kysyt itseltäsi nämä kysymykset, se voi tarkoittaa, että et ole täysin tutkinut mahdollisuuksia nykyisen sijaintisi ulkopuolella. Vastaus löytyy hellittämättömästä uteliaisuudesta kokeilla.

Olumide Ogunsanwo: Voisimme jatkaa keskustelua tuntikausia, mutta meidän pitäisi luultavasti palata tarinaan. Mainitsit leikkauksen jälkeisen suunnitelman jättää BCG.

Achani Samon Biaou: Kun aktivoin Excel-mallini, loin kaikki mahdollisuudet matkustaa yrityksen sisällä. BCG:llä oli ohjelma nimeltään Ambassador, jossa 10 % parasta konsulteista saattoi mennä toiseen maahan. Konsulttien oli valittava paikat, ja yritys pyrkii vastaamaan heidän mieltymyksiinsä. Halusin viettää vuoden Etelä-Afrikassa parantaakseni tietämystäni kiinteistösijoittamisesta, varsinkin kun minulla oli siellä jo kiinteistöjä. Tämä kokemus auttaisi minua päättämään, kohdistanko enemmän pääomaa Etelä-Afrikan markkinoille. Lisäksi Etelä-Afrikka oli edullisempi, mikä antoi minulle mahdollisuuden säästää enemmän. Nautin kokeilemisesta matkustamisen kautta ja erilaisten kulttuurien ja mahdollisuuksien kokemisesta.

Olumide Ogunsanwo: Aiheeseen liittyvään huomautukseen, minulla oli kerran Uber-kuljettaja, jolla oli kirkkaanvärinen nappikuuloke vasemmassa korvassaan. Luulin aluksi, että hän kuuntelee rap-musiikkia, mutta kävi ilmi, että hän itse asiassa käytti englannin oppimiskursseja parantaakseen kielitaitoaan.

Haasteistaan huolimatta hän oli sitoutunut itsensä kehittämiseen ja käytti hyväkseen kaikki mahdollisuudet, mukaan lukien matkustajien kuljettaminen, saavuttaakseen tavoitteensa. Tämä kohtaaminen opetti minulle, että työstä tai tulotasosta riippumatta on aina mahdollisuuksia henkilökohtaiseen kasvuun. Se vaatii selkeää suunnitelmaa, päättäväisyyttä ja jatkuvaa ponnistelua menestyäkseen. Kuvittele, missä tuo Uber-kuljettaja on kolmen vuoden kuluttua.

Nyt takaisin sinuun. Miten keksit suunnitelman täydentää BCG-palkkasi kiinteistösijoituksella? Sinulla oli jo korkeapalkkainen työ, joten mikä motivoi sinua valitsemaan tämän tien? Ja miten toteutit suunnitelmasi?

Achani Samon Biaou: Palaten lapsuuteeni, isäni oli kiinteistöalan yrittäjä, mikä antoi minulle varhaisen käsityksen omaisuuden arvostamisesta. Kun ostin kiinteistöä Etelä-Afrikasta, BCG-kollegani olivat skeptisiä ja ehdottivat sen sijaan robo-sijoittajan käyttöä väittäen, että kiinteistösijoittaminen oli haastavaa. Mutta lapsuudenkokemukseni ja kaupasta ja yrittäjyydestä tunnettu jorubatausta muovasivat näkökulmaani. Ajatus tulojen irrottamisesta ajasta resonoi minussa. Tunsin itseni rajoitetuksi myymällä aikaani, koska vuorokaudessa on vain niin monta tuntia. Kuitenkin, jos saisin tuloja jostain, joka voisi skaalata itsenäisesti, se olisi kaunista. Siksi päätin tutkia kiinteistöjä sijoitusmahdollisuutena.

Vieraillessani Etelä-Afrikassa silloisen tyttöystäväni kanssa huomasin kiinteistöjen hinnat ja olin järkyttynyt siitä, kuinka edullisia ne olivat verrattuna muihin paikkoihin, kuten Ranskaan. Se herätti uteliaisuuteni, ja muunsin hinnat dollareiksi. Pankkitililläni olevien varojen ansiosta tajusin, että voisin todella ostaa sieltä asunnon. Näkisin sen mahdollisuutena kokeilla. Monet ihmiset epäröivät usein, koska he keskittyvät kaikkiin asioihin, jotka voivat mennä pieleen. Mutta jos et tartu tilaisuuteen ja kokeile, et koskaan löydä kaikkia asioita, jotka voivat mennä oikein.

Olumide Ogunsanwo: Ylianalysointi voi ehdottomasti estää meitä ryhtymästä toimiin. Meillä on tapana rakentaa monimutkaisia malleja ja skenaarioita, joista tulee tekosyitä olla saavuttamatta tavoitteitamme. On tärkeää tasapainottaa analyysi ja rehellisyys elämän motiiveistamme ja tavoitteistamme. Sukellaan nyt kiinteistösijoitusstrategiaasi ja -taktiikaasi.

Achani Samon Biaou: Pidän tästä matkasta keskustelemisesta, koska se sisältää sekä hyvin harkittuja askeleita että tekemiäni virheitä. Mietitään ensin kontekstia. Tarkastelin sijoituksia kolmelta aikahorisontilta:

Lyhyellä aikavälillä: Keskity sijoituksiin, jotka tarjoaisivat korkean likviditeetin tuloja kattamaan seuraavan vuoden elinkustannukset. Kiinteistötuotot olivat pääasiallinen lähde sen vakauden ja ennakoitavan kassavirran vuoksi.

Keskipitkän aikavälin: Etsi sijoituksia, jotka hyötyisivät kasvusta seuraavien vuosien aikana. Keskityin osakemarkkinoihin ja joihinkin kryptoihin keskittyen kasvuosakkeisiin, mutta myös arvoosakkeet huomioiden. Osakkeet osoittavat yleensä positiivista kehitystä 2–5 vuoden aikajanalla.

Pitkällä aikavälillä: Ota suuremman riskin vetoja, joilla on potentiaalia merkittävään kassavirtaan 7–15 vuodessa. Investoin startup-yrityksiin enkelisijoittajana ja ostin maata vakaiden valuuttojen maista, joissa kasvulla on tapana kiihtyä tiettyjen tapahtumien ympärillä. Näiden pitkän aikavälin vedonlyöntien tavoitteena on nostaa rahaa merkittävän tapahtuman jälkeen, kuten listautumisannin jälkeen startup-yrityksille tai uuden vyöhykekehityksen jälkeen, tyypillisesti kymmenen vuoden kuluttua. Kotiutuksen jälkeen sijoittaisin uudelleen lyhytaikaisten omaisuuserien (kuten kiinteistöjen), keskipitkän aikavälin omaisuuserien (kuten osakkeiden) ja joihinkin pitkäaikaisiin varoihin ja toistan sitten syklin.

Olumide Ogunsanwo: Luuletko, että kasvatuksesi ja isäsi kiinteistöalan yrittäjänä ovat puolueellisia sijoitusnäkymiäsi?

Achani Samon Biaou: Olin ehdottomasti puolueellinen kasvatuksestani johtuen, mutta pysyin rationaalisena sen suhteen. Jos en olisi, olisin sijoittanut ostettaviin kiinteistöihin maihin, joissa tuotto on alhainen, kuten Beninissä tai Ranskassa. Näihin paikkoihin sijoittaminen ei kuitenkaan tuota mielekästä tuottoa, ellet hyödynnä suuria verokannustimia, vaikka asuisit siellä. Kiinteistöjen tutkiminen oli ennakkoluuloani, mutta varmistin, että se oli järkevää. Etelä-Afrikalla oli minulle strateginen perustelu, sillä alkuperäinen suunnitelmani oli jäädä eläkkeelle saavutettuani taloudellisen itsenäisyyden. Kiinteistöjen hyvän tuoton lisäksi se tarjoaisi myös suojan valuuttaliikkeitä vastaan, koska asuisin ja kuluttaisin paikallisessa valuutassa. Tämä vaikutti voimakkaasti strategiaani. Kiinteistöjen lähellä oleminen mahdollistaisi myös mahdollisten korjausten valvonnan, jos ongelmia ilmenee. Se oli järjestelmällinen päätös.

Olumide Ogunsanwo: On tärkeää olla olettamatta, että vain siksi, että ystäväsi tai perheesi ovat noudattaneet tiettyä tulonhankintastrategiaa, se sopii automaattisesti sinulle. Jos isäsi ja äitisi työskentelivät yritystyössä, se ei tarkoita, että sinun pitäisi työskennellä yritystyössä. Jos suosikkisetäsi on yrittäjä, se ei tarkoita, että sinun pitäisi olla yrittäjä. Älä rajoita heidän kokemuksiaan. Tutki kaikkia mahdollisuuksia ja tee päätöksiä omien olosuhteidesi ja toiveidesi perusteella. Meillä kaikilla on ennakkoluuloja ja mieltymyksiä, mutta on ratkaisevan tärkeää lähestyä päätöksiä laajemmasta näkökulmasta ja toimia aktiivisesti niiden voittamiseksi. Muuten saatat menettää todellisen kutsumuksesi vasta paljon myöhemmässä elämässä. On tärkeää luoda vahva alustava kehys päätöksenteolle, koska joitain strategioita voi olla vaikea kääntää. Samon, voisitko myös jakaa ikäsi ja ajattelutapasi, kun aloit tutkimaan kiinteistösijoituksia?

Achani Samon Biaou: Aloin sijoittaa kiinteistöihin 30-luvun alussa, pian BCG:hen liittymisen jälkeen ja kun taloudellisen riippumattomuuden tavoitteeni oli vielä alle miljoona dollaria. Tajusin kuitenkin pian, että tämä tavoite oli liian pieni ja sitä oli nostettava merkittävästi.

Aloitin kolmen horisontin strategialla, ja kiinteistöt vaikuttivat hyvältä omaisuusluokalta lyhyellä aikavälillä, koska odotin tarvitsevani vuokratuloja kahden vuoden kuluttua lähtiessäni BCG:stä. Tutkin eri maita, ja Etelä-Afrikka tarjosi maana arbitraasimahdollisuuden. Sillä oli suurempi väestö vuokraamassa kuin ostamassa alemmalla sosioekonomisella tasolla, ja valuutan heikkeneminen oli jonkin verran ennustettavissa ja hallittavissa globaalien shokkien ja kriisien ulkopuolella. Maalla oli itsenäinen ja tehokas keskuspankki ja resurssirikas, joten äkillinen jyrkkä valuutan devalvaatio, kuten Zimbabwessa, Argentiinassa tai Venezuelassa, oli epätodennäköistä.

Kvalitatiivisen tutkimukseni mukaan eteläafrikkalaisilla on taipumus priorisoida elämästä nauttiminen nyt ja vuokraaminen pidemmäksi ajaksi. Tämä tarkoitti, että pystyin määräämään korkeampia vuokria tietyille väestöryhmille ja kiinteistötyypeille, mikä johti korkeampiin käyttöasteisiin. Minulla on ollut hyvin lyhyitä tyhjiä jaksoja kaikissa kiinteistöissäni lukuun ottamatta yhtä vahingossa ostamaani huippuluokan luksustilaa.

Olumide Ogunsanwo: [Vau]

Achani Samon Biaou: Tässä on toinen tärkeä kohta: Vuokra-asuntoihin sijoittamisen yhteydessä on tärkeää muistaa, että vuokrattavan talon ei välttämättä tule olla se talo, jossa kuvittelet asuvasi. Luksus- tai korkealuokkaiset kiinteistöt eivät usein tuota toivottua taloudellista tuottoa, koska vuokratulot eivät usein oikeuta niihin liittyviä kuluja. Harkitse sen sijaan vaihtoehtoisten keinojen tutkimista. Esimerkiksi Etelä-Afrikassa yliopiston lähellä olevan talon muuttaminen pieniksi studiotyylisiksi yksiköiksi voi tuottaa vaikuttavan 20

%:n tuoton edellyttäen, että siihen liittyy huolellinen toiminnanohjaus.

Olumide Ogunsanwo: Vaikuttavat paluut. Millaisen asunnon ostit?

Achani Samon Biaou: Kohdeasiakkaani oli ala- ja keskiluokka, ja keskityin pienimpiin mahdollisiin yhden makuuhuoneen asuntoihin. Korkeatasoisissa kiinteistöissä ei ollut järkeä kassavirran tuottamiseen, ja alemman luokan kiinteistöt vaativat paikan päällä työtä, josta en ollut kiinnostunut. Alemmassa keskiluokassa kohdistan kohteeksi henkilöt, jotka olivat vain aloittamassa uransa tai jotka olivat juuttuneet vähäisen liikkuvuuden pyörteeseen, mutta silti työllistettävissä. Heillä oli varaa 1 makuuhuoneen asuntoon. Erottaakseni kiinteistöni ostin rakennuttajilta, joilla oli houkuttelevia mukavuuksia kiinteistössä, kuten Montessori-koulu, suuri uima-allas ja kuntosalipalvelut paikan päällä. Etelä-Afrikassa kiinteistöt tai kompleksit tällaisilla mukavuuksilla ovat erittäin kysyttyjä, mikä vaikuttaa vuokrakysyntään.

Tarjontapuolella kehittäjät tekivät pohjatyön. He tiesivät, missä seuraava junalinja olisi, minne Deloitte rakensi seuraavaa pääkonttoriaan ja missä seuraava koulu sijaitsisi. Tein enimmäkseen yhteistyötä luotettavien kehittäjien kanssa sijainnin, aikataulun mukaisen valmistumisen, laadukkaan viimeistelyn ja mukavuuksien suhteen. Etelä-Afrikan kiinteistöjä kehitetään vaiheittain, joten panostin varhain, kun asunnot olivat vielä rakenteilla ja epäröivät ostajat pitivät hinnat alhaisina. Tarjonta oli rajallinen ja kysyntä hyvä. Palveluita lähempänä olevat asunnot vuokrattiin nopeammin koko kehitystyön valmistuttua.

Kiinteistöihin sijoittamiseen liittyy monia tekijöitä. On parasta aloittaa pienemmistä kiinteistöistä ja hallita niitä aktiivisesti ottamalla käyttöön järjestelmiä vuokralaisten löytämiseksi, työmäärän minimoimiseksi ja kulujen seuraamiseksi Excelin kaltaisten työkalujen avulla. On myös tärkeää pysyä ajan tasalla veroista ja mahdollisista maksujen korotuksista.

Olumide Ogunsanwo: Yhteenvetona voidaan todeta, että vuokrasijoitusstrategiasi Etelä-Afrikassa keskittyi yhden makuuhuoneen asuntoihin pieni- ja keskituloisille uran aloittaville. Teit yhteistyötä kehittäjien kanssa, jotka suorittivat asianmukaista tutkimusta ja kehittivät asian oikein. Analysoit ylärajakursseja, veroja, inflaatiota ja valuuttakursseja. Arvostan periaatteita, joita tässä korostat.

Achani Samon Biaou: Jos en olisi käynyt läpi kaikkea sitä, en olisi oppinut näitä arvokkaita oivalluksia. Olisin ostanut kiinteistön ymmärtämättä, miksi se ei tuottanut tulosta, ja olisin masentunut tulevista investoinneista. Yksi lisäkohta, jonka haluaisin jakaa ja joka oli tärkein syy, miksi ostin asunnon Etelä-Afrikasta, on edullisuus. Voit ostaa nämä 1 makuuhuoneen yksiköt vain 40 000 - 70 000 dollarilla.

Olumide Ogunsanwo: 1 makuuhuoneen asunto kyseiseen hintaluokkaan. Se voi olla mukavaa, jos ROI toimii.

Achani Samon Biaou: Se pakottaa sinut kysymään oikeita kysymyksiä, kiinnittämään huomiota ja oppimaan oikeat opetukset. Kun rahasi ovat vaarassa, kysyt todennäköisemmin oikeita kysymyksiä. Lisäksi, kun jotain tapahtuu, ota siitä oikeat opit. Ihon saaminen pelissä on ratkaisevan tärkeää. Etelä-Afrikassa voin tällä hetkellä saavuttaa 7–8 prosentin tuoton (ilman tuloveroa) vuokratuloista. Tämä tarkoittaa, että tuotto ennen veroja on 10%+. Vaikka kattokorko on hyödyllinen vertailukohta kiinteistöjen tuotoksille, taskussasi olevat nettotulot ovat silti alhaisemmat kulujen, kuten verojen ja agenttipalkkioiden, vuoksi. Vuokratuoton lisäksi hyödyn myös pääoman kasvusta. Vuosien mittaan näen sijoitukseni tyypillisesti 3–7 prosentin vuotuisen kasvun, ja tämä trendi voi jatkua vähintään 7 vuotta ennen kuin tasaantuu. Tietysti on tärkeää tietää oikea aika myydä. Kun kaikki nämä tekijät otetaan huomioon, kiinteistösijoitus voi olla yksi kannattavimmista ja vähäriskisimmistä sijoituksista, joka on monen ulottuvilla.

Olumide Ogunsanwo: Selvä, Samon, nyt kun ymmärrämme strategiasi alun ja lopun, puhutaanpa keskeltä. Miten määritit hankittavien kiinteistöjen määrän? Miten päätit kuinka suureksi haluat mennä?

Achani Samon Biaou: [Hymy] Olen iloinen, että kysyit. Olen samaa mieltä, että keskipiste on ratkaiseva. Aluksi minun piti kokeilla, koska minulla ei ollut aiempaa tietoa kiinteistösijoittamisesta.

Olumide Ogunsanwo: Uteliaisuuden ja kunnianhimoisuuden periaate tulee esiin tässä. Olit tarpeeksi utelias tutkiaksesi ja tarpeeksi kunnianhimoinen oppiaksesi, mitä tarvitsit päästäksesi haluamaasi paikkaan.

Achani Samon Biaou: Strategiani oli sijoittaa 10–20 prosenttia nettovarallisuudestani keskipitkällä ja pitkällä aikavälillä, ja 80 prosenttia keskittyi kiinteistöihin ja joihinkin korkeatuottoisiin talletuksiin. Ymmärsin heikkouteni, joka oli se, että ilman kurinalaista sijoitusstrategiaa rahat joko menisivät ei-tuotannollisiin menoihin tai olisivat käyttämättömänä käyttötililläni. Kurin ylläpitämiseksi varmistin, että käytän edelleen rahojani. Otin käyttöön järjestelmän, jossa pankkitililläni ei koskaan ollut yli 1 000 dollaria koko urani aikana BCG:ssä.

Olumide Ogunsanwo: On syytä huomata, että saavutit kaiken tämän työskennellessäsi BCG:ssä, joka on yksi maailman vaativimmista tehtävistä. Se herättää kysymyksen, mitä tekosyytä muilla on olla tutkimatta mahdollisuuksia työskennellessään? Samon ei keksinyt tekosyitä.

Achani Samon Biaou: Ehdottomasti. Ihmiset, älkää keksikö tekosyitä. Työskentely BCG:llä oli kaukana 9-5 työstä. Aloitin usein työt klo 9.30 ja menin nukkumaan kahden aikaan. Palatakseni nyt tarinaan, mitä tämä lähestymistapa tarkoitti? Se tarkoitti sitä, että minulla oli vuosisuunnitelma kiinteistöjen ostosta ja sitoutunut ei-palautettaviin talletuksiin ja lyhytaikaisiin luottolimiitteihin. Tämä tarkoitti, että maksoin kiinteistöistä, jotka olin jo sitoutunut ostamaan. Pidin kalenteria kaikista mielenkiintoisista uusista tapahtumista Johannesburgissa ja Kapkaupungissa. Tämä tarkoitti sitä, että heti kun palkkani tuli tililleni, seuraavana päivänä se siirrettiin jonnekin kiinteistön ostoon tai osakkeisiin sijoittamiseen. Näin vain 600–800 dollarin kuukausikustannukset, jotka kattoivat välttämättömät elinkustannukset. Ei ollut turhaa käteistä, joka houkutteli minua tarpeettomiin ostoihin. Tämä lähestymistapa heijasteli arvopohjaista kuluttamistani ja essentialismiani.

Olumide Ogunsanwo: Etkö voisi siirtää rahaa takaisin tilillesi?

Achani Samon Biaou: Ei, se meni suoraan kehittäjälle. Olin jo maksanut ei-palautettavat talletukset koko vuodelta, ja lisäsin juuri maksuja. Jos en lisäisi, menettäisin omaisuuden. Kun varat olivat escrowissa, en voinut muistaa niitä, ellei ollut oikeudellista ongelmaa. Sitoutuneita varoja ei voitu siirtää, edes hätätilanteessa. Käytin luottokortteja hätätapauksissa.

Olumide Ogunsanwo: Selvä. Ennakkoon sitoutuminen on kriittistä.

Achani Samon Biaou: Aivan. Selvennetään tarkemmin. Otin kalenterin kaikista mielenkiintoisista uusista tapahtumista Etelä-Afrikassa ja laskin mahdolliset tuotot. Esitin itselleni kysymyksiä, kuten "Onko tämä paikka todella lupaava? Onko suunnitelmia junalinjan jatkamiseksi?" Arvioin vuotuiset kokonaistuloni BCG:ssä ja ilmoitin sitten kehittäjille, että ostaisin viidestä kymmeneen kiinteistöä vuodessa. Tunsin jokaisen korkeatuottoisen kiinteistön Etelä-Afrikassa ja minulla oli selkeä suunnitelma siitä, kuinka monta kiinteistöä haluan ostaa vuosittain sekä milloin ja kuinka paljon minun piti siirtää kehittäjille. Jotkut kysyvät minulta odottamattomista tapahtumista, ja minun tapani käsitellä niitä oli yksinkertainen. Korkealla palkalla sain luottokortin, joka toimi puskurina palkkojen välillä.

Olumide Ogunsanwo: Ne, jotka käyttävät odottamattomia tapahtumia tekosyynä, eivät ymmärrä pointtia. Sen sijaan, että ratkaisisit poikkeavia skenaarioita, meidän tulisi suunnitella todennäköisimpiä mediaaniskenaarioita ja ottaa vakuutus tai suoja poikkeavia tilanteita varten. Jos esimerkiksi ostat katumaasturin vain siksi, että joudut toisinaan kuljettamaan neljää ystävääsi, vaikka autosi on 99 % ajasta tyhjä, maksat todennäköisesti liikaa kuljetuksesta. Vastaavasti, jos maksat kolmen makuuhuoneen talosta, koska perheesi vierailee kahdesti vuodessa tai koska et ole varma, milloin vieraiden tulee jäädä luoksesi, vaikka makuuhuoneet ovat tyhjiä 99 % ajasta, olet todennäköisesti maksaa liikaa asumisesta. Tämä on yleinen sudenkuoppa matkalla kohti taloudellista riippumattomuutta: maksaminen vajaakäytöstä johtuen poikkeavien skenaarioiden ratkaisemisesta. Valitettavasti ylimääräiset makuuhuoneesi voivat viivästyttää taloudellisen riippumattomuuden tavoiteaikatauluasi 5–10 vuodella.

Achani Samon Biaou: Olen täysin samaa mieltä. Sallikaa minun tiivistää tämä sijoitusosio muutamalla keskeisellä idealla. Ensinnäkin sinulla on oltava visio taloudellisesta riippumattomuudesta. Minun tapauksessani halusin muuttaa Etelä-Afrikkaan, koska nautin siellä asumisesta. Laskin elinkustannukset ja otin huomioon maailmanlaajuiset matkat sekä lisäsin puskurin. Sitten käänsin nämä taloudelliset tavoitteet lyhyen, keskipitkän ja pitkän aikavälin tavoitteiksi. Kehittelin suunnitelman hankkia toistuvia tuloja asumismenoihin, mikä sisälsi 1 makuuhuoneen asuntojen oston, osakesijoittamisen tavoitteenaan saada voittoa 2+ vuodessa ja enkelisijoituksia yrityksiin tavoitteenaan saada voittoa 5+ vuodessa. vuotta. Lopuksi loin sitoutumismekanismit suunnitelman kurinalaisen toteuttamisen varmistamiseksi.

Olumide Ogunsanwo: Kyllä, kun tunnemme olomme liian mukavaksi, tulemme omahyväisiksi emmekä ryhdy toimiin.

Achani Samon Biaou: Suunnittelemani sitoumusmekanismi oli talletuksen maksaminen etukäteen. Oletetaan, että halusin ostaa viisi kiinteistöä, joista jokainen maksaa 5 000 dollaria vuodessa. Maksoin tammikuussa kaikki 25 000 dollaria kaikista viidestä kiinteistöstä, eikä tätä talletusta palautettu. Minulla ei ollut keinoa peräántyä. Tein häikäilemättömästi. Sillä välin hallinnoin asumiskulujani arvopohjaisten kulujen perusteella ja asetin budjetin 600-800 dollaria kuukaudessa Dubaissa. Joinakin kuukausina se ylitti tämän, mutta minun ei tarvinnut budjetoida enempää kuin 800 dollaria, koska pystyin kattamaan ylijäämän luottokortillani. Kun sain seuraavan palkkani, kuitasin velan ennen kuin luottokorttimaksut tulivat.

Sitten tein tiukan tutkimuksen ja muokkasin malliani sen mukaan. Aluksi ostin sekä 2- että 1-makuuhuoneen kiinteistöjä. Huomasin kuitenkin pian, että 2 makuuhuoneen asunnoissa oli korkeampi vajaakäyttöaste, koska lapsiperheet, jotka tyypillisesti vuokraavat tällaisia asuntoja, muuttavat harvemmin kuin nuoret parit tai poikamiehet. Se oli ensimmäinen virheeni, ja sain tietää, että 2 makuuhuoneen asuntojen tuotto ei ollut suotuisa edes täydellä käyttöasteella. Menetin tuhansia dollareita, myin ne kiinteistöt ja sijoitin uudelleen kannattavampiin.

Olumide Ogunsanwo: Kyllä, juuri siitä keskustelimme – tavoitteiden asettamisesta ja kääntymisestä. Asetat tavoitteen, aloitit sen toteuttamisen ja teit muutoksia edistymisesi perusteella. Seuranta on välttämätöntä.

Tulee myös aikoja, jolloin ihmiset kyseenalaistavat valintasi ja se voi olla stressaavaa, mutta sinun on aina muistettava "miksi". Samonin "miksi" oli hänen halunsa taloudelliseen riippumattomuuteen. Siksi hän kesti stressin löytää oikeita kumppaneita, oikeaa maata, kuten Etelä-Afrikka, ja oikeantyyppisiä asuntoja – yhden makuuhuoneen asuntoja. Hän pohti, kuinka saada tuloja, kenen kanssa tehdä yhteistyötä ja millaisia vuokralaisia houkutella. Se saattaa kuulostaa pelottavalta, mutta veikkaan, että se ei ollut niin stressaavaa Samonille, koska hänellä oli selkeä päätavoite ja hän teki muutoksia, kun eteni sitä kohti.

Achani Samon Biaou: Yksi asia, jota en aiemmin maininnut ja joka lisäsi merkittävästi vauhtiani, oli se, kun aloin ansaita ensimmäiset 1 000 dollarin passiiviset kuukausitulot muutaman kuukauden sisällä. Sitten se kasvoi 2 000 dollariin ja jatkoi kasvuaan. Tein edelleen työtäni ja pysyin arvopohjaisessa kulutuksessa. Investoin vuokratulot useampaan asuntoon. Se antoi minulle turvallisuuden tunteen, kun tiesin, että vaikka menettäisin työpaikkani, voisin asua yhdessä asunnossani ja kerätä vuokraa muilta. Se oli täyttävää. Lisäksi, koska minulla oli uusi tulovirta, jota en käyttänyt, hienosäädin rahoitusmalliani. Nykyään voin ostaa pari uutta kiinteistöä joka vuosi pelkästään kerryttämilläni vuokratuloilla. Muutaman viime vuoden aikana olen asunut mukavasti Dubaissa, Pariisissa tai San Franciscossa, kun taas Etelä-Afrikan kiinteistöt ostivat käytännössä itsensä. Minun ei tarvitse sijoittaa ylimääräistä rahaa, ellen päätä kuluttaa paljon muihin asioihin nyt, kun olen FIREDOMissa [Smile].

Olumide Ogunsanwo: Uskomatonta. Mikä tarina. Jos voisit tiivistää tärkeimmät huomiot ihmisille, jotka ymmärtävät, että kiinteistö on tapa tuottaa tuloja, mutta jotka saattavat tuntea pelkoa tai epävarmuutta siitä, mitä tehdä, mitä he olisivat?

Achani Samon Biaou: Hanki ensin peruskoulutusta tietystä sijainnista ja sijoitustyypistä. Opi ansaitsemaan rahaa kiinteistövuokrauksesta, ymmärtämään tuottoa ja pääoman arvonnousua ja tutustumaan tyypillisiin kuluihin. Lue niin paljon kuin löydät netistä. Toiseksi, keskity yleisstrategiaasi. Mitkä ovat taloudellisen riippumattomuuden tavoitteesi? Onko kiinteistö linjassa näiden tavoitteiden kanssa? Kiinteistö voi olla hyvä vaihtoehto, mutta on monia muita mahdollisuuksia, jotka saattavat sopia sinulle paremmin. Jos päätät kiinteistöstä, aloita kohdennettu tutkimus. Mitä maita kannattaa harkita? Millaisia kiinteistöjä? Älä tyydy yleistietoon; hakea erikoisosaamista.

Olumide Ogunsanwo: Älä rajoita itseäsi etsimään kiinteistöjä vain siellä, missä asut. Älä ajattele, että vain siksi, että asut Denverissä, Coloradossa, sinun täytyy omistaa siellä omaisuutta. Se on epäsuoran FOMO:n muoto. Denverissä asuminen ei tarkoita, että olisit jumissa siellä. Samon oli Dubaissa ostamassa omaisuutta Etelä-Afrikasta. Muista, että olet ihminen, jolla on rajattomat mahdollisuudet maailmankansalaisena. Ajattele laajasti.

Achani Samon Biaou: Sijoitin myös kiinteistöihin Isossa-Britanniassa ja tutkin mahdollisuuksia Atlantassa. On tärkeää kouluttaa itseäsi näistä vaihtoehdoista. Aloita talouslukutaidosta ja tavoitteiden asettamisesta. Suorita perusteellinen due diligence alan asiantuntijana. Pyydä neuvoja verkostosi henkilöiltä, joilla on tietoa kiinteistösijoituksista. Neljän tai viiden henkilön kuulemisen pitäisi antaa sinulle riittävästi tietoa tehokkaista strategioista ja mahdollisista sudenkuopat. Kun olet tunnistanut tietyn tyyppisen sopimuksen, kuten vaihtamisen tai osta-pidä-myy, kerää alkutietopisteitä ohjaamaan kokeiluasi. Kokeile strategiaasi pienin kustannuksin, mutta rakenna kokeilusi siten, että huomaat sen epäonnistumisen vaikutuksen.

Olumide Ogunsanwo: Kyllä, halvalla, mutta pelissä on hieman skiniä. Sekä dollarien että ajan sijoituksesi.

Achani Samon Biaou: Aivan, dollareita ja aikaa. Valitettavasti maailma on täynnä huijareita. Noin 90 % YouTubesta tai Twitteristä löytämistäsi asioista on joko vääriä tai tarkoituksellisesti puutteellisia, koska kaikki yrittävät kiinnittää huomiosi. Ymmärtääksesi todella, sinun on hankittava käytännön kokemusta.

Älä luota vain muiden tietoosi.

Olumide Ogunsanwo: [Naurua] Huuta YouTubeen ja Twitteriin.

Achani Samon Biaou: [Hymy] Ehdottomasti. Jokainen sanoo mitä ajattelee kiinnittävän huomiosi. Sinun täytyy päästä ulos ja hankkia todellista kokemusta. Muuten tulet polttamaan.

Kolmanneksi ei ole pikanäppäimiä. Jotkut ihmiset saattavat kysyä: "Anna minulle vain kolme asiaa." No, kolme ehdottamani asiaa perustuvat kokemukseeni. Todennäköisesti on vielä kolme asiaa, jotka koskevat sinua. Älä pelkää hankkia omia kokemuksiasi sen sijaan, että odotat aina oppivasi muilta.

Neljänneksi, opi. Jos sijoitat Etelä-Afrikkaan ja menetät rahaa oppimatta mitään, olet todella menettänyt kaiken. Vaikka menetätkin rahaa, opi siitä. Älä tee tunneperäisiä tai pinnallisia johtopäätöksiä. Oletan, että kaikilla tällä tasolla on vähän kriittistä ajattelua. Jos kiinteistösi ei houkuttele vuokralaisia, älä tee hätiköityjä johtopäätöksiä, kuten "Voi, Etelä-Afrikka on täyttä roskaa." Yritä ymmärtää, miksi et saanut vuokralaisia ja menestyvätkö muut. Miten ne houkuttelevat vuokralaisia? Näin saat arvokasta tietoa siitä, miksi yksikkösi ei houkuttele vuokralaisia. Saatat silti peruuttaa sijoituksesi, mutta teet sen ainakin ymmärtäen täysin "miksi".

Viidenneksi ja lopuksi luo sitoutumismekanismeja. Me kaikki kohtaamme kiusauksia. Minimoi työ, joka sinun on tehtävä asettamalla itsesi tilanteisiin, joissa sinun ei tarvitse edes ajatella sitä. Minun tapauksessani sitouduin ostamaan tietyn määrän kiinteistöjä ja maksoin mojovan ei-palautettavan talletuksen, mikä vaikeutti mieltäni muuttamista.

Lopuksi totean, että suoritettuani kauppakorkeakoulun lähdin matkalle kohti taloudellista riippumattomuutta. Aluksi minulla oli naiivi malli, jossa pyrin saavuttamaan taloudellisen riippumattomuuden kahden vuoden kuluessa konsultoinnista ja sitten rakentamaan kouluja pienituloisille opiskelijoille. Uskoin, että elämäni tarkoitus oli tehdä jalompia ja merkityksellisempiä pyrkimyksiä pelkän rahan ansaitsemisen lisäksi. Terveyteni pakotti minut kuitenkin arvioimaan uudelleen. Tajusin, että mikään ei ole taattua, ja halusin olla taloudellisesti vapaa, jotta voisin keskittyä asioihin, joilla on todella merkitystä. Silloin loin Excel-mallin saavuttaakseni nopeimman poistumisen yritySelämästä. Toteutin suunnitelmani, tartuin tilaisuuksiin ja noin viiden vuoden jälkeen BCG:ssä saavutin taloudellisen riippumattomuuden 30-luvun puolivälissä.

Olumide Ogunsanwo: Haluan toistaa jotain tärkeää yleisöllemme. Emme ehdota, että lukijoiden pitäisi ostaa 1 makuuhuoneen asuntoja Etelä-Afrikasta, kuten Samon teki. Tärkeintä on luoda visio ja suunnitelma taloudellisesta riippumattomuudesta. Kehitä suunnitelma lyhyelle ja pitkälle aikavälille ja aloita toimia samalla kun mukaudut matkan varrella, kun saat uutta tietoa. Itse asiassa pohdimme, sisällytetäänkö kirjaan Samonin kiinteistösijoittamisen yksityiskohdat, jotta ihmiset eivät keskittyisi liiallisesti taktiikoihin tärkeämmän kattavan vision ja strategian sijaan.

Jos luet tarinoitamme ja ajattelet, että sinun pitäisi yrittää jäljitellä polkuamme taloudellisen itsenäisyyden saavuttamiseksi 30-vuotiaana, et ymmärrä pointtia. Tavoitteena ei ole kiirehtiä kohti taloudellista riippumattomuutta. Tavoitteena on elää elämää omilla ehdoillasi. Korostamme tätä jatkuvasti, koska edes minulla ei ollut elämääni kartoitettu etukäteen. Minulla oli visio ja pysyin avoimena mahdollisuuksille. Esimerkiksi, jos en olisi keskustellut Michael Sunin kanssa, en olisi hakenut MIT:hen. Jos en olisi kohdannut haasteita työssäni, en olisi mennyt Oxfordiin. Minulla oli pohjoinen tähti, ei ennalta suunniteltu elämänkartta. Pohjoinen tähti oli ja elää tarkoituksellisesti ja aidosti.

Se sinun pitäisi ottaa pois tästä kirjasta. Kuinka voit elää elämää, jota todella haluat? Mitä toimia sinun tulee tehdä? Mitä arvoja kannattaa asettaa etusijalle? Keskustelemme myöhemmin erityisistä taktiikoista tulojen ja tulojen tuottamiseksi tarkoitukseen. Mutta ajattelutapa ja tavoitteiden asettaminen ovat ensiarvoisen tärkeitä. Sinun täytyy uskoa, että FI on mahdollista sinulle.

Kuten kirjassa aiemmin mainitsin, elinajanodote kehitysmaissa on noin 50 vuotta, kun taas kehittyneissä maissa se on 70-80 vuotta. Kun otetaan huomioon tämä rajallinen aika, jos olet jo 20- tai 30-vuotias ja kuuntelet tätä kirjaa, sinulla on rajallinen määrä aikaa luoda merkityksellinen ja täyttävä elämä. Joten miksi et olisi rohkea ja kokeilisi jotain erilaista? Mikä on pahinta mitä voi tapahtua? On parempi elää tarkoituksenmukaista elämää kuin vain mennä virran mukana, koska se ei välttämättä johda sinua sinne, missä todella haluat olla.

Achani Samon Biaou: Elä elämääsi todellakin. Ajattele taloudellista riippumattomuutta keinona irtautua ennalta määrätyltä polulta, jonka elämä usein asettaa meille. Perinteinen polku käskee työskentelemään 65-70-vuotiaaksi ja jäämään sitten eläkkeelle. Jotkut työskentelevät 65-vuotiaaksi asti ja keräävät huomattavaa varallisuutta, mutta silti tuntevat olevansa hukassa, koska heillä ei ole koskaan ollut mahdollisuutta tutkia todellista identiteettiään tai harjoittaa intohimojaan.

Taloudellinen riippumattomuus antaa sinun kirjoittaa käsikirjoituksen uudelleen. Sinun ei tarvitse odottaa 70-vuotiaaksi kysyäksesi itseltäsi: "Kuka minä olen?" tai "Missä haluan viettää lomani?" Käännä sen sijaan käsikirjoitusta varhain aktiivisina vuosinasi. Aloita ymmärtämällä, kuka olet ja mikä todella tuo sinulle iloa. Kuvittele, että teet jotain, jota rakastat loputtomiin, rahallisesta korvauksesta riippumatta. Mieti sitten, kuinka pääset siihen pisteeseen mahdollisimman nopeasti ilman jatkuvaa huolta rahasta. Tämä oli myöhäinen uratarinani kauppakorkeakoulun jälkeen.

Olumide Ogunsanwo: Arvostan, että jaat merkittävän tarinasi. Kun lähdet taloudellisen riippumattomuuden tielle, koet kasvavaa mukavuuden, jännityksen ja onnen tunteen. Luottamuksesi kohoaa, kun todistat edistymistäsi. Aivomme on johdettu tuomaan meille iloa, kun tunnemme edistymistä kohti toiveitamme. Kaikki tämä voi kuitenkin tapahtua vain, jos otat tämän ratkaisevan ensimmäisen askeleen. Ilman aloittamista et voi koskaan saavuttaa täyttymispistettä. Joten rohkaisen sinua aloittamaan tänään. Itse asiassa aloita heti. Laita sivuun tämä kirja ja aloita houkuttelevan vision luominen ja päivittäisten toimien tekeminen taloudellisen tulevaisuutesi eteen. Nähdään seuraavassa luvussa!

6C: Tulojen maksimoimisen periaatteet ja arvoihin perustuvat menot

Olumide Ogunsanwo: Tervetuloa tähän lukuun, jossa tutkimme tulojen maksimoimisen ja arvoihin perustuvan kulutuksen periaatteita. Jaamme sen kolmeen osaan: periaatteiden määrittely, keskustelu siitä, kuinka ne nopeuttavat taloudellista riippumattomuutta, ja resurssien suositteleminen jatko-oppimiseen. Aloitetaan sukeltamalla tulojen maksimointiin.

Achani Samon Biaou: Mielestäni analogiat auttavat ymmärtämään paremmin käsitteitä. Olet todennäköisesti perehtynyt startup-yrityksiin ja siihen, kuinka ne keräävät rahaa sijoittajilta. Yrityksen arvo määrittää sen arvon. Ajattele nyt itseäsi startup-yrityksenä, jolla on tietty arvostus. Tulojen maksimointi on prosessi, jossa selvitetään todellinen arvosi ja selvitetään, kuinka saat siitä maksun.

Olumide Ogunsanwo: Tulojesi maksimointi on yksi vaikuttavimmista tekijöistä, ellei kaikkein vaikutusvaltaisin, matkalla kohti taloudellista riippumattomuutta. Vaikka taloudellinen riippumattomuus on mahdollista saavuttaa pienemmilläkin tuloilla, se on yleensä haastavampaa. Joten miksi et hyödyntäisi suurinta voimavaraasi – inhimillistä kykyäsi – tuottamaan tuloja? Sitä tutkimme tänään: tulojen maksimointia. Kannustan lukijoita tutkimaan tarjolla olevia monia vaurauttamismahdollisuuksia. Aloita arvioimalla vaihtoehtoja, jotka vastaavat tietojasi, taitojasi, kiinnostuksen kohteitasi, ympäristöäsi ja suhteitasi. Tässä on joitain keinoja vaurauden luomiseen:

Ensinnäkin on perinteinen työ tai ura. Vaihdat aikasi ja taitosi yrityksen palkkaan. Työllisyys voi tarjota tasaisen tulon, mutta se ei välttämättä tarjoa samaa kasvupotentiaalia kuin yrittäjyys.

Toiseksi yrittäjyys ja itsenäisyys. Voit kehittää tuotteita tai palveluita, jotka parantavat asiakkaiden elämää, kuten kirjoja, kursseja, blogeja, podcasteja tai jopa perustaa franchising-sopimuksen. Toinen vaihtoehto on perustaa ammatti, kuten lääkäriksi, lakimieheksi, kirjanpitäjäksi ja niin edelleen. Vaihtoehtoisesti voit tarjota palveluita, kuten freelancerina, valmennusta, konsultointia tai jopa osallistua keikkatalouteen. Yrittäjyys voi olla palkitseva tapa kerätä varallisuutta, vaikka siihen liittyykin suurempi epäonnistumisen riski.

Nämä kaksi ensimmäistä vaihtoehtoa voidaan toteuttaa ilman etupääomaa. Lisäksi kolmas vaurauttamisväylä on investointeja, jotka vaativat alkupääomaa. Sijoitukset voivat tuottaa tasaista tuloa ajan mittaan, mutta niihin liittyy myös taloudellisten menetysten riski. Luvussa 6A käsittelimme ESIPL-kehyksen mukaisia sijoitustyyppejä, mukaan lukien julkiset markkinasijoitukset, kiinteistöt, riskipääoma, yksityinen pääoma, enkelisijoittaminen, kryptovaluutat, hyödykkeet, valuuttakauppa, keräilykohteet, vertaislainat ja talletustilit. kiinnostuksen kohde. Keskitymme siis enemmän työ- ja yrittäjyysväyliin, koskettamalla lyhyesti julkisia sijoituksia ja kiinteistöjä, koska ne ovat usein lupaavimpia sijoitusmahdollisuuksia monille.

Suljin tarkoituksella pois uhkapelit, lahjat, apurahat, satunnaiset tapahtumat, vakuutusmaksut, lottovoitot ja perinnön vaurauttamisvaihtoehtoina, koska FIREDOM keskittyy systemaattisiin ja kestäviin tapoihin vaurauden kasvattamiseen sen sijaan, että luottaisi onnellisiin ja harvinaisiin tapahtumiin.

Nämä vaihtoehdot eivät sulje toisiaan pois, ja useita polkuja voidaan jatkaa samanaikaisesti. Lisäksi tässä mainitut esimerkit edustavat vain murto-osaa käytettävissä olevista vaihtoehdoista. Avain vaurauden luomiseen on tarjota jotain arvokasta, jota muut haluavat tai tarvitsevat. Tämän seurauksena ei voi koskaan olla tyhjentävää luetteloa vaurauden luomisvaihtoehdoista, koska ihmisten tarpeet kehittyvät jatkuvasti, mikä avaa uusia mahdollisuuksia vaurauden luomiselle joka päivä.

Achani Samon Biaou: Ehdottomasti. Arvostan sitä, kuinka esitit sen. Se on helppo ymmärtää ja konkreettinen, etenkin niille, jotka ovat aloittamassa tai jotka tarvitsevat luovuutta tässä prosessissa.

Haluaisin lisätä toisen ulottuvuuden: arvostusnäkökohdan. Missä tahansa urasi vaiheessa sinun pitäisi pystyä istumaan alas ja kysymään itseltäsi: kuinka paljon elämäni henkisen pääoman, energian ja luonteeni arvoinen on? Se on haastava kysymys vastata. Sieltä tulee seuraava askel – arvostusmenetelmien selvittäminen, samanlainen kuin Olumide mainitsi. Kerron oman esimerkkini: Kun työskentelin Deutsche Telekomissa teknisenä konsulttina, suoritin maisterin tutkinnon tietojenkäsittelytieteestä ja sähkötekniikasta. Minulla oli etuna maantieteellinen joustavuus ja matkustusmahdollisuudet mutkattoman passin ansiosta. Siksi voisin arvioida, kuinka arvokas voisin olla kussakin mainitsemassasi kategoriassa, Olumide. Minun tapauksessani minulla oli työ ensimmäisessä kategoriassa.

Olumide Ogunsanwo: Kyllä, on tärkeää ottaa huomioon palkka, jota voit odottaa taidoillasi.

Achani Samon Biaou: Aivan oikein. On tärkeää analysoida omia kykyjäsi ja tutkia, kuinka voit maksimoida taitosi korkeampien tulojen saavuttamiseksi. Mieti hetki maksimituloja, jotka voit saavuttaa kussakin Olumiden mainitsemassa kategoriassa. Annan esimerkin omasta kokemuksestani. Minulla oli mahdollisuus vierailla monissa maissa ja puhua useita kieliä, ja minulla oli tutkinto hyvämaineisesta eurooppalaisesta yliopistosta. Kyseenalaistan todellisen arvoni ja tajusin, että voisin jatkaa samaa työtä verovapaassa maassa, joka vastasi rakkauttani matkustamista kohtaan. Arvioin sen mahdollisen eron.

Olumide Ogunsanwo: Analysoit olosuhteet ja tunnistit vivut, joita voisit käyttää maksimoidaksesi tulosi.

Achani Samon Biaou: Aivan. Kyse on nykyisten kykyjesi analysoinnista ja sen pohtimisesta, mitä muuta henkistä omaisuutta voit hankkia hallitaksesi suurempia mahdollisuuksia. Tätä kutsun tulolukutaitoiseksi tulemiseksi, mikä monilta jää huomiotta. Jotkut ihmiset esimerkiksi kysyvät minulta, kuinka ansaita enemmän rahaa, mutta kun ehdotan verovapaiden tai verovapaiden maiden tutkimista, he odottavat minun toimittavan luettelon. Jos pyydät luetteloa, sinulla ei ehkä ole voimaa saada se toimimaan. Tiedot ovat saatavilla verkossa – tee aloite löytääksesi ne itse.

Jotkut ihmiset menevät verovapaan maan haun ulkopuolelle ja keskittyvät tiettyihin kaupunkeihin. He lukevat elinkustannuksista ja hylkäävät ajatuksen nopeasti, koska se näyttää pinnallisen tutkimuksen perusteella liian korkealta. Elinkustannukset ovat kuitenkin subjektiivisia ja niitä voidaan hallita melkein missä tahansa. Esimerkiksi vaikka Dubai tunnetaan korkeista elinkustannuksistaan, onnistuin toimeen 800 dollarilla kuukaudessa.

Olumide Ogunsanwo: Siellä on keskimääräiset elinkustannukset ja erityiset elinkustannukset. Se on mikrokosmos tämän kirjan laajemmasta käsitteestä. Siellä on keskimääräinen taloudellinen matka ja matkasi taloudelliseen riippumattomuuteen, joka voi olla parikymppinen, kolmekymppinen, nelikymppinen verrattuna 70- ja 80-vuotiaisiin. Älä anna ennakkoluulojesi rajoittaa tulojen maksimointia ja varallisuuden tuottamista. Taustasi ja ennakkoluulosi eivät välttämättä vastaa parhaita käytettävissäsi olevia mahdollisuuksia.

Menneisyytesi ei määrittele potentiaaliasi.

Oletetaan hypoteettisesti, että isäsi oli ravintolan omistaja. Olet jo valmis pohtimaan ravintoloiden omistamista tulojen maksimoimiseksi, mutta ehkä sinulla on todella älyllisiä kykyjä, jotka saattavat sopia paremmin kiinteistövuokrasijoitukseen. Saatat itse asiassa olla parempi hankkia yritystyö tietyllä alalla, josta todella nautit ja josta voit ansaita enemmän. Jos olet jo työssä, voit olettaa, että työ on paras tapa ansaita rahaa. Ehkä ei. Ehkä sinulla on luontaisia taitoja, kykyjä ja suhdeolosuhteita uskomattoman yrityksen rakentamiseen. Vastaavasti yrittäjät voivat väittää, että yrityksen perustaminen on perimmäinen tie vaurauteen, mutta se ei välttämättä ole kaikkien kohdalla.

Ei ole parasta tapaa ansaita rahaa, mutta voi olla paras tapa ansaita rahaa nykyisten ja mahdollisten tietojesi, taitosi, ihmissuhteiden, olosuhteiden ja ympäristön perusteella. Tutki kaikkia varallisuuden kasvattamisvaihtoehtoja ja pidä mielesi avoimena arvioidaksesi, kokeillaksesi ja mukauttaaksesi jatkuvasti.

Vältä hylkäämästä muiden vaurauttamisstrategioita, varsinkin jos et ymmärrä niitä täysin. Se on vain heijastus omista ennakkoluuloistasi. Osakkeisiin sijoittanut voi vähätellä kiinteistöjä, koska he eivät halua käsitellä sen haasteita, kun taas yrittäjä voi hylätä ajatuksen työskennellä jollekin toiselle. Meillä kaikilla on mieltymyksemme, mutta on tärkeää kunnioittaa ja arvostaa valintoja, joita muut tekevät omien olosuhteidensa perusteella.

Minulla on omat ennakkoluulot. Käytän ensisijaisesti yritysuraa ja osakesijoittamista tulojen saamiseksi, mutta minulla ei ole muuta kuin kunnioitusta yrittäjiä, kiinteistösijoittajia ja kaikkia muita erilaista varallisuudenkeräysstrategiaa noudattavia kohtaan. Olemme kaikki veljiä ja sisaria, jotka yrittävät selvittää, mitkä vaihtoehdot ovat meille järkevimpiä.

Achani Samon Biaou: Haluaisin lisätä siihen muutaman huomautuksen. Ensinnäkin, älä jää analyysihalvaukseen. Jos tutkit kursseja ja hintavalikoima on laaja, älä käytä liikaa aikaa analysointiin ilman päätöstä. Riskien ottaminen ja epäonnistumisista oppiminen voivat tarjota arvokkaita näkemyksiä riskeistä, jotka kannattaa ottaa. Toiseksi, ole tietoinen ennakkoluuloista. Startup-yritysten perustajat saattavat väittää, että se on nopein tapa rikastua, mutta tosiasia on, että useimmat startup-yritykset epäonnistuvat. Toisaalta konsulttiyrityksen kumppaniksi tuleminen vuosien arvopohjaisen kulutuksen jälkeen voi johtaa merkittävään varallisuuden kertymiseen.

Olumide Ogunsanwo: [Hymy] Ja kumppanin ei tarvinnut viettää unettomia öitä miettien asiakkaita, tuotteita ja tuotteiden sopivuutta markkinoille. Meidän kaikkien on oltava ennakoivampia mahdollisuuksien etsimisessä. Älä ole liian kiintynyt nykyiseen polkuisi, varsinkin jos se on sellainen, jolle päädyit olosuhteiden vuoksi. Sen sijaan, että katsoisimme alaspäin erilaisia vaurauden lisäämisen lähestymistapoja, edistetään uteliaisuutta ja ymmärrystä siitä, miksi ihmiset valitsevat vaihtoehtoisia polkuja.

Achani Samon Biaou: Olen samaa mieltä. Annan esimerkin tämän havainnollistamiseksi. Kesäkuussa 2022 ollessani Bay Area -alueella otin Uber-matkan ja aloitin keskustelun kuljettajan kanssa. Se oli osa pyrkimystäni ymmärtää erilaisia elämänkokemuksia. Keskustelumme aikana huomasin, että kuljettaja, jolla oli vaimo ja lapsi, teki normaalin 40 tunnin työviikon. Hän keskittyi strategisesti lentokentälle ja asettui lähelle paikkoja, kuten Googleplexiä, Meta-kampusta tai lentokenttää ruuhka-aikoina maksimoidakseen tulonsa. Epätavallisesta työstään huolimatta hän tienasi 12 000 dollaria kuukaudessa.

Olumide Ogunsanwo: Vau, uskomatonta.

Achani Samon Biaou: Se vain osoittaa, että epätavanomaiset työt ja sivutouhut, kuten Uberilla ajaminen, voivat tuottaa suuria tuloja. Esimerkiksi, jos sinulla on jo työ Googlella ja pidät seurustelusta, voit harkita vapaa-ajalla Uber-ajoa saadaksesi lisätuloja. Voit jopa dokumentoida kokemuksesi Uber-kuljettajana bloggaamalla, podcastaamalla tai kirjoittamalla, mikä lisää tulojasi entisestään.

Olumide Ogunsanwo: Tämä käsite liittyy laajempiin periaatteisiin, joista keskustelimme aiemmin. Edistämällä uteliaisuutta ja kunnianhimoa tutkia nykyisen polkusi pidemmälle voit löytää vaihtoehtoisia menetelmiä tulojesi maksimoimiseksi. Kannattaa harkita muita vaihtoehtoja sen sijaan, että jäädä kiinni perinteiseen työhön ja viettää vapaa-aikaa aktiviteetteihin, kuten Netflixin katseluun ja Instagramin selaamiseen. Lisätulojen etsiminen voi nopeuttaa matkaasi taloudelliseen riippumattomuuteen. Riskien ottaminen ja kokeileminen vaativat rohkeutta, mutta se ei välttämättä tarkoita nykyisen roolin luopumista etsiäksesi muita tulonhankintakeinoja. Jos esimerkiksi omistat ravintolan, miksi et luo täydentävää tuotetta, kuten ravintolablogia? Tärkeintä on säilyttää uteliaisuus ja uskaltaa toimia. Jokaisen on määriteltävä vaurauden luomisvaihtoehdot, joita he pyrkivät saavuttamaan taloudelliset tavoitteensa.

Achani Samon Biaou: Kiitos. Haluaisin lisätä toisen näkökulman. Jos et halua arvostaa itseäsi yrityksenä, harkitse ainakin ajattelevasi itseäsi sijoittajana, jotta voit maksimoida tulosi. Tässä on kolmivaiheinen lähestymistapa: Ensinnäkin tutki ja tunnista vaurauden lisäämismahdollisuudet ympäristössäsi. Toiseksi, sijoita aikaa, energiaa ja tarvittaessa pieni alkuraha johonkin näistä mahdollisuuksista. Pienikin investointi voi saada huomiosi, oppia ja optimoida. Kolmanneksi, kun löydät luotettavan tulevaisuuden, lisää se tuloja tuottavien sivutoimintojen portfolioosi ja aloita sitten uusien varallisuuden tuottomahdollisuuksien parissa.

Esimerkiksi kun saavuin Lagosiin, tiesin hyvin vähän kaupungista. Mutta muutaman päivän sisällä aloin arvioida erilaisia tuloja tuottavia mahdollisuuksia. Esitin kysymyksiä, kuten: Kuinka paljon voit ansaita työskentelemällä McKinseyllä? Entä pankki tai startup? Entä jos omistat Uber-auton ja vuokraat kuljettajan? Entä kryptovaluuttoihin sijoittaminen? Kun joku suositteli kiinteistöjä Lagosissa, tutkin numeroita. Etelä-Afrikan sijoituksista saadun kokemukseni pohjalta pystyin tekemään vertailuja ja päättämään nopeasti, että kiinteistöjen osto-vuokraus Nigeriassa ei ollut paras vaihtoehto. On tärkeää välttää yhden näkökulman vaikuttamista ja ottaa huomioon omia kokemuksiasi ja oivalluksiasi.

Lopulta löysin lainanantomahdollisuuden, joka herätti kiinnostukseni. Se tarjosi turvallisen palautuksen USD:ssä. Lainayhtiöllä oli nahkaa pelissä, joten heillä ei ollut varaa saada liikaa huonoja lainoja alustallaan. Veden testaamiseksi ostin pienen summan, 20 000 dollaria, tilaisuuteen. Syvennyin yksityiskohtiin tapaamalla toimitusjohtajaa, tarkastelemalla yksikön taloutta, arvioimalla nykyisiä asiakkaita sekä tarkastelemalla heidän taloudellista tilannettaan ja riskinarviointimenetelmiään. Sinun ei tarvitse olla pääomasijoittaja kysyäksesi näitä kysymyksiä. Jos jokin näyttää liian hyvältä ollakseen totta, kuten lupaus tuplata rahasi, kun todellinen sijoitustuotto on vain 20 %, on selvää, että kyseessä on mahdollinen pyramidipeli.

Olumide Ogunsanwo: [Naurua]

Achani Samon Biaou: Otin nämä esimerkit esiin helpottaakseni tekosyitä keksivien ihmisten elämää. Sijoittajana ajatteleminen tulojesi maksimoimiseksi ei vaadi edistyneitä matematiikka- tai rahoitustaitoja. Jos osaat hallita palkkaasi vuokran kattamiseksi ja rahaa on vielä jäljellä, ymmärrät perusrahoituksen. Mutta tärkeintä on mennä teoriaa pidemmälle ja saada itse asiassa ihoa pelissä.

Skin in the game kehottaa sinua esittämään oikeita kysymyksiä ja ymmärtämään liiketoimintaa. Hyväksi sijoittajaksi tuleminen ei tapahdu yhdessä yössä. Sinun täytyy käydä läpi syklejä ja ehkä jopa kokea epäonnistumisia. Et voi odottaa, että sinusta tulee välitön sijoittaja, kun olet olohuoneessasi Netflixin toisella puolella ja satunnaisen sovelluksen toisella puolella.

Olumide Ogunsanwo: Joskus kuulen ihmisten käyttävän itseään tuhoavaa kieltä tekosyynä välttääkseen tutkimasta vaurauttamismahdollisuuksia. Joku saattaa esimerkiksi haluta sijoittaa vuokra-asuntoihin, mutta hylätä idean sanomalla: "En tiedä, voinko aloittaa nyt. Ehkä viiden tai kymmenen vuoden kuluttua." Tai he saattavat ajatella: "Tämän henkilön, joka menestyy vuokrasijoittamisessa, täytyy olla älykkäämpi ja hänellä on paremmat yhteydet kuin minulla." Kannustan ihmisiä lukemaan itseluottamusta ja itseluottamusta käsittelevät luvut kirjan aiemmin, jotta nämä tekosyyt voidaan voittaa.

Achani Samon Biaou: Olen iloinen voidessani aloittaa. Maahanmuuttajana on tärkeää tunnistaa voimasi ja rajoituksesi. Voimamme on siinä, ettei meidän tarvitse noudattaa tiettyä asemaa. Emme kanna maahanmuuttomaan kulttuurimatkatavaroita, ja meidän pitäisi käyttää sitä hyödyksemme. Kun muutamme muihin maihin, meidän tulee päättää, mitkä tullit haluamme ottaa käyttöön tai hylätä. Esimerkiksi Dubain kaltaisessa paikassa, jossa on paljon ylellisyyttä, on houkuttelevaa ostaa Lamborghini vain mahtuakseen sisään. Mutta se on pudonnut ansaan ostaa jotain kuulumisen vuoksi.

Olumide Ogunsanwo: Kyllä, suurin este matkallasi taloudelliseen riippumattomuuteen on FOMO, ja se on hyvä esimerkki siitä. Et ehkä edes pidä luksusautoista, mutta ostat sellaisen, koska muilla on se. Mutta entä jos heidän tavoitteensa ja arvonsa ovat erilaiset kuin sinun? Lähdit polulle, joka ei ole linjassa todellisten arvojesi kanssa, ja se voi johtaa tyytymättömyyteen.

Achani Samon Biaou: Kun muutat maahan, jossa asukasta kohden on korkea varallisuus, on tärkeää priorisoida omat tavoitteesi ja toiveesi sen sijaan, että seuraat vain paikallisia tapoja. Esimerkiksi Arabiemiirikunnissa et ehkä löydä Emirati-taksinkuljettajia tai tarjoilijoita. Jos saavut sinne ja hylkäät mahdollisuudet, kuten taksinkuljettajan työskentelyn, tunnetun aseman vuoksi, saatat jättää huomiotta mahdolliset taloudellisen kasvun mahdollisuudet. Samoin Amerikassa luottokorttien käyttöä suositellaan laajalti, mutta se ei automaattisesti tarkoita, että se olisi paras taloudellinen tapa omaksua. Vaikka voi olla päteviä tapauksia, kuten luottokorttien vastuullinen käyttö pisteiden ansaitsemiseen tai yrityksiin sijoittamiseen, on ratkaisevan tärkeää arvioida jokainen tilanne yksilöllisten olosuhteiden ja taloudellisten tavoitteiden perusteella.

Olumide Ogunsanwo: [Naurua] Entä jos ostan luottokortillani sadan tuuman television, johon minulla ei ole varaa?

Achani Samon Biaou: [Naurua] Ulkopuolisena, ulkomaalaisena tai maahanmuuttajana vahvan ja keskittyneen ajattelutavan kehittäminen on ratkaisevan tärkeää. Olen tavannut Euroopassa asuvia afrikkalaisia ystäviä, jotka ilmaisevat huolensa Persianlahden maihin muuttamisesta ja siitä, pakotetaanko naiset käyttämään huivia tai hijabia. Vastauksena kehotan kaksitahoista lähestymistapaa. Ensinnäkin, käytä kriittistä ajattelua ja kaivaudu valtamedian tai kuulopuheiden esittämään tietoon, kun teet niin merkittävän päätöksen. Tee perusteellinen tutkimus, jopa vierailemalla kyseisessä paikassa, jotta voit tehdä eron väärinkäsitysten ja todellisten todellisuuden välillä. Toiseksi, omaksu itsenäinen ajattelu ja arvioi asioita omien arvojesi perusteella. Vaikka ajatus pakotetusta huivin käytöstä voi olla harhaanjohtava, on tärkeää huomata, että kaikkien ei ole pakko käyttää sitä. Yksinkertainen Internet-haku tai sosiaalisen median alustojen selaaminen paljastaa yksilöitä, jotka ilmaisevat vapaasti valintojaan, mukaan lukien rannoilla bikinejä pukevat mallit. Afrikkalaisena on kuitenkin tärkeää ottaa kantaa rasismiin liittyviin huolenaiheisiin, joilla voi olla merkittävämpi vaikutus kokemuksiisi. En tarkoita vähätellä muiden asioiden tärkeyttä, mutta afrikkalaisena, joka tiedustelee huivit, rasismin ymmärtämisen ja torjumisen pitäisi myös olla ensiarvoisen tärkeä asia.

Olumide Ogunsanwo: Kun ihmiset kysyvät tällaisia kysymyksiä, he etsivät usein tekosyitä. Kuulin kerran jonkun sanovan, että he halusivat sijoittaa kiinteistöihin, mutta heidän suurin este oli, että heidän oli ensin perustettava LLC. Toiset sanovat, että he eivät ole kiinnostuneita osakemarkkinoilla sijoittamisesta, koska markkinat voivat kaatua milloin tahansa. Näiden tekosyiden esittämisen sijaan on parempi keskittyä vastaamaan ensiluokkaisiin peruskysymyksiin: Mitkä ovat taloudelliset tavoitteeni? Kuinka paljon rahaa haluat ansaita saavuttaaksesi taloudelliset tavoitteeni? Auttaako kiinteistö minua saavuttamaan tulotavoitteeni? Mihin kiinteistöihin minun kannattaa sijoittaa ja miksi?

Luvussa 5 korostimme henkilökohtaisen kehityksen ja osaamisen kehittämisen keskeistä roolia tulojen lisäämisessä. Laajentamalla tietämystäsi ja kykyjäsi voit parantaa ansaintapotentiaaliasi ja varmistaa korkeamman korvauksen. Tule enemmän ansaitaksesi enemmän. Hyväksy elinikäisen oppijan ajattelutapa ja omistaudu uusien tietojen ja taitojen hankkimiseen joka päivä. Esimerkiksi priorisoin tietyt henkilökohtaisen kehityksen osa-alueet tunnin oppimista varten koko viikon ajan, aina suhteista ja tuotehallinnasta lauantaisin terveyteen ja myyntiin sunnuntaisin, tekoälyn maanantaisin, pilvilaskentaan ja autonomisiin autoihin tiistaisin, lohkoketjuun, Web3:een. , ja krypto keskiviikkoisin, China/India Tech torstaisin ja lopuksi Africa Tech perjantaisin.

Päätän jakamalla muutamia suosituksia. Ensinnäkin MJ DeMarcon " Millionaire Fastlane [1]" ja " Unscripted ". [2]Olen suuri fani ja olen viitannut häneen useita kertoja tässä kirjassa. Nämä ovat luultavasti parhaita kirjoja, joita olen lukenut yrittäjyydestä. Opiskelijat perehtyvät perusteellisesti perinteiseen urapolkuun liittyvät edut ja riskit yrittäjyyteen verrattuna. Lisäksi ne tarjoavat arvokkaita puitteita ja ideoita yrityksen perustamiseen ja kasvattamiseen, asiakkaiden houkuttelemiseen ja paljon muuta. Nämä mieltä laajentavat kirjat ovat uskomattomia.

Jatkossa suosittelen tutustumaan Naval Ravikantin " Kuinka rikastua [3]" -julkaisuun, joka on saatavilla 3 tunnin ja 35 minuutin podcastina tai blogikirjoituksena. Se tarjoaa upean tislauksen vaurauden kasvattamiseen vaadittavasta ajattelutavasta. Navalin oivallukset ovat todella merkittäviä.

Lopuksi suosittelen lukemaan " Passiiviset tulot, aggressiivinen eläkkeelle siirtyminen [4]". Tämä kirja tutkii erilaisia vaurauden rakentamismenetelmiä ja tarjoaa yksityiskohtaisia esimerkkejä. Se keskittyy pieniin yrityksiin, kuten kolikoilla toimiviin yrityksiin, pesuloihin, autopesuihin ja muihin yrittäjyyteen. Kirja laajentaa näkökulmaasi erilaisiin rahantekomahdollisuuksiin nykyisen piirisi ulkopuolella.

Seuraavaksi keskustellaan arvopohjaisesta kuluttamisesta, jonka olemme ryhmitelleet tulojen maksimointiin, koska ne kulkevat käsi kädessä ja ovat saman vaurauden luomisen kolikon kaksi puolta. Siihen kuuluu kustannusten sovittaminen syvälle omistamiisi arvoihisi ja tietoisten valintojen tekeminen, jotka kuvastavat sinulle todella tärkeitä asioita. Omaksuaksesi arvoihin perustuvan kulutuksen, varaa aikaa itsetutkiskeluun, jotta voit tunnistaa ja priorisoida arvosi. Kun olet tunnistanut ne, yritä kuluttaa arvojesi mukaisesti ym-

1. https://www.themillionairefastlane.com/

2. https://www.amazon.com/UNSCRIPTED-Life-Liberty-Pursuit-Entrepreneurship/dp/0984358161

3. https://nav.al/rich

4. https://www.amazon.com/Passive-Income-Aggressive-Retirement-Independence/dp/1706203020

märtäen, että täydellisyys ei ole välttämätöntä. Vaikka saavutat 80 % tai 90 % kohdistuksen, edistyt merkittävästi. Älä ole liian ankara itsellesi, jos poikkeat toisinaan ja muista, että jokainen uusi päivä tarjoaa mahdollisuuden kohdistaa menosi uudelleen ja tehdä valintoja, jotka ovat linjassa arvojesi kanssa.

Achani Samon Biaou: Kiitos. Yhdyn todella ajatukseen nähdä kuluttaminen mahdollisuutena oppia sen sijaan, että lyöisit itseäsi. Monet ihmiset, minä mukaan lukien, käyvät läpi jaksoja, joissa kulutamme, ja myöhemmin kadumme sitä vain toistaakseen saman kaavan oppimatta siitä. Muuttamalla näkökulmaamme ja näkemällä kulutuksen mahdollisuutena oppia, otamme todennäköisemmin arvokkaita opetuksia näistä tilanteista.

Näen arvopohjaisen kulutuksen muuttavan kulut sijoituksiksi. Kun sinulla on ajatusmalli, että haet tuottoa kaikesta ostamastasi, alat etsiä kuluja, jotka tarjoavat jonkinlaisen tuoton, olipa kyse rahasta tai suhteistasi tai terveydestäsi. Vältät tuhlaamasta rahaa asioihin, joilla ei ole todellista arvoa. Millaisen tuoton saat esimerkiksi jäätelön ostamisesta? Ehkä merkittävää tuottoa ei ole, koska ruoan pitäisi ihanteellisesti edistää terveyttäsi.

Olumide Ogunsanwo: Negatiivinen tuotto. Hammaslääkärisi täyttää mielellään ontelosi vastineeksi rahasta.

Achani Samon Biaou: Mitä enemmän kyseenalaistat kulujen tuoton, sitä enemmän siirryt kuluttamisesta sijoittamiseen. Se auttaa sinua kehittämään arvopohjaisen kulutuksen osaamista nopeammin.

Olumide Ogunsanwo: FI:n tavoittelussa keskitymme usein rahalliseen tuottoon, mutta emme saa unohtaa aikamme merkitystä. Aika on arvokkain omaisuutemme. On ratkaisevan tärkeää pohtia, kuinka kohdistamme aikamme ja energiamme ja sovitamme ne arvojemme ja tavoitteidemme kanssa. Lähestytkö sitä arvopohjaisesta näkökulmasta? Omistammeko itsemme sille, mikä on meille todella tärkeää? Käytämmekö aikamme edistyäksemme ja elääksemme arvojemme mukaisesti? Priorisoimalla sitoumuksemme ja vähentämällä häiriötekijöihin käytettyä aikaa voimme pysyä oikealla tiellä. Vaikka emme kaivaudu syvällisesti arvoihin perustuvaan ajanhallintaan, se on uskomattoman tärkeää. Aika ja raha ovat kaksi resurssia, jotka meillä on, ja kuten tunnettu sanonta kuuluu: "Näytä minulle, kuinka joku käyttää rahansa ja aikaansa, niin voin kertoa sinulle kaiken hänestä."

Achani Samon Biaou: Rakastan sitä. Rahan ja ajan lisäksi tunteet ovat toinen tärkeä näkökohta arvopohjaisessa kulutuksessa. Kyse on siitä, että kysyt itseltäsi, ovatko kulutussi linjassa arvojesi kanssa. Keskitytään hetki tunteisiin. Joskus meillä on tapana haukkua itseämme vähäpätöisistä asioista tai tilanteista, joita emme voi muuttaa. Kannattaako todella käyttää tunti aikaamme ja energiaamme murehtimaan jotain, mitä teimme väärin? Eikö meidän pitäisi sen sijaan keskittyä oppimiseen siitä, kouluttautumaan päästämään irti ja keskittymään siihen, miten voimme kehittyä tulevaisuudessa?

Olumide Ogunsanwo: Rakastan tuota kehystystä. Se tarkoittaa, että voimme nostaa keskustelun arvopohjaisen kulutuksen lisäksi arvopohjaiseen priorisointiin. Ja sen alla meillä on energiaa, aikaa ja rahaa. Kun navigoimme näiden näkökohtien läpi, alamme rakentaa lihaksia tehdäksemme parempia päätöksiä. Se muistuttaa minua ihmisistä, jotka yrittävät omaksua terveellisemmän ruokavalion. Joskus, kun katson heidän videoitaan, he ovat niin negatiivisia ja ankaria itselleen. Itsensä lyömisen sijaan saattaa olla tuottavampaa ymmärtää, miksi he tekivät tiettyjä valintoja ja miltä heistä tuntui sillä hetkellä. Tutki itsellesi anteeksiantamista, myötätuntoa ja itserakkausta ja yritä toimia paremmin ensi kerralla. Sama koskee henkilökohtaista rahoitusta. Otetaan kaksi erilaista reaktiota ylikulutuksen jälkeen klubilla:

Terve reaktio: "Käytin eilen 200 dollaria ystävieni kanssa klubilla. Joimme muutaman drinkin. Se oli hauskaa, mutta tajusin, että en pidä kerhoilusta niin paljon. Tavoitteideni ja budjettini perusteella minun pitäisi rajoittaa kulutukseni 20 dollaria ensi kerralla."

Epäterveellinen reaktio: "Olen niin kauhea ihminen. Miksi tein tämän? Olen niin tyhmä. En tee sitä enää koskaan."

Omaksumalla positiivisen ajattelutavan ja reagoinnin voimme lähestyä elämää paremmin seuraavalla kerralla ja tuntea positiivisempia itseämme ja itsetuntoamme.

Achani Samon Biaou: Aivan. Olemme käsitelleet arvopohjaista priorisointia ja sen keskeisiä periaatteita keskittyen rahaan, aikaan ja tunteisiin. Tavoitteena on kouluttaa mielemme priorisoimaan johdonmukaisesti arvojemme perusteella. Keskustellaan nyt siitä, miksi arvoihin perustuva kuluttaminen on ratkaisevan tärkeää.

Olumide Ogunsanwo: Aidosti haluamamme elämän visio, FI-tavoitteen asettaminen ja päivittäisten tavoitteiden asettaminen ovat avainaskeleita, joita käsiteltiin aiemmin tässä kirjassa. Arvoihin perustuva kuluttaminen toimii arvokkaana työkaluna kohdistaa taloudelliset päätöksemme ydinarvojemme kanssa, mikä vie meidät viime kädessä kohti FI-tavoitetta. Vaikka jotkut ihmiset asettavat etusijalle arvoihin perustuvan kulutuksen tulojen kasvattamiseen liittyvien haasteiden vuoksi, rohkaisen tutkimaan molempia strategioita samanaikaisesti.

Arvoihin perustuva kuluttaminen on vivahteikas käytäntö, usein sekä yli- että aliarvostettua. Jotkut ihmiset keskittyvät liikaa kustannusten leikkaamiseen ottamatta huomioon arvojaan, kun taas toiset eivät huomaa toistuvien pienempien kulujen vaikutusta, mikä heikentää heidän tulojen maksimointipyrkimyksiään. He voivat esimerkiksi käyttää tietämättään 400 dollaria kuukaudessa kahviin, josta he eivät todella pidä, tai varata 200 dollaria kuukaudessa kaapelitelevisioon, kun he katsovat vain kourallista kanavia.

Achani Samon Biaou: Haluan havainnollistaa arvopohjaisen kulutuksen merkitystä taloudelliselle riippumattomuudelle muutamalla numerolla. Arvoihin perustuva kulutus voi olla ero 7 000 dollarin ja 800 dollarin kuukausikulutuksen välillä Dubaissa. Jos käytän 7 000 dollaria juhlimiseen, se vaikuttaa negatiivisesti terveyteeni liiallisesta juhlimisesta ja juomisesta. Se jättää myös minut tuntemattomaksi, koska en voi matkustaa niin paljon, ja matkustaminen tuo minulle onnea. Tietenkään arvopohjaisen kulutuksen ei aina tarvitse olla niin äärimmäistä, mutta halusin näyttää, että jyrkät leikkaukset eivät välttämättä tarkoita onnen uhraamista.

Jokin saavuttaminen antaa meille dopamiinin ja energian kiireen. Tämä vauhti on piilotettu etu, koska kun alamme nähdä tuloksia, meistä tulee onnellisempia ja motivoituneempia saavuttamaan vielä enemmän, mikä johtaa suurempaan onnelliseen.

Olumide Ogunsanwo: Arvostan konkreettista esimerkkiä, jonka jaoit. On yleistä kuulla, että korkeatuloiset pitävät arvoihin perustuvaa kuluttamista täyttä paskaa. He saattavat väittää, että heidän "täytyy" käyttää 200 000 dollaria vuodessa. Kuitenkin, kun otamme huomioon kotitalouksien mediaanitulot Yhdysvalloissa, jotka vaihtelevat 50 000 dollarista 78 000 dollariin, ja sitä tosiasiaa, että useimmat ihmiset kohdistavat kulutuksensa tähän vaihteluväliin, tulee yllättävää, miksi joku vaatii kuluttamaan 200 000 dollaria.

Ilmaisun "täytyy" käyttäminen saa meidät rajoittavaan ajattelutapaan. Kannustan ihmisiä olemaan joustavia, uteliaita ja ajattelemaan laatikon ulkopuolella. Taloudellinen vapautesi on vaakalaudalla, kun kulutussi eivät vastaa arvojasi. Ei ole kysymys siitä, kulutetaanko 100 000 dollaria tai 60 000 dollaria vuodessa; se koskee liiallisen kulutuksen seurauksia, jotka voivat viivyttää eläkkeelle siirtymistäsi vuosilla. 40 000 dollarin lisäkulut voivat merkitä vuosikymmeniä lisätyötä. Kehotan kaikkia laskemaan ja pohtimaan syvällisesti näitä vaikutuksia.

Achani Samon Biaou: Aamen. Välittömän tyydytyksen ja viivästyneen tyydytyksen välinen jännite on valintojemme ytimessä. Tässä kysymys yleisölle: Muistatko mitään merkittävää saavutusta, jonka juuret olivat välittömän tyydytyksen etsimisessä? Henkilökohtaisesti en voi muistaa saavuttaneeni mitään todellista arvoa keskittyen välittömään tyytyväisyyteen. Viivästyneen tyydytyksen lihaksen rakentaminen on tärkeää. Meidän tulisi keskittyä nauttimaan asioista, joiden saavuttaminen vie aikaa, mutta joilla on enemmän merkitystä kuin ohikiitävästä nautinnosta. Yhteiskunta pommittaa meitä kiusauksilla, ja päädymme etsimään onnea keräämällä välitöntä tyydytystä tuottavaa tavaraa. Aito onnellisuus jää kuitenkin vaikeaksi, mikä jättää meidät loukkuun kyltymättömään janoamiseen. Tämä säälimätön pyrkimys johtaa viime kädessä menojen lisääntymiseen, mikä jatkaa ohikiitävän tyytyväisyyden jahdantaa.

Sen sijaan koulutetaan mieltämme löytämään tyytyväisyys viivästyneeseen tyydytykseen. Meidän ei tarvitse hemmotella impulsiivisia ostoksia tai välitöntä viihdettä; pikemminkin meidän pitäisi omaksua essentialismin olemus. Mikä todella tuottaa sinulle iloa? Unohda yhteiskunnalliset odotukset ja ulkoiset vaikutukset. Jos kaivaat syvälle ytimeesi, löydät muutamia asioita, jotka aidosti tuovat sinulle aitoa iloa. Kun tunnistat ne ja panostat niihin aikaa, energiaa ja rahaa.

Olumide Ogunsanwo: Mitä enemmän keskityt essentialistisiin arvoihin perustuvaan kulutukseen, sitä enemmän sinulla on aikaa nauttia rakastamistasi asioista pienemmällä rahalla, koska löydät väistämättä tapoja optimoida sen kustannukset. Jos esimerkiksi välität vain koripallopeleistä, voit löytää alennettuja lippuja verkosta. Mutta jos käytät rahaa 17 eri viihdemuotoon, sinulla on vähemmän aikaa tutkia jokaisen alennuksia.

Sukeltakaamme syvemmälle arvopohjaiseen kulutukseen jakamalla merkittävät menoluokat kahteen ryhmään: kolmeen suureen ja kutsun varjokolmeksi. **Kolme suurta kattaa asumisen, kuljetuksen ja ruoan** , jotka ovat tyypillisesti useimpien ihmisten ensisijaisia menoalueita. Yhtä tärkeää on kuitenkin valaista varjokolme **, joka sisältää verot, lapset ja avioerot/katastrofaaliset tapahtumat.** Näillä usein huomiotta jätetyillä alueilla voi olla huomattava vaikutus taloudelliseen hyvinvointiisi. Seuraavissa osioissa tutkimme näitä kuutta aluetta ymmärtääksemme niiden vaikutukset ja antaaksemme sinulle mahdollisuuden tehdä tietoisia päätöksiä. Aloitetaan!

1. Asuminen: Samon, keskustellaan kuinka voimme optimoida asumiskustannukset.

Achani Samon Biaou: Näin sinun tulee lähestyä asiaa: mieti, kuinka asuntosi edistää yleistä onnellisuuttasi. Harkitse muutamaa asiaa. Minkä kokoinen asunto vastaa arvojasi ja taloudellisia tavoitteitasi? Oletko avoin jakamaan tilasi muiden kanssa vai asutko mieluummin yksin? Onko työpaikan läheisyydellä väliä sinulle? Jos sinulla on lapsia, kuinka tärkeää on olla hyvällä koulualueella ja takapihalla? Priorisoi ja valitse viisaasti pitäen mielessä, että et voi saada kaikkea ilman ylikulutusta. Haluan jakaa yksinkertaisen esimerkin. Kun olin Dubaissa, löysin aluksi Airbnb-tyylisen paikan läheltä työpaikkaani. Myöhemmin aloin käyttää hotellipisteitä yöpymiseen, mutta varmistin silti, että pysyn lähellä työtä.

Olumide Ogunsanwo: Sijainti on ratkaisevassa asemassa asumisessa. Se ei vaikuta vain hintaan, vaan myös tekijöihin, kuten veroihin ja työvalintoihin. Samon, jätit pois tärkeän tosiasian, valitsit BCG Dubain vs BCG Londonin tai BCG San Franciscon. Kannustan ihmisiä tekemään systemaattisia valintoja sijainnin, työn valinnan ja etätyön suhteen.

Achani Samon Biaou: Olen samaa mieltä järjestelmäajattelun tärkeydestä. Ihmiset sanovat usein: "Et ymmärrä todellisuuttamme. Meidän on asetettava lapsillemme etusijalle oleminen tietyllä koulualueella." Vaikka nämä rajoitukset ovat päteviä, on ratkaisevan tärkeää arvioida uudelleen ja priorisoida se, mikä on todella tärkeää, kun tavoitteena on taloudellinen riippumattomuus. Jos ensisijaisen tärkeää on varmistaa, että lapsesi ovat parhaalla mahdollisella koulupiirillä, se voi vaatia vähemmän tärkeiden asioiden priorisoimista taloudessasi.

Olumide Ogunsanwo: Harjoittele mielesi priorisoimaan.

Achani Samon Biaou: Jotkut saattavat ajatella, että priorisointi merkitsee häviämistä. Mutta kuten Olumide aiemmin mainitsi, priorisointi auttaa sinua keskittymään ja saamaan enemmän siitä, mitä valitset.

Olumide Ogunsanwo: Keskustelimme uteliaisuuden periaatteesta aikaisemmassa luvussa. Kehotan ihmisiä harkitsemaan asumiskustannusten optimointia eri tasoilla. Millainen asunto on sinulle järkevää? Millaista jakamispotentiaalia on olemassa? Voit jopa viedä asian pidemmälle ja harkita talon ostamista ja sen vuokraamista muille (talon hakkerointi) asuaksesi melkein ilmaiseksi. Vaihtoehtoja on runsaasti, mutta sinun on oltava valmis tekemään asioita toisin.

Ensimmäinen taso, Avaa mielesi, ole joustava ja ajattele itsenäisesti erilaisia asumisvaihtoehtoja. Talot, kerrostalot ja perävaunut ovat kaikki mahdollisia. Älä sano: "Kasvoin talossa, joten minun on asuttava siinä." Rajoitusten lisääminen yhtälöön vaikeuttaa ratkaisujen löytämistä. En ehdota, että sinun täytyy elää trailerissa, mutta miksi ei? Jos se mahdollistaa taloudellisen riippumattomuuden saavuttamisen, se on varteenotettava vaihtoehto. Jokaisella on erilaisia valintoja tehtävänä. Henkilökohtaisesti en ole asunut perävaunussa, mutta jos olisin 21-vuotias ja asuisin alueella, jossa asuntojen vuokrat maksavat 2 000 dollaria vuodessa verrattuna 40 000 dollarin vuokriin, en sulkeisi pois sitä.

Toinen taso, Asunnon tyypin määrittämisen jälkeen on tärkeää harkita potentiaalin jakamista. Saatat ajatella: "Olen 26-vuotias enkä halua kämppäkavereita, joten asun yhden makuuhuoneen asunnossa." Kannustan sinua ajattelemaan laajemmin. Aiemmin tässä luvussa mainitsin Shadow Three -kustannusalueet: verot, lasten lukumäärän ja avioeron. Kaikkien näiden varjoalueiden taustalla oleva piilohintainen pimeä aine on FOMO ja pysyy Jonesien tahdissa. Ero yhden makuuhuoneen huoneistossa San Franciscossa 4 000–5 000 dollarilla ja sen jakaminen kahden ihmisen kanssa 2 000–3 000 dollarilla voi määrittää, saavutatko taloudellisen riippumattomuuden 38-vuotiaana vai 58-vuotiaana.

Achani Samon Biaou: Kiitos Olumide, että painoit meidät kaivamaan syvemmälle täällä. Kolmas taso koskee ostamista vs. vuokraamista ja aluetta, jolla on paljon väärinkäsityksiä. On ajatus, että 30-vuotiaana sinun pitäisi ostaa talo. No, kiinteistösijoittajana haluan kertoa teille, että talo, jossa asut, ei välttämättä ole talo, jonka ostat vaurauden rakentamiseksi. San Franciscon kaltaisissa paikoissa voit vuokrata talon 8 000 dollarilla kuukaudessa, joka maksaisi 4–5 miljoonaa dollaria, jos ostaisit sen. Jos otat asuntolainan kyseiseen taloon, maksaisit yli 20 000 dollaria kuukaudessa. Mieti nyt sitä. Tällä 4 miljoonalla dollarilla voisit ostaa 20 asuntoa Georgiasta ja käyttää vuokratuloja vuokrasi kattamiseen San Franciscossa. Henkilökohtaisesti pidän mieluummin vuokraamisesta täällä, koska se tarjoaa enemmän joustavuutta. Vuokralla pääset muuttamaan vain parin kuukauden irtisanomisajalla, kun taas asuntolaina vaatii enemmän aikaa ja vaivaa vuokralaisen löytämiseen tai myyntiin.

Olumide Ogunsanwo: Suurimman osan ihmisistä tulisi analysoida päätöksensä perusteellisesti ennen talon ostamista. Yksittäisen asunnon ostopäätöksen tekeminen, kun vuokraus olisi voinut olla parempi valinta, voi torpedoida unelmasi taloudellisesta riippumattomuudesta. Älä vain usko ajatukseen, että vuokraaminen on "rahojen heittämistä pois" tai hyväksy anekdootteja perheeltä tai työtoverilta. Vaikka äitisi on hyvää tarkoittava, ei välttämättä ole kiinteistöasiantuntija. Myös pomosi on saattanut olla onnekas, kun hän ansaitsi rahaa myymällä talonsa tai olisi voinut ansaita enemmän sijoittamalla osakemarkkinoille. Käytä sen sijaan online-vuokra- ja osto-laskuria arvioidaksesi objektiivisesti tilanteesi. Syötä tarvittavat parametrit ja anna laskimen opastaa sinua kohti parempaa vaihtoehtoa Älä tee olettamuksia ilman asianmukaista arviointia Saatat yllättyä huomatessasi, että vuokraaminen on edullisempi valinta monissa osissa maailmaa.

Otetaan konkreettinen esimerkki. Oletetaan, että olet parikymppinen sinkku, joka asuu New Jerseyssä. Vaihtoehtoja on useita: yksiö, yhden makuuhuoneen asunto, kahden makuuhuoneen asunto lisähuoneella vieraille tai kolmen makuuhuoneen huoneisto, jossa on lisähuoneita kuntosalille tai vieraille. Tämä yksittäinen asumispäätös - valinta näiden neljän vaihtoehdon joukosta - voi vaikuttaa merkittävästi taloudelliseen tulevaisuuteen ja pitää sinut uran orjuudessa vuosikymmeniä. Varaa aikaa tämän päätöksen perusteelliseen analysointiin. Lisäksi on hyvä muistaa, että tietyt kulttuurit suosivat vahvasti asunnon omistamista, joten on tärkeää voittaa mahdolliset harhakäsitykset vertailevaa analyysiä tehdessäsi. Älä usko sokeasti kaikkea lukemaasi, myös tätä kirjaa, ellet pysty itsenäisesti vahvistamaan sitä kriittisen ajattelun avulla. Vaikka Samon saavutti taloudellisen riippumattomuuden ensisijaisesti kiinteistö- ja vuokrasijoituksilla, sinun on tärkeää varmistaa tiedot itse.

2. Kuljetus: Vaihtoehtoja on erilaisia kävelystä ja pyöräilystä linja-autoihin ja autoihin, jopa yksityisiin suihkukoneisiin. Kuljetuksia harkitessa on tärkeää pohtia, miten se sopii työsi ja asumisen järjestelmälliseen ajatteluun. Tehdään selväksi, että jos asut etänä Portugalissa, kuljetuskustannukset olisivat minimaaliset, koska sinun ei tarvitse matkustaa toimistoon.

Oletetaan nyt hypoteettisesti, että olet tilanteessa, jossa et ole etäinen ja sinun täytyy matkustaa toimistoon joka päivä. Automaattisen auton ostamisen sijaan harkitse muita vaihtoehtoja. Esimerkiksi kävely ja pyöräily tarjoavat merkittäviä terveyshyötyjä. Vaikka tämä kirja ei koske erityisesti terveyttä, on tärkeää huomata, että kävely ja pyöräily ovat hyviä tapoja pitää kehosi kunnossa. En puhu vain hiilimonoksidipäästöistä; Tarkoitan fyysistä aktiivisuutta, joka edistää yleistä hyvinvointiasi. Tietenkin jokainen tilanne on erilainen, joten rohkaisen sinua ajattelemaan luovasti ja tutkimaan epätavallisia vaihtoehtoja. Älä vain oletusarvoisesti osta autoa, varsinkin kun otetaan huomioon kävelyn, ajamisen ja pyöräilyn välinen korkea hintaero. Auto, jopa kunnollinen käytetty, voi maksaa noin 10 000 dollaria, kun taas voit löytää mukavia polkupyöriä 300 - 700 dollarilla.

Achani Samon Biaou: On syytä mainita, että emme ole edes käsitelleet auton omistamiseen liittyviä korjaus-, kaasu- ja vakuutuskustannuksia. Jotkut ihmiset väittävät tarvitsevansa auton perheensä takia. En vähättele auton merkitystä, mutta kehotan sinua pohtimaan sitä syvällisesti. Jos tärkein syy auton ostamiseen on viedä lapsesi harjoituksiin kerran viikossa lauantaisin, saatat kuluttaa liikaa.

Olumide Ogunsanwo: Vaikka Uber-matka lapsesi harjoituksiin saattaa maksaa noin 14 dollaria, käytät 15 000 dollaria autoon. On ratkaisevan tärkeää ajatella kriittisesti ja harkita tarjolla olevia vaihtoehtoja. Kuten aiemmin mainitsimme, on olemassa kävelyä, pyöräilyä, kyydissä jakamista, ja haluan lisätä, että pyörille mainitsemani hintaluokka viittasi uusiin. Voit kuitenkin löytää luotettavia käytettyjä pyöriä 200–400 dollarilla. Se ei ole vain valinta auton ja polkupyörän tai auton ja bussin tai auton ja kävelyn välillä. Se on päätös, joka voi vaikuttaa eläkkeelle jäämisaikatauluusi useilla vuosilla, jos valitset auton, tai johtaa parempaan terveyteen ja moniin vuosiin aktiiviseen elämään, jos asetat etusijalle kävelyn tai pyöräilyn.

3. Ruoka: Ensinnäkin kustannustehokkain vaihtoehto on valmistaa ateriat kotona. Omien aterioiden valmistaminen ylittää ulkona syömisen kulut. Voit hallita ainesosia ja valita terveellisempiä, halvempia ruokavaihtoehtoja. Toiseksi, voit kokata irtotavarana ja säästää ylijäämät myöhempää käyttöä varten. Toiseksi, kun kyse on syömästäsi ruoasta, tee harkittuja valintoja. Jotkut ruoat ovat luonnostaan terveellisempiä kuin toiset. Kun omistat aikaa ruoanlaittoon kotona, et vain pääse nauttimaan oman tilasi mukavuuksista, vaan sinulla on myös mahdollisuus valmistaa ravitsevia ja budjettiystävällisiä aterioita. Onneksi terveelliset vihannekset ja hedelmät, kuten parsakaali, lehtikaali ja marjat, ovat yleensä edullisempia kuin jalostetut herkut, kuten karamelli tai sooda. Hedelmät ja vihannekset sisältävät runsaasti ravintoaineita ja vähän kaloreita.

Jalostetut ruoat sen sijaan sisältävät usein runsaasti epäterveellisiä rasvoja, sokeria ja suolaa. Älä pelkää kokeilla. Ihmisten tulisi arvioida haluamaansa tasapainoa kotona ruoanlaiton ja ulkona syömisen välillä, terveellisen ruokailun tärkeyttä ja aikaa, jonka he haluavat käyttää ruoanlaittoon.

Achani Samon Biaou: Palataanpa siihen, että kulut muutetaan investoinneiksi. Ruoan laatu ravintoloissa, jopa huippuluokan ravintoloissa, voi olla huomattavasti huonompi kuin kotona valmistettu.

Olumide Ogunsanwo: Ehdottomasti. He ostavat ainesosia irtotavarana ja valmistavat ruoan ilman huolenpitoa ja huomiota, jota annat valmistaessasi itse.

Achani Samon Biaou: Ruoka on kehosi tärkein polttoaineen lähde, ja sen laatu voi vaikuttaa merkittävästi terveyteen. Ajattele ruokavalintojasi sijoituksina hyvinvointiisi. Tutkimukset ovat johdonmukaisesti osoittaneet, että liiallinen punaisen lihan nauttiminen lisää sydän- ja verisuonisairauksien ja syövän riskiä. On tärkeää kysyä itseltäsi: Haluanko lisätä mahdollisuuksiani nauttia taloudellisesta riippumattomuudesta pitkälle 70-vuotiaana? Tämä pohdiskelu saattaa saada sinut omaksumaan terveellisempiä ruokailutottumuksia. Vaihtoehtoisesti voit priorisoida muita näkökohtia ja hyväksyä lyhyemmän käyttöiän. Henkilökohtaisesti ruoka on budjetin toiseksi suurin menoerä, mikä korostaa sitä merkitystä, jonka pidän tietoisten ja terveydellisten valintojen tekemisessä. Kaikki eläinproteiinini on tuotu suoraan Länsi-Afrikasta, jossa minulla on suurempi luottamus sen luomuun ja terveelliseen.

Olumide Ogunsanwo: Kun ystäväsi automaattisesti ehdottavat menemistä ravintolaan joka kerta, kun haluat viettää aikaa, miksi et ehdottaisi sen sijaan menemistä puistoon tai rannalle? Vaihtoehtoja on niin monia. Tuntuu, että monet ihmiset menevät oletusarvoisesti ulos syömään, mutta sen ei tarvitse olla niin. Ajattele luovasti. Sinun on ehkä vain säädettävä kotona syömisen ja ulkona käymisen suhdetta, millä voi jo olla merkittävä vaikutus. Älä anna FOMOn hallita sinua. Jos kaikki ystäväsi ovat menossa ravintolaan, jossa keskimääräinen ateria maksaa 120 dollaria, voit sanoa heille: "Kaverit, tapaan teidät juomille myöhemmin." Tällä tavalla saatat käyttää vain 20 tai 30 dollaria. Jaan nämä vinkit, koska mielestäni monet ihmiset aliarvioivat vaikutuksen. Jos syöt usein ulkona ja käytät 120 dollaria joka kerta, se vastaa keskimäärin 500 dollarin kuukausittaista kulua, joka vastaa vuokraa. On tärkeää olla tietoinen.

Achani Samon Biaou: Ruoasta puhuttaessa älkäämme unohtako juomien vaikutusta budjetteihimme. Ne voivat usein olla kalliimpia kuin itse ruoka. Käytin ennen kohtuullisen määrän alkoholia, vaikka en koskaan pitänyt itseäni alkoholistina. Kuitenkin, kun omaksuin arvoihin perustuvan kulutuksen, painopisteeni siirtyi terveyteni priorisoimiseen. Tajusin, että alkoholi ei vain kuluttanut talouttani, vaan myös vaikuttaa negatiivisesti hyvinvointiini. Tämän seurauksena tein tietoisen päätöksen vähentää alkoholinkäyttöäni merkittävästi. Nykyään varaan sen harvinaisiin tilaisuuksiin, kuten syntymäpäiviin tai erikoistapahtumiin, ja silloinkin juon kohtuudella. Jaan tämän henkilökohtaisen esimerkin korostaakseni, kuinka tällaiset muutokset voivat tuoda myönteisiä muutoksia elämääsi. Vaikka nautin edelleen ystävien kanssa ulkoilusta baareihin, valintani olla juomatta ei estä sosiaalisia kokemuksiani.

Olumide Ogunsanwo: Lopetin juomisen 17- tai 18-vuotiaana, kuten opit perustutkinto-luvustani. Käyn kuitenkin edelleen baareissa ja klubeilla musiikin, kokemuksen ja ihmisten takia. En välitä alkoholista. Alkoholi ei ole ystäväsi ja naittaa sinut. Harkitse kuluttamasi ruoan tyyppiä ja painota laatua sen sijaan, että keskittyisi pelkästään hintaan. Hyödynnä tilaisuus parantaa ruoanlaittotaitojasi, mikä on henkilökohtaisen kehityksen periaatteen mukaista. Vältä joutumasta FOMOn ansaan ja kiusaukseen pysyä muiden mukana sosiaalisessa syömisessä, koska se johtaa usein tarpeettomaan ylikulutukseen.

Tähän päättyy keskustelu kolmesta suuresta. Siirrytään nyt varjokolmeen: verot, lapset ja avioero/katastrofaaliset tapahtumat.

4. Verot: Erilaiset verot, mukaan lukien liittovaltion, osavaltion, kaupunki-, tulo- ja myyntiverot, voivat vaikuttaa merkittävästi talouteen. On tärkeää, ettei verotuksen optimoinnin merkitystä aliarvioida. Itse asiassa monille yksityishenkilöille veroilla voi olla suurempi taloudellinen vaikutus kuin asumiskustannuksilla. Tutustu paikkoihin ympäri maailmaa, joissa on alhaisemmat tuloverot tai jopa verovapaat vaihtoehdot, ja harkitse myös kiinteistöveroprosentteja. Analysoi nämä skenaariot ja arvioi huolellisesti eri kaupungeissa asumisen kompromissit maksimoidaksesi veroetusi. Pysy ajan tasalla verovelvoitteistasi, mittaa niiden vaikutus ja varmista, että hyödynnät käytettävissä olevista vähennyksistä ja hyvityksistä parhaalla mahdollisella tavalla. En ehdota, että muuttaisit vain alempien verojen vuoksi, vaan korostat verovaikutusten huomioimista asuinpaikkaa valittaessa. Esimerkiksi Dubain kaltaisessa paikassa, jossa tulovero on alhaisempi, voi olla tutkimisen arvoista. Jos Kanadassa asuminen vastaa arvojasi, ota se huomioon, mutta muista, että tulo- ja myyntiverojen yhdistelmä voi viedä merkittävän osan, 20–60 prosenttia, kokonaisansioistasi.

Achani Samon Biaou: Rakastan näitä oivalluksia. Ihmiset olettavat usein olevansa sidoksissa nykyiseen kaupunkiin tai maahan, minkä vuoksi he pitävät veroja väistämättöminä.

Olumide Ogunsanwo: COVID-19-pandemia on muuttanut kaiken ja antanut ihmisille enemmän joustavuutta asua kaupungeissa, joissa verorakenteet ovat hyvin erilaiset.

Achani Samon Biaou: Täällä Kaliforniassa veroni ovat kolme kertaa vuokrani.

Olumide Ogunsanwo: Jep. Ja tämä ei edes ota huomioon kiinteistöveroa ja liikevaihtoveroa, jotka voivat lisätä taakkaa merkittävästi. Kiinteistövero on mainitsemisen arvoinen, varsinkin asunnon ostoa harkitseville. Se on osa järjestelmäkohtaista kustannusarviota.

Achani Samon Biaou: Kun maksat asuntolainaa 5 tai 6 prosentilla ja lisäät siihen kiinteistöveron (joka voi olla kohtuuton Kaliforniassa), kumulatiivinen vaikutus on, että talon omistaminen ei välttämättä vastaa taloudellisen riippumattomuuden tavoitteita. Siitä tulee turhamaisuus, joka on taloudellisen riippumattomuuden vihollinen.

Olumide Ogunsanwo: Turhamaisuus on kohtelias tapa sanoa FOMO. Jotkut ihmiset pitävät ystäviensä kopioimista etusijalla taloudellisen riippumattomuuden saavuttamisen sijaan.

Achani Samon Biaou: Verot ovat uskomattoman tärkeitä, ja voin puhua henkilökohtaisesta kokemuksesta. En olisi pystynyt seuraamaan polkuani ja saavuttamaan taloudellista itsenäisyyttä näin varhaisessa vaiheessa, jos olisin elänyt raskaasti verotettua elämäntapaa. 20-vuotisen urani aikana käytin alle kaksi vuotta verojen maksamiseen.

Olumide Ogunsanwo: Se on uskomatonta.

Achani Samon Biaou: Niille, jotka ajattelevat: "Mutta miten teitä ja julkisia palveluita rahoitetaan, jos emme maksa veroja?" Jos et ymmärrä finanssipolitiikkaa ja valtion menoja, voin vakuuttaa sinulle, että maksat asioista tavalla tai toisella.

Olumide Ogunsanwo: Verosi tänään johtuvat eilisestä tekemästäsi päätöksestä. Tuloverosi johtuu valitsemastasi työstä, kiinteistöverosta ostamastasi talosta ja myyntiverosta ostamistasi tavaroista. Sinä teit ne päätökset, ja sinä voit muuttaa ne. Vältä ulkoistamasta syyllistämistä ja valittamasta korkeista veroista. Muista keskustelumme omavaraisuudesta, itseluottamuksesta ja itsestäsi luottamisesta tehdäksesi päätöksiä, jotka johtavat suurempaan taloudelliseen riippumattomuuteen. Älä tuhlaa aikaa valittamiseen siitä, että Yhdysvaltojen hallituksen on alennettava liittovaltion veroja. Se ei ole sinun ongelmasi. Älä vaivaudu etsimään tapoja lobbata New Jerseyä kaupunkiverojen alentamiseksi. Ei myöskään sinun ongelmasi. Sen sijaan kysy itseltäsi: "Haluanko asua täällä?" Jos et halua maksaa veroja, harkitse muuttoa muualle.

Achani Samon Biaou: Tietyissä maissa vuokra-asuntojen ostamiseen voi liittyä lisäverokannustimia, jotka ylittävät asuntolainan korkokulujen normaalin vähennyskelpoisuuden. Se on kuin säästämistä ja alhaisemmasta verokannasta nauttimista koko työvuosien ajan. Kun siirryt eläkkeelle, näiden kiinteistöjen vuokratuloista tulee arvokasta omaisuutta, kun avaat sijoitustesi kertyneen arvon.

Olumide Ogunsanwo: Muista uteliaisuuden periaate. Hae Internetistä "kuinka alentaa veroja [tietty sijaintisi]". Vastuu on harteillasi, mikä antaa sinulle mahdollisuuden tutkia tapoja optimoida verotilanne. Vaikka Samonin oivallukset ovat tärkeitä, laajempi tavoite on herättää uteliaisuutesi, lisätä innostustasi ja tehdä tutkimusta, joka on räätälöity ainutlaatuisiin olosuhteisiisi. Älä eksy tässä esitettyihin yksityiskohtiin. Kyse ei ole vain yksityiskohdista; kyse on halusi sytyttämisestä etsiä, toteuttaa, ryhtyä toimiin ja mukautua matkan varrella.

Achani Samon Biaou: Kiinnitä myös huomiota työnantajan tukemiin suunnitelmiin, jotka lisäävät prosenttiosuuden tuloistasi eläkkeisiin tai verovapaisiin säästöihin. Ota nämä edut huomioon neuvotellessasi työsopimusta.

Olumide Ogunsanwo: Tämä on linjassa järjestelmäpohjaisen ajattelun kanssa tulojen maksimoimiseksi, eikö niin? Älä keskity pelkästään raakapalkkoihin (esim. yritys A tarjoaa 40 000 dollaria, yritys B tarjoaa 50 000 dollaria). Laajenna sen sijaan näkökulmaasi ja harkitse kokonaiskorvausta ja etuja yhdistettynä. Yritys A saattaa tarjota 78 000 dollarin kokonaiskorvauspaketin, kun huomioidaan 401 000, etätyö, alhaisemmat verot ja paljon muuta. Ajattele muutakin kuin pelkkä peruspalkka; analysoida kokonaiskorvausta ja sen vaikutusta kuluihin, asumiseen, kuljetuksiin ja veroihin ottaen huomioon veroetuiset tilit, kuten 401K, IRA ja HSA

Achani Samon Biaou: Jos työskentelet kotoa käsin ja käytät kotiasi toimistona kiinteistösi hallintaan, saatat pystyä veloittamaan tai vähentämään osan vuokrastasi. Henkilökohtaisesti, kun lennän Etelä-Afrikkaan hoitamaan kiinteistöjäni, allekirjoittamaan uusia vuokrasopimuksia tai hoitamaan erilaisia tehtäviä, nämä kulut voivat olla jossain määrin vähennyskelpoisia. Harkitse kaikkia järjestelmän tarjoamia etuja. On monia tapoja keventää verotaakkaasi.

Olumide Ogunsanwo: Nyt käsitellään seuraavaa varjokulua, lapsiin liittyviä kuluja.

5. Lapset: On erittäin tärkeää arvioida huolellisesti suunnittelemasi lasten määrä ja ymmärtää, miten se vaikuttaa matkallesi kohti taloudellista itsenäisyyttä. Lasten kasvatuksesta aiheutuu usein vaikeasti arvioitavia kustannuksia, ja ne voivat jopa ylittää verot ja asumiskustannukset, riippuen vanhemman tuen tasosta.

Oletetaan, että sinulla on kaksi tai kolme lasta. Vaikka ero saattaa aluksi tuntua merkityksettömältä, sillä voi olla syvällinen vaikutus eläkkeelle jäämiseen. En ole täällä sanellamassa sinulle ihanteellista lasten määrää, koska se on henkilökohtainen valinta. Pikemminkin haluan korostaa tähän liittyviä kompromisseja – eläkkeelle jääminen 42-vuotiaana kahden lapsen kanssa verrattuna eläkkeelle 49-vuotiaana kolmen lapsen kanssa. Harkitse lisätyövuosia, jotka johtuvat lasten lisääntymisestä.

Saatat silti uskoa vakaasti, että lasten hankkiminen on sen arvoista, ja se on kaunis näkökulma. Mutta on tärkeää tehdä tietoinen päätös ja harkita näitä tekijöitä ennen perheen perustamista. Kun sinulla on lapsia, heistä tulee elämäsi arvokkaita lahjoja, jotka ansaitsevat kaiken rakkautesi ja huolenpitosi.

Achani Samon Biaou: Annan kolme näkökulmaa tähän. Ensinnäkin lasten saamisen ajoitus vaikuttaa matkaasi taloudelliseen itsenäisyyteen sen mukaan, milloin sinulla on lapsia. Jos sinulla on lapsi nuorena, voi olla haastavaa keskittyä opintoihin. Jos sinulla on lapsi myöhemmässä iässä, se voi kuitenkin rajoittaa ammatillisia mahdollisuuksia ja tehdä sinusta istuvamman. Ihmiset, joilla on lapsia, eivät todennäköisesti tee muutoksia ja muuttavat. Lapsen saaminen myöhemmin elämässä voi tarjota enemmän joustavuutta.

Toiseksi, vaikka olet lasten kasvattamisessa, jos olet urasi alussa, sinulla saattaa olla vähemmän taloudellisia resursseja halutun kasvatuksen järjestämiseen. Jos rahalla on merkittävä rooli lasten kasvattamisessa, saattaa olla parempi harkita lasten hankkimista myöhemmin, kun sinulla on tarvittavat resurssit.

Kolmanneksi, kun ajattelet lasten hankkimista, mieti myös sen vaikutusta urasi kehitykseen. Jotkut teollisuudenalat vaativat intensiivistä työtä ylennyksiä varten, mikä voi olla haastavaa tasapainottaa asianmukaisen lastenkasvatuksen kanssa. Nämä ovat usein puhumattomia aiheita poliittisen korrektiuden vuoksi.

Olumide Ogunsanwo: Meidän on puhuttava siitä. Se on erittäin tärkeää.

Achani Samon Biaou: Oletetaan, että olet stressaavassa työssä ja pyrit siirtymään osakkaasta johtajaksi. Tässä vaiheessa lasten saaminen lisää stressitasoa, mikä vaikuttaa terveyteen. Se myös heikentää kykyäsi pitää yhteyttä lapseesi, koska saatat joutua luottamaan maksullisiin lastenhoitopalveluihin. On monia tekijöitä, jotka on otettava huomioon.

Olumide Ogunsanwo: Ja älkäämme unohtako, Samon, että myös aineettomia muutoksia tapahtuu. Esimiehen käsitys voi olla: "Voi, sinä saat lapsen, joten työskentelet vähemmän ja olet vähemmän keskittynyt." Saatat ajatella, että esimiehesi on väärin ajatella näin, mutta sellaista elämä on.

Achani Samon Biaou: Jos et erityisemmin välitä siitä, milloin ja miten saada lapsia, voi olla järkevää lykätä sitä, kunnes olet vakiintunut ammattiuraasi. Tämä lähestymistapa hyödyttää sekä taloudellista riippumattomuutta että kykyä viettää aikaa lasten kanssa. Lisäksi monet yritykset tarjoavat nyt vaihtoehtoja, kuten munan jäädyttäminen ja vauvan liimausaika.

Olumide Ogunsanwo: Lasten saamisella voi olla valtava vaikutus kulutustottumuksiisi, erityisesti sellaisilla aloilla kuin asuminen, kuljetus ja ruoka. Haluat ehkä asua lähempänä heidän kouluaan, mikä voi tarkoittaa korkeampaa vuokraa tai asuntolainamaksuja. Saatat joutua ostamaan auton, jotta voit ajaa niitä ympäriinsä, mikä voi lisätä kaasu- ja ylläpitokulujasi. Saatat myös joutua säätämään ruokabudjettiasi vastaamaan heidän mieltymyksiään ja ravitsemustarpeitasi. Emme ole täällä arvostelemassa elämäntapavalintojasi tai kertomassa, kuinka monta lasta sinulla pitäisi olla. Haluamme vain auttaa sinua ymmärtämään, kuinka perheesi koko vaikuttaa taloudellisiin tavoitteisiisi ja kuinka voit suunnitella sen mukaan.

6. Avioero ja katastrofaaliset tapahtumat: Shadow Threen kulualueiden viimeinen varjo on avioero ja katastrofitapahtumat. Joissakin maissa avioero voi johtaa jopa 50 %:n omaisuuden menettämiseen, millä voi olla tuhoisa vaikutus matkaasi kohti taloudellista itsenäisyyttä. Voit menettää taloudellisen riippumattomuutesi myös FI:n saavuttamisen jälkeen menettämällä puolet varoistasi. Kyse ei ole vain taloudellisista seurauksista; emotionaalinen kuormitus voi olla valtava. Kumppanisi, rakastamasi henkilön, menettäminen yhdessä vuosien jälkeen voi olla emotionaalisesti ahdistavaa ja samalla vaarantaa taloudellisen tulevaisuutesi. Kannustan kaikkia käyttämään aikaa oikean kumppanin löytämiseen. Harkitse, jaatko samat arvot ja yhteensopivuuden. Käytä aikaa ymmärtääksesi avioeron vaikutukset tietyssä paikassa. Emme suosittele sinua välttämään avioliittoa tai suhteita, vaan pikemminkin ymmärtämään avioeron vaikutukset päätöksiä tehdessäsi.

Achani Samon Biaou: Käännetään nyt huomiomme katastrofaalisiin tapahtumiin, erityisesti terveyteen liittyviin tapahtumiin. Monet meistä uskovat olevansa voittamattomia odottamattomiin iskeihin asti. On kuitenkin tärkeää tunnustaa, että kukaan meistä ei ole vapautettu terveysongelmista. Siksi on tärkeää suunnitella ja valmistautua ennakoivasti. Vankan sairausvakuutusstrategian kehittämisen tulisi olla luettelosi kärjessä. Harkitse tarvitsemaasi erityistä kattavuutta ja varmista, että se koskee maita, joissa käyt. Ennaltaehkäisy on myös avainasemassa. Säännölliset seulonnat ja ennakoivat toimenpiteet voivat parantaa merkittävästi kykyäsi käsitellä terveysongelmia tehokkaasti. Älä myöskään unohda kriittisen omaisuutesi vakuuttamisen tärkeyttä. Tärkeiden tavaroiden jättäminen vakuuttamatta voi aiheuttaa merkittäviä taloudellisia rasitteita. Muista, että sijoittamalla pieneen vakuutusmaksuun tänään voit säästää huomattavia kuluja pitkällä aikavälillä.

Olumide Ogunsanwo: Kannustan voimakkaasti kaikkia asettamaan suojelunsa etusijalle tilanteissa, joihin liittyy avioeroa ja muita katastrofaalisia tapahtumia. Saatavilla on erilaisia työkaluja, kuten omaisuusvakuutus ja sairausvakuutus. Kun navigoit näissä olosuhteissa, on ratkaisevan tärkeää löytää tapoja suojella itseäsi. Harkitse vaihtoehtoja, kuten avioehtosopimuksia avioliittoa varten, sairausvakuutussuunnitelmat ja asunnon tai omaisuuden vakuutus. Riittävä vakuutus on elintärkeä, sillä sen puuttuminen voi johtaa haastaviin tilanteisiin, kuten tulipaloon. Vaikka emme anna tarkkoja suosituksia jokaiselle mahdolliselle katastrofille, haluamme korostaa niiden mahdollista kielteistä vaikutusta taloudelliseen matkaasi. Suojele itseäsi ennakoivasti!"

Se kattaa Big Threen ja Shadow Threen kulutusalueemme. Arvoihin perustuvan kulutuksen yhteenveto: Tunnista ja priorisoi arvosi. Kohdista kulutussi vastaavasti ja ole varovainen antautumasta FOMO:lle. **FOMO on ongelma ja arvopohjainen kuluttaminen on vastalääke** . Siirrytään nyt suosituksiin ja referensseihin.

Achani Samon Biaou: Suosittelen " Sinun rahasi tai elämäsi [5]", kirjoittanut Vicki Robin. Vaikka se ei keskity erityisesti taloudelliseen riippumattomuuteen, se tarjoaa arvokasta ohjausta eläkkeelle siirtymisen taloudelliseen suunnitteluun. Se käsittelee aiheita, kuten velkaansasta pakeneminen, tietoisten säästämistottumusten kehittäminen ja elämäsi yksinkertaistaminen poistamalla tarpeettomat asiat.

Olumide Ogunsanwo: On mielenkiintoista, että mainitset, ettei kyse ole suoraan taloudellisesta riippumattomuudesta. Jotkut pitävät kirjan vuoden 1992 versiota taloudellisen itsenäisyysliikkeen alkulähteenä jo ennen kuin termi FI/RE (Financial Independence / Retire Early) keksittiin. Se saattaa selittää, miksi et muodosta yhteyttä. Se on uskomattoman tärkeä kirja, joka sai ihmiset ymmärtämään, että he voisivat jättää yrityselämän 30-vuotiaana. Minulla on nyt kolme suositusta:

Jacob Fiskerin " Varhaiseläke äärimmäinen ". [6]Mies on nero. Tämä kirja on loistava ja erittäin suositeltavaa luettavaa. Fisker, yksi varhaisista äänistä henkilökohtaisen talouden ja taloudellisen riippumattomuuden alalla, jakaa periaatteensa ja järjestelmäpohjaisen lähestymistapansa kulujen ja kustannusten optimointiin.

" Miljonääri naapurissa [7]", kirjoittanut Thomas Stanley. Tämä kirja tarjoaa oivalluksia amerikkalaisten miljonäärien elämään. Tutkimuksensa avulla kirjoittajat havaitsivat, että miljonäärit ovat kurinalaisia ja säästäviä välttäen ylellisiä elämäntapoja. He tutustuvat näiden henkilöiden ajattelutapaan, kulutustottumuksiin ja arvoihin perustuvaan kulutukseen. Kirja sisältää yksityiskohtaisia profiileja sadoista miljonääreistä.

Thomas Stanleyn " Lopeta rikkaan näytteleminen ". [8]Tämä kirja selittää, että palkka ei yksin määritä nettovarallisuutta; se riippuu kulutustottumuksista. Se korostaa yllättävää havaintoa, että opettajan kaltaisilla ammateilla on alhaisemmista palkoista huolimatta yleensä korkeampi nettovarallisuus alhaisempien FOMO-trendien vuoksi. Toisaalta lakimiehillä on korkeammista palkoista huolimatta usein odotettua alhaisempi nettovarallisuus, kun he an-

5. https://yourmoneyoryourlife.com/

6. https://www.amazon.com/Early-Retirement-Extreme-philosophical-independence-ebook/dp/B0046LU7H0

7. https://www.amazon.com/Millionaire-Next-Door-Surprising-Americas-ebook/dp/B0BX7G7PZN

8. https://www.amazon.com/Stop-Acting-Rich-Living-Millionaire/dp/0470482559

tautuvat FOMO:lle ja kuluttavat ylellisyystuotteisiin pysyäkseen ikäisensä tahdissa.

Achani Samon Biaou: Kuten päätämme, haluan toistaa, että FOMO on vihollisesi.

Olumide Ogunsanwo: Hyödynnä arvopohjaisen kulutuksen ja tulojen maksimoimisen tehokas yhdistelmä edistääksesi matkaasi kohti taloudellista riippumattomuutta. Arvioi ennakkoluulojasi ja löydä harmoninen tasapaino näiden kahden välillä ottaen huomioon ainutlaatuiset mahdollisuutesi, olosuhteet, tietosi, yhteyksisi ja ympäristösi. Tulevassa viimeisessä luvussa syvennymme FIREDOMin elämään ja tarjoamme arvokkaita näkemyksiä siitä, kuinka elämme taloudellisen riippumattomuuden saavuttamisen jälkeen. Pysy kanavalla!

7: FIREDOM-tarinat, taloudellinen riippumattomuus, vapaus ja loppuelämäsi

Olumide Ogunsanwo: Me onnistuimme! Viimeinen lukumme. Mikä matka! Päätämme kaiken keskustelemalla siitä, kuinka elämämme kehittyi sen jälkeen, kun tulimme taloudellisesti itsenäisiksi.

Achani Samon Biaou: Rakastan sitä! Vaikka olemme keskustelleet taloudellisen riippumattomuuden tiestä, on yhtä tärkeää pohtia, mitä sen saavuttamisen jälkeen seuraa.

Olumide Ogunsanwo: Olen innoissani tästä keskustelusta.

Achani Samon Biaou: Henkilökohtaisen kokemukseni perusteella ja Olumiden kokemuksen perusteella voin vakuuttavasti sanoa, että tuntuu kauniilta tulla taloudellisesti itsenäiseksi.

Olumide Ogunsanwo: Jos pidit edellisistä luvuista kiinnostavia, tulet olemaan vieläkin innoissasi tästä luvusta. Toisin kuin edellisissä luvuissa, joissa kaivoimme muistoja menneestä, tämä tarina on tuoreessa mielessämme. Tämä luku käsittelee nykyistä elämäämme ja sitä, mitä teemme tänään.

Achani Samon Biaou: [Laulu] Vapaus. Vapaus. Vapaus

Olumide Ogunsanwo: [Naurua] Laulat englanniksi. Se on vielä parempi. Ei ranskaksi. Ihana.

Achani Samon Biaou: [Naurua] En malta odottaa, että pääsen aloittamaan tämän luvun.

Olumide Ogunsanwo: Samon, miksi et potkaise meitä? Mitä tapahtui taloudellisen itsenäisyyden saavuttamisen jälkeen?

Achani Samon Biaou: Aloitan kontekstista. Taloudellisen itsenäisyyden alku minulle oli vuonna 2018, 35-vuotiaana. Olin juuri palannut Dubaihin BCG Ambassador Programista, jossa vietin vuoden Etelä-Afrikassa. Tässä vaiheessa sijoitukseni alkoi tuottaa kuukausittaista passiivista tuloa, joka oli korkeampi kuin taloudellisen riippumattomuuden tavoitelukuni. Tämä uusi taloudellinen vapaus antoi minulle mahdollisuuden hallita työelämääni paremmin ja ajaa etujani omin ehdoin. Minusta tuntui myös mukavammalta keskustella aiemmin tabuaiheista. Olin tuolloin ylennettävissä Principaliksi, joka vastasi McKinsey Associate Partneria. Sain ylennyksen kahdeksan kuukautta myöhemmin ja aloitin siirtymäprosessin BCG:stä.

Olumide Ogunsanwo: Kun tulet taloudellisesti itsenäiseksi, on silti järkevää työskennellä hieman pidempään kahdesta syystä.

Ensinnäkin on aina viisasta pitää puskuri paikallaan. Insinöörinä arvostan puskurien arvoa, ja sama periaate pätee myös taloussuunnitteluun. Et halua olla liian tarkka arvioidessasi tulevia toiveitasi ja tarpeitasi. Työskentelemällä hieman pidempään voit luoda taloudellisen puskurin, joka ottaa huomioon mahdolliset tulevat muutokset kiinnostuksen kohteissa tai tarpeissa.

Toiseksi vie aikaa tutkia ja oppia, mitä vaihtoehtoja on saatavilla ja mitä haluat tehdä. Vaikka jotkut ihmiset ovat löytäneet kutsumuksensa varhain, useimmat ihmiset tarvitsevat aikaa löytääkseen todelliset kiinnostuksen kohteet. Työn lopettaminen katsoaksesi Netflixiä koko päivän ei ole paras tapa löytää täyttymystä.

On kuitenkin ratkaisevan tärkeää löytää tasapaino ja olla joutumatta "yhden vuoden oireyhtymän" (OMY) ansaan, jossa jatkat työskentelyä vuosia taloudellisen itsenäisyyden saavuttamisen jälkeen. Ellei tietenkään tavoitteesi on jatkaa työskentelyä, koska nautit siitä. Kuten kaikessa elämässä, tässäkin on kyse kompromissien punnitsemisesta ja oikean tasapainon löytämisestä.

Achani Samon Biaou: Olen samaa mieltä. Asuin BCG:ssä noin 1,5 vuotta sen jälkeen, kun olin jo taloudellisesti riippumaton. Olin aivan erilainen kuin muut ja pelasin omien sääntöjeni mukaan. Se oli minulle ratkaiseva hetki.

Olumide Ogunsanwo: Tutkitaan sitä hetkeä hieman. Millä sanoilla kuvailisit sitä, miltä sinusta tuntui saavuttaessasi taloudellisen itsenäisyyden hetken?

Achani Samon Biaou: Tunsin itseni aikuiseksi.

Olumide Ogunsanwo: [hämmästynyt] Vau!

Achani Samon Biaou: Minusta tuntui, että olin valmistunut rottakilpailusta. Olin edelleen osa yrityksen konetta, mutta en ollut siitä riippuvainen. Olin keskustellut kahden yrityksen toimitusjohtajan kanssa, joihin luotin saadakseni neuvoja siitä, pitäisikö minun jatkaa työskentelyä siellä vai ei. Se, että kävin näitä keskusteluja, oli merkki siitä, että olin kypsynyt. Nämä keskustelut voivat olla uraa uhkaavia, koska jos harkitset eroa, toimitusjohtaja ei välttämättä taistele puolestasi tai jatka sinuun sijoittamista. Olin kuitenkin rauhallinen enkä välittänyt heidän mielipiteistään.

Olumide Ogunsanwo: Tunsit olosi aikuiseksi ja rauhallisiksi saavuttaessasi taloudellisen itsenäisyyden, mikä on ymmärrettävää, koska se on tärkeä virstanpylväs. FI/RE:n yhteydessä on kaksi virstanpylvästä: taloudellisen riippumattomuuden saavuttaminen (FI) ja varhaiseläkkeelle siirtyminen (RE), joka on siirtyminen työstä, jota sinun on tehtävä muihin henkilökohtaisiin harrastuksiin. Tämä kirja keskittyy ensisijaisesti FI:hen, jolloin on kertynyt tarpeeksi omaisuutta kulujen kattamiseksi loppuelämäksi. Pääsit FI:hen, mikä on uskomaton virstanpylväs, josta olemme yrittäneet saada ihmiset innostumaan. Onko muita sanoja, joita haluat käyttää kuvaamaan tunteitasi?

Achani Samon Biaou: Tunne - ranskaksi sitä kutsutaan apesanteur (pesanteur on painovoima, apesanteur on painovoiman puuttuminen)

Olumide Ogunsanwo: [Hymyilevä] Mahtavaa!

Achani Samon Biaou: Kelluin. Tunsin sen tunteen, että siellä on kokonainen maailma, ja sain vihdoin vapaasti tutkia sitä omin ehdoin. Tunsin itseni vapaaksi, mutta samalla mietin mitä tekisin. Se on yhdistelmä vapautta, ahdistusta ja yrittämistä saada järkeä kaikesta.

Olumide Ogunsanwo: Vaikka kuulen sen, olen innoissani siitä, että yrität visualisoida sen. Voin kuvitella, että olit alun perin aikonut jäädä BCG:lle kahdeksi vuodeksi, mutta päädyit olemaan melkein kuusi vuotta. Lopulta saavutit taloudellisen riippumattomuuden, ja voin kuvitella sinulle avautuneiden mahdollisuuksien ovet ja voiman, jonka olet täytynyt tuntea niiden tavoittelemiseen.

Achani Samon Biaou: Tunsin myös olevani hieman ylpeä ja validoitu. Tunsin itseni olympiaurheilijaksi. Valmistelujen aikana jotkut ilmaisivat epäilyksen ja sanoivat esimerkiksi "Unohda se, mitä ajattelet?" Pysyin kuitenkin itsenäisenä ajattelijana, pakkomielle saavuttaa tavoitteeni, ja lopulta onnistuin.

Tämä saavutus oli ensimmäinen täysin omistamani saavutus, asetin itselleni tavoitteen enkä noudattanut yhteiskunnallisia normeja. Sitä vastoin elämäni muihin saavutuksiin vaikuttivat usein yhteiskunnalliset odotukset ja ne toimivat keinona saavuttaa päämäärä. Hain esimerkiksi pääsyä huippukauppakorkeakouluun henkilökohtaisen kasvun vuoksi ja turvatakseni korkeapalkkaisen työpaikan, jossa on päätösvaltaa. Samoin konsulttityössäni tein pitkiä päiviä ja saavutin menestystä, mutta en rakastanut myöhäisiä iltoja - se oli vain osa työtä.

Mitä tulee taloudelliseen riippumattomuuteen, olin rakastunut prosessin jokaiseen vaiheeseen. Tavoittelin taloudellista riippumattomuutta ensisijaisesti siksi, että halusin vihdoin olla kaikki minä ja vain minä. Kun minusta tuli taloudellisesti riippumaton, tunsin onnistumisen, apesanteur- ja omistajuuden tunnetta.

BCG:stä ja kauppakorkeakoulusta saadun kokemukseni luottamuksen myötä päätin muuttaa Pariisiin ja tutustua startupiin vuoden 2020 alussa, kun olin lopettamassa BCG:tä. Olin tehnyt vuokrasopimuksen edellisenä vuonna, koska paikan löytäminen Pariisista voi olla haastavaa. Vaikka työskentelin vielä projektin parissa BCG:lle Saudi-Arabiassa, aloin siirtyä uuteen elämääni Pariisissa, jossa olin jo hankkinut asunnon. Sitten COVID-19 iski, ja huomasin jääneeni Pariisiin. Yrittäjyysmatkani jäi pitoon ennen kuin se edes alkoi, koska saimme lähteä asunnosta vain ostoksille tai lyhyille kävelyretkille. Noihin aikoihin eräs Yhdistyneiden arabiemiirikuntien vanhempi yhteyshenkilö pyysi minulta apua. Tämä oli yksi ensimmäisistä mahdollisuuksista käyttää vapautta, jonka sain saavuttamalla taloudellinen riippumattomuus.

Olumide Ogunsanwo: Tilanne on ainutlaatuinen. Sinulla oli taloudellisen itsenäisyyden hetki vuonna 2018, mutta jatkoit työskentelyä BCG:ssä vuoteen 2020 asti. BCG:stä erottuasi entinen kontakti, joka tunsi sinut aikaisemman työkokemuksesi perusteella, tarjosi sinulle mahdollisuuden tehdä projekti. Voit tehdä tämän omilla ehdoillasi ja laajentaa sen haluamallasi tavalla ja käyttää enemmän aikaa toteuttamiseen. Se olisi voinut olla loistava tilaisuus riippuen asiakkaista.

Achani Samon Biaou: Nautin ihmisten kanssa työskentelystä ja pidin tätä ensimmäistä aitoa tilaisuuteni vaikuttaa ja muokata jotain ilman konsultoinnin rajoituksia.

Olumide Ogunsanwo: Sinulla oli tuo taho, BCG-kone ei rajoittunut, joka on jollain tapaa loistava ja kaunis, mutta ei niin hyvä muilla tavoilla.

Achani Samon Biaou: Aivan. BCG:ssä ollessani minulla oli ryhmä analyytikoita ja yhteistyökumppaneita, jotka vastasivat analyysien tekemisestä ja diojen luomisesta. BCG:stä lähtemisen ja uuden projektin aloittamisen jälkeen huomasin kuitenkin ottavani entistä monipuolisempia tehtäviä analyytikkosta toimitusjohtajaksi. Tämä sisälsi tehtäviä, kuten diojen kirjoittamista, päätösten tekemistä ja projektin toteuttamista. Projektin suunnan täysi omistaminen oli ainutlaatuinen ja nautinnollinen kokemus. Rakastin sitä kokemusta. Samoihin aikoihin päätin myös tutkia intohimoani keskipitkän aikavälin matkustamiseen (asuin tuolloin kuukausia eri paikoissa), mikä oli aiemmin vaikeaa työrajoitteiden vuoksi.

Opin pari asiaa tältä matkalta. Ensinnäkin taloudellinen riippumattomuus on sen arvoista, kymmenen kertaa enemmän.

Olumide Ogunsanwo: En voisi olla enempää samaa mieltä. FI on hämmästyttävä.

Achani Samon Biaou: Toiseksi sinun on varmistettava, että valmistaudut siihen. Minulla oli monia hetkiä, kun ihmiset yrittivät värvätä minua. Ensinnäkin, viimeisinä kuukausina BCG:ssä, he tarjosivat minulle nopeutetun yhteistyön yhdessä uusista toimistoistamme. Sitten entiset asiakkaat ja kolmannet osapuolet myös lähestyivät minua. Se on konsultoinnin kauneus: olet erittäin markkinakelpoinen. Ihmiset tarjosivat minulle enemmän rahaa, ja osa minusta pohti, voisinko tehdä sitä vuoden ja tulla vieläkin itsenäisemmäksi. Näillä kiusauksilla arvioit, onko halusi taloudelliseen riippumattomuuteen todella vahva. Jos on, et palaa vanhaan uraasi tai vastaaviin töihin vain siksi, että he tarjoavat sinulle rahaa.

Olumide Ogunsanwo: Tämä on hyvä pointti. Mietitäänpä sitä vähän. Aiemmin tässä kirjassa neuvoimme, että on tärkeää saada selkeä ja vakuuttava näkemys siitä, missä haluat olla matkallasi kohti taloudellista riippumattomuutta. Kun rakastut tuohon tulevaisuuden visioon itsestäsi ja sinulla on vahva emotionaalinen yhteys visioosi, pysyt todennäköisemmin sitoutuneena siihen. Ilman tätä yhteyttä saatat tuntea houkutusta ottaa vastaan uusi työtarjous yksinkertaisesti siksi, että se näyttää paremmalta kuin nykyinen. On tärkeää ottaa aikaa selvittääksesi, mitä todella haluat elämältä. Jos päätät, että vaihtaminen uuteen työhön tai urapolulle taloudellisen riippumattomuuden saavuttamisen jälkeen vastaa tavoitteitasi, siinä ei ole mitään vikaa. On kuitenkin ratkaisevan tärkeää osallistua itsereflektoriin ja saada itsetuntemusta, jotta voit tehdä oikeita päätöksiä tulevaisuuttasi varten.

Achani Samon Biaou: En voisi olla enempää samaa mieltä. Jos mietit, sopiiko taloudellinen riippumattomuus sinulle, voit tehdä pikatestin. Sinun ei välttämättä tarvitse tietää tarkalleen, mitä haluat tehdä seuraavaksi, mutta sinun pitäisi tietää, että et halua jatkaa sitä, mitä teet nyt. Taloudelliseen riippumattomuuteen kannattaa pyrkiä, jos uskot nauttivasi prosessista ja matkasta sitä kohti enemmän kuin itse lopputuloksesta.

Olumide Ogunsanwo: Haavoittuvuuden hyväksyminen ja tutkiminen on ratkaisevan tärkeää pyrittäessä taloudelliseen riippumattomuuteen. Jos asetat etusijalle korkean varmuuden, yritysrakenne voi tarjota sen ja pitää sinut siellä, kunnes olet vanha. Toisaalta taloudellinen riippumattomuus sisältää uteliaisuutta ja tutkivaa ajattelutapaa, joka voi avata sinulle jännittävän uuden elämän.

Achani Samon Biaou: Tärkeintä taloudellisen riippumattomuuden saavuttamisessa on sen tuoma vapaus. Kyse ei ole paremman työn löytämisestä. Kyse ei ole edes pakottavan vision löytämisestä, vaikka se on tärkeä askel. Pikemminkin kyse on vapaudesta etsiä mitä haluat etsiä ja tehdä mitä haluat, milloin haluat. Sinun täytyy nauttia siitä mielentilasta ja tuntea rakkautta sitä kohtaan. Kun sinulla on taloudellinen riippumattomuus, sinulla on mahdollisuus tutkia kiinnostuksen kohteitasi ja intohimojasi tai päättää olla tutkimatta ollenkaan. Sinulla on vapaus tehdä omat päätöksesi ja tehdä mitä todella haluat tehdä. Minulle taloudellisen riippumattomuuden saavuttaminen merkitsi työni intensiivisyyden suuntaamista BCG:ssä johonkin omaan valintaani.

Tavoitteenani oli antaa itselleni aikaa ja tilaa tutkia ja suunnata energiaani muille alueille. En halunnut elää Netflix-elämää, jossa olin jatkuvasti kiinni vihteestä. Halusin, että minulla on mahdollisuus valita, mitä haluan tehdä, ja jatkaa uusien asioiden tutkimista.

Olumide Ogunsanwo: Kaunis. Lisään muutaman pointin. Monia tärkeitä elämänalueita on vaikea ratkaista täysin. Esimerkiksi ihmissuhteissa käydään jatkuvasti keskusteluja romanttisen kumppanisi, perheesi ja yhteisön kanssa, ja pyrit jatkuvasti parantamaan niitä. Näitä tavoitteita ei koskaan ratkaista tai saavuteta kokonaan, vaan ne ovat jatkuvaa kasvua ja parantamista. Sama pätee terveyteen - aina on jotain uutta opittavaa parhaasta ruokailutavasta, liikunnasta, stressinhallinnasta ja mielenterveydestä huolehtimisesta. Taloudellinen riippumattomuus on kuitenkin ainutlaatuinen siinä mielessä, että se on yksi harvoista suurista asioista elämässä, joka voidaan melkein täysin ratkaista. Jos tulet taloudellisesti itsenäiseksi, voit keskittyä muihin elämänalueisiin, kuten ihmissuhteisiin ja terveyteen, jotka vaativat jatkuvaa ponnistelua. Taloudellinen rippumattomuus on mahdollistaja, joka antaa sinulle enemmän aikaa, energiaa ja rahaa investoida muille tärkeille elämänalueille, jotka ovat loputtomia parannusmatkoja.

Riippumatta työstäsi, oletpa maalari, investointipankkiiri, liikkeenjohdon konsultti tai teknologiatyöntekijä, sinulla on todennäköisesti muita kiinnostuksen kohteita ja intohimoja työn ulkopuolella. Ehkä pidät uinnista, lentopallon pelaamisesta, luistelusta tai matkustamisesta. Voi olla vaikea löytää aikaa ja energiaa näiden etujen harjoittamiseen, jos vietät kaiken aikasi töissä tai yrityksessäsi ansaitaksesi rahaa. Taloudellinen riippumattomuus voi antaa sinulle vapauden viettää enemmän aikaa asioihin, joita rakastat tai luulet rakastavasi.

Ihmisinä olemme moniulotteisia ja meillä on monia kiinnostuksen kohteita. Kuvittele, jos voisit viettää enemmän aikaa intohimojesi harjoittamiseen, olipa kyseessä yrityksen perustaminen, maailmanmatkailu tai jokin muu. FIREDOM on vapautta valita, mitä haluat tehdä aikasi ja energiasi kanssa. Siksi rakastan taloudellista riippumattomuutta, miksi kirjoitimme tämän kirjan ja kutsuimme sitä FIREDOMiksi (Financial Independence + Retire Early + Freedom).

Achani Samon Biaou: Jos työskentelit edelleen Googlella, on useita syitä, miksi et ehkä ole kirjoittanut kirjaa. Yksi mahdollisuus on, että sinulla ei ehkä ole ollut aikaa kirjoittaa sitä. Lisäksi olet saattanut joutua seurustelemaan jonkun lakiosaston kanssa saadaksesi hyväksynnän. [Naurua] Vitsailen täällä.

Olumide Ogunsanwo: [Naurua] On hassua, että otit tämän esiin, mutta tarvitsin itse asiassa luvan aloittaakseni Afrobilityn vuonna 2020. En vitsaile.

Achani Samon Biaou: Arvostaisin, jos ihmiset voisivat keskittyä tarinan avainelementteihin. Selvyyden vuoksi tässä on yhteenveto tunteistani: Ensinnäkin tunsin itseni aikuiseksi. Toiseksi koin syvemmän saavutuksen tunteen verrattuna MBA-tutkinnon suorittamiseen arvostetuista kauppakorkeakouluista, joissa kaipasin validointia jossain määrin.

Olumide Ogunsanwo: Varmasti. Taloudellisen itsenäisyyden saavuttaminen 35-vuotiaana on poikkeuksellisen haastava saavutus, jopa enemmän kuin hyväksyminen Stanford GSB:hen (Graduate School of Business). Tämä on erityisen totta, koska olet syntynyt ja kasvanut Beninissä. Kun otetaan huomioon niiden ihmisten lukumäärä, jotka kasvoivat Beninissä samaan aikaan kuin sinä ja onnistuivat saavuttamaan taloudellisen itsenäisyyden 35 ikävuoteen mennessä, olisin yllättynyt, jos se ylittäisi 0,01 %. Se on uskomaton saavutus.

Achani Samon Biaou: Suurin osa ystävistäni sanoi: "Mistä tämä konsepti on, josta puhut? Mitä tarkoitat, ettet jatka työskentelyä?"

Olumide Ogunsanwo: Kumppanini kertoi työtoverille, että olin kirjoittamassa kirjaa taloudellisesta riippumattomuudesta. Tähän kollega vastasi: "Tiedän taloudellisesta riippumattomuudesta, se tarkoittaa, että olen työllistävä ja löydän helposti minkä tahansa haluamani työn." [Nauru]

Achani Samon Biaou: [Naurua] Se on juurtunut syvälle psyykeemme.

Kerroin joillekin ihmisille taloudellisesta riippumattomuudesta ja he vastasivat: "Okei, mitä työtä aiot tehdä nyt?"

Olumide Ogunsanwo: [Hysteeristä naurua]

Achani Samon Biaou: Sinun pitäisi tehdä työtä. Sinun ei melkein koskaan pitäisi mennä ja tehdä omia juttujasi. Kertaessani viimeaikaista kokemustani, tunsin kypsyyden ja ylpeyden tunteen saavutuksestani. Toisin kuin aiemmin, en tehnyt tätä tehdäkseni vaikutuksen muihin. Minusta tuntui, että olin palannut vapauden tunteisiin, joita minulla oli lapsena. Muista, että lapsuuteni tarinassa mainitsin, että yksi varhaisimmista muistoistani oli vapauden tunne. Kasvossani minusta tuntui, että tämä vapaus otettiin vähitellen pois, kun yritin mukautua yhteiskunnallisiin odotuksiin, ja taloudellinen riippumattomuus oli työkalu, jolla minulla oli vapauteni takaisin. Lisäksi koin painottomuuden tunteen tai "apesanteur", joka on ranskalainen sana painovoiman puutteesta. Tuntuu kuin leijuisit ulkoavaruudessa ja kaikki on laajaa. Voit mennä kumpaan tahansa suuntaan, se on vapauttavaa, mutta myös hämmentävää. Sellaisia tunteita minulla oli.

Muutin Pariisiin ja päätin tutkia yrittäjyyttä, mutta sitten COVID-19 iski ja kaikki sammui. Sain kuitenkin odottamattoman tilaisuuden muotoilla Yhdistyneiden arabiemiirikuntien instituution suuntaa, joka vastasi haluani vaikuttaa. Johtaisin projektia ja valvoisin sen toteutusta, mikä erosi edellisestä tehtävästäni BCG:ssä, jossa johtaisin projektia ja luovutin sitten kaikki suositukset ja toteutuksen yritykselle.

Olumide Ogunsanwo: Kyllä, luovutat kaikki projektitoimitukset asiakkaille ja toivotat heille onnea. [Nauru]

Achani Samon Biaou: Joskus, vaikka olisit intohimoinen ideaan, saatat silti epäillä sen mahdollista menestystä, koska tiedät, että vain muutama osa siitä todennäköisesti toteutetaan, kun taas loput unohdetaan. Siitä huolimatta tämä oli ensimmäinen kokeiluni. Toinen kokeilu koski matkustamista. Olen aina nauttinut uusien kulttuurien oppimisesta, joten kumppanini ja minä lähdimme vuoden mittaiselle matkalle viettäen useita kuukausia jokaisessa kaupungissa, jossa vierailimme. Vaikka jotkut kollegani ovat saattaneet pitää tätä pitkiä matkoja oudona, onnistuimme tutkimaan kuutta eri maata uppoutuen niiden kulttuureihin ja kieliin.

Kolmas painopisteeni oli kieltenoppiminen. Puhuessani jo seitsemän kieltä, päätin oppia muutaman lisää. Tällä hetkellä opiskelen kiinaa ja kehitän arabian taitojani. En yritä saada työtä Kiinasta. En yritä tulla poliitikoksi missään Arabian maassa. Rakastan kieliä ja haluan ilmaista itseäni ja lukea sanomalehtiä ympäri maailmaa luottamatta pelkästään tiedotusvälineisiin.

Kaikki ei kuitenkaan ole ollut helppoa. Yhdistyneissä arabiemiirikunnissa tekemäni projektini jälkeen harkitsin oman yrityksen perustamista ja tajusin, että menneisyyden epävarmuus nousi uudelleen pintaan. Stanfordista valmistuneena minulla on usein paineita perustaa yksisarvinen startup, mutta taloudellinen riippumattomuuteni on antanut minulle mahdollisuuden priorisoida omaa toteutumistani ja tehdä vain sellaisia yrityksiä, jotka todella kiinnostavat minua. Paineen tuntemisen sijaan pyrin saamaan valtuudet elää elämää omilla ehdoillani.

Olumide Ogunsanwo: Kyllä. Motivaatiosi pitäisi tulla sisältä.

Achani Samon Biaou: Taistelin tämän kanssa melkein kuusi kuukautta. Tänä aikana palasin Silicon Valleyyn muutamaksi viikoksi viettämään aikaa ystävien kanssa ja yrittämään käsitellä ajatuksiani. Lopulta tajusin, että olin kyyhkystymässä toiseen muottiin (yrittäjyys hinnalla millä hyvänsä), mikä olisi ollut hankkimani vapauden hukkaa. Se oli menneisyyttä. Tänään keskityn kieliin, koska ne ovat minulle tärkeitä. FIREDOMin avulla minulla on mahdollisuus valita missä asun ja kenellä ympäröin itseni. Yhdysvalloissa asuminen on minulle tärkeää, koska se tarjoaa runsaasti ideoita ja vapautta, jota ei löydy muualta maailmasta. Tällä tavalla voin viettää aikaani minulle tärkeillä tavoilla.

Olumide Ogunsanwo: Tietysti amerikkalaiset rakastavat vapautta. Se on osa maan eetosta.

Achani Samon Biaou: FIREDOM ja Freedom sopivat hyvin arvoihini, mutta en aio jäädä Amerikkaan loppuelämääni. Haluan matkustaa ja ehkä muuttaa jonnekin muualle tulevaisuudessa. Minulle on tärkeää, että minulla on mahdollisuus valita asuinpaikkani. Taloudellisen riippumattomuuden saavuttaminen toi minulle kypsyyden ja vastuuntunteen. Haastan itseni kokeilemaan aika ajoin uusia asioita, kuten tämän FIREDOM-kirjan kirjoittamista, startupyritysten parissa työskentelemistä ja uusien projektien aloittamista.

Yksi uusimmista projekteistani on tietojenkäsittelytieteen opettaminen lukiolaisille Afrikassa. Integroimalla englannin kielen opetussuunnitelmaan toivomme antavamme näille opiskelijoille mahdollisuuden olla vuorovaikutuksessa ihmisten kanssa ympäri maailmaa ja mahdollisesti opiskella englanninkielisissä maissa. Ehkä he voivat löytää töitä teknologia-alalta ennen kuin he menevät yliopistoon tai oppivat oppisopimusmallissa. Tutkittavia mahdollisuuksia on loputtomasti, mutta valitettavasti monilla ihmisillä ei ole vapautta tai kiinnostusta niitä tavoittaa.

Olumide Ogunsanwo: Taloudellinen riippumattomuus antaa sinulle henkisen tilan, kaistanleveyden, ajan ja huomion keskittyä kaikkeen, mikä herättää kiinnostuksesi. Se on kaiken kauneus. Taloudellinen riippumattomuus antaa sinulle vapauden harjoittaa mitä haluat. Ehkä Samonin tarina ei kiinnosta sinua, koska et ole intohimoinen koulutukseen tai kieleen. Ei se mitään. Asia on siinä, että taloudellinen riippumattomuus antaa sinulle mahdollisuuden tehdä mitä haluat, olipa kyse sitten intohimoistasi tai uusien mahdollisuuksien tutkimisesta.

Achani Samon Biaou: Rakastan taloudellista riippumattomuutta useista syistä. Ensinnäkin arvostan maantieteellistä joustavuutta. En halua viettää toista talvea lumen ja sen mukanaan tuoman vaivan kanssa, sillä se ei tuo minulle iloa. Toiseksi, nautin verkostoitumisesta ja olemisesta sellaisten ihmisten kanssa, jotka voivat stimuloida minua älyllisesti. Siksi olen valinnut asumisen San Franciscossa, Bay Area -alueella. Lopuksi rakastan vapautta tutkia ja puuhailla.

Tässä on poikkisuuntainen näkemys taloudellisesta riippumattomuudesta. Elämämme voidaan jakaa kolmeen vaiheeseen, kun kyse on vapaudesta. Alussa synnymme vapaina. Myöhemmin elämässä, kun jäämme eläkkeelle, saamme takaisin vapautemme, koska työ ei enää rajoita meitä. Työvuosiemme keskivaiheessa kohtaamme kuitenkin usein erilaisia vapauttamme rajoittavia velvoitteita ja rajoituksia.

Tämä on FIREDOMin ydin – kyky puristaa keskiaika ja elää elämää omilla ehdoillamme, pyrkien intohimoihimme ja maksimoimaan onnea ja tarkoitusta tuottoisina vuosinamme. Lyhyesti sanottuna taloudellinen riippumattomuus antaa meille mahdollisuuden tehdä sitä, mistä olemme eniten intohimoisia, ja tuoda kekseliäisyyttämme yhteiskunnalle mielekkäällä tavalla.

Olumide Ogunsanwo: Taloudellisen itsenäisyyden saavuttaminen 20-30-vuotiaana voi olla uskomattoman innostavaa. Tässä elämäsi vaiheessa olet nuori, täynnä energiaa ja innokas tutkimaan maailmaa. Mikset ryhtyisi toimiin taloudellisen itsenäisyyden saavuttamiseksi aikaisemmin, jotta voit elää tarkoituksenmukaisempaa, nautinnollisempaa elämää oman määritelmäsi mukaan? Loppujen lopuksi kyse ei ole muiden odotusten mukautumisesta, olipa kyseessä sitten perheesi, pomosi tai esimiehesi. Kyse on elämän elämisestä omin ehdoin ja oman polkusi määrittelemisestä.

Juuri tästä syystä olemme luoneet tämän kirjan – auttaaksemme sinua hallitsemaan taloudellista tulevaisuuttasi ja luomaan elämän, jota rakastat. Viestimme sinulle on innostua elämästä ja alkaa tehdä suunnitelmia toimia kohti elämää, jota todella haluat. Älä odota 80-vuotiaana, jotta voit alkaa elää haluamaasi elämää – aloita askelia kohti taloudellista riippumattomuutta nyt, jotta voit elää parasta elämääsi.

Achani Samon Biaou: Minulla on kaksi esimerkkiä, jotka osoittavat, kuinka muut ihmiset arvostavat FIREDOMin. Ensimmäinen esimerkki on käsite 20 % henkilökohtaisesta projektiajasta, jota Googlen kaltaiset yritykset tarjoavat työntekijöilleen. Pohjimmiltaan he antavat työntekijöilleen 20 % ajastaan työskennelläkseen intohimoisten projektien parissa. Jos yritys uskoo, että projektilla on potentiaalia, he haluavat sen tapahtuvan yrityksen sisällä, jotta he voivat lunastaa osan tuotoksesta. Tämä on vain yksi esimerkki siitä, kuinka yritykset tunnustavat arvon antaa ihmisille vapaus harjoittaa intohimoaan.

Toinen esimerkki on ajatus yleisestä perustulosta (UBI), josta on keskusteltu monien ihmisten keskuudessa. UBI ehdottaa, että tietyn tulotason tarjoaminen ihmisille, jotta heidän ei tarvitse huolehtia perustarpeista, kuten ruuasta ja suojasta, voi olla myönteinen vaikutus ihmiskuntaan, koska se vapauttaa ihmiset harjoittamaan mitä haluavat. Tämä osoittaa, että ihmiskunnan kaari työntää meitä kohti enemmän vapautta muokata elämäämme sen sijaan, että joku muu muokkaa sitä puolestamme (esim. hallitus UBI:n kanssa tai yritykset, joilla on 20% henkilökohtaista aikaa).

Loppujen lopuksi tämän kirjan arvolupaus on se, kuinka nopeuttaa polkuasi kohti FIREDOMIa. Polumme sisälsi jossain määrin rottakilpailun läpikäymisen, mutta sen tekemisen tarkoituksella. Optimoimme kustannuksimme ja maksimoimme tuottomme seuraamalla tiettyjä raiteita, kuten asiantuntijapalveluita. Voit tehdä saman ja käyttää uudelleen (eikä eläkkeelle) aikaisin rottakilpailusta ja antaa tultasi maailmalle.

Olumide Ogunsanwo: FIREDOM-tarinasi oli kaunis. Yritän tiivistää tarinasi oppitunnit. Toivomme, että kun olet lukenut tarinamme, olet kerännyt joitain hyödyllisiä periaatteita, jotka olemme oppineet matkan varrella. Näitä ovat itseluottamuksen, itsenäisen ja kriittisen ajattelun tärkeys, muiden kopioimisen välttäminen, aggressiivisten riskien ottaminen tarvittaessa, mahdollisten haittojen välttäminen ja näiden tapojen kehittäminen. Lisäksi on tärkeää innostua tulevaisuudesta ja toteuttaa säälimättömästi suunnitelma taloudellisen riippumattomuuden saavuttamiseksi.

Kun olet saavuttanut nämä asiat, sinua odottaa loistava ja maaginen FIREDOM (FI + RE + Freedom) elämä toisella puolella, jossa voit elää elämää omilla ehdoillasi.

Achani Samon Biaou: Olumide, nyt on sinun vuorosi. Olen innoissani, kun saan ajatuksesi elämästä FIREDOMin jälkeen. Voisitko kertoa yleisölle hieman kontekstistasi ja siitä, missä sijaitsit, kun aloitit FIREDOM-elämäsi?

Olumide Ogunsanwo: Tulin taloudellisesti itsenäiseksi 35-vuotiaana vuonna 2020. Se tuntui uskomattomalta. Minusta tuntui hämmästyttävältä! Olin innoissani. Se oli luultavasti yksi elämäni onnellisimmista päivistä. Olin vuosia asettanut tavoitteen ja työskennellyt sitä kohti omin ehdoin, ja lopulta olin saavuttanut sen. Se oli samanlainen hetki, kun sain pääsykirjeen Oxfordista, kun tanssin ympäri huonettani innoissani. Tiesin, että elämäni ei koskaan tule olemaan entisellään.

Olin ylpeä, koska tiesin, että taloudellisen riippumattomuuden saavuttaminen ei ollut helppoa. Muistelin kesää 2014, jolloin rakastuin FI-ajatukseen ja tajusin sen olevan mahdollista. Nopeasti eteenpäin vuoteen 2020, ja tein sen. Se oli uskomaton äärimmäisen onnen tunne, ja minusta tuntui, että olin tehnyt jotain merkittävää. Olin tyytyväinen itseeni ja valitsemaani polkuun.

Achani Samon Biaou: Suhtaudun täysin tuohon tunteeseen, ja pelkkä kuuleminen sinun puhuvan siitä tuo minulle iloa. Itse asiassa, annoit edellisessä luvussa neuvon, joka todella resonoi minuun. Mainitsit, että jopa taloudellisen riippumattomuuden saavuttamisen jälkeen voi olla hyödyllistä jatkaa työskentelyä jonkin aikaa ennen isojen päätösten tekemistä. Olen utelias kuulemaan lisää henkilökohtaisista kokemuksistasi tästä. Voitko puhua siitä, mitä teit?

Olumide Ogunsanwo: Tässä on mitä tein ja mitä tekisin toisin, jos minun pitäisi tehdä se uudelleen. Alkuvuodesta 2020 aloitin Afrobility-podcastin Bankolen kanssa, koska rakastan teknologia-alaa, yritysten analysointia, ja ajattelin, että olisi hauskaa tehdä yhteistyötä hänen kanssaan projektissa. Vaikka en ollut tuolloin tavoittanut FI:tä, podcastin aloittaminen muutti identiteettiäni ja teki minusta mukavampaa tutkia yrittäjyysmahdollisuuksia yritysroolini ulkopuolella. Aloin ajatella itseäni Googlen työntekijänä ja podcasterina.

En eronnut työstäni Googlessa, koska nautin siellä työskentelystä ja kaikki meni hyvin. Vuoteen 2021 mennessä Afrobility-podcast oli kuitenkin saamassa nopeasti suosiota, ja olin myös perustanut Adamantium Fundin. Tämän seurauksena identiteettini alkoi jälleen muuttua, ja aloin nähdä itseni Googlen työntekijänä, podcasterina ja sijoittajana.

Vuoteen 2021 mennessä podcast ja rahasto kasvoivat, ja oli vaikeampaa tasapainottaa yritysrooliani henkilökohtaisten projektieni kanssa. Joten pidin kolmen kuukauden sapattivapaan vuoden 2021 neljännellä neljänneksellä testatakseni, millaista elämä olisi, jos keskittyisin vain rahastoon ja podcastiin. Se oli hauskaa ja hämmästyttävää. En kaipannut rooliani juurikaan, joten kun palasin takaisin vuonna 2022, minulla oli selkeä suunnitelma poistua ja lopulta jätin Googlen vuoden 2022 lopussa.

Jos voisin tehdä sen uudelleen, aloittaisin yrittäjyysmahdollisuuksien ja henkilökohtaisten projektien kartoituksen aikaisemmin. Olin onnekas saadessani ryhtyä muihin hankkeisiin suunnilleen samaan aikaan kun saavutin taloudellisen itsenäisyyden. Rakastan Afrobilityn tallentamista ja afrikkalaisten startup-yritysten tukemista Adamantium Fundin kautta.

Neuvoni nuorille on ryhtyä kokeilemaan sivutoimia ja sivuyrityksiä 20-vuotiaana työn ohessa. Monet ihmiset viettävät neljä tuntia päivässä television katselun, minkä voisi käyttää paremmin intohimoprojektin tai yrittäjyysmahdollisuuden toteuttamiseen. Tämä ei ainoastaan auta sinua tulemaan taloudellisesti itsenäiseksi nopeammin, vaan myös pitää mielesi keskittyneenä johonkin jännittävään. Vaikka olisit hyvä henkilökohtaisessa taloudessa ja sinulla on vakaa työpaikka, ei ole koskaan liian aikaista tai liian myöhäistä aloittaa muiden kiinnostuksen kohteiden tutkimista. Itse asiassa aikaisin aloittaminen on vieläkin parempi, koska sen avulla voit nauttia ja viettää aikaa pidempään asioissa, joita rakastat. Älä etsi oikoteitä ja rikastua suunnitelmia, vaan ole valmis tekemään töitä.

Älä odota, kunnes tulet taloudellisesti itsenäiseksi tai eläkkeelle jatkaaksesi intohimojasi. aloita nyt ja nauti matkasta. Yritystyöstä poistumisen lykkääminen taloudellisen riippumattomuuden saavuttamisen jälkeen on viisas päätös luoda taloudellinen puskuri. Tulevien tarpeidesi ja kulujen arvioiminen ei ole tarkkaa tiedettä, joten puskurin omistaminen tarjoaa sinulle enemmän vaihtoehtoja ja joustavuutta uusien ja mahdollisesti kalliimpien projektien toteuttamiseen, joita et huomioinut taloudellista riippumattomuutta suunnitellessasi.

Työstäsi lähteminen on parempi, kun sinulla on muita projekteja, joihin voit keskittyä aikasi ja energiasi. Minun tapauksessani oli täydellinen aika jättää Google, koska minulla oli jo Adamantium Fund and Afrobility -podcast työstettävänä. Kuitenkin, jos olisin lähtenyt ilman suunnitelmia siitä, mitä teen seuraavaksi, olisin saattanut kokea "eläkkeelle jäämisen bluesia". Tämä on tylsyyden tai tyhjyyden tunne, joka voi ilmetä, kun yhtäkkiä siirryt kokopäivätyöstä siihen, että sinulla on paljon vapaa-aikaa katsoa televisiota kahdeksan tuntia päivässä [Naurua]. Tämän välttämiseksi on tärkeää, että sinulla on muita aktiviteetteja tai projekteja, jotka pitävät sinut sitoutuneena ja innostuneena. Minun tapauksessani en kokenut eläkkeelle jäävää bluesia, koska olin soittanut neljälle Adamantium Fundin perustajalle ja valmistauduin seuraavaan Afrobility-jaksoon seuraavana päivänä sen jälkeen, kun lähdin Googlesta. Tanssin myös ympäri huonettani puheluiden välillä. Se oli mahtavaa.

Lopuksi harkitse sapatti- tai minieläkkeelle jäämistä muutaman kuukauden ajaksi ennen lopettamista testataksesi, miltä tuntuisi olla työttömänä. Tein tämän itse ja pidin kolme kuukautta taukoa ennen kuin lähdin työstäni Googlella. Näin sain nähdä, nauttisinko rahastoni, podcastien ja muiden henkilökohtaisten projektien parissa työskentelystä kokopäiväisesti, ja sain myös mahdollisuuden miettiä, miten halusin jäsentää päiväni ja viettää aikaani. Se oli arvokas kokemus, joka auttoi minua valmistautumaan siirtoon ja hyödyntämään aikaani työni jälkeen.

Achani Samon Biaou: Tämä on niin oivaltavaa. Kun katson taaksepäin omaa kehityskulkuani, tajusin, että en helpottanut siirtymistäni haluamaani elämään yhtä paljon kuin sinä. Kun menin Pariisiin epämääräisellä idealla startupin perustamisesta EdTech-tilaan, en valmistautunut riittävästi etukäteen. En keskittynyt tarpeeksi kokeilemaan elämää, jonka halusin, mikä teki siirtymisestä haastavamman kuin sen piti. Siksi haluan painottaa yleisölle, kuinka tärkeää on toteuttaa suunnitelmasi kuivalla. Minulla kävi onni, että COVID-19-pandemia pakotti minut tekemään itsetutkiskelua. Muuten siirtyminen olisi ollut paljon vaikeampaa. Jos olet 21-vuotias, tutki kiinnostuksen kohteitasi ja harrastuksiasi. Aloita asioiden tekeminen ja katso, kiehtovatko ne sinua. Kun saavutat taloudellisen riippumattomuuden, pidä uusi sapattiloma muutaman kuukauden ajan viettääksesi aikaa sellaisiin toimintoihin, joita haluat tehdä sen jälkeen, kun olet lähtenyt yrityksestäsi tai liikeelämästäsi. Katso, miltä sinusta tuntuu, ja toista, kunnes löydät sen, mikä sopii sinulle parhaiten.

Olumide Ogunsanwo: Kyllä. Kannustan kaikkia kokeilemaan henkilökohtaisia projekteja ja sivuharrastuksia, koska se voi auttaa heitä oppimaan uusia taitoja, kehittämään uusia kiinnostuksen kohteita, tapaamaan uusia ihmisiä ja löytämään intohimon ja tarkoituksen elämässä. Omistamalla aikaa työelämäsi ulkopuolisiin harrastuksiin ja projekteihin voit hankkia tietoa ja kokemusta uusilta alueilta, jotka tekevät sinusta mielenkiintoisemman keskustelun. Sen sijaan, että keskittyisit pelkästään yrityksen olemassaoloon, sinulla on monenlaisia aiheita keskusteltavaksi ja jaettavaksi muiden kanssa.

Jos olemme rehellisiä itsellemme, monilla meistä on itse asiassa paljon aikaa käsissään, mutta emme usein käytä sitä tehokkaasti. 20-vuotiaana pelasin videopelejä ja TV-ohjelmia useimpina päivinä muutaman tunnin ajan, joten voin samaistua vapaa-ajan aktiviteetteihin. Kuitenkin katsoessani taaksepäin ymmärrän, että oli niin monia muita asioita, joita olisin voinut tutkia ja kokeilla, mutta en koskaan edes ajatellut niitä.

Vaikka nämä henkilökohtaiset projektit voivat lopulta muuttua tuloja tuottaviksi yrityksiksi, niiden tutkimisen päätavoite ei ole rahan takia, vaan saada parempi käsitys itsestäsi kokeilemalla löytääksesi, mihin haluat käyttää aikaa ja energiaa ollessasi vielä nuori.. Kun täytät 30-40-vuotiaana, sinulla on ollut vuosia kokeiluja ja voit kokeilla mitä tahansa sinua kiinnostavaa, olipa kyseessä YouTube-videoiden luominen, podcasting, kirjoittaminen, bloggaus, pokerin pelaaminen tai mitä tahansa muuta, mitä sydämesi kaipaa. Lopulta löydät niitä aktiviteetteja tai projekteja, joihin haluat käyttää enemmän aikaasi ja energiaasi.

Kun olet kokeillut näitä projekteja vuosia, saatat jopa löytää tapoja kaupallistaa ne. Tämä helpottaa taloudellisen riippumattomuuden saavuttamista entistä nopeammin ja luo synergistisen vaikutuksen. Kun pääset lähemmäksi taloudellista riippumattomuutta, voit pitää sapattivapaan testataksesi, miltä tuntuisi viettää enemmän aikaa suosikkiprojekteihisi.

Viime kädessä erilaisten henkilökohtaisten projektien kokeileminen voi johtaa täyteläisempään elämään. Kun aloitin Afrobility-podcastin, tunsin oloni paljon onnellisemmaksi. Älä odota taloudellista riippumattomuutta kokeillaksesi uusia asioita ja elääksesi elämääsi. Kokeile uusia asioita nyt!

Achani Samon Biaou: Olen täysin samaa mieltä kanssasi. Lisään tähän vielä toisen kerroksen. Kokeilun aloittamisesta parikymppisenä on useita etuja. Ensinnäkin se on ajanjakso elämässäsi, jolloin kokeilu maksaa vähiten. Elinkustannukset ovat alhaiset, ja myös tulot ovat alhaiset. Toiseksi, nyt on aikaa, jolloin kokeilun sosiaaliset tai kulttuuriset kustannukset ovat alhaiset. Jos epäonnistut podcastissasi, voit helposti luoda uuden. Kolmanneksi, koska sinulla ei ole vielä perhettä tai lapsia, sinulla voi olla enemmän aikaa nyt kuin myöhemmin.

Nyt kun olemme keskustelleet taloudellisen riippumattomuuden saavuttamisen periaatteista ja prosessista, haluaisin tietää, miten elämäsi on muuttunut taloudellisesti itsenäistymisen jälkeen. Voitko erityisesti antaa konkreettisia esimerkkejä siitä, kuinka päivittäiset rutiinisi tai aikataulusi ovat muuttuneet? Huomaatko esimerkiksi herääväsi myöhemmin tai työskenteleväsi vähemmän tunteja? Mitä konkreettisia eroja olet huomannut päivittäisessä elämässäsi?

Olumide Ogunsanwo: Asteittainen muutos tapahtui elämäni eri virstanpylväiden kautta. Ensimmäinen virstanpylväs oli taloudellisen itsenäisyyden saavuttaminen 35-vuotiaana, mutta siinä vaiheessa mikään ei muuttunut paljon. Jatkoin päätyötäni Googlella samalla kun laajensin podcastia.

Kuitenkin 35–37-vuotiaiden välillä monet asiat muuttuivat. Tunsin oloni mukavammaksi, koska olin taloudellisesti riippumaton ja pystyin työskentelemään omin ehdoin. Merkittävä muutos tapahtui, kun aloin miettiä työstäni jättämistä. Podcast ja rahasto kasvoivat, ja se oli luonnollinen muutos, kun identiteettini kehittyi vähentämään Googlea ja yrityselämääni. Identiteettini muuttui hitaasti seuraavasti:

Googlen työntekijä (2014-2020) -> Googlen työntekijä ja podcaster (2020-2021) -> Podcaster, sijoittaja ja Googlen työntekijä (2021-2022) -> sijoittaja ja podcaster (2022-tänään)

Olin suunnitellut siirtymiseni pois Googlesta erittäin huolellisesti, joten se sujui hyvin. Poistuttuani Googlesta rakensin aikani hieman eri tavalla, mutta kaiken kaikkiaan elämäni oli samanlaista. Erona oli se, että tunsin oloni mukavammaksi ja minulla oli enemmän mahdollisuuksia kokeilla henkilökohtaisia projekteja. Google-aikani loppupuolella, kun katsoin itseäni podcasteriksi, sijoittajaksi ja Googlen työntekijäksi, minulla ei ollut kaistanleveyttä tehdä mitään muuta. Mutta Googlesta poistuttuani minulla oli enemmän aikaa keskittyä henkilökohtaisiin projekteihini, mukaan lukien tämän FIREDOM-kirjan kirjoittamiseen.

Vastatakseni kysymykseesi siitä, kuinka aikatauluni muuttui, tein muutoksia aikatauluoni ja elämäntyyliini koko matkani ajan, joten elämäni ei muuttunut paljoa sen jälkeen, kun lähdin Googlesta. En odottanut, että pääsen poistumaan Googlesta luodakseni haluamani elämän. Elämä on liian lyhyt odottamaan saadaksesi mitä haluat.

35-vuotiaana minusta tuli täysin syrjäinen, minkä ansiosta sain muuttaa kauniiseen Miamiin. Juuri tähän aikaan aloitin Afrobility-podcastin. Vuotta myöhemmin, kun olin 36-vuotias, perustin Adamantium-rahaston. Sitten 37-vuotiaana jätin yritystyöni Googlessa. Pidän mieluummin asteittaisista kokeilujen kautta tapahtuvista muutoksista kuin äkillisistä, dramaattisista muutoksista.

Palaanko yrityselämään suurella rahalla? Ei. En voi kuvitella työskenteleväni jonkun muun palveluksessa ja minulle kerrotaan mitä tehdä. Ajatus on vastenmielinen. Vaikka itsenäistyin taloudellisesti vasta kaksi ja puoli vuotta sitten (vuonna 2020) ja erosin Googlesta vasta viime vuonna (2022), olen jo niin tottunut elämäntyyliini nyt. Minun on vaikea kuvitella olevani taloudellisesti riippumaton. Rakastan elämääni!

Achani Samon Biaou: [Hymy] Niin monia oivalluksia tänään. Haluaisin kysyä, mitä olet oppinut itsestäsi pyrkiessäsi taloudelliseen riippumattomuuteen. Olet tehnyt useita kokeita ja olen utelias, jos tunnet olevasi lähempänä itsesi ja tavoitteidesi ymmärtämistä vai ovatko kokeilusi avanneet uusia ovia. Voitko kertoa, kuinka kasvat ja kukoistat tässä taloudellisen riippumattomuuden uudessa luvussa?

Olumide Ogunsanwo: Kun olin 32-vuotias ja noin puolivälissä kohti taloudellista riippumattomuutta, käytin aikaa visualisoidakseni tulevaisuuttani ja tajusin, että maantieteellinen riippumattomuus oli ratkaisevan tärkeää yleisen onnellisuuteni kannalta. Aluksi uskoin, että maantieteellinen riippumattomuus voidaan saavuttaa vain taloudellisella riippumattomuudella, koska ajattelin, että minun on poistuttava yritysmaailmasta asuakseni missä haluan. Huomasin varhaisessa vaiheessa maantieteellisen itsenäisyyden arvon, pystyin aloittamaan työskentelyn sen eteen, jo ennen kuin olin saavuttanut täyden taloudellisen itsenäisyyden. Tämä antoi minulle mahdollisuuden saada monia maantieteellisen riippumattomuuden etuja matkallani kohti taloudellista vapautta.

Lopulta COVID-19:n puhkeamisen myötä minusta tuli täysin etäinen ja tajusin maantieteellisen riippumattomuuden edut. Vaikka en ollut vielä täysin taloudellisesti riippumaton, etätyöskentely mistä tahansa antoi minulle 50-70 % taloudellisen riippumattomuuden eduista. Kiitos COVID-19.

Suosittelen, että jos sinulla on mahdollisuus työskennellä etänä ja olla maantieteellisesti riippumaton, tartu siihen mahdollisimman pian. Sillä on monia etuja, joita et ehkä ole ajatellut, vaikka et olisi vielä taloudellisesti riippumaton.

Havainnollistan konkreettisella esimerkillä: vaikka en koskaan tehnyt sitä, tajusin, että olisin voinut mennä Guatemalaan neljäksi viikoksi ja työskennellä sieltä Googlelle. Olisin myös voinut mennä Espanjaan kuukaudeksi ja tehdä samoin. Nämä olivat asioita, joita en koskaan uskonut mahdolliseksi 30-vuotiaana, mutta maantieteellisen itsenäisyyden ja etätyön myötä siitä tuli totta. Kannustan kaikkia löytämään tapoja kokea joitain taloudellisen riippumattomuuden etuja ennen sen saavuttamista. Maantieteellinen riippumattomuus ja etätyö ovat vain muutamia esimerkkejä. Älä odota. Kokeile ja katso, mikä toimii sinulle!

Lopuksi olen oppinut, että maantieteellinen riippumattomuus on johtanut minut itsetutkimismatkalle, joka jatkuu tähän päivään asti. Vaikka olen ollut taloudellisesti riippumaton useita vuosia, Googlesta eroaminen ei johtanut rajuihin elämäntapamuutoksiin, koska olin jo tehnyt asteittain muutoksia vuosia.

Achani Samon Biaou: Ymmärrän. Oletko löytänyt uusia periaatteita tai ymmärtänyt paremmin olemassa olevia periaatteita elämästä taloudellisen riippumattomuuden saavuttamisen jälkeen?

Olumide Ogunsanwo: Uskon, että kaikkien pitäisi pyrkiä taloudellisesti itsenäisyyteen mahdollisimman nopeasti. Se avaa loputtomasti mahdollisuuksia ja antaa sinun tehdä asioita, jotka ovat joskus tuntuneet mahdottomalta. Elämäni on niin hauskaa. Minulla on vapaus tehdä mitä haluan. Voisin ostaa lipun tänään (keskiviikkona) matkustaakseni Espanjaan ja olla takaisin tiistaina. Mahdollisuudet ovat rajattomat. Luulin aina, että taloudellisesti itsenäinen elämäntapa olisi mahtavaa, mutta se ylitti odotukseni.

Toivon tätä vilpittömästi kaikille, minkä vuoksi olen syvästi intohimoinen tietoisuuden lisäämiseen ja muiden motivoimiseen tavoittelemaan taloudellista riippumattomuutta. Tavoitteeni on innostaa ihmisiä kiinnostumaan ja innostumaan taloudellisesta vapaudesta ja ryhtymään tarvittaviin toimiin sen saavuttamiseksi. Taloudellinen riippumattomuus ei ole pelkästään miljoonien dollarien keräämistä pankkiin; kyse on elämästä, joka on linjassa arvojesi ja toiveidesi kanssa. Se tarkoittaa, että sinulla on tarpeeksi resursseja intohimojesi toteuttamiseen murehtimatta laskuista tai veloista. Se tarkoittaa vapautta valita oma polkusi olematta sidottu työhön tai paikkaan. Se antoi minulle vapauden matkustaa, hankkia uusia taitoja, aloittaa jännittäviä projekteja ja viettää laatuaikaa perheeni ja ystävieni kanssa. Se tarjosi minulle myös mahdollisuuden jakaa tarinani ja auttaa muita saavuttamaan oman taloudellisen vapautensa.

Kasvoin Lagosissa Nigeriassa vaatimattomassa perheessä. Selvisin monista haasteista, mukaan lukien 27-vuotiaana velkaantumiseni kauppakorkeakouluun. Sivistin kuitenkin ja saavutin taloudellisen itsenäisyyden 35-vuotiaana elämään arvopohjaista elämää. Rakastin matkaa ja olen kiitollinen vapaudesta, jonka taloudellinen riippumattomuus on tuonut minulle. Toivon, että kaikki voisivat kokea saman.

Sinulla on myös kyky saavuttaa se. FOMO on suurin pimeän aineen este, joka voi rikkoa unelmasi. Toisten himoitseminen vie sinut pois todellisista haluistasi ja estää itsensä löytämisen ja tutkimisen. Se voi johtaa ylikulutukseen, kun yrität pysyä jonkun kanssa, jonka taloudellisia olosuhteita ja tavoitteita et ehkä täysin ymmärrä. Esimerkiksi ystäväsi saattaa ostaa BMW:n, mutta hän voi olla miljonääri tai hukkua velkaan. On haastavaa jäljitellä jonkun toisen kulutusstrategiaa ymmärtämättä heidän arvojaan, tulojaan, menojaan ja toiveitaan. FOMO-kulutus on luonnostaan ongelmallista, koska se perustuu epätäydelliseen tietoon.

Achani Samon Biaou: USA:ssa on ylistetty ajatusta velasta, mikä on saanut ihmiset uskomaan, että he voivat ja heidän pitäisi käyttää velkaa ostaakseen asioita, joita he eivät välttämättä halua tai tarvitse, mutta joita yhteiskunta tai heidän naapurinsa arvostavat. Se on kuin ostaisi suuren koristepuun, kun ei edes vietä joulua. Voisitko opastaa meidät tyypillisen viikon läpi, jotta ihmiset voivat visualisoida, miltä taloudellisesti riippumattoman ihmisen elämä näyttää?

Olumide Ogunsanwo: Mielenkiintoista. En ole varma, olisiko kysymykseen vastaaminen tarkoituksenmukaista, koska se saattaa häiritä lukijoita. Sen sijaan haluan jakaa filosofiani henkilökohtaisesta ajankäytöstäni. Uskon, että aikani on omaani ja minulla on vapaus tehdä sillä mitä haluan. Monet taloudellisesti itsenäiset ihmiset eivät käytä koko päiväään vapaa-ajan aktiviteetteihin. Tämä johtuu siitä, että ihmiset tarvitsevat tarkoituksentuntoa, tyytyväisyyttä ja iloa, joita vapaa-aika ei yksin pysty tarjoamaan. Voisin esimerkiksi katsoa huomenna 12 Star Wars -elokuvaa, mutta toisin kuin yleisesti luullaan, päiväni ei ole täynnä vapaa-ajan aktiviteetteja enkä vietä suurinta osaa ajastani ohjelmien katseluun tai rannalla [Smile].

Luettuani useita onnellisuutta, itsetyytyväisyyttä ja elämään tyytyväisyyttä käsitteleviä kirjoja viimeisen parin vuoden aikana tajusin, että onnellisen elämän aineksia ovat yhteisö, ystävät, hyvä terveys, autonomia ja jatkuva henkilökohtainen kasvu. Päiväni pyörii näiden asioiden ympärillä. Introverttisistä taipumuksistani huolimatta pyrin olemaan vuorovaikutuksessa muiden kanssa. Joka kuukausi järjestän tapahtumia tuodakseni ihmisiä yhteen. Näin Samonin viime viikolla (2023-tammikuussa), koska järjestin tapahtuman San Franciscossa. Nauhoitan Afrobility-podcastin ystäväni Bankolen kanssa saadakseni lisätietoja afrikkalaisen tekniikan ekosysteemistä ja edistääkseni sitä. Tuen perustajia auttamaan yrityksensä kasvattamisessa ja luomaan tuotteita asiakkaille osana Adamantium-rahastoa.

Päiväni koostuu yhdistelmästä henkilökohtaisia projekteja, joiden tavoitteena on saavuttaa yllä olevat elementit, jotka todennäköisemmin tekevät minut onnelliseksi. Minulla on ylellisyyttä aikaa tehdä asioita, jotka ovat minulle tärkeitä ja merkityksellisiä. Olen erittäin tyytyväinen päiväohjelmaani, koska se on hauskaa ja arki on seikkailu.

Tämä on yhteenveto FIREDOM-elämästäni. Mitä muuta voin sanoa? Se on hämmästyttävää ja rakastan sitä!

Tämä on viimeinen luku, annetaan yhteenveto lukijoillemme. Samon, onko tarinassasi - lapsuudestasi, kauppakorkeakoulusta, koulutuksesta, urasta ja matkasta kohti taloudellista riippumattomuutta - jotain näkökohtaa, jonka haluaisit tuoda esille yleisöllemme?

Achani Samon Biaou: Kyllä. Olemme keskustelleet periaatteista, jotka lisäävät todennäköisyyttäsi saavuttaa taloudellinen riippumattomuus. Olumide ja minä emme kaikki kokeneet näitä periaatteita samaan aikaan. Nämä periaatteet ovat se, mitä taloudellisen riippumattomuuden saavuttaneet ihmiset ovat oppineet, toteuttaneet ja soveltaneet jossain vaiheessa elämäänsä.

On monia tekijöitä, jotka on otettava huomioon, lapsuudesta lähtien. Minulle altistuminen isäni kirjanpitotyöhön ja oman talouden hoitaminen eri kaupungissa opetti minulle itseluottamusta ja omavaraisuutta. Tämä kokemus normalisoi kyvyn ajatella itse, luottaa itseeni ja uskoa, että pystyn saavuttamaan asioita. Se oli ensimmäinen tärkeä hetki.

Yliopistovuoteni vahvistivat edelleen omavaraisuuttani ja uskoani siihen, että olin harjoitellut asuessani poissa vanhemmistani Cotonoussa. Ranskassa oleminen tuhansien kilometrien päässä vanhemmistani lisäsi omavaraisuuden ja itseluottamuksen tärkeyttä. Tänä aikana tasapainotin uteliaisuuteni ja muiden oppimista itsenäisen ajattelun ylläpitämisellä. Minulla oli selvä henkilöllisyyteni ja olin valmis olemaan luova ratkaisujen suhteen ja ottamaan täyden vastuun.

Varhaisessa urassani minulla oli onni saada työ, joka vastasi intohimoani matkustamista, mikä vauhditti muiden kulttuurien tutkimista ja lisäsi rohkeuttani. Kunnianhimoni kasvoi sekä ammatillisesti että taloudellisesti, koska olin vuorovaikutuksessa huippuammattilaisten palveluyritysten ihmisten kanssa ja koska ansaitsin korkeaa palkkaa lähtötason analyytikkona. Jos olisin ottanut toisen työn esimerkiksi Pariisissa, kunnianhimoni ei ehkä olisi ollut yhtä korkea, enkä ehkä olisi opiskellut kauppakorkeakoulua.

Olumide Ogunsanwo: Kyllä. Myös altistuksesi perusteella.

Achani Samon Biaou: Aivan. Siihen mennessä olin matkustanut lähes 20 maahan ja ansainnut 3–5 kertaa enemmän kuin olisin voinut tienata Saksassa. Näin ollen en keskittynyt palkankorotuksiin tai vierailemaan muutamassa muussa maassa joka vuosi. Altistuminen liikkeenjohdon konsultointiin, pääomasijoitusrahastoihin ja hedge-rahastoihin auttoi minua kuitenkin asettamaan itselleni korkeat tavoitteet.

Olumide Ogunsanwo: Siksi sinun täytyy altistaa itsesi uusille ideoille, käsitteille ja ihmisille. Muussa tapauksessa kunnianhimotasoasi rajoittaa nykyisessä ympäristössäsi jo olevan keskiarvo.

Achani Samon Biaou: Suurin osa ranskalaisista ystävistäni ymmärsivät MBA-tutkinnon tai ulkomaalaisen elämän edut vasta sitten, kun tein sen. Läheisistä ystävistäni viisi jatkoi MBA-tutkintoa INSEADissa ja sanoi minulle: "Sinä inspiroit minua hankkimaan MBA-tutkinnon." Monet muut kysyvät nyt työmahdollisuuksista Arabiemiirikunnissa tai Yhdysvalloissa. Yhteenvetona voidaan todeta, että altistumisella on ratkaiseva rooli tavoitteidesi muotoilussa. Vaikka sinulla ei olisi ollut paljon mahdollisuuksia nykyisessä ympäristössäsi, yritä ympäröidä itsesi suuremmalla ympyrällä, joka auttaa sinua asettamaan korkeampia tavoitteita. Onneksi olin alttiina paljon, ja kunnianhimoni oli taivaan korkea. Hain vain 10 parhaaseen MBA-kouluun.

Olumide Ogunsanwo: Kyllä tietysti. Olit jo Deutsche Telekomissa.

Achani Samon Biaou: Aivan. Kun päätin opiskella MBA-tutkintoa, se ei ollut pelkästään palkankorotus. Tienasin jo ulkomaalaisena melko paljon, lähes

10 000 dollaria kuukaudessa. MBA:n jälkeen aioin nostaa sen 12 000 dollariin kuukaudessa BCG:ssä. Palkankorotus ei ollut minulle suurin motivaattori. Vein kunnianhimoni kauppakorkeakouluun ja asetin uusia tavoitteita. Halusin mennä tekniikan tai konsultoinnin ulkopuolelle aloittaakseni jotain, jolla on vaikutusta, jolla on potentiaalia muuttaa maailmaa. Kun työskentelin Deutsche Telekomissa, minulla ei ollut kypsyyttä asettaa ja saavuttaa näin kunnianhimoisia tavoitteita. Mutta nähtyään maailmaa, saatuani koulutusta ja rakentanut verkostoa tiesin, että minun pitäisi unelmoida suuresta.

Aluksi ajattelin, millaista vaikutusta voisin tehdä, mutta lopulta aloin ajatella maailmanlaajuisia vaikutuksia. Se oli minulle kaunis hetki siirtyä johonkin suurempaan. Tiesin, että minun pitäisi asettaa itselleni tavoitteeksi taloudellinen riippumattomuus saavuttaessani suurempia tavoitteita.

Olumide Ogunsanwo: Mikä rooli odottamattomalla aivoleikkauksella oli tarinassasi?

Achani Samon Biaou: Vaikka se oli valitettava ja pelottava hetki, aivoleikkaus antoi minulle paljon selkeyttä. Leikkauspöydällä ollessani tajusin, että olisin voinut kuolla tai tulla ulos toimintavammaisena. Kun kohtaat tällaisia tapahtumia, ajatuksesi selkeytyy. Ainoat asiat, jotka olivat mielessäni sillä hetkellä, olivat vaikutus, jonka halusin tehdä maailmaan ja perheelleni. Ajan arvosta tuli paljon arvokkaampi.

Olumide Ogunsanwo: Tämä tapahtui 30-vuotiaana, kun luulit, että sinulla on vielä 50–60 vuotta elinaikaa. On niin pelottavaa edes ajatella sitä.

Achani Samon Biaou: Voitko kuvitella? Leikkauspöydällä istuessani mieleni oli niin selvä, etten edes ajatellut työtäni BCG:ssä tai asiakkaideni esityksiä. Sen sijaan mielessäni oli kaksi kysymystä: Kuinka voin löytää enemmän onnea yksinkertaisista asioista, kuten vanhempieni luona käymisestä, ystävien kanssa viettämisestä ja nauramisesta? Kuinka voin keskittyä suuriin tavoitteisiini ilman, että maailman melu häiritsee minua?

Kun heräsin leikkauksesta, kaikki tuli selväksi. Konsultointi oli vain keino saavuttaa päämäärä. Halusin kokeilla kipukohtia, joita tunsin syvästi, ja taloudellinen vapaus auttoi saavuttamaan sen. Vaikka minulla oli taloudellinen vapaus mielessäni aiemmin, se ei ollut niin päättäväinen kuin leikkauksen jälkeen. Nyt Excel-mallini piti siirtyä kohdasta "Kuinka paljon rahaa voin ansaita? "Kuinka vähän aikaa voin käyttää tarvitsemani rahan ansaitsemiseen?"

Olumide Ogunsanwo: Optimointi ajan suhteen, joka on arvokkaampi valuutta kuin raha.

Achani Samon Biaou: Johdoin rahoitusmallin uudelleen ja lisäsin pudotusvalikon, jonka avulla pystyin siirtämään viimeistä päivääni BCG:ssä edestakaisin. Tämä auttoi minua määrittämään parametrit, kuten kuinka paljon säästän ja kuinka suuri bonukseni piti, ohjaten minua kohti tavoitettani saavuttaa taloudellinen riippumattomuus. Hakeminen BCG:n arvostettuun Ambassador-ohjelmaan ei ollut vain loistava tilaisuus, vaan myös mahdollisuus lähes kaksinkertaistaa tuloni, mikä vauhditti polkuani taloudelliseen riippumattomuuteen. Aivoleikkauksen hetki oli katalysaattori suurelle osalle menestystäni. Lukijoillemme en voi tarpeeksi korostaa, kuinka tärkeää on löytää häiritsevä FTE, joka auttaa sinua saamaan selvyyttä ja tarvittaessa suunnittelemaan sen itse. Kun olet vyöhykkeellä, pidä siitä kiinni ja suorita. Kiusaukset ja häiriötekijät pomppaavat pois sinusta.

Lopuksi, jos sinulla on lapsia, anna heille kokemuksia, jotka rakentavat itseluottamusta ja omavaraisuutta. Aseta ne etusijalle ja ymmärrä, että aika kaukana sinusta nopeuttaa niiden kasvua. Anna heille mahdollisuus oppia ja tehdä virheitä nopeasti. Vie heidät muihin maihin ja näytä heille, kuinka maailma toimii.

Olumide Ogunsanwo: Joten he voivat oppia menestymään uusissa ympäristöissä?

Achani Samon Biaou: Aivan. Olla utelias. Äskettäisen matkani aikana Dubliniin Irlantiin keskustelin Uber-kuljettajani kanssa siitä, kuinka ihmiset menestyvät Dublinissa. Keskustelimme korkean verotuksen ympäristöstä ja saatavilla olevista tuottoisista teknisistä työpaikoista. On tärkeää puhua mahdollisimman monelle ihmiselle, mutta ei vain kopioida heidän toimintaansa. Sen sijaan vertaa heidän kokemuksensa takaisin omiin vahvuuksiin ja taitoihin.

Urasi alkuvaiheessa älä tyydy mukaviin töihin. Ole erittäin kunnianhimoinen ja tähtää korkealle. Kysy itseltäsi: "Kuinka voin siirtyä analyytikkosta johtajaksi?" tai "Mitä toimitusjohtajaksi tuleminen vaatii?" tai jopa "Mitä tämän kokoisen yrityksen perustaminen vaatii?"

Nosta kunnianhimoasi, ole rohkea, äläkä tyydy saamaan ylennyksen tai bonuksen kuuden kuukauden välein palkkiona hyvästä työstäsi.

Olumide Ogunsanwo: Yritykset syöttävät sinulle murusia, jos annat niiden antaa. Katso vertaisryhmäsi ulkopuolelle, jos heidän vaikutusvaltansa vähentää kunnianhimoasi. Vertaisryhmäsi voi olla suurin asia, joka pidättelee sinua tällä hetkellä. Lukemalla tarinoitamme toivomme saavamme sinut ajattelemaan tuntemiesi rajoitusten yli ja tavoittelemaan jotain suurempaa. Älä ole tyytyväinen siihen, missä olet, vain siksi, että ystäväsi ovat tyytyväisiä elämäänsä. Muista, että jokaisella on erilaiset tavoitteet ja toiveet.

Työnnä sen rajoja, minkä uskot olevan mahdollista, äläkä tyydy keskinkertaiseen elämään. Tyytymättömyyden tunne voi motivoida sinua saavuttamaan enemmän. Siksi kirjoitamme tätä kirjaa. Emme tarvitse rahaa, olemme jo taloudellisesti riippumattomia. Mutta haluamme auttaa muita ja jatkaa kasvua itse. Olemme edelleen uteliaita ja sitoutuneita henkilökohtaiseen kasvuun, vaikka olemme saavuttaneet taloudellisen riippumattomuuden. Ihminen tuntee täyttymyksen tason kasvaessaan.

Achani Samon Biaou: Kaunis. Täysin samaa mieltä kanssasi. Perinteinen 9-5-työsi on asetettu tekemään työtä, kunnes kehosi on hauras ja jäät eläkkeelle 70-vuotiaana. Kuitenkin taloudellisella riippumattomuudella voit tiivistää tämän aikajanan ja poistua rottakilpailusta vain 10-20 vuodessa . Näin voit nauttia parhaista vuosistasi samalla kun olet taloudellisesti turvassa. Taloudellinen riippumattomuus on yksinkertainen yhtälö – ansaitse paljon rahaa järkevällä tavalla äläkä kuluta liikaa. Jäljelle jääneet rahat yhdistyvät ja tekevät sinusta lopulta taloudellisesti itsenäisen. Essentialismi on kriittistä. Keskity siihen, mitä pidät välttämättömänä kustannustesi vähentämiseksi ja tulojen kasvattamiseksi. Tämä vaatii kurinalaisuutta ja toteutusta, mutta se on lopulta sen arvoista.

Nykyään rakastan elämääni. Pidän siitä, että saan tehdä asioita, joista pidän, kuten matkustaminen, uusien kielten oppiminen, uusien projektien tutkiminen ja puuhailu.

Olumide Ogunsanwo: Huuda FIREDOMin perheelle!

Achani Samon Biaou: Olumiden tapaaminen oli minulle kohokohta. Vaihdoimme muistiinpanoja ja jaoimme tarinoita elämästämme. Se oli niin kaunista, koska on hienoa puhua ihmisten kanssa, jotka laajentavat ajattelutapaasi. Rakastan tätä kokemusta työskennellä tämän kirjan parissa kanssasi. [Hymy]

Olumide Ogunsanwo: Olen myös rakastanut kanssasi työskentelyä. [Smile] Olimme altavastaajia ja selvisimme. Uskomaton! Tässä tarina tähänastisesta elämästäni.

Kasvoin Lagosissa, Nigeriassa, ja minut kasvatettiin suurella vapaudella. Kehitin itseluottamusta ja itseluottamusta, että pystyin selvittämään asiat itse, koska menestyin akateemisesti. Tämän seurauksena minulla oli onni mahdollisuus muuttaa Amerikkaan, koska minulla oli jatkuvasti korkeimmat arvosanat lukiossani. Vaikka onni vaikutti vanhempieni kykyyn varaa siihen, oli ilmeistä, että arvosanani osoittivat potentiaalia johonkin suurempaan.

Muutin Amerikkaan 17-vuotiaana ja opin nopeasti luottamaan itseeni, koska tiesin, ettei kukaan muu huolehtisi minusta. Maahanmuuttajana minulla ei ollut tukiverkostoa, joten minun piti olla omavarainen. Vaikka tuurilla oli osansa menestyksessäni, yritin kaikkeni kääntää todennäköisyydet hyväkseni. Kun tunnet itsesi ja uskot itseesi, työskentelet lujasti oikeiden asioiden parissa, kokeilet uusia asioita ja ympäröit itsesi oikeiden ihmisten kanssa, lisäät mahdollisuuksiasi menestyä. Älä aliarvioi onnen voimaa elämässä, mutta älä myöskään luota siihen ainoana menestyksesi lähteenä. Keskity sen sijaan kehittämään itseäsi ja taitojasi lisätäksesi menestymisen todennäköisyyttä ja valmistaudu mahdollisuuksiin, kun niitä ilmaantuu.

Seuraavana oli henkilökohtainen kehitys. Keskityin henkilökohtaiseen kehitykseen varhaisesta iästä lähtien, koska tiesin, että se oli välttämätöntä ansaintapotentiaalini lisäämiseksi. Tästä syystä opiskelin kemiantekniikkaa ja suoritin jatkotutkintoja sekä Oxfordissa että MIT:ssä. Asetan edelleen henkilökohtaisen kehitykseni etusijalle ja varaan joka päivä aikaa uusien asioiden oppimiseen. Toukokuusta 2023 alkaen päivittäisiä painopistealueitani ovat: suhteet ja tuotehallinta lauantaisin, terveys ja myynti sunnuntaisin, tekoäly maanantaisin, pilvi ja autonomiset autot tiistaisin, lohkoketju, Web3 ja krypto keskiviikkoisin sekä China Tech & India Tech torstaisin ja Africa Tech perjantaisin.

Henkilökohtainen kehitys on miltei perusta inhimillisen pääomasi kehittämisessä. Siksi ostit tämän kirjan. Tämä kirja kertoo taloudellisesta riippumattomuudesta, mutta vielä enemmän henkilökohtaisesta kehityksestä.

Minulla oli selkeä visio tulla taloudellisesti itsenäiseksi, koska en halunnut olla työnantajan armoilla. Ensimmäisen työpaikkani menettäminen 21-vuotiaana oli käännekohta. Tiesin heti, ettei mikään yritys välittänyt minusta. Tämä tapahtuma, jota MJ DeMarco kutsuu "FTE" tai "vittuun tämä tapahtuma", oli minulle herätys. Se sai minut ymmärtämään, että minun piti hallita elämääni. Jos luet tätä kirjaa, sinun on luotava olosuhde tai tilanne, jossa tunnet olevasi tarpeeksi epätoivoinen ymmärtääksesi taloudellisen riippumattomuuden tärkeyden. Sinun on järjestettävä oma FTE-tapahtumasi, kuten se, jonka koin nuorempana, jotta voit tehdä selväksi, että taloudellinen riippumattomuus on ratkaisevan tärkeää.

Achani Samon Biaou: Se, mitä sanoit nyt, on minulle toinen oivalluksen kerros. Tämä FTE on silta, joka erottaa ihmiset, jotka haluavat. FTE on tapahtuma, joka huipentuu oivallukseen, että sinun on muutettava elämääsi. FTE tapahtui konsulttiurani aikana, kun minulle tehtiin leikkaus. Tajusin, että akateemisista ja ammatillisista saavutuksistani huolimatta olin edelleen haavoittuvainen ja hauras. Ymmärsin, että saavutukseni olivat ulkoisia tekijöitä, jotka eivät määrittäneet minua ihmisenä. Valitettavasti kaikilla ei ole onnea saada FTE.

Olumide Ogunsanwo: MJ DeMarco uskoo, että jos olet epävarma, oletko kokenut FTE-tapahtuman, et todennäköisesti ole. Kun koet sellaisen, se on selkeä ja muuttava hetki, joka muuttaa elämäsi kehityskulkua ja muuttaa arvojasi ja tavoitteitasi tulevaisuutta varten. Toisin sanoen FTE-tapahtuma on jotain, joka jättää merkittävän vaikutuksen elämääsi, ja ei ole epäilystäkään, että olet kokenut sen.

Achani Samon Biaou: Muutama ajatus eri ikäryhmille:

Lapsillesi: Jos haluat valmistaa lapsesi taloudelliseen riippumattomuuteen, aloita asettamalla hänet vastuuseen kotitaloudesi taloudesta jo tänään. Anna heidän hallita kotitalouden budjettia, vaikka luulet olevansa liian nuori. Ihminen on äärettömän kykyinen. Hoidin enemmän kuin kotitalousbudjetin 7-vuotiaana; Hoidin keskisuuren yrityksen tulos- ja tuloslaskelmia. Kohtele lapsiasi kuin aikuisia ja luota heille vastuuta. He voivat menestyä tai epäonnistua, mutta he oppivat kokemuksesta.

Opiskelijoille: Lähde kotimaastasi viettämään vuosi opiskelemaan tai opiskelemaan ulkomailla, uppoutumaan paikalliseen kulttuuriin ja opiskelemaan kieltä. Jos olet esimerkiksi MIT:n perustutkinto-opiskelija, pidä vuosi lomaa ja opiskele Koreassa tai Etelä-Afrikassa. Tämä kokemus laajentaa näkökulmaasi ja antaa sinulle syvemmän ymmärryksen maailmasta.

Aikuisille: Pidä sapatti pohtiaksesi ja oppiaksesi tuntemaan itsesi paremmin tai kokeile uutta toimintaa, joka vie sinut mukavuusalueeltasi. Rutiineista eroaminen voi auttaa sinua löytämään uusia kiinnostuksen kohteita ja taitoja.

Olumide Ogunsanwo: Harkitse matkustamista Guatemalaan tai Ugandaan saadaksesi paremman käsityksen ihmisten elämästä ja kulttuureista. Eri kulttuureihin uppoaminen voi avata uusia näkökulmia ja herättää uusia ideoita.

Achani Samon Biaou: Aseta uudessa ympäristössäsi tavoitteeksi olla pyytämättä apua kotoa. Harjoittele omavaraisuutta ja hanki paikallisia töitä saadaksesi toimeentulon tarvittaessa. Tuon kriisin luominen vie sinulle askeleita matkalla. Siitä oppii asioita. Kun palaat kotimaahan, jos päätät palata takaisin, elämäsi on parempaa. Suosittelen luomaan elämääsi FTE:t henkilökohtaisen kasvun nopeuttamiseksi auttamalla sinua löytämään todellisen itsesi. Tämä on avain taloudellisen riippumattomuuden saavuttamiseen.

Olumide Ogunsanwo: Koettuani FTE:n työpaikan menettämisen kanssa 21-vuotiaana tajusin, ettei minulla ollut kenenkään muun varaan kuin itseeni. Tämän seurauksena aloitin matkan kohti taloudellista riippumattomuutta muuttaakseni elämääni. Siitä lähtien oli kysymys suunnitelmani toteuttamisesta. Tiesin, mitä minun piti tehdä, ja olen kiitollinen, että ryhdyin toimiin. Toivon samaa kaikille maailmassa. Samon sanoi jotain todella oivaltavaa, kun hän sanoi, että haluamme sinun olevan taloudellisesti riippumaton, jotta voit antaa tulesi maailmalle. Haluan sen kaikille. Siksi kirjoitimme tämän kirjan siinä toivossa, että tarinamme voivat inspiroida ja ohjata muita saavuttamaan taloudellisen itsenäisyyden ja elämään parasta elämää.

Toivon, että olet omaksunut joitain periaatteita, joita voit soveltaa elämääsi: itseluottamus, itseluottamus, uteliaisuus, itsenäinen ajattelu, kunnianhimo, rohkeus, tavoitteiden asettaminen, henkilökohtainen kehitys ja tarkoituksellinen elämä maksimoidaksesi tulosi ja menosi sopusoinnussa arvosi. Nämä periaatteet, joista keskustelimme, ovat yleismaailmallisia, mutta sovellus elämääsi on ainutlaatuinen. Etsi oma tapasi saada periaatteet toimimaan.

Yritä parhaasi. Pahinta katumusta on tietää, ettet yrittänyt elää parasta elämääsi. Tiedän, että yritin parhaani. Yritin kehittää itseäni ja oppia kaiken, mitä voin ympärilläni olevien olosuhteiden perusteella. Siksi ostit tämän kirjan, koska tiedät, että haluat kokeilla. Voit elää mukavaa elämää, mutta sinun on yritettävä katsoa mukavuuden ulkopuolelle työntyäksesi itsesi. Pystyt tekemään monia erilaisia uskomattomia asioita, jos yrität parhaasi. Et voi saavuttaa henkilökohtaista suuruuden määritelmääsi ja elää parasta elämääsi katsomalla televisiota koko päivän. Siksi kirjoitamme tätä kirjaa, emme vain taloudellisen riippumattomuuden vuoksi, vaan koska haluamme sinun elävän elämää, josta voit olla ylpeä.

Tämä on ollut yksi suosikkikappaleistani, koska se kokoaa yhteen useita säikeitä ja yhdistää ne kaikki lukijoille. Hämmästyttävä!

Achani Samon Biaou: Rakastan sitä. Ihana. Kiitos ja ilo olla tällä matkalla.

Olumide Ogunsanwo: Mikä uskomaton matka olemmekaan olleet yhdessä! On vaikea uskoa, että kirja on tullut loppuun. Toivomme, että tarinamme ovat inspiroineet sinua tekemään myönteisiä muutoksia elämässäsi kohti taloudellista riippumattomuutta.

Haluan käyttää tilaisuutta hyväkseni ja ilmaista kiitokseni kahdelle henkilölle. Ensinnäkin iso kiitos Samonille. Olen tykännyt työskennellä Samonin kanssa. On ollut todella ilo lähteä tähän projektiin yhdessä. Kirjan luominen ei ole helppo tehtävä, mutta Samon on ollut mahtava kumppani koko matkan ajan. Olen kiitollinen mahdollisuudesta työskennellä hänen rinnallaan.

Haluan myös esittää sydämelliset kiitokseni sinulle, tämän kirjan lukijalle. Kiitos, että käytit aikaa liittyä tähän matkaan, kun jaoimme kokemuksiamme ja näkemyksiämme taloudellisesta riippumattomuudesta. Liityit kanssamme muistelemaan menneisyyttämme, ja kiitän teitä ajastanne. Toivomme, että olemme luoneet kirjan, joka on mukaansatempaava, mielenkiintoinen ja hyödyllinen omassa taloudellisen riippumattomuuden tavoittelussa. Kiitos tuestasi!

Ota meihin yhteyttä osoitteeseen hello@myfiredom.com ja liity substack-uutiskirjeeseemme osoitteessa firedom.substack.com [1], jossa kirjoitamme jatkaaksemme keskustelua FI:stä. Odotan innolla, että pääsen jonain päivänä saavuttamaan taloudellisen riippumattomuuden ja elämään unelmiesi elämää. Kiitos kaikille, että olette tällä matkalla kanssamme!

Achani Samon Biaou: Olen täysin samaa mieltä kaikesta, mitä sanoit, Olumide. Kiitos upeasta kokemuksesta. Joka kerta, kun meillä oli nauhoitus, odotin sitä suurella odotuksella, koska tiesin, että siitä tulisi hieno keskustelu. Toivomme vilpittömästi, että kirjamme on hyödyllinen kaikille lukijoillemme heidän aloittaessaan omaa matkaansa. Vielä yksi asia, kuten sanoin aiemmin, rakastan hyvää mieltä...

Olumide Ogunsanwo: [Hysteeristä naurua] Sanoit sen ensimmäisessä luvussa. Nyt sanot sen uudelleen luvussa seitsemän.

Achani Samon Biaou: Olen onnellisempi, jos useammat ihmiset saavuttavat taloudellisen itsenäisyyden. Muista, että toisen henkilön taloudellinen riippumattomuus ei rajoita omia mahdollisuuksiasi saavuttaa se.

1. http://firedom.substack.com

Olumide Ogunsanwo: Samaa mieltä. Itse asiassa uskot todennäköisemmin taloudellisen riippumattomuuden olevan mahdollista sinulle, jos näet esimerkkejä roolimalleista.

Achani Samon Biaou: Henkilökohtainen elämänfilosofiani on auttaa muita tekemään paremmin kuin mitä olen saavuttanut. Voitko käyttää tekemiäni perustana luodaksesi jotain uutta? Olen innoissani siitä, että teistä, jotka ovat kiinnostuneita tästä aiheesta, voit syventää ja tutkia tarinoitamme, jakaa vinkkejä ja mikä tärkeintä, periaatteita, joita voit soveltaa saavuttaaksesi taloudellisen riippumattomuuden. Minulle olisi suunnatonta iloa tietää, että sanamme ovat inspiroineet sinua, pienimmälläkin tavalla, ja auttaneet sinua saavuttamaan taloudellisen riippumattomuuden. Ja kuten Olumide sanoi, jos haluat joskus ottaa yhteyttä, voit lähettää meille sähköpostia tai jatkaa FIREDOM-keskusteluja liittymällä substack-uutiskirjeeseemme. Yhteisö parantaa asioita, joten jatka taloudellisen riippumattomuuden yhteisösi kasvattamista!

Olumide Ogunsanwo: Mikä hämmästyttävä matka! Kiitos Samon. Kiitos kaikille! **Anna anteeksi itsellesi ja muille, jotka loukkaavat sinua, usko itseesi, ole aito itsesi, luo pakottava tulevaisuuden visio elämästäsi, aseta kunnianhimoisia arvovetoisia tavoitteita ja kehitä itseäsi joka päivä tavoitteidesi saavuttamiseksi.** Mene kohti FIREDOMIasi ja valloita!

www.ingramcontent.com/pod-product-compliance
Lightning Source LLC
LaVergne TN
LVHW060235051026
849517LV00005B/1624
* 9 7 9 8 8 6 9 0 7 6 0 8 3 *